인정하자. 이제껏 교회는 회의론자와 그리스도인이 던지는 난제에 제대로 답변하지 못했다. 이 때문에 회의론자들은 기독교를 무시하는 것은 물론, 이를 비이성적이고 현실도피적인 종교적 광신으로 묵살하기에 이르렀다. 반면에 그리스도인들은 기독교 신앙에 좌절하거나, 피상적이고 모순되며 불만족스러운 세계관으로부터 도망치기도 했다. 우리 주님은 샘 스톰스에게 놀라운 은사를 주셨다. 저자는 가장 도전적인 기독교의 난제들에 답변하고 기독교 리더들을 위한 유용한 자료를 제공한다. 동시에 신앙의 문제와 씨름하고 있는 회의론자 및 그리스도인들을 배척하고 무시하는 대신, 그들을 목회자의 심장으로 끌어안는다. 샘의 열정은 가장 도전적인 25가지 난제를 다루는 것뿐만 아니라, 독자들이 그 대답에 확신을 갖고서 같은 문제와 씨름하는 이들을 도울 수 있도록 하는 데 있다. 이 모든 과제를 수행하기 위해 그는 자신의 생각과 조언을 사용하지 않고 성경에 기록된 하나님의 지혜를 의지한다.

그렉 R. 앨리슨(Gregg R. Allison) | 남침례신학교 기독교신학 교수, *Historical Theology: An Introduction to Christian Doctrine, Sojourners and Strangers: The Doctrine of the Church*의 저자

『터프 토픽스』는 모든 질문자에게 성경의 대답을 숙고할 기회를 제공한다. 샘 스톰스는 우리 모두가 찾고 있던 인도자로서 공정하고 편협하지 않다. 기독교의 난제로 고민하고 있다면 이 책을 기쁨으로 권하고 싶다!

레이 오트런드(Ray Ortlund) | 테네시 주 내쉬빌의 임마누엘 교회 대표 목사

인간은 본질상 질문하는 존재다. 하나님이 우리를 그렇게 지으셨다. 우리에게는 그분에 대한 온갖 질문이 있다. 사람들은 내가 신학을 가르치는 사람임을 알게 되면 어려운 질문을 가장 먼저 던진다. 샘 스톰스는 『터프 토픽스』를 통해 대단히 유익한 자료를 제공했다. 그는 사람들이 가장 자주 묻는, 가장 어려운 문제들과 용감하게 싸워나가고 있다. 내가 특히 좋아하고 높이 평가하는 것은 이 책의 간결성과 평이함뿐 아니라, 샘의 온유한 인격과 균형 잡힌 학문성이다. 하나님에 대한 질문은 유명한 현자의 의견으로 대충 해결될 수 있는 종류가 아니며, 성경에 정통한 사람의 도움이 필요한 진지한 이슈다. 질문이 있을 때면 나는 언제나 샘을 찾았다. 이제는 이 책이 내 손에 있다! 샘이 말한 대로, 이런 질문에 대한 대답의 목적은 우리를 지식 안에서 교만하게 만드는 것이 아니라 예배하게 하는 것이다.

C. 마이클 패튼(C. Michael Patton) | Credo House Ministries의 대표, *Increase My Faith, Now That I'm a Christian*의 저자이자 블로거

어려운 신학적 질문들을 뚫고 나아가는 항해를 돕기에 샘 스톰스는 최상의 안내자다. 그의 책에는 40여 년간 영혼들을 돌봐온 목회자의 심장과, 훈련된 신학자의 탁월한 정신이 함께 스며들어 있다. 이 책을 집필한 동기는 진리에 대한 깊은 관심과 사람들을 향한 사랑이다. 여기 제시된 대답들도 혼란스럽지 않고 명쾌하다. 저자는 책을 시작하면서 독자들을 예배로 인도한다는 목적을 명시하고 있다. 목표 달성!

에릭 소네스(Erik Thoennes) | 바이올라 대학교 탈봇 신학과 성서학 교수, 캘리포니아 주 라미라다의 은혜복음주의자유교회 목사, *Life's Biggest Questions*의 저자

저자 샘 스톰스는 깊은 관심과 배려를 지닌 목회자인 동시에, 생각이 깊고 경험이 풍부하며 성경으로 흠뻑 젖은 신학자다. 이 책을 읽어가는 내내 여기에 담긴 지혜와 균형, 성경적 명확성으로부터 큰 유익을 받을 독자들이 떠올랐다. 어떤 부분에서는 독자들이 저자의 목회신학적 지침과 의견을 달리할 수도 있지만, 종국에는 이처럼 어렵고 중요한 문제에 대해 지혜로운 조언을 제공한 저자에게 자리에서 일어나 감사를 표하게 될 것이다. 단언컨대, 우리 모두를 위한 책이다. 당장 이 책을 집어 들고 읽어보라. 신실한 목회 신학이 어떻게 교회에 축복이 되는지를 직접 확인해보라!

브루스 A. 웨어(Bruce A. Ware) | 남침례신학교 기독교신학 교수

하나님과 성경에 대한 어떤 질문은 우리의 호기심을 불러일으킨다. 반면에 불만과 짜증만 일으키는 질문도 있다. 기독교 신앙을 가짐에 있어 당신을 괴롭히는 문제가 있는가? 아마 그 질문을 던진 사람은 당신이 처음이 아닐 것이다. 샘 스톰스는 자신의 목회 경험을 총동원하여 우리가 회피해온 질문에 성실하게 답한다.

에이드리언 워녹(Adrian Warnock) | *Raised with Christ*의 저자이자 블로거

Tough Topics

Biblical Answers to 25 Challenging Questions

Sam Storms

터프 토픽스
기독교 난제 25가지

샘 스톰스 지음 | 장혜영 옮김

Holy
WavePlus

나의 두 사위, 브래드(Brad)와 브레트(Brett)에게

애정을 담아 헌사합니다

하나님의 말씀, 비록 그 말씀의 난제들이라도

그것을 향한 자네들의 사랑이 더욱 깊어지기를, 더욱 뜨거워지기를!

Tough
Topics

차례

엄청난 양의 비가 퍼붓고 있는 창밖으로 루시(Lucy)와 라이너스(Linus)의 시선이 고정되어 있다.

"저 비 좀 봐." 루시는 두려움이 가득한 얼굴로 말했다. "온 세상이 물에 잠길 것 같아."

"그럴 일은 없어." 라이너스의 대답에는 자신감이 넘쳤다. "창세기 9장에서 하나님이 노아에게 무지개를 주시며 다시는 홍수가 없을 것이라고 약속해주셨잖아."

"맞다, 이제 안심이 되네." 루시는 안도의 숨을 내쉬며 말했다.

"건강한 신학이 하는 일이지." 라이너스는 대답했다.

이것은 내가 이 책을 통해 목적하는 바이기도 하다. 즉 건강한 신학을 통해 염려하는 마음에 안식을 선사하는 것이다. 우리 모두는 이런 종류의 문제와 질문, 교리적 수수께끼에 익숙하다. 이것들은 사람의 정신을 괴롭게 하고 마음을 불안하게 한다. 하나님은 다시 한 번 온 세상을 물로 심판하실까? 루시의 뇌리에서 떠나지 않던 이 질문이 한 예다.

40년에 이르는 사역 경험을 통해, 나는 인생이 제시하고 성경이 유발하는 난감한 문제들에 대해 염려와 분노와 두려움, 혹은 단순히 혼돈을 경험하는 사람들을 수없이 만났다. 예를 들어보자.

- 샘, 우리 아이는 지금 천국에 있을까요?
- 이혼은 어떤 경우에 합당한가요? 만일 이혼한다면 재혼을 해도 괜찮은 가요?
- 복음을 한 번도 들어보지 못한 아프리카의 이교도에 대해서는 어떻게 생각하세요?
- 제 이웃은 구원을 받으려면 세례를 꼭 받아야 한다고 하더군요. 그 말이 사실인가요?
- 만일 사랑하는 친구가 지옥에 간다면, 제가 천국에서 어떻게 기뻐할 수 있죠?
- 제 아버지는 아주 나쁜 사람이에요. 사람들은 제가 아버지를 용서해야만 한다고 하는데 그게 무슨 뜻이죠?
- 저는 제가 성령모독죄를 지은 것 같아 굉장히 걱정돼요. 제가 정말로 성령모독죄를 지은 걸까요?
- 귀신은 정말로 있나요? 귀신이 제게 어떤 일을 할 수 있죠? 저는 귀신에게 뭘 할 수 있나요?
- 거짓말해도 괜찮은 때가 있나요?
- 천국에도 섹스가 있을까요?

이 질문들은 간략하고 단순하게 대답할 수 있는 평범한 질문들이 아니다. 오히려 우리가 직면하는 가장 도전적인 주제들 가운데 일부다. 제대로 된 성경적 대답이 제시되지 못할 경우, 많은 그리스도인들이 두려움과 죄책과 혼란 속에 유기될 수도 있고, 성경의 충분성에 대한 확신이 흔들려 의미 있고 만족스런 고백을 하지 못하게 될 수도 있다. 이 책은 그리스도인이 던지는 모든 질문에 답하지 않는다. 하지만 그중 25가지 질문에 대해서는 견고하고 성경적인 대답을 제공하고자 한다. 애석하게도 많은 신자들이 느끼기에 그런 질문에는 제대로 된 응답은 고사하고 "모르겠습니다"라는 대답 아니면 무시가 일색이다. 이들이 자신의 교회와 친구, 심지어 목회자들로부터 실망을 안고 돌아서는 것은 당연하다. 내가 이 책에서 의도하는 것은 성경이 말하는 바를 수박 겉핥기가 아니라 깊이 있게 들여다보고, 이런 골치 아픈 문제에 대해 분명하고 설득력 있는 설명을 이끌어내는 것이다.

이 책의 각 장의 길이는 일정치 않은데, 이것은 답하고자 하는 질문의 난이도에 비례한다고 볼 수 있다. 책을 집필하면서 염두에 둔 대상은 학식이 있는 평신도 그리스도인이다. 그리스어 원문을 언급한 경우가 몇 군데 있긴 하지만 원어를 배우지 못한 사람이라도 이해할 수 있는 범위 안에서 했다.

그리스도의 몸 된 교회에 이런 두께와 깊이를 지닌 책을 헌사하며 내가 소망하는 바는, 많은 혼란을 제거하고 비생산적인 연구로 인한 시간 낭비를 줄이는 것이다. 모든 장을 통틀어 내가 간략하고 단순한 대답에 그친 경우는 없다. 바라건대 우리가 성경 본문을 깊이 들여다보고 모든 가능한 대안을 고심함으로써 성경이 가르치는 바에 더 능통해질 뿐만 아니라, 더 중요하게는 하나님의 위대하심과 선하심을 더욱 경외하게 되기를 소망한다. 다시 말하면, 이 책의 궁극적인 목표는 지식이 아니라 예배에 있다. 하나님이 어떻게 역사하시는지와 더불어 그분이 그렇게 하시는 의도나 이유를 더욱 분명히 깨닫게 될 때, 우리는 그분을 더욱 뜨겁게 사랑하고 열렬히 찬양하게 될 것이다.

이 책에 제시된 25개의 질문에 대해 "그렇다", "아니다" 혹은 "때로는 그렇다"라고 대답할 뿐 더 이상 파고들지 않는 것이 낫다는 결론을 내리고 싶어하는 사람들도 있으리라 생각한다. 하지만 성경이 왜 이런 대답을 건네는지에 대해 알고자 한다면 그런 식의 태도는 결코 유익하지 않다. 가장 난해하고 시급한 인생의 질문에 대해 피상적이고 간단한 대답은 우리의 영적 성장과 성숙을 지연시킬 뿐이다. 그리고 이런 문제에 대한 궁금증을 안고 우리를 찾아오는 사람들에게 유익을 끼칠 수도 없다. 하나님이 누구시고, 그분이 역사하시되 어떻게 그리고 왜 그렇게 역사하시는지에 대한 우리의 이해는 충분히 깊지도 실제적이지도 않다. 핵심은 다음과 같다. 우리는 성경 속의 어려운 본문들, 난제들과 씨름해야만 한다. 그럴 때에만 사고하는 능력이 연마되고, 정신은 확장되며, 영혼은 풍성해지고, 마음은 위대하신 하나님과 구세주의 신비한 역사를 이해하게 되었다는 환희와 희열로 충만해질 것이다.

독자들은 몇몇 장에서 더욱 큰 굶주림을 느낄 수도 있다. 그런 독자들이 각 문제에 대해 더욱더 통합적인 설명을 계속 추구해나갈 수 있도록 각 장의 마지막 부분에 "추천 도서"를 간략히나마 포함시켰다.

대부분의 장은 독립적으로 구성되어 있다. 이 말은 독자들이 목차를 확인한 후 가장 관심이 가는 장을 먼저(혹은 그것만) 읽어도 무방하다는 뜻이다. 하지만 몇몇 장의 경우 서로 관련된 질문을 다루고 있는데, 그것은 이 장들이 성경의 동일한 일반 주제를 다루고 있기 때문이다. 또한 각 장의 논리가 어느 정도 서로를 의지하기 때문이기도 하다. 따라서 이 장들만큼은 순서를 따라 읽기를 권하고 싶다. 하지만 전체적으로 독자들이 선택적 독서를 해도 크게 놓치는 부분이 없도록 책의 구성을 의도했다.

1장
성경은 무오한 책일까?

이 책을 집필한 이유는 사람들이 던지는 어려운 질문에 대한 성경적 대답을 제공하기 위해서다. 당신이나 내가 사실이었으면 하는 것이나, 편안하다고 느끼는 것, 우리의 판단으로 옳다고 생각하는 것 등은 전혀 중요하지 않다. 우리가 성경의 영감이나 무오성이나 권위를 믿는다고 할 때, 우리가 말하고자 하는 것은, 여러 골치 아픈 질문에 대해 우리가 인정할 수 있는 대답은 오직 성경에서만 찾을 수 있다는 것이다. 따라서 우리의 여정을 시작하기 전에, 다음의 질문을 던져보는 것은 당연하다. 성경은 정말로 무오한 책인가? 성경이 건네는 답은 언제나 사실인가? 어떤 주제를 논하든지 하나님의 말씀이 사실을 말한다고 신뢰할 수 있는가? 자, 이제 본격적으로 시작을 해보자.

어떤 권위로?

인생에서 권위의 문제보다 더 중요한 것은 없다. 달리 말하면, 당신은 어면 기준과 근거, 출처와 이유를 가지고 어떤 것을 진실로 받아들이고 그 것에 양심(신앙)과 행위(삶)를 구속시키는가?

그리스도인이 생각하는 권위에는 세 가지 출처가 있다. 먼저 로마 가톨릭과 동방 정교회 전통에 속한 사람들에게는 전통과 형식을 갖춘 교리로 표현된 교회의 합의가 하나님의 뜻으로 인도하는 권위적 지침이 된다. 바꾸어 말하면, 이들에게는 "교회의 말씀이 곧 하나님의 말씀"이다. 반면 각 개인이 최종적 권위이며, 성경과 교회는 개인이 무엇이 사실이고 권위인지를 결정하는 데 보조 자료 역할만을 한다고 주장하는 이들도 있다. 따라서 이들의 결론은 다음과 같다. "나의 영이 말하는 바가 곧 하나님의 말씀이다."

나는 당신이 세 번째 출처를 인정하는 사람이기를 바란다. 이 견해에 따르면, 신앙과 삶의 모든 문제에 있어 최종적인 권위는 성경이다. 웨스트민스터 신앙고백서에 이것이 어떻게 기록되었는지를 살펴보자. "성경에서 말씀하시는 성령 외에는 누구도 최고의 재판관이 될 수 없다. 이 재판관에 의해 종교에 관한 모든 논쟁이 결정되어야 하고, 공의회의 모든 신조와 고대 저자들의 주장, 인간의 교리와 사사로운 영들이 검토되어야 하며, 그의 판결에 우리는 순복해야 한다."[1] 곧 "성경 말씀이 하나님의 말씀"이라는 뜻이다.

나는 세 번째 견해를 지지한다. 지역 교회 대부분이 그들의 교리를 기술할 때 성경 66권의 영감과 권위를 인정하면서 시작한다. 그렇지 않다면 어떨까? 성경의 권위에 대한 믿음을 저버린다면, 우리는 나머지 교리

---

1 웨스트민스터 신앙고백 1.10.

적 진술의 진위를 도저히 알 수 없는 지경에 이르게 될 것이다. 성경이 하나님 자신에 대한 유일하고 충분한 계시가 아니라면, 어떻게 하나님이 동등한 위격을 지니신 삼위일체 하나님이시고, 그 삼위 중 제2위격이 나사렛 예수라고 불리는 사람이 되어 죄인들을 위하여 죽으셨고 3일째 되는 날 부활하셨다는 사실을 알 수 있겠는가? 간단히 말해, 성경의 영감과 권위는 우리의 신앙이 지어진 기초다. 이것 없이는 불확실과 의심, 인간의 추측, 곧 흑암 속에서 절망적으로 더듬거리게 될 뿐이다.

하지만 이 성경이라는 책이 플라톤의 「국가론」이나 셰익스피어의 『햄릿』과 같은 인간의 작품들과 다르다는 사실을 믿을 만한 타당한 이유가 있는가? 우리는 왜 성경이라는 66권의 책이 신적 계시이며 우리의 신앙과 삶에 권위를 갖는다고 믿는 것일까? 역사적·고고학적·신학적·경험적 자료와 논쟁들을 통해 도출할 수 있는 이유는 많지만, 그중 최고는 성령이 우리 마음에 주시는, 성경이 하나님의 말씀이라는 증거일 것이다. 동시에 우리는 예수님 자신이 성경의 영감과 권위를 믿으셨다는 분명한 사실을 놓치지 말아야 한다. 예수님의 제자가 된다는 것은 예수님이 행하신 바를 행하는 것은 물론 그분이 믿으신 바를 믿는 것이다. 성경의 권위를 받아들이지 않고 그리스도의 권위를 받아들이는 것은 불가능하다. 예수님을 주님과 구세주로 믿고 받아들이는 것은 곧 그분이 성경에 대해 가르치신 바를 믿고 받아들이는 것이다.

그렇다면 "당신은 성경을 어떻게 생각합니까?"라는 질문은 "당신은 그리스도를 누구라 생각합니까?"라는 질문으로 압축될 수 있다. 성경의 권위를 부인하는 것은 예수님의 주 되심을 부인하는 것이다. 예컨대 예수님이 즐겨 언급하셨던 구약의 인물들과 사건들을 생각해보라. 예수님은 아벨, 노아와 대홍수, 아브라함, 소돔과 고모라, 롯, 이삭과 야곱, 하늘로부터 온 만나, 광야의 뱀, 다윗이 거룩한 떡을 먹은 사건과 그가 시편을 기록했다는 사실, 솔로몬, 엘리야, 엘리사, 스가랴 등등을 언급하셨다. 모든 경우 예수님은 구약 이야기를 역사적 사실에 대한 기록으로 대하셨다.

하지만 비평가들은 예수님이 단지 당시 사람들의 잘못된 믿음에 맞장구를 쳐주신 것뿐이라고 주장하기도 한다. 즉 예수님은 이들의 견해를 바로잡기보다는 이들의 눈높이에 자신을 맞춰주셨다는 것이다. 예수님은 성경의 진리와 권위에 대한 그들의 믿음이 사실인지를 문제 삼아 굳이 그들을 노엽게 하지 않으셨다.

미안한 말이지만, 이것은 내가 신약을 통해 읽는 예수님이 아니다. 복음서의 예수님은 비록 오랫동안 소중하게 여겨져 온 것이라 할지라도 당시 사람들의 잘못된 믿음을 허무는 일에 대해서 전혀 망설임이 없으셨다. 그분은 바리새인들의 전통을 자주 거세게 비난하셨고, 산상수훈을 통해서는 왜곡된 구약의 율법을 바로잡으셨다. 예수님은 하나님 나라와 메시아의 도래에 대한 민족주의적인 개념에도 도전하셨다. 심지어 자신이 선언하신 진리를 위해 기꺼이 십자가의 죽음을 마주하시기도 했다. 예수님이 "성경은 폐하지 못하나니"(요 10:35)라고 선언하셨을 때 말씀하신 것은 구약이었고 이것은 다음에서도 반복된다. "율법의 한 획이 떨어짐보다 천지가 없어짐이 쉬우리라"(눅 16:17; 막 7:6-13; 눅 16:29-31도 보라). 또한 예수님은 사두개인들을 책망하셨다. "너희가 성경도, 하나님의 능력도 알지 못하는 고로 오해하였도다"(마 22:29). 사탄에게 유혹받으셨을 때 그분이 호소하신 것은 구약의 진리와 권위였다(마 4:4-10). 특히 "기록되었으되"라는 말씀에 주목하라. 예수님이 세리와 창녀들과 먹고 어울리신 것도 당시 사람들의 종교적 예민함을 공격하려는 의도가 다분했다.

일부 복음주의 진영에서는 계시(초월적인 하나님의 말씀)와 성경(그 말씀을 인간이 기록하고 증언한 것으로 이해되는)을 분리하려는 움직임이 있다. 이들에 따르면 우리는 성경을 신적 계시와 동일한 것으로 생각해서는 안 된다. 성경은 신적 계시가 우리를 경험적으로 만나거나 사로잡는 성례적 수단 혹은 방편이라는 것이다. 성경 기록은 계시적 말씀을 우리에게 적용하며, 이 둘은 서로 같지 않다고 한다.

그러나 나는 아우구스티누스가 말하고자 했던 것을 믿는다. 그는 다음과 같이 하나님이 말씀하시는 비전을 가지고 있었다. "오, 사람아! 나의 책 성경이 말하는 것이 곧 내가 하는 말이라."[2] 따라서 성경은 "하나님의 연설원고"다.[3] "영감"이라는 글에서 J. I. 패커(Packer)는 이런 원리의 중요성을 다음과 같이 서술했다.

그리스도와 그의 사도들은 구약 본문을 인용할 때, 예를 들어 모세나 다윗, 이사야가 말한 것으로 언급했을 뿐 아니라(막 7:10; 12:36; 7:6; 롬 10:5; 11:9; 10:20 등을 보라) 하나님이 이들을 통하여 말씀하신 것(행 4:25; 28:25 등을 보라), 혹은 하나님이 직접 말씀하신 것(예, 고후 6:16; 히 8:5, 8), 혹은 성령이 말씀하신 것(히 3:7; 10:15)으로도 언급한다. 더 나아

---

2 *The Confessions of St. Augustine*, trans. John K. Ryan (New York: Doubleday, 1960), 13.29(스톰스 강조).

3 J. I. Packer, *God Has Spoken: Revelation and the Bible*, 3rd ed. (Grand Rapids: Baker, 1998), 28.

가 문맥상 하나님이 말씀하신 것이 아닌 구약의 기록들도 하나님의 말씀으로 인용되고 있다(창 2:24; 시 95:7; 사 55:3을 각각 인용한 마 19:4이하; 히 3:7; 행 13:34을 보라). 또한 아브라함에게 주신 하나님의 약속과 바로에게 주신 경고는 비록 성경이 기록되기 훨씬 이전의 사건이지만, 바울은 **성경**이 이들에게 말씀하셨다고 언급하고 있다(갈 3:8; 롬 9:17). 이것은 그가 성경의 진술을 하나님의 말씀과 얼마나 완벽하게 일치시켰는지를 보여준다.[4]

두 가지 중요한 용어, 곧 계시와 영감부터 정의해보자. 계시는 하나님의 행위가 아니면 인간이 알 수 없는 것을 그분이 직접 밝히고 드러내고 알려주시는 것이다. 하나님은 자신의 형상대로 지어진 이들로 하여금 자신을 알게 하신다. 계시는 하나님이 하시는 것이지, 인간이 성취하는 것이 아니다. 이것은 하나님의 주도로 드러나는 것이지, 인간이 하는 노력이나 시도나 성취가 아니다. 패커는 다음과 같이 말했다. "계시는 인간이 하나님을 찾는 것이 아니라 하나님이 인간을 찾으시는 것, 우리와 자신의 비밀을 나누시는 것, 자신을 우리에게 보이시는 것이다. 계시 안에서 하나님은 계시의 대상일 뿐 아니라 주체가 되신다."[5] 도널드 블로쉬(Donald Bloesch)에 따르면, 성경의 하나님은 "깊은 자연 속에서도, 인간의 의식 안에서도 발견될 수 없다. 역사의 사건들을 통해 직접적으로 인식될 수도 없다.…살아 계신 하나님을 우리가 알기 위해서는 그분이 자

---

4 J. I. Packer, "Inspiration," in *The New Bible Dictionary*, ed. J. D. Douglas et al. (London: Inter-Varsity, 1962), 564.
5 Packer, *God Has Spoken*, 47.

신을 보여주셔야만 하고, 이것은 성경에 기록된 역사와 말씀을 통해 이미 이루어졌다."[6]

명제적 계시와 인격적 계시의 차이에 대해 수많은 주장들이 있다. 어떤 사람들에 따르면, 하나님 스스로가 인격이시기 때문에 계시가 명제적일 수 없다(적어도 계시의 주된 성격일 수 없다). 계시는 하나님이 스스로를 알려주시는 것, 즉 자신의 인격을 다른 인격체에게 드러내 보여주시는 사건이다. 하지만 패커는 이런 차이가 지나치게 강조되어서는 안 된다고 했는데, 이는 매우 적절한 주장이다.

> 하나님과 인간 사이의 인격적 우정은 인간들 사이의 우정과 마찬가지의 방법, 즉 대화를 통해 자라간다. 대화는 정보가 포함된 진술의 교환을 의미하고, 정보가 포함된 진술이 바로 명제다.…계시가 비명제적이라고 하는 주장이야말로 계시를 비인격화시킨다.…하나님이 말씀을 통해 우리에게 말씀하시지 않고도 우리가 그분을 알 수 있다고 주장하는 것은 하나님이 인격적이며 그분을 아는 것이 진실로 인격적인 관계라는 사실을 부인하는 것이다.[7]

다시 말하면, 특별계시는 다음과 같은 의미에서 언어적 행위다. "하나님은 특정한 의미를 지닌 말씀이라는 방편을 통해 인간과 소통하셨는데, 이 말씀은 진술과 질문과 명령의 형태로 하나님이 스스로 말씀하셨거나

---

6 Donald G. Bloesch, *A Theology of Word and Spirit: Authority and Method in Theology* (Downers Grove, IL: InterVarsity, 1992), 20.

7 Packer, *God Has Spoken*, 52-53.

그분이 지명한 사자나 교사들을 통해 대언적으로 이루어졌다."[8] 이것은 마치 하나님이 하늘에서 강연하는 분에 불과한 것처럼 그분의 역사나 인격에 부족함이 있다는 의미는 아니다. 그분은 역사 안에서 강력한 행위들을 통해 스스로를 드러내시는데, 자기 백성을 만나주시고, 이들을 구속함으로써 자신의 은혜를, 용서를 통해 자신의 친절을, 구원을 통해 자신의 강함을 보여주셨다. 성경 "자체가 본질적으로 하나님의 역사에 대한 이야기이며, 그분이 나라를 이루시고 세상을 구원하시는 위대한 드라마를 설명하는 서술이다."[9] 성경이 거대한 장애물에도 불구하고 하나님이 말씀하신 바를 그대로 믿는 것이 믿음이라고 묘사하고 있음을 명심해야 한다(롬 4:3; 갈 3:6; 히 6:13이하; 11:8-13; 17, 33을 보라).

한 가지 주의해야 할 사실은, 계시는 언어적이지만 우리가 하나님을 아는 것은 단순히 성경 암송과 교리 학습의 문제가 아니라는 점이다.

계시가 본질적으로 언어적이라는 주장은 어떤 역사적 사건도 하나님 자신이 자기 계획 안에서 그것이 갖는 의미와 위치를 드러내 주시지 않는 한, 하나님을 계시해줄 수 없다는 것이다. 섭리적 사건은 하나님이 역사하신다는 사실을 우리에게 어느 정도 생생하게 상기시키기도 한다(참조. 행 14:17). 그러나 우리는 그분의 구원하시는 목적과의 연관성을(만약 있다면) 그분이 우리에게 알게 하시기 전까지 알 수 없다. 이런 측면에서는 어떤 사건도 그 자체로는 해석되지 않는다.[10]

---

8 같은 책, 63.
9 같은 책, 71.
10 같은 책, 72.

다시 한 번 반복한다면,

어떤 의미에서 모든 역사는 하나님의 행위이지만, 그분 자신이 우리에게 말씀하시지 않는 한, 그것들 중 아무것도 그분을 계시하지 못한다. 하나님의 계시가 행위 없는 말씀이 아닌 것처럼 말씀 없는 행위 역시 아니다("몸으로 말해요"와 같은 게임을 떠올려보라!). 계시는 해석되기 위한 그분의 말씀, 좀 더 성경적으로 표현하자면, 그분의 행위에 의해 확증되고 성취되는 말씀을 통해 이루어진다.[11]

패커의 주장은 다음과 같이 요약된다.

출애굽이나 가나안 정복, 포로 생활, 십자가 처형, 빈 무덤과 같은 어떤 공적이고 역사적인 사건도 그것을 설명하기 위해 동반되는 하나님의 말씀이나, 그 사건에 의해 확증되고 성취되는 이전의 약속을 떠나서는 하나님을 계시할 수 없다. 따라서 계시는 그 근본 형태에 있어 당연히 명제적이어야 한다. 즉 하나님은 스스로에 대해, 그리고 자신이 세상에서 역사하는 바에 대해 우리에게 말씀하심으로 자신을 드러내신다.[12]

명제적 계시의 개념은 하나님의 계시적 활동이 다음의 방식, 곧 특정한 사건과 인격적인 만남, 그리고 자기 백성과 관계를 맺으시고 이들에게 직접적·경험적으로 자신을 알게 하시는 역동적이고 관계적인 방식을

---

11 같은 책, 73.
12 같은 책, 76-77.

통해 이루어진다는 사실을 부정하지 않는다(히 1:1을 보라). 하나님이 인격적으로 자신을 계시하시는 "여러 모양"에는 하나님의 현현과 천사의 방문, 하늘로부터 들리는 음성, 환상, 꿈, 초자연적인 방식으로 써지는 글씨, 내적 감동, 자연현상 등이 포함된다. 하지만 각 사건을 통해 이런 방편으로 알려지거나 확인된 하나님의 드러나심은 본질상 명제적이며 형태에 있어서는 언어적이라고 할 수 있다. 다시 말하면, 모든 진술이나 계시적 행위가 명제적 형태로만 임한다고 볼 수는 없으나, 사실상 모두가 명제를 전제하고 있고, 이 명제 위로 실재의 본질에 대한 가설이 제시된다는 점이다.

계시의 또 다른 특징은 이것이 점진적이고 누적된다는 데 있다. 하나님은 스스로를 역사 속 어느 단계에서나, 어느 한 사건을 통해 완전히 계시하지 않으셨다. 계시는 일련의 드러남이며, 각각의 드러남은 선행하는 드러남 위로 쌓이고 풀리고 펼쳐진다. 계시는 언제나 정확하지만 동시에 단편적이고 부분적이며 불완전한 것으로부터 종합적이고 최종적이며 통합적인 것을 향해 움직인다. 이런 불완전과 완전, 부분과 전체 사이의 대조는 거짓과 사실, 부정확과 정확 사이의 대조가 아니며, 그림자와 실체, 모형과 원형, 언약과 성취 사이의 대조다.

반면 영감은 계시와 연관된 과정으로, 하나님이 성경의 저자들과 소통하실 때 그것이 음성이든 기록이든 이들에게 보여주신 내용에 있어 오류를 범하지 않도록 하셨다는 것이다. 성령은 성경 기록을 감독하셨다. 이 말은 인간 저자들이 기록할 때 의도한 바가 하나님이 의도하신 바와 일치하도록 성령이 역사하셨다는 뜻이다(이런 과정은 협력적 영감으로 불린다). 따라서 "이런 과정의 결과로 기록된 모든 말씀은 인간의 말인 동시에 진실로 하나님의 말씀이며, 예언자의 마음에 있던 바를 직접적으로 드러내는 만큼 하나님의 마음에 있던 바를 직접적으로 드러낸다."[13] 다시 말해, 성령은 인간 저자의 자유롭고 자발적인 생각을 하나님의 생각과 일치하도록 하셨다.

많은 이들이 여기에 대해 의구심을 갖는다. 이들의 주장에 따르면, 성경 저자들의 말을 하나님이 철저히 통제하셨다면, 그들은 (스스로) 사고할 수 없는 로봇에 불과했을 것이다. 반면 그들의 정신이 자신의 의지적인 창의력을 따라 자유롭게 작용했다면, 하나님은 그들을 오류로부터 보호하지 못했을 것이다. 하지만 이런 딜레마는 "우리의 생각과 행동이 심리적으로 온전히 자유한 것과, 우리가 하나님의 통제에 전적으로 굴종하는 것이 서로 양립할 수 없다는 추정 때문에 생겨난다."[14]

축자 영감, 완전 영감의 교리는 성경 말씀이 곧 하나님의 말씀이라는 교리다. 하나님이 모든 단어를 직접 말씀하신 것은 아니지만, 성경 저자의 말이 하나님이 자신을 계시하실 때 의도하신 바로 그 말씀이라는 것이다. 따라서 하나님의 궁극적 권위와 성경의 직접적 권위 사이에는 중대한 차이가 없다. "성경의 권위는 말씀하시는 하나님 자신의 신적 권위와 동일하다."[15] 어떤 이들은 살아 계신 말씀, 곧 예수 그리스도의 권위 아래 있으면서 동시에 기록된 말씀인 성경의 권위 아래 있는 것이 불가능하다고 주장한다. 이것은 잘못된 생각이다. 예수 그리스도는 성경의 주님이시고, 성경을 통해 그분이 계시되고 알려지며 그분의 뜻이 펼쳐진다.

---

13 같은 책, 91.
14 같은 책, 93.
15 같은 책, 96.

성경에 순종하는 것이 곧 예수 그리스도에게 순종하는 것이고, 성경에 불순종하는 것은 예수 그리스도께 불순종 하는 것이다.

무오성

성경이 무오한가에 대한 논쟁은 자취를 감추는 것은 고사하고 사그라질 기미조차 없다. 복음주의자들 사이의 견해는 크게 두 가지로 압축된다. 일부는 "제한적 무오성"을 수용한다. 이 견해의 지지자들 중 학식과 표현이 탁월한 인물로는 다니엘 풀러(Daniel Fuller)가 있다.[16] 풀러와 그의 지지자들에 따르면, 어떤 책이나 문학작품의 무오성은 그 저자의 의도와 목적 아래서만 판단되어야 한다. 저자는 자신의 작품을 통해 자신의 목적을 성취하는가? 그렇다면 그 작품은 무오하다. 그렇지 않다면 그 작품은 무오하지 않다. 성경의 목적은 우리에게 "구원에 이르는 지혜"가 있도록 하기 위함이다(딤후 3:15). 성경의 목적은 우리에게 식물학이나 지질학, 천문학, 역사에 이르는 지혜를 선사하는 데 있지 않다. 오히려 풀러에 따르면, 성경 저자들은 그들의 목적이 역사를 통해 드러난 하나님의 구속 행위의 사건과 그 의미를 기록하여 독자들이 구원에 이르는 지혜를 얻도록 하기 위함에 있다고 선언한다. 이런 기준에 의거하여 풀러는 성경이 무오하다고 말한다. 성경이 그 목적에 완벽하게 부응하기 때문이다.

---

16 그가 쓴 두 논문 "The Nature of Biblical Inerrancy," *Journal of the American Scientific Affiliation* 24, no. 2 (June 1972)와 "Benjamin B. Warfield's View of Faith and History," *Bulletin of the Evangelical Theological Society* 11, no. 2 (Spring 1968)를 참조하라.

성경은 독자들이 구원에 이르는 지혜를 얻도록 하겠다는 자신의 목적과 의도를 성취하는 데 하등의 실패도 없다.

이 견해를 따를 때 무오성을 기대할 수 있는 것은 구원에 이르는 지혜를 알게 하는 지식을 전달하거나 그것을 직접적으로 시사하고 있는 성경의 주장들로 제한된다. 즉 다른 문제에 있어서 성경은 오류를 범할 수 있고 또 실제로 오류를 범한다. 성경에는 성경의 주된 목적과 관련이 적거나 혹은 전혀 관련이 없는 본문들도 있다. 풀러는 이런 본문을 비계시적인 문제들이라고 불렀는데, 지질학, 기상학, 우주론, 식물학, 천문학, 지리학, 역사 등등에 대한 성경의 진술이 그 예다. 성경의 주된 목표, 혹은 성경 저자의 의도가 이런 문제에 대한 사실을 전달하는 데 있지 않기 때문에, 성경은 이에 대해 오류를 범할 수 있다. 그러나 성경의 주된 목적과 합치하는 진술에 있어서는 그 무오성을 유지한다. 성경은 그것이 가르치기로 의도한 것들과 구원에 이르는 지혜를 알게 하는 데 필수적인 문제에 대해서는 무오하다. 오직 이런 내용들만이 계시적이다.

그렇다고 성경이 계시적 문제에 있어 오류를 범할 수 "없다"는 뜻은 아니다. 풀러는 비계시적 문제에 있어 성경이 실제로 오류를 범할 수 있고(참고로 그는 오류가 있다고 믿는다), 계시적 문제에 있어서는 자신이 아직 오류를 발견하지 못했고 앞으로도 발견하지 않기를 바란다고 말했을 뿐이다. "성경을 역사·문법적으로 해석해나갈 때 나는 성경의 가르침으로부터 오류를 발견하지 않기를 간절히 바란다. 나는 다만 높은 확률을 가지고 성경의 무오성을 확신할 수 있을 뿐이다."[17]

---

17 Daniel Fuller, "On Revelation and Biblical Authority," *Journal of the Evangelical Theological Society* 16, no. 2 (Spring 1973): 67-69.

위의 견해와는 반대로, 성경은 영감되었거나 영감되지 않은 본문 혹은 주제를 구별하거나, 자신이 진실하게 말하는 주제의 종류를 제한하지 않는다(특히 눅 24:25; 행 24:14; 롬 15:4; 고전 10:11을 보라). 따라서 내가 수용하고 또 여기서 주장하고 싶은 교리는 "전적 무오성"의 교리다. 일부는 "무류성"이라는 표현을 선호하는데, 이것은 속이는 것과 속는 것이 없는 상태를 의미하는 라틴어 "infallibilitas"에서 왔다. "무오"라는 단어는 "inerrantia"라는 라틴어에서 왔는데 단순히 실수가 없다는 뜻이다. 이것은 성경이 사실에 반하는 어떤 것도 말하지 않는다는 뜻이다. 둘 다 성경이 우리에게 올 때 하나님의 말씀 자체로서 왔고, 따라서 믿을 만하고 진실하며 실수가 없음을 뜻한다. 무오에 대한 다음 정의들을 생각해보자. 각각의 정의는 무오성에 어떤 문제들이 달려 있는지를 이해하는 데 큰 도움을 줄 것이다.

그러므로 무오성은 어떤 순간에도 그것의 원래 상태에서는 성경 저자들이 객관적 사실과 일치하지 않는 주장이나 견해를 펼치고 지지하는 것이 허용되지 않았다는 뜻이다. 이것은 이들이 선언한 모든 내용과 모든 차원에 적용된다.[18]

무오성은 우리가 모든 사실을 알게 되고 성경의 원문과 그것의 적절한 해석이 전제된다고 할 때, 성경이 이제껏 주장해온 모든 것, 곧 교리와 도덕, 사회과학, 자연과학, 생명과학, 그 내용이 무엇이든 간에 모든 것이

---

18 Roger R. Nicole, "The Nature of Inerrancy," in *Inerrancy and Common Sense*, ed. Roger R. Nicole and J. Ramsey Michaels (Grand Rapids: Baker, 1980), 88.

전적인 사실로 드러나게 될 것이라는 뜻이다.[19]

우리가 모든 사실을 알게 되고, 기록될 당시 문화와 소통의 방식을 감안해 성경을 적절히 해석한다면, 성경 원본은 그것이 주장하는 모든 사실에 있어 저자가 의도했던 정밀함에 이르기까지 전적인 사실로 드러나게될 것이며(이것은 거짓이 없다는 뜻이다), 여기에는 하나님과 그분의 창조와 관련한 모든 문제들이 포함된다.[20]

반복적 필사의 과정에서 생길 수 있는 원문의 변질을 제외한다면, 성경은 하나님과 인류를 향한 그분의 계획에 대해 하나님이 계시하시는 신뢰할 만한 기록일뿐만 아니라, 창조에서 기독교 교회의 탄생에 이르기까지세상과 인간 역사에 대해 종합적이지는 않더라도 정확한 묘사와 해석을제공한다. 성경을 신중하게 해석하면, 이런 것들의 내부적 일관성을 확인할 수 있다. 그리고 공정하고 학자적인 분석을 통해, 성경과 성경 외 다른객관적 자료들 사이의 근본적인 갈등으로 비쳐지는 문제에 대한 타당한해결책을 제시할 수 있다.[21]

---

19 Paul Feinberg, "The Meaning of Inerrancy," in *Inerrancy*, ed. Norman L. Geisler (Grand Rapids: Zondervan, 1979), 294.

20 David S. Dockery, *Christian Scripture: An Evangelical Perspective on Inspiration, Authority and Interpretation* (Nashville: Broadman & Holman, 1995), 64.

21 Richard Shultz, "The Crisis of Knowledge: Biblical Authority and Interpretation" (unpublished essay, March 2004), 13.

디모데후서 3:16-17

영감과 무오의 개념이 언급될 때마다 토론의 중심으로 떠오르는 본문은 디모데후서 3:16-17이다. 사도 바울은 이렇게 기록했다. "모든 성경은 하나님의 감동으로 된 것으로 교훈과 책망과 바르게 함과 의로 교육하기에 유익하니, 이는 하나님의 사람으로 온전하게 하며 모든 선한 일을 행할 능력을 갖추게 하려 함이라." 바울이 의미한 바에 대해 몇 가지 살펴볼 것이 있다.

모든 성경을 말할 때 "모든"(all)이라는 단어에는 집합적 의미가 담겨 있고 성경 전체를 의미한다. 즉 이 말은 모든 부분을 포함하는 성경 전체를 가리킨다. 어떤 번역은 "각각의"(every)이라는 단어를 사용하는데, 여기에는 분배적인 의미가 담겨 있고 각각의 개별적인 성경, 즉 전체를 구성하는 성경의 다양한 부분을 말한다. 모든 성경이든 각각의 성경이든 바울이 의미한 바는 성경이 하나님의 감동으로 되었다는 것이다.

하지만 바울이 "성경"을 언급했을 때 그는 어떤 생각을 하고 있었을까? 15절에서 "성경"은 구약만을 지칭한다. 그렇다면 우리는 무엇을 근거로 신약 역시 하나님의 감동으로 기록되었다고 주장할 수 있을까? 먼저 베드로는 자신의 서신에서 바울의 기록을 "성경"으로 지칭했다(벧후 3:14-16). 또한 바울은 자신의 편지가 성도들을 교육하기 위해 교회 안에서 공적으로 낭독 되도록 지시했다. 짐작컨대 그의 편지는 구약과 함께 낭독되었을 것이다(골 4:16; 살전 5:27). 또한 바울은 데살로니가전서 2:13에서 자신의 메시지를 "하나님의 말씀"으로 지칭했고, 고린도전서 2:13에서는 하나님이 자신에게 계시하신 것을 "사람의 지혜가 가르친 말로 아니하고 오직 성령께서 가르치신 것"으로 설명했다. 그리고 디모데전서 5:18에서는 구약 외의 성경이 있음을 시사했는데, 이는 누가복음에(혹은 적어도 누가복음의 기초 자료에) 신명기와 동등한 위치를 부여한 것이다.

하지만 우리는 이 본문을 어떻게 해석해야 할까? "모든 하나님의 감동으로 된 성경은 유익하니"(혹은 "하나님의 감동으로 된 모든 성경은 유익하니")라고 해야 할까? 아니면 "모든 성경은 하나님의 감동으로 되었고 유익하니"라고 해야 할까? 전자는(꼭 그럴 필요는 없지만) 성경 전체가 아니라 일부만이 하나님의 감동으로 되었고 따라서 일부만이 유익하다는 의미로 해석될 수 있다. 하지만 후자는 그렇지 않다. 두 개의 서술 형용사가 "그리고"를 뜻하는 "카이"(kai)로 연결되었기 때문이다.

가장 중요한 것은 "하나님의 감동으로 된"이라고 번역된 단어(theopneustos)다. 감동, 영감이라는 번역에는 오해의 소지가 있는데, 이미 어떤 본문이 존재했고 거기에 하나님이 자신의 호흡을 불어넣으셨거나 특별한 영적·신적 특성들을 부여하셨다는 의미로 비칠 수 있기 때문이다. (원어인) 그리스어의 의미는 "하나님이 불어넣으시는"이 아닌 "하나님으로부터 나온" 호흡이다. 성경은 하나님의 호흡을 근원으로 하여 생겨난 결과물이고, 따라서 자신의 근원을 사람의 창의적 재능이 아닌 하나님 안에서 발견한다. 구약에서 하나님의 "호흡"은 곧 그분의 창조적 능력이었다(참조. 욥 32:8; 33:4; 34:14. 창 2:7; 시 33:6도 보라).

마지막으로 오류가 어떻게 유익하며 "교훈"과 "바르게 함"과 의로 "교육"하는 것에 기여할 수 있는지 납득하기 어렵다. 패커는 말한다. "권위는 진리, 오직 진리로부터 나온다.…나는 하나님이 자신의 진리를 우리에게 말씀하시되 성경 저자들의 거짓된 진술들을 통해 하셨다는 주장을 종종 대면하는데 솔직히 이들을 이해하기 어렵다."[22]

성경의 무오성에 대한 오해

사람들이 성경의 무오성을 부인하는 것은 우리가 이 용어를 사용할 때 무엇을 확언하는지를 오해하기 때문이다. 따라서 무오성이 무엇을 수반하고 무엇을 수반하지 않는지에 대한 몇 가지 오해를 살펴볼 필요가 있다.

가장 먼저 하나님이 성경을 기록하는 과정에서 죄 많고 오류를 범하기 쉬운 인간을 사용하셨다는 사실은 무오성에 반하는 증거가 아니다. 우리가 인간이기 때문에 실수를 할 수 있다고 말하는 것과 실수를 할 수밖에 없다고 말하는 것은 다르다(특히 벧후 1:20-21을 보라). 따라서 무오성의 교리는 성경의 인간적 측면을 약화시키지 않는데, 그리스도의 신성이 그가 입으셨던 인간적 육체의 실재를 약화시키지 않은 것과 마찬가지다.

때로 성경이 무엇을 묘사할 때 그것이 실제로 어떤지보다 그것이 보이는 대로, 즉 현상학적으로 묘사한다는 사실은 무오성에 반하는 증거가 아니다. 만일 성경이 사실은 그렇게 보이지 않는데도 그렇게 보인다고 공공연히 가르친다거나, 실제로 전혀 그렇지 않은 것을 그렇다고 공공연히 가르친다면 우리는 오류를 인정할 수밖에 없을 것이다. 하지만 성경이 어떤 사건이 특정한 방식으로 보인다고, 즉 실제로는 그렇지 않지만 육안과 인간이 관측하는 관점으로부터 그렇게 보인다고 말했다면 이것은 오류가 아니다.

---

22 J. I. Packer, *Truth and Power: The Place of Scripture in the Christian Life* (Wheaton, IL: Shaw, 1996), 46.

하나님이 자신의 뜻과 방식을 성경에서 드러내실 때 종종 자신을 인간의 언어와 경험에 맞추어 계시해주신다는 사실은 무오성에 반하는 증거가 아니다. 비슷한 맥락에서, 성경에 비유적 표현들이 있다는 사실 역시 무오성에 반하지 않는다. 무오성이 성경의 모든 것을 문자적으로 받아들이는 것을 의미한다고 잘못 생각하는 사람들이 있는데, 그렇다면 정말로 하나님께 날개가 있고 정말로 산들이 기뻐 뛰어야 한다. 하지만 진리는 종종 비문자적·비유적·상징적 언어로 표현된다.

무오성은 성경이 특정한 개념이나 교리를 다른 것보다 더 강조한다는 사실과도 완벽히 양립할 수 있다. 어떤 이들은 성경이, 예를 들어 지질학을 강조하지 않기 때문에 지질학에 대해 말하는 모든 것에 오류가 있다고 결론짓는데, 이는 적절치 못하다. "예수 그리스도께서 다시 살아나셨다"(딤후 2:8)는 선언은 "에라스도는 고린도에 머물러 있었다"(딤후 4:20)는 기록보다 더욱 중요하다. 하지만 전자에 비해 후자가 덜 중요하다고 해서 거짓은 아니다.

성경 저자들이 때때로 문법적 관습을 따르지 않았다는 사실이 무오성에 반하는 증거는 아니다. 어떤 진술이든 표기법에 있어서는 비문법적이면서도 내용에 있어서는 전적으로 사실일 수 있다. 존 프레임(John Frame)이 지적한 대로 "I ain't going'은 'I am not going'에 비해 부적절한 표현이다. 하지만 이 둘 모두의 의미는 분명하다('나는 가지 않을 것이다'라는 의미—역자 주). 이 둘은 같은 것을 말하고 있고 모두 사실을 표현할 수 있다."[23]

---

23 John M. Frame, *The Doctrine of the Word of God* (Phillipsburg, NJ: P&R, 2010), 175.

성경에 대한 우리의 해석이 동일하지 않다는 사실이 무오성에 반하는 증거는 아니다. 서로 다른 해석에 대한 설명은 성경 본문이 아닌 해석자의 몫이다. 나는 신자의 세례(오직 자신의 믿음을 고백한 사람만이 세례를 받을 수 있다는 교리)를 믿고, 나와 친한 친구 하나는 유아 세례를 믿고 베푼다. 이것은 우리 둘 중 하나가 잘못되었다는 뜻이지 성경에 오류가 있다는 뜻은 아니다.

성경이 모든 곳에서 똑같이 분명하지 않다는 사실이 무오성에 반하는 증거는 아니다. 다른 말로 하면, 성경의 무오성이 완벽하게 명쾌한 이해를 보장하지는 않는다. 사도 베드로조차 인정하기를, 사도 바울의 글에는 "알기 어려운 것이 있었다"(벤후 3:16). 하지만 바울의 기록이 복잡하고 어려웠다고 해서 이것이 베드로나 누가, 요한의 기록보다 사실성과 정확도에서 모자랐다는 뜻은 아니다.

성경이 거짓말과 비윤리적인 행동을 기록했다는 사실이 무오성에 반하는 증거는 아니다. 성경이 단순히 기록하고 있는 것과 승인하는 것, 성경의 서술적 권위와 규범적 권위 사이의 차이는 구분되어야 한다.

신약 기자들이 구약을 인용하거나 언급할 때 참고 문헌을 위한 규칙을 세심히 지키지 못했다는 사실이 무오성에 반하는 증거는 아니다.[24] 1세기의 저자들에게 21세기의 문학 기준을 요구하는 것은 비현실적이다. 마태나 마가, 누가와 요한은 케이트 투라비안(Kate Turabian, 미국의 유명한 교

---

24 그레고리 K. 비일(Gregory K. Beale)과 D. A. 카슨(Carson)은 신약 저자들이 구약의 본문을 인용하고 언급하고 심지어 단순히 암시한 부분까지 모든 경우를 포함한 탁월한 자료를 편집·출판했다. 모든 사례에서 이들이 주장하는 바는 신약 저자들이 구약 본문의 적절한 이해를 반영한다는 것이다. 『신약의 구약사용 주석 시리즈』(*Commentary on the New Testament Use of the Old Testament*, CLC 역간)를 보라.

육학자로 연구 논문과 학위 논문 작성자들을 위한 매뉴얼을 집필했다—역자 주)
이나 "시카고 편집지침서"(*The Chicago Manual of Style*)에 대해 들어보지 못
했을 것이다.

　이와 비슷하게 성경 저자들이 숫자나 측량에 있어 반올림과 근사치
를 사용했다는 사실이 무오성에 반하는 증거는 아니다. 성경이 부정확하
다는 주장은 성경 저자들이 성경을 기록했던 문화·역사적 문맥 속에서
당시 통용되던 기준으로 판단되어야지, 과학적이고 컴퓨터화된 21세기
의 기술적 정확도로 판단되어서는 안 된다. 웨인 그루뎀(Wayne Grudem)
은 다음과 같이 기록했다. "진실성의 한계는 말하는 사람이 의도한 정밀
성의 정도와 듣는 사람들의 기대에 달려 있다."[25] 프레임은 다음의 내용
을 상기시키며 여기에 동의했다. "정확성과 사실성은 의미상 겹치기는
하지만 동의어는 아니다. 사실을 위해 어느 정도의 정확성이 요구되는
것은 맞지만, 그것이 어느 정도여야 하는지는 문맥에 따라 다르다."[26] 예
를 들면, 누군가 이 문단을 기록하고 있을 당시의 내 나이를 물어보았다
면 나는 "60세"라고 답했을 것이다. 하지만 이것은 정확하지 않다. 내가
60년 7개월 16일 7시간 22분을 살았기 때문이다. 정확하게 대답하지 않
았을지는 몰라도 나는 진실했다. 만일 누군가 우리 집에서 교회까지의
거리를 물었다면 나는 정직하게 "10마일"이라고 답했을 것이지만, 사실
정확한 거리는 9.4마일이다. 따라서 프레임은 무오성을 이렇게 기록했다.

---

25 Wayne Grudem, *Systematic Theology: An Introduction to Biblical Doctrine*
　　(Grand Rapids: Zondervan, 1994), 91. 『조직신학』(은성 역간).

26 Frame, *The Doctrine of the Word of God*, 171.

[무오성은] 성경이 사실이라는 뜻이지 모든 의미에서 정확하다는 뜻이 아니다. 성경은 진리를 위해 필요한 범위까지 정확하며 그런 의미에서 성경은 충분히 정확하다. 하지만 일부 독자들이 요구하는 만큼의 정확도에는 미치지 못할 수도 있다. 성경 자신의 목적을 위해서는 충분히 정확하지만, 일부 독자들이 사용하는 다른 목적을 위해서는 충분히 정확하지 못할 수도 있다.[27]

어떤 사건의 기록이 상세하지 못하다는 사실이 무오성에 반하는 증거는 아니다. 어떤 사건의 묘사가 부분적이라고 해서 거짓이 되는 것은 아니다. 단순히 말하자면 무오성은 성경이 무엇을 말할 때, 그것의 범위가 넓든지 좁든지, 말하는 바에 있어서는 정확하다는 뜻이다. 같은 사건을 두 명의 저자가 서로 다른 관점과 목적을 가지고 기록한 경우가 여기에 속한다. 마태는 예수님의 무덤에서 한 명의 천사를 보았다고 했고(마 28:2), 누가는 두 명의 천사를 보았다고 했다(눅 24:4). 두 명의 천사가 있었다면 한 명은 당연히 있었을 것이다. 만일 마태가 한 명의 천사밖에 없었다고 하고 누가는 두 명의 천사가 있었다고 한다면 문제가 되었을 것이지만, 마태는 그렇게 말하지 않았다.

성경 저자들이 성경을 기록할 때 영감되지 않은 오류가 있는 자료들을 사용했다는 사실은 무오성에 반하는 증거가 아니다. 단순히 말해, 무오성은 이들이 영감을 받지 않은 자료들을 인용하고 빌려올 때 정확하게 인용하고 빌려왔음을 의미한다. 우리가 지금 당장 모순되어 보이는 사건

---

27 같은 책, 173.

이나 자료 모두를 조화시킬 수 없다는 사실 역시 무오성에 반하는 증거가 아니다. 이것은 성경의 권위를 인간의 지략 아래에 두려는 생각이다. 또한 우리가 역사로부터 배우지 못했다는 뜻이기도 한데, 수없이 많은 경우 역사적·고고학적·해석적·과학적 발견이 성경 속에 있는 외견상의 모순들을 해결해왔기 때문이다.

결론

성경이 축자적이고 완전하며 무오한 영감을 받았다는 교리와 개념은 왜 이토록 중요한 것일까? 첫 번째 이유는 다음과 같다.

> 성경의 진실성과 성경의 권위는 서로 불가분의 관계에 있다. 오직 진리만이 우리의 믿음과 행위를 결정지을 최종적 권위를 가지며, 따라서 성경이 사실이 아니라면 성경은 이와 같은 권위를 가질 수가 없다. 성경은 사실적·신학적으로 신뢰할 만한 책이고 종교적 경험과 전문성에 있어 여전히 우리에게 깊은 인상을 남길 것이지만, 모든 성경의 진실성을 전적으로 인정하지 않는 한, 이것이 우리의 확신과 행위를 통제하기 위해 주신 하나님의 증거이자 가르침이라는 주장을 펼칠 수는 없다.[28]

두 번째로 우리는 우리의 마음을 성경의 무류성과 권위에 굴종시키고, 우리의 정신을 성경의 진리로 담금질하며, 우리의 영혼을 성경의 가

---

28 Packer, *Truth and Power*, 134.

르침으로 적셔야 하는데, 이것은 인간의 삶과 교회의 경험을 변화시킬 능력이 성경에 기록된 무오한 하나님의 특별계시에 있기 때문이다.

하나님의 말씀은 성령이 인간의 마음을 거듭나게 하시는 수단이자 방편이다. 이는 말씀의 선언과 소통이 영적 생명을 낳는 촉매제가 된다는 뜻이다. 베드로전서 1:23-25을 보면 생명을 낳는 "말씀"은 베드로가 "전한" 말씀이었다. 하나님의 말씀은 구원을 주시는 하나님의 능력이다 (특히 롬 1:16-17; 10:14-15; 고전 1:18-25을 보라). 하나님의 말씀은 믿음의 물이 솟아나는 샘이다. 바울은 로마서 10:17에서 "믿음은 들음에서 나며"라고 했고, 그 들음은 "그리스도의 말씀으로 말미암아" 온다고 했다.

성령이 인내와 격려를 전하시는 방편도 성경을 통해서다. "무엇이든지 전에 기록된 바는 우리의 교훈을 위하여 기록된 것이니 우리로 하여금 인내로 또는 성경의 위로로 소망을 가지게 함이니라"(롬 15:4). 기쁨과 평강, 소망의 출처 역시 성경이다. 어떻게 그럴까? 바울은 로마서 15:13에서 이렇게 기도했다. 하나님이 "모든 기쁨과 평강을 믿음 안에서 너희에게 충만하게 하사 성령의 능력으로 소망이 넘치게 하시기를 원하노라." 기쁨과 평강은 믿음의 열매고, 이것이 다시 소망을 열매로 맺는다. 하지만 무엇을 믿는 믿음일까? 믿음은 하나님이 성경을 통하여 하나님 자신과 그리스도 안에 있는 우리와의 관계에 대해 우리에게 계시하신 바를 확신하는 것이다. 믿음은 아무것도 없는 진공상태에서 부유(浮遊)하지 않고, 영감되고 계시되어 성경으로 기록된 확실한 말씀의 기초에 뿌리를 내린다.

그리스도의 몸 안에서 지속적으로 일어나는 기적들을 설명하는 것도 하나님의 말씀이다. 갈라디아서 3:5은 이렇게 말한다. "너희에게 성령을 주시고 너희 가운데서 능력을 행하시는 이의 일이 율법의 행위에서냐 혹은 듣고 믿음에서냐?" 하나님이 사용하시는 수단은 우리가 하나님의 말씀을 들음으로써 경험하는 믿음이다. 설교와 성경 공부를 통해 하나님의 말씀을 들을 때, 우리의 생각과 마음은 하나님을 중심으로 하고 그분의 영광에 초점을 맞추게 된다. 결과적으로 그분의 위대하심을 믿는 우리의 믿음은 넓고 깊어지며, 이 모든 것이 초자연적인 씨앗이 심기는 토양이 되는 것이다. 기록된 진리가 전해지지 않고는 진실하고 영구하며 그리스도를 높이는 믿음이 불가능하고, 이런 믿음이 없이는 기적이 아주 적게 일어나거나 아니면 전혀 일어나지 않는다.

하나님의 말씀이 설명·해설·적용될 때 매일의 삶에서 성화와 거룩의 열매를 맺을 수 있다. 다음의 말씀을 생각해보라.

이러므로 우리가 하나님께 끊임없이 감사함은 너희가 우리에게 들은바 하나님의 말씀을 받을 때에 사람의 말로 받지 아니하고 하나님의 말씀으로 받음이니 진실로 그러하도다. 이 말씀이 또한 너희 믿는 자 가운데에서 역사하느니라(살전 2:13).

네가 이것으로 형제를 깨우치면 그리스도 예수의 좋은 일꾼이 되어 믿음의 말씀과 네가 따르는 좋은 교훈으로 양육을 받으리라(딤전 4:6).

갓난아기들같이 순전하고 신령한 젖을 사모하라. 이는 그로 말미암아 너희로 구원에 이르도록 자라게 하려 함이라(벧전 2:2).

하나님의 말씀은 살아 있고 활력이 있어 좌우에 날선 어떤 검보다도 예리하여 혼과 영과 및 관절과 골수를 찔러 쪼개기까지 하며 또 마음의 생각과 뜻을 판단하나니(히 4:12).

그렇다면 성경은 영감으로 기록된, 곧 하나님의 호흡으로부터 나온 책인 동시에 무오한 책인가? 그리고 이것은 중요한가? 이 두 가지 질문에 대한 나의 대답은 "분명히 그렇다, 거듭 대답하건대 그렇다"이다.

추천 도서

Frame, John M. *The Doctrine of the Word of God.* Phillipsburg, NJ: P&R, 2010. 『성경론』 (개혁주의신학사 역간).

Nichols, Stephen J., and Eric T. Brandt. *Ancient Word, Changing Worlds: The Doctrine of Scripture in a Modern Age.* Wheaton, IL: Crossway, 2009.

Packer, J. I. *God Has Spoken: Revelation and the Bible.* 3rd ed. Grand Rapids: Baker, 1998.

Poythress, Vern Sheridan. *Inerrancy and Worldview: Answering Modern Challenges to the Bible.* Wheaton, IL: Crossway, 2012.

2장
열린 유신론이란 무엇일까?

하나님께는 어떤 일도 "일어나지" 않는다는 사실을 생각해본 적이 있는가? 잠시 멈추어 이 질문을 숙고해보자. 이 질문이 우리에게 상기시키는 바는 아무것도 하나님을 깜짝 놀라게 하지 못한다는 사실이다. 하나님께는 영문도 모른 채 갑자기 당하는 일이 없다. 미리 계획되지 않은 어떤 일이 일어나는 경우도 없다. 어떤 것도 그분의 허를 찌르지 못한다. 어떤 경우에도 하나님의 예측을 벗어난 사건이 일어나 (비유적으로 말하자면) 그분이 이마를 치며 "와! 생각지도 못했던 일이네"라고 외치게끔 되지 않는다는 말이다.

하지만 최근 들어 하나님에 대한 이런 이해에는 급진적 변화가 있었다. 이 변화에 따르면 하나님께는 미래의 모든 사건에 대한 철저한 예지가 없다. 보통 "열린 유신론"(open theism)이라고 불리는 이 이론에 따르면, 하나님은 인간의 자유로운 선택이 무엇이 될지 절대적으로 확신하지 못하시고 사실상 이를 아실 수도 없다. 하나님에 대한 이 새로운 견해를 구성하는 요소들은 다양하지만 근본 원리들을 나열하자면 다음과 같다.

열린 유신론의 구성 요소

먼저 열린 유신론의 지지자들은 하나님이 미래의 모든 사건들을 아신다고 묘사하는 고전적·전통적 견해가 성경으로부터 유래하지 않았으며, 교회가 생긴 후 몇 세기 동안 기독교 신학을 부패시켜온 그리스 철학의 개념에서 왔다고 믿는다. 이들은 하나님의 불변성과 영원성의 교리도 부인하는데, 이 교리들 역시 성경보다는 그리스 철학의 강조점을 반영한다고 생각하기 때문이다.

둘째, 열린 유신론에 따르면 하나님은 인간이 미래에 어떤 행동을 할지 미리 아실 수 없다. 하나님이 인간의 의사 결정을 아시게 되는 것은 인간이 그 결정을 내리는 바로 그 순간이다. 다른 말로 하면, 하나님은 사건의 일어남을 통해 그것을 "아신다." 하나님은 사건의 전개를 인식하고 그 전개가 이루어지는 과정 속에서 반응하시는데, 그런 의미에서 세상에 대한 하나님의 경험은 "열려 있다"고 볼 수 있다. 하나님은 새로운 자극과 경험에 대해 "열려 계신다." 그분은 인간의 결정과 행동을 알 수도, 통제할 수도 없고, 그런 의미에서 그분은 모험을 즐기는 분이다.[1]

셋째, 이 이론의 지지자들은 하나님에 대한 이 "열린" 견해 안에서만 하나님이 자신의 피조물과 의미 있는 상호적 사랑의 관계를 맺으실 수 있다고 말한다. 이런 상호작용이 일어나기 위해, 미래는 전적으로 하나님과 인류 모두에게 불확정적이어야 한다. 미래는 정해지지도 않았고 확신할 수도 없다. 만일 하나님께서 미래를 세부사항에 이르기까지 모두 알

---

1 이런 의도에서 존 샌더스는 자신의 책 제목을 『위험을 자처하시는 하나님』으로 정했다. *The God Who Risks* (Downers Grove, IL: InterVarsity, 1998).

고 계신다면 그 미래의 일들은 틀림없이 일어난다. 그리고 그런 미래가 틀림없다면 우리가 하나님께 반응하고 하나님이 우리에게 반응하시는 등, 주고받음의 관계를 통한 참된 사랑과 애정의 관여는 불가능하다.

넷째, 이 이론의 지지자들이 과정신학을 받아들였다고 주장하는 사람들도 있다. 물론 이들은 거세게 반발할 것이다. 과정신학에 따르면 하나님 자신도 인간처럼 과정 가운데 존재하신다. 하나님은 성장하고 발전하고 변화하고 적응하고 이전의 모습이 아닌 그 무엇이 되어가고 계신다. 그분은 매 순간 이전에는 무지했던 새로운 것을 배우고 무언가에 놀라며 이전에는 몰랐던 것들을 발견해간다.

다른 말로 하면, 하나님이 미래에 대해 취할 수 있는 최선은 자신의 지혜와 방대한 경험, 인간의 본성과 행위와의 상호작용을 통해 이제껏 배워 온 바를 토대로 추측하는 것뿐이다. 하나님은 초보자를 상대로 체스경기를 펼치는 그랜드마스터(최고 수준의 체스 선수—역자 주)와 같은 존재다. 경기와 가능한 수에 대한 그의 이해는 그분을 승자로 만들지만, 그렇다고 결과를 절대로 확신할 수는 없다. 이 견해에 따르면 하나님은 자신의 계획과 마음을 계속해서 수정하고, 목적을 다듬으며, 의도를 조정하고, 자신이 예견하고 예측할 수 없는 인간의 의사 결정에 언제나 적응하신다. 열린 유신론자들은 자신이 과정신학자가 아니라고 주장하지만 솔직히 양자의 차이점을 찾기는 어렵다. 이들은 자신이 하나님의 도덕적 성품(사랑, 선, 긍휼, 은혜, 거룩 등등)에는 변함이 없음을 믿는다는 사실을 강조해 자신이 과정 사상가들과 다르다고 주장할 것이다.

다섯째, 선택과 교리에 대해서는 열린 유신론의 지지자들 모두가 아르미니우스주의를 지지함에도 불구하고, 아르미니우스주의가 고전적으로 추구해온 하나님 개념으로부터는 상당히 벗어나 있다는 점이다. 존 웨슬리와 이 전통의 여러 지지자들, 그리고 야코부스 아르미니우스(James Arminius) 자신 역시 미래에 대한 하나님의 지식을 인정했다.[2]

여섯째, 열린 유신론자들은 하나님의 철저한 예지는 부인하면서도 하나님의 전지는 인정한다. 이들의 논지는 다음과 같다. 하나님이 전지하시다는 말은 그분이 모든 것을 아신다는 말이고, 이것은 하나님이 알 수 있는 것은 무엇이든 다 아신다는 뜻이다. 하지만 미래는 아직 일어나지 않은 것으로 거기에는 지식의 적절한 대상이 하나도 없다. 따라서 하나님이 미래를 모르신다는 사실은 그분이 전지하시지 않다는 말이 아니다. 미래는 그 정의상 불확실하고 따라서 알 수가 없기 때문이다. 다른 말로 하면 "하나님이 미래를 알지 못하는 것은 알 것이 아직 도래하지 않았기 때문이다.…미래는 시간이 흘러가면서 펼쳐질 양탄자가 아니라 지금 직조되고 있는 양탄자다."[3] 이것이 그들이 하나님의 전지를 긍정하여 외견

---

2 아르미니우스가 하나님의 선택을 어떻게 설명했는지를 참고하라. "네 번째 작정은 이것들에 뒤따르는데, 하나님께서는 어떤 특정한 사람들을 구원하시고 저주하시기로 작정하셨다. 이 작정은 하나님의 예지에 그 기반을 두고 있다. 그분은 앞서 묘사했던 회심과 믿음을 위해 적합하고 적절한 수단들을 시행하셔서, 누가 그분의 선행하는 은혜를 통해서 믿고, 그분의 후속하는 은혜를 통해서 인내하게 될지 영원 전부터 아셨다. 그리고 이 예지로써 믿지 않고 인내하지 못할 자들을 아셨다(James Arminius, *The Writings of James Arminius*, trans. James Nichols [Grand Rapids: Baker, 1977], 1:248). 아르미니우스주의는 인간을 구원하시는 하나님의 선택이 조건적으로 이뤄진다고 말한다. 즉 각 사람이 예수 그리스도의 복음에 반응할 때 그의 자유의지를 어떻게 사용할지에 대한 하나님의 예지를 바탕으로 이뤄진다고 주장한다.

3 Millard J. Erickson, *God the Father Almighty: A Contemporary Exploration of the Divine Attributes* (Grand Rapids: Baker, 1998), 73. 에릭슨이 열린 유신론자가 아니라는 사실을 밝혀두고 싶다. 그가 쓴 다음의 책을 참고하라. *What Does God Know and When Does He Know It? The Current Controversy over Divine Foreknowledge* (Grand Rapids: Zondervan, 2003).

상으로는 정통성을 유지하면서도 하나님의 예지를 부인하는 방식이다. 클락 피노크(Clark Pinnock)는 이를 다음과 같이 표현했다.

> 미래는 아직 존재하지 않기 때문에, 하나님이라도 그것을 절대로 확실하게는 예측할 수 없다. 미래의 결정은 누구도 절대로 미리 알 수 없는데 아직 그 결정이 내려지지 않았기 때문이다. 하나님은 알 수 있는 모든 것을 아시지만 [그의 말에 따르면 그렇기 때문에 "전지"하시다] 그분의 예지가 미정된 일들까지 포함하는 것은 아니다.[4]

열린 유신론자들이 미래와 미래에 속한 사건이나 의사 결정을 알 수 없는 "것"으로 주장하는 이유는 두 가지 논쟁으로부터 찾을 수 있다. 먼저 이들은 하나님이 영원하시다는 사실, 즉 그분이 시간의 제약을 받는 실재의 사건과 과정을 어떤 면에서 초월하시고 따라서 모든 사건들을 하나의 영원한 "현재" 안에서 보실 수 있다는 사실을 부정하기 때문이다. 이들은 하나님이 시간 안에서 시간의 일부로 존재하시기 때문에 어떤 사건이 일어날 때에야 그것을 보시고 아신다고 이야기한다. 이들이 예지를 부인하는 두 번째 이유는 예지가 예정을 요구하기 때문이다. 하나님이 미래를 아시는 것은 그가 미래 안에서 일어날 일을 미리 정하셨기 때문이다. 하지만 이들은 이것을 부인하는데, 미래의 사건이 예정되어 있다면 그 사건은 분명히 일어나야 하고, 무엇이 분명히 일어나야 한다면 인간은 자유를 상실하게 될 것이기 때문이다. 인간이 진정으로 자유롭기 위해 미래는 반

---

4 Clark Pinnock et al., *The Openness of God: A Biblical Challenge to the Traditional Understanding of God* (Downers Grove, IL: InterVarsity, 1994), 123.

드시 "열려" 있어야 한다.[5]

열린 유신론자들이 자신의 견해를 옹호하기 위해 인용하는 증거는 대략 두 종류다. 이들이 호소하는 것은 하나님이 세상에서 일어나는 사건에 어떤 방식으로든 반응하셨다고 하는 성경의 묘사들인데, 이 사건들은 하나님의 감정을 자극해 그분으로 하여금 비탄, 슬픔, 후회, 분노, 놀람 등을 느끼도록 하고 심지어 그분의 태도나 의도, 계획에 변화를 야기한 것처럼 보인다(예. 창 6:5-7; 22:12; 렘 26:2-3; 겔 12:1-3을 보라).

또한 이들은 인간의 자유를 주장하는 구절에 호소한다. 만일 하나님이 내가 무엇을 할지 아신다면 나는 기필코 다른 것이 아닌 그것을 할 것이다. 내가 다른 것을 한다면 하나님의 지식은 오류에 처할 것이다. 하나님이 내 미래의 모든 결정을 틀림없이 아신다면 내 미래의 모든 행동은 이미 일어날 수밖에 없는 일들이 되고, 그런 의미에서 나는 참으로 자유할 수 없다. 반대로 내가 참으로 자유하다면 내 미래에서 확실한 것은 아무것도 없고, 나는 내가 계획한 것이나 다른 사람이 기대하는 바를 떠나 다른 것을 하기로 언제든지 선택할 수 있다. 따라서 나는 내가 미래에 무엇을 선택할지 알지 못하고, 또 그런 이유로 하나님 역시 그것을 아실 수 없다. 내가 무엇을 의도하거나 계획했다고 하더라도 나는 얼마든지 나의 마음을 바꿔 다른 대안을 선택할 수 있다. 따라서 하나님은 미래를 알지 못하고, 실제로 아실 수도 없다.

하나님에 대한 이런 견해가 등장한 배경에는 두 가지 추가적인 이유가 있을 수 있는데, 물론 열린 유신론의 지지자들은 이를 부인할 것이다.

---

5 개략적으로 말하면, 아르미니우스는 하나님의 예지를 그분의 영원성에 기반을 두고, 칼뱅은 하나님의 예정에 기초해서 인정했다.

먼저 열린 유신론의 지지자들 중 대다수가 전문적으로 철학을 하는 사람들이라는 점이다. 이것이 왜 중요할까? 도널드 블로쉬가 꼬집었듯이, "철학이 좋아하는 것은 인간 이성의 완성과 숭배라는 통합에 도달하여 인생의 양극성과 모호함을 극복하는 것이다. 철학은 합리적인 이해에 저항하는 어떤 것도 용납하지 않는데, 이는 그것이 인간 존재의 비이성을 인정하는 행위이기 때문이다."[6] 미래에 대한 하나님의 철저한 예지(확실성을 포함하여)와 인간의 진정한 자유가 공존할 수 있다는 양립가능론의 신비는 많은 철학자들이 결코 용납할 수 없는 사실이다.

열린 유신론은 주권적인 하나님의 임재 속에서 인간의 자유를 지켜내기 위해 도출된 이론이었다고 설명하는 사람도 있다. 이들의 해결책은 하나님의 주권이 인간의 분방한 자유에 더 이상 위협이 되지 못하도록 하나님의 주권을 제거하거나 적어도 상당 부분 감소시키는 데 그 목적이 있다. 열린 유신론자들은 어떻게 하나님이 미래를 아시고 자신의 섭리 가운데 그것을 통제하시면서도, 인간에게 이들의 행위에 대한 도덕적 책임을 물으실 수 있는지(이 교리는 양립가능론이라고 알려져 있다) 이해하지 못했다. 스티븐 차녹(Stephen Charnock)은 열린 유신론자들에게 다음의 질문을 던졌다. "만일 하나님의 예지와 의지의 자유가 인간에 의해서 완벽하게 조화될 수 없다면 어떻게 하겠는가? 우리의 자유를 지지하고자 하나님의 완전하심을 부인하겠는가? 우리의 자유를 지키기 위하여 하나님께 무지와 무식의 멍에를 지우고 그분을 욕보일 것인가?"[7]

---

6 Donald G. Bloesch, *A Theology of Word and Spirit: Authority and Method in Theology* (Downers Grove, IL: InterVarsity, 1992), 80.

7 Stephen Charnock, *The Existence and Attributes of God*, vol. 2 (1853; repr., Grand

열린 유신론에 대한 간단한 대답

열린 유신론에 대한 정교한 대답을 제시하기에는 지면이 충분치 않기 때문에 나는 이사야 41-48장에 기록된 분명한 반증을 중심으로 논증할 생각이다. 거기서 하나님은 이방신들에게 "증거를 보일 수 없거든 네 입을 다물라"고 도전하셨다. 다른 말로 하면, 하나님은 자신의 신성, 즉 오로지 자신만이 하나님 되심을 증거하실 때, 미래에 대한 철저한 예지와 더불어 앞으로 일어날 모든 일을 가장 세밀한 사항에 이르기까지 예측하는 능력을 사용하셨다는 것이다. 하나님은 이른바 모든 신과 우상에게 똑같은 증거를 보이라고 말씀하셨다. 결국 하나님께 미래에 대한 지식이 없다면, 그분도 호도된 인간들이 헛된 충성을 맹세하면서 그 앞에 엎드렸던 돌과 나무로 만들어진 다른 우상과 별반 다르지 않다는 것이다.[8] 이사야서 본문 중 몇몇을 자세히 살펴볼 텐데, 이사야 41:21-26에서 시작하자.

> 나 여호와가 말하노니 너희 우상들은 소송하라.
>
> 야곱의 왕이 말하노니 너희는 확실한 증거를 보이라.
>
> 장차 당할 일을 우리에게 진술하라.
>
> 또 이전 일이 어떠한 것도 알게 하라.

Rapids: Baker, 1996), 450.

8 열린 유신론자들은 우리가 읽게 될 본문이 하나님 자신이 추구하시는 행위와 계획만을 지칭한다고 주장해왔다. 다른 말로, 하나님의 예지는 그분 자신의 행위와 계획, 목적에 대해서만 적용된다는 뜻이다. 하나님은 다른 존재들의 행위와 계획, 목적에 대해서는 예지할 수 없다. 이 본문들을 읽어가며 독자들 스스로 질문을 던져보라. 이사야는 하나님을 오직 하나님 자신이 행하실 바를 아시는 분으로 묘사하고 있는가? 아니면 자신의 백성, 즉 우리가 행할 모든 것을 철저하고 틀림없이 아시는 분으로 묘사하고 있는가?

우리가 마음에 두고 그 결말을 알아보리라.

혹 앞으로 올 일을 듣게 하며

뒤에 올 일을 알게 하라.

그리하면 너희가 신들인줄 우리가 알리라.

또 복을 내리든지 재난을 내리든지 하라.

우리가 함께 보고 놀라리라.

보라! 너희는 아무것도 아니며

너희 일은 허망하며

너희를 택한자는 가증하니라.

내가 한 사람을 일으켜 북방에서 오게 하며

내 이름을 부르는 자를 해돋는 곳에서 오게 하였나니

그가 이르러 고관들을 석회같이,

토기장이가 진흙을 밟음같이 하리니

누가 처음부터 이 일을 알게 하여 우리가 알았느냐?

누가 이전부터 알게 하여 우리가 옳다고 말하게 하였느냐?

알게 하는 자도 없고 들려주는 자도 없고

너희 말을 듣는 자도 없도다.

하나님은 이방신들을 법정으로 불러 모으신다. "너희 우상들은 소송하라, 증거를 준비하라, 지금은 네게 충성하는 것이 합당하다는 실증적 증거를 제시할 수 있는 기회다." 모든 "신들"에게 요구된 것은 "장차 일어날 일"과 "앞으로 다가올 일"을 진술하여 듣게 하는 것이었다. 즉 뒤에 올 일을 알게 하여 자신이 참된 신임을 증명하는 것이었다. 스스로 신이라

자청하는 자가 미래를 알고 예측할 수 없다면 그가 누구든 사기꾼에 불과했다. 하나님이 아니라는 불가피한 증거는 예지의 부족이었다. 26절에서 야웨가 제시한 도전은 실질적으로는 이것이었다. "너희 중 누가 고레스가 오는 것을 예측하였느냐? 나, 오직 나 홀로 그렇게 하였다." 존 오스왈트(John Oswalt)는 이렇게 설명한다. "신들이 받은 요구는 현재가 이해되도록 과거를 설명하는 것과 미래의 전개가 눈앞에서 펼쳐지도록 그것을 예언하는 것이었다. 이것은 하나님이 역사를 통해 자신의 백성을 위해 정확히 해오신 일이었다. 이것이 다른 신들에게 가능할 것인가?"[9]

다음으로는 이사야 42:8-9을 살펴보자.

> 나는 여호와이니 이는 내 이름이라.
> 나는 내 영광을 다른 자에게
> 내 찬송을 우상에게 주지 아니하리라.
> 보라! 전에 예언한 일이 이미 이루어졌느니라.
> 이제 내가 새 일을 알리노라.
> 그 일이 시작되기 전에라도
> 너희에게 이르노라.

다시 한 번 하나님의 "영광"은 우상들이 할 수 없는 일에 달려 있다. 새일이 이루어지기 전, 오직 하나님만이 자기 백성에게 그 일이 무엇인지

---

9 John N. Oswalt, *The Book of Isaiah: Chapters 40-66*, New International Commentary on the Old Testament (Grand Rapids: Eerdmans, 1998), 101. 『NICOT 이사야 2』(부흥과개혁사 역간).

를 앞서 알리고 선언하실 수 있다. 여기에는 추측이 없다. "아마도", "바라건대", "확률상" 그럴 것이다가 아니라, 앞으로 일어날 일에 대한 구체적인 선언이다.

이사야 43:8-13은 다음의 내용을 기록한다.

눈이 있어도 보지 못하고
귀가 있어도 듣지 못하는 백성을 이끌어 내라.
열방은 모였으며
민족들이 회집하였는데
그들 중에 누가 이 일을 알려주며
이전 일들을 우리에게 들려주겠느냐?
그들이 그들의 증인을 세워서 자기들의 옳음을 나타내고
듣는 자들이 옳다고 말하게 하여보라.
나 여호와가 말하노라. 너희는 나의 증인,
나의 종으로 택함을 입었나니,
이는 너희가 나를 알고 믿으며
내가 그인 줄 깨닫게 하려 함이라.
나의 전에 지음을 받은 신이 없었느니라.
나의 후에도 없으리라.
나 곧 나는 여호와라.
나 외에 구원자가 없느니라.
내가 알려주었으며 구원하였으며 보였고
너희 중에 다른 신이 없었나니

그러므로 너희는 나의 증인이요, 나는 하나님이니라, 여호와의 말씀이니라.

과연 태초로부터 나는 그이니

내 손에서 건질자가 없도다.

내가 행하리니 누가 막으리요.

9절에 대한 오스왈트의 해석은 정확하고 간결하다.

> 각 열방과 민족에게 자기 신이 있었지만 "그들(신들) 중에 누가 이 일을
> 알려주겠느냐(예언하겠느냐)?" "이 일"이라는 단어의 불명확성은 이 구절
> 에 대한 다양한 해석을 불러왔다. 가장 일반적인 해석은 이것이 바벨론
> 의 멸망과 고레스에 의한 포로 귀환을 지칭한다는 해석이다(41:2-4, 25-
> 26). 이런 견해는 가능하지만, 동시에 우리는 애매모호한 지시대명사를
> 사용한 저자의 의도를 염두에 두어야 할 것이다. 저자는 죄와 포로 됨, 귀
> 환, 재건이라는 전체적 상황을 생각했을 수 있기 때문이다. 만일 그렇다
> 면 본문을 지나치게 좁게 제한하는 것은 정당하지 않다.[10]

또한 바벨론의 멸망은 십만, 어쩌면 억에 달하는(누가 셀 수 있을까?)
누군가의 의사 결정과 행동들, 그리고 이들 각각의 셀 수 없는 결과들을
포함하는 사건이었을 것이다. 고레스에 의한 포로 귀환이 이루어지기 위
해, 어떤 부모는 자녀를 낳기로 결정했고 수천 가지의 의사 결정들이 힘
을 합쳐 그 아이를 이 일을 위한 바로 그 시간, 그 장소로 인도했을 것이

---

10 같은 책, 145.

다(또 이 일을 위해 수천의 다른 사람들과 수천에 이르는 이들의 의사 결정이 동원되었을 것이다). 더 나아가 유대인들이 포로 생활로부터 놓임 받기 위해 이들은 먼저 포로로 잡혀갔어야 했고, 이를 위해 예루살렘을 침략하기로 한 바벨론의 결정이 선행되어야만 했다. 셀 수 없는 군사적 결정과 작전의 실행이 양쪽 전선 모두에서 이루어졌을 것이다.

핵심은 하나님이 바벨론의 멸망과 고레스에 의한 귀환을 미리 알고 예측하시기 위해서는 그 멸망과 귀환을 위해 필요한 수천, 어쩌면 수백만의 다른 사건과 의사 결정을 미리 아셔야만 했다는 사실이다. 어떤 사건도 진공상태에서 다른 사건과 떨어져 홀로 일어나지 않는다. 역사 속 모든 사건은 수백만의 다른 사건들이 서로 얽히고설킨 복잡한 망의 결과이자 또 다른 사건의 전조다. 선행하는 모든 사건을 확실하게 예지하지 않고 어떻게 하나의 특정한 사건을 확실하게 예지할 수 있을까? 선행하는 사건들이 있었기에 그 일이 일어나며, 선행하는 사건들이 없었다면 그 사건은 불가능했을 것이다.

이사야 44:6-8은 다시 한 번 이런 사실을 강조한다.

이스라엘의 왕인 여호와,
이스라엘의 구원자인 만군의 여호와가 이같이 말하노라.
나는 처음이요 나는 마지막이라.
나 외에 다른 신이 없느니라.
내가 영원한 백성을 세운 이후로
나처럼 외치며 알리며 나에게 설명할 자가 누구냐?
있거든 될 일과 장차 올 일을 그들에게 알릴지어다.

너희는 두려워하지 말며 겁내지 말라.

내가 예로부터 너희에게 듣게 하지 아니하였느냐? 알리지 아니하였느냐? 너희는 나의 증인이라.

나 외에 신이 있겠느냐?

과연 반석은 없나니 다른 신이 있음을 내가 알지 못하노라.

다시 한 번 하나님의 유일하심에 대한 핵심적인 증거, 하나님을 다른 모든 신과 우상으로부터 구별하는 증거는, 도저히 미리 알 수 없는 일들을 미리 아시고 알리시며 실제로 이루어가시는 하나님의 능력이다. 7절이 단호한 목소리로 전하는 메시지는 다음과 같다. "네가 나와 같다고 말하느냐? 그렇다면 나처럼 미래를 선언하고 선포하라." 우리가 명심해야 할 것은 하나님의 지식의 대상이 그분이 성취하고자 의도하시는 특정한 행위뿐 아니라, 모든 남녀노소의 인생과 의사 결정, 생각, 반응, 감정, 운명, 아울러 앞으로 일어날 모든 일과 사건을 포함한다는 사실이다. 하나님의 예지로부터 나오는 열매는 하나님의 백성이 누리는 담대함이다. 8절은 역사가 하나님의 손안에 있음을 이야기한다. 따라서 "두려워하지 말라, 겁내지 말라." 오스왈트는 이렇게 표현했다.

이들의 믿음은 어리석은 것으로 결론나지 않을 것이다. 하나님은 이들을 버리지 않으실 것이다. 바벨론은 이들을 삼키지 못할 것이고, 예로부터의 약속은 땅으로 떨어지지 않을 것이다. 이사야의 사역은 바로 이것을 위함이었다. 포로가 된다는 약속은 끔찍하게도 그대로 성취되었지만 이것이 끝이 아니라는 다른 세부적인 약속들이 예로부터 함께 있었다. "내가 예로부터 너희에게 듣게 하지 아니하였느냐?" 이스라엘은 온 세상 앞에서 산 증인이 되어 하나님이 이 모든 일을 미리 말씀하셨고 그분에게 자신의 약속을 성취할 만한 능력이 있음을 증거할 것이다.[11]

이사야의 격론은 44:24-28에서도 이어진다.

네 구속자요 모태에서 너를 지은
나 여호와가 이같이 말하노라.
나는 만물을 지은 여호와라.
홀로 하늘을 폈으며
나와 함께한 자 없이 땅을 펼쳤고
헛된 말을 하는 자들의 징표를 폐하며
점 치는 자들을 미치게 하며
지혜로운 자들을 물리쳐
그들의 지식을 어리석게 하며
그의 종의 말을 세워주며
그의 사자들의 계획을 성취하게 하며
예루살렘에 대하여는 이르기를 거기에 사람이 살리라 하며
유다 성읍들에 대하여는 중건될 것이라,
내가 그 황폐한 곳들을 복구시키리라 하며
깊음에 대하여는 이르기를 마르라,

---

11 같은 책, 172-73.

내가 네 강물들을 마르게 하리라 하며

고레스에 대하여는 이르기를 내 목자라,

그가 나의 모든 기쁨을 성취하리라 하며

예루살렘에 대하여는 이르기를 중건되리라 하며

성전에 대하여는 네 기초가 놓여지리라 하는 자니라.

하나님은 예루살렘에 다시 사람이 살 것을 예지하고 예언하셨다. 하지만 이 일이 일어나기 위해서는 많은 사람의 의사 결정이 선행되어야 했다. 이들은 곰곰히 따져보고, 장단점을 재단하고, 다양한 대안과 자신의 결정이 가져올 결과들을 마음속에 떠올려보고, 가족들과의 상의를 거쳐 그곳에 살겠다는 결정을 내려야 했다. 예루살렘에 다시 사람이 살기 위해, 이 모든 자발적이고 자유로운 선택이 동원되어야 했다. 이들의 자발적이고 자유로운 선택을 떠나서는 예루살렘에 다시 사람이 사는 것이 불가능했다. 하지만 하나님은 예루살렘에 다시 사람이 살 것을 아셨다. 하나님은 이들이 내릴 자발적이고 자유로운 선택을 미리 아셨다. 이는 한편으로는 이것이 자발적이고 자유로운 선택이었다는 뜻이며, 다른 한편으로는 절대적으로 확실하게 이루어져야 하는 선택이었다는 뜻이다.[12]

하지만 이사야 45:1-13은 우리가 반복적으로 보아온 내용을 다시 한 번 확인한다.

---

12 고레스라는 이름은 그의 부모가 자유롭고 자발적으로 정한 이름이었다. 하지만 하나님은 고레스가 그의 이름이 될 것을 분명하고 확실하게 알고 계셨다. 이것은 인간의 의사 결정에 대한 하나님의 확실한 예지가 인간의 자유를 제거한다는 "교리"에 대한 확실한 반증이다.

여호와께서 그의 기름 부음을 받은 고레스에게 이같이 말씀하시되

내가 그의 오른손을 붙들고

그 앞에 열국을 항복하게 하며

내가 왕들의 허리를 풀어

그 앞에 문들을 열고

성문들이 닫히지 못하게 하리라.

내가 너보다 앞서가서

험한 곳을 평탄하게 하며

놋문을 쳐서 부수며

쇠빗장을 꺾고

네게 흑암 중의 보화와

은밀한 곳에 숨은 재물을 주어

네 이름을 부르는 자가

나 여호와 이스라엘의 하나님인 줄을 네가 알게 하리라.

내가 나의 종 야곱

내가 택한 자 이스라엘을 위하여

네 이름을 불러

너는 나를 알지 못하였을지라도 네게 칭호를 주었노라.

나는 여호와라, 나 외에 다른 이가 없나니

나밖에 신이 없느니라.

너는 나를 알지 못하였을지라도 나는 네 띠를 동일 것이요,

해 뜨는 곳에서든지 지는 곳에서든지

나밖에 다른 이가 없는 줄을 알게 하리라.

나는 여호와라, 다른 이가 없느니라.

나는 빛도 짓고 어둠도 창조하며

나는 평안도 짓고 환난도 창조하나니

나는 여호와라, 이 모든 일들을 행하는 자니라 하였노라.

하늘이여, 위로부터 공의를 뿌리며

구름이여, 의를 부을지어다.

땅이여, 열려서 구원을 싹트게 하고 공의도 함께 움돋게 할지어다.

나 여호와가 이 일을 창조하였느니라.

질그릇조각 중 한 조각 같은 자가

자기를 지으신 이와 더불어 다툴진대 화 있을진저,

진흙이 토기장이에게 너는 무엇을 만드느냐?

또는 네가 만든 것이 그는 손이 없다 말할 수 있겠느냐?

아버지에게는 무엇을 낳았소 하고 묻고

어머니에게는 무엇을 낳으려고 해산의 수고를 하였소 하고 묻는 자는

화 있을진저

이스라엘의 거룩하신 이 곧 이스라엘을 지으신

여호와께서 이같이 이르시되

너희가 장래 일을 내게 물으며

또 내 아들들과 내 손으로 한 일에 관하여 내게 명령하려느냐?

내가 땅을 만들고

그 위에 사람을 창조하였으며

내가 내 손으로 하늘을 펴고

하늘의 모든 군대에게 명령하였노라.

내가 공의로 그를 일으킨지라.

그의 모든 길을 곧게 하리니

그가 나의 성읍을 건축할 것이며

사로잡힌 내 백성을 값이나 갚음이 없이 놓으리라.

만군의 여호와의 말이니라 하셨느니라.

놀라운 사실은 고레스가 하나님을 믿는 구원의 믿음을 소유하지 않고도 특수한 지위 안에서 하나님의 "기름 부음"을 받은 사람으로 역사했다는 사실이다(참조. 4절). 오스왈트는 이렇게 말했다.

[모세의 때] 바로가 이스라엘의 하나님을 믿는 믿음에 이르지 않고도 그분을 야웨로 인정했던 것과 같이, 고레스 역시 오직 야웨를 예배하겠다는 복종에 이르지 않고도 자신이 이스라엘의 하나님으로부터 소명 받았다는 사실을 인정할 수 있었다(스 1:2-4에는 그가 그렇게 했다는 기록이 있다).[13]

이사야 45:1을 보면 하나님은 고레스의 원수들이 보일 감정적 반응("왕들의 허리를 풀어")까지도 예측하신다. 4절에 대해 오스왈트는 이렇게

---

13 Oswalt, *The Book of Isaiah*, 202.

기록한다.

> 고레스가 야웨에 대해 전혀 아는 것이 없었을 때, 그에게 "목자"(사 44:28)와 "기름 부음을 받은"(45:1) 자 같은 존칭을 부여하신 데서 하나님의 자연스러운 주권이 드러난다. 창조주가 자신의 계획에 있어 누군가에게 중요한 위치를 부여하기 위하여 그 사람의 믿음을 전제로 할 필요는 없다. 그분은 야웨이시고, 우리는 그것을 기쁨으로 이해하든(스스로를 기쁘게 그렇게 칭했던 사람들이 44:5에 등장한다), 아니면 못마땅하여 반항하거나 전혀 알지 못하든, 좌우지간 그분을 섬기게 될 것이다.[14]

이사야 45:4-6은 하나의 문맥 안에서 읽혀야 한다.

> 이 예언자는 어떻게 하나님의 이름으로 이토록 광범위한 주장들을 펼칠 수 있었을까? 그분 외에는 다른 신이 없기 때문이다. 일어나는 모든 일은 유일한 신적·초월적 존재의 계획과 목적에서 기인한다. 따라서 고레스가 이전부터 야웨를 알았든지 아니면 그가 지금 그분을 인식하게 되었든지는 중요하지 않다. 모든 사건에는 단 하나의 원인이 존재하고, 이것은 그 사건에 참여하는 이들이 그것을 인식하는지의 여부와 상관이 없다.[15]

7절의 "환란"(히브리어로는 "라"[ra])은 킹제임스역에서 "evil"(악)로 번역되었는데, 구약에서 이 단어는 자연재해로부터 하나님의 심판, 인간의

---

14 같은 책.
15 같은 책.

도덕적 악에 이르기까지 상상할 수 있는 모든 종류의 "좋지 못함"을 지칭한다. 여기서 "환란"(calamity, ESV)은 건강과 안녕, 평강, 행운을 의미하는 "샬롬"(shalom)과 대조를 이루어 "고통스러운 환경"의 의미를 효과적으로 전달한다. 따라서 여기에 기록된 이스라엘의 "어둠"과 "환란"은 바벨론 포로 생활의 문제와 고통, 어려운 환경을 지칭한다고 볼 수 있다.

9-13절은 창조주가 자신이 원하는 대로 자신의 창조물을 전개할 수 있는 권리를 기록한다. 오스왈드는 다음과 같이 말했다. "피조물은 자신의 성장에 대해 어떤 조건도 주장할 수 없다. 하나님의 행위가 그분 자신의 성품과 창조를 위해 명시하신 목적에 부합하는 한, 그분의 지배에 대한 성공적인 도전은 불가능하다."[16] 9절은 매우 분명하게 이야기한다. 하나님이 좁게는 어떤 개인의 삶을, 넓게는 이 세상을 빚어가시는 방법에 대해 도전하는 것은 "선호나 관점의 문제가 아니다. 실제로 이것은 하나님이 하나님 되신 것에 대한 거부, 역할 전도, 즉 피조물이 창조주를 자신의 계획을 수행할 종으로 만들려는 시도다."[17]

13절은 다시 고레스에게 집중한다. 이 페르시아 왕의 등장은 우연도, 그의 선택도 아니었다. 그가 등장한 것은 하나님이 그를 부르셨기 때문이다.…역사는 오직 창조주의 손안에 있다. 위대한 페르시아 황제 역시 이 땅과 별처럼 하나님 한 분의 명령에 의해 존재하고 나아온다.…고레스가 이것을 알았든 몰랐든, 그가 자신의 정복에 착수한 것은 자신의 권력을 강화하거나, 어떤 일을 인간적으로 장려하기 위해서가 아니라, 우주의 유

---

16 같은 책, 208.
17 같은 책.

일한 주인이신 이스라엘의 하나님의 특정한 프로젝트, 곧 그의 도성 재건과 포로 귀환을 성취하기 위함이었다.[18]

다음으로 이사야 45:20-24을 살펴보자.

열방 중에서 피난한 자들아,
너희는 모여오라.
함께 가까이 나아오라.
나무 우상을 가지고 다니며
구원하지 못하는 신에게
기도하는 자들은
무지한 자들이니라.
너희는 알리며 진술하고
또 함께 의논하여보라.
이 일을 옛부터 듣게 한 자가 누구냐?
이전부터 그것을 알게 한 자가 누구냐?
나 여호와가 아니냐?
나 외에 다른 신이 없나니
나는 공의를 행하며 구원을 베푸는 하나님이라.
나 외에 다른 이가 없느니라.

---

18 같은 책, 210-11.

땅의 모든 끝이여,

내게로 돌이켜 구원을 받으라.

나는 하나님이라, 다른 이가 없느니라.

내가 나를 두고 맹세하기를

내 입에서 공의로운 말이 나갔은즉

돌아오지 아니하나니,

내게 모든 무릎이 꿇겠고

모든 혀가 맹세하리라 하였노라.

내게 대한 어떤 자의 말에 공의와 힘은

여호와께만 있나니

사람들이 그에게로 나아갈 것이라.

무릇 그에게 노하는 자는 부끄러움을 당하리라.

하나님은 다시 한 번 도전을 하신다. 사실상 야웨의 말씀은 다음과 같다. "오직 나만이 이 사건들을 알렸고 (그것이) 일어나기에 앞서 선포했다. 이렇게 할 수 있는 신이 있거든 자리에서 일어나 마이크를 잡고 진술하라!" 신성에 대한 야웨의 독점적 주장의 근거는 절대적인 확실성과 구체성을 가지고 미래를 예측하는 그의 능력이다. 만일 그럴 수 없다면, 사람들이 어리석게 엎드려 절하는 생명도, 능력도 없는 다른 우상들과 마찬가지로 그분 역시 하나님으로 불릴 수 없다.

23-24절을 주목하라.

내가 나를 두고 맹세하기를

내 입에서 공의로운 말이 나갔은즉

돌아오지 아니하나니

내게 모든 무릎이 꿇겠고

모든 혀가 맹세하리라 하였노라.

내게 대한 어떤 자의 말에 공의와 힘은

여호와께만 있나니

사람들이 그에게로 나아갈 것이라.

무릇 그에게 노하는 자는 부끄러움을 당하리라.

하나님이 틀림없이 아시는 것이 무엇인지에 다시 한 번 주목하라. 그분은 자신에게 "모든 무릎이 꿇을 것"을 아신다. 이것은 아마도 야웨의 주인 되심에 기꺼이 무릎 꿇는 믿음과 억지로 하는 굴복을 모두 포함할 것이다. 어떤 경우든 여기에는 인간의 의지와 의사 결정이 수반되는데, 이것은 열린 유신론자들의 주장에 따르면 자유로운 도덕적 행위자들이 결정 내리지 않았기 때문에 아직은 존재하지 않으며, 따라서 미리 아는 것이 불가능한 것들이다. 하지만 하나님은 아신다! 하나님은 자유로운 도덕적 행위자들이 자신에 대해 무엇을 "말할"지도 아신다. 즉 "공의와 힘은 여호와께만 있나니…"라고 말이다.

열린 유신론이 옳다면 어떻게 하나님은 위의 내용을 아실 수 있을까? 열린 유신론의 견해에 따르면 모든 사람은 언제라도, 혹은 마지막 날에 하나님을 인정하지 않기로 선택할 수 있다. 어느 누구라도 그분의 임재 안에서 자신의 무릎을 기꺼이 꿇지 않고 그분을 야웨로 인정하지 않을 수 있다. 하지만 이사야는 이렇게 선언한다. 하나님은 아신다. 그리고 하나님이 확실하게 아시는 것은 자신의 형상대로 지음 받은 사람들의 자유로운 도덕적 결정이다. 이들은 아무런 생각도 없이 기계적으로 행동하거나 의사 결정을 내리지 않고 도덕적 책임을 지는 방식으로 그렇게 한다.

이사야의 맹공격은 46:8-11에서도 이어진다.

> 너희 패역한 자들아, 이 일을 기억하고 장부가 되라.
> 이 일을 마음에 두라.
> 너희는 옛적 일을 기억하라.
> 나는 하나님이라, 나 외에 다른 이가 없느니라.
> 나는 하나님이라, 나 같은 이가 없느니라.
> 내가 시초부터 종말을 알리며
> 아직 이루지 아니한 일을 옛적부터 보이고
> 이르기를 나의 뜻이 설 것이니
> 내가 나의 모든 기뻐하는 것을 이루리라 하였노라.
> 내가 동쪽에서 사나운 날짐승을 부르며
> 먼 나라에서 나의 뜻을 이룰 사람을 부를 것이라.
> 내가 말하였은즉 반드시 이룰 것이요,
> 계획하였은즉 반드시 시행하리라.

하나님은 자기 백성에게 "옛적 일" 곧 창조와 홍수, 아브라함을 부르시고 그와 언약을 맺으신 일, 모세의 경험, 출애굽, 율법을 주신 일, 정복,

사사들, 다윗과 솔로몬, 성전 등등을 기억하라고 명령하셨다. 이 모두는 하나님이 예지하고 선언하신 일로 그분의 목적과 기뻐하시는 뜻의 일부였다. 또한 누구도 방해할 수 없이 하나님이 정하신 계획의 일부였다. 오직 이 모든 것을 행한 존재만이 하나님으로 불릴 수 있었고, "나 외에 다른 이가 없느니라.…나 같은 이가 없느니라"고 선포할 수 있었다. 하나님께 하나님이라는 칭호와 이런 예배가 합당한 것은, 과거의 사건("옛적 일")은 물론 미래의 사건("아직 이루어지지 아니한 일")까지 모든 것이 하나님의 계획, 즉 오직 하나님 한 분만이 선언하시고 목적하시는 계획에 포함되어 있기 때문이다. 그분의 하나님 되심은 그분이 "시초부터 종말", 즉 시작부터 결과의 이루어질 바를 미리 알리셨다는 사실에 있다.

주목해야 할 사실이 한 가지 더 있는데, 본문에 등장한 먼 나라로부터 올 "한 사람" 역시 하나님이 예지하시는 계획 속에 있었다는 점이다. 이 사람이 하나님 앞에서 도덕적으로 책임을 질 것이며, 그분의 계획에 있어 의미 있고 중요한 기여를 할 것이라는 사실에는 모두가 동의한다. 하지만 하나님은 이 사람의 도덕적으로 중요한 의사 결정을 그 결정이 있기 이전부터 틀림없이 알고 계셨고, 따라서 이것은 분명히 일어나야 하는 일이었다. 하나님의 예지의 확실성과 인간의 의사 결정에 있어 도덕적으로 중요한 자유는 양립 가능하다.

마지막으로 이사야 48:1-11에서 하나님은 선언하신다.

야곱의 집이여, 이를 들을지어다.
너희는 이스라엘의 이름으로 일컬음을 받으며
유다의 허리에서 나왔으며

여호와의 이름으로 맹세하며

이스라엘의 하나님을 기념하면서도

진실이 없고 공의가 없도다.

그들은 거룩한 성 출신이라고 스스로 부르며

이스라엘의 하나님을 의지한다 하며

그의 이름이 만군의 여호와라고 하나,

내가 예로부터 처음 일들을 알게 하였고

내 입에서 그것들이 나갔으며 또 내가 그것들을 듣게 하였고

내가 홀연히 행하여 그 일들이 이루어졌느니라.

내가 알거니와 너는 완고하며

네 목은 쇠의 힘줄이요

네 이마는 놋이라.

그러므로 내가 이 일을 예로부터 네게 알게 하였고

일이 이루어지기 전에 그것을 네게 듣게 하였느니라.

그것을 네가 듣게 하여 네가 이것을 내 신이 행한 바요,

내가 새긴 신상과 부어만든 신상이 명령한 바라 말하지 못하게 하였느니라.

네가 들었으니 이 모든 것을 보라.

너희가 선전하지 아니하겠느냐?

이제부터 내가 새 일

곧 네가 알지 못하던 은비한 일을 네게 듣게 하노니

이 일들은 지금 창조된 것이요 옛것이 아니라.

오늘 이전에는 네가 듣지 못하였으니

이는 네가 말하기를 내가 이미 알았노라 하지 못하게 하려 함이라.

네가 과연 듣지도 못하였고 알지도 못하였으며

네 귀가 옛적부터 열리지 못하였나니

이는 네가 정녕 배신하여

모태에서부터 네가 배역한 자라 불린 줄을 내가 알았음이라.

내 이름을 위하여 내가 노하기를 더디할 것이며

내 영광을 위하여 내가 참고 너를 멸절하지 아니하리라.

보라 내가 너를 연단하였으나 은처럼 하지 아니하고

너를 고난의 풀무불에서 택하였노라.

나는 나를 위하며 나를 위하여 이를 이룰것이라.

어찌 내 이름을 욕되게 하리요.

내 영광을 다른 자에게 주지 아니하리라.

이스라엘 백성들이 직면한 위기의 핵심은 이렇다. 하나님은 누구신가? 역사를 다스리는 것은 앗수르, 바벨론, 페르시아의 신들인가? 아니면 야웨 하나님이신가? 40-48장에서 이사야가 내세운 전략은, 하나님이 미리 알게하신 예언에 호소해 사람의 손으로 새기고 만든 신들과 우상들이 결코 신이 될 수 없음을 드러내는 것이었다. 이사야는 하나님이 서로 복잡하게 뒤얽혀 있는 과거의 모든 사건을 수많은 세부사항에 이르기까지 예지하시고 예언하셨다는 사실을 분명히 하는데, 이는 다른 신들에게 그 공을 돌리는 주장을 묵살하기 위함이다.

하지만 하나님이 이 모든 사건을 예지하고 예언하신 데는 더욱 중요한 또 다른 이유가 있다. 거장 오스왈트의 설명은 온전히 주의 깊게 읽을 가치가 있다.

하나님은 왜 자신이 행하실 일을 미리 말씀하셨을까?…이것은 타락한 인간의 본성 때문이다. 우리 삶에 좋은 일이 일어난다면 우리는 누구에게 감사하려고 할까? 초월하신 창조주 하나님께 감사하려고 할까? 그렇지 않다. 우리는 내 손으로 만든 나의 우상에 감사하려고 할 것이다.…저자가 여기서 사용하고 있는 심상은…목을 뻣뻣히 세우고 자신이 가고 싶지 않은 방향으로는 절대로 가지 않겠다고 완강히 버티고 있는 고집스러운 짐승이다(출 32:9; 신 9:6, 13; 시 75:6[한글 성경으로는 5절]). 너무 많은 경우, 짐승이 어떤 방향으로 가지 않으려는 이유는 오로지 그것이 주인이 원하는 방향이기 때문이다. 본문에서 저자는 소의 힘줄 같은 목과 더불어 놋과 같은 이마의 심상을 사용한다.…수컷들이 이마를 마주하고 대치하는 장면을 떠올릴 수 있겠지만, 인간이 자신의 길을 가겠다고 무례하고 경솔하게 고집을 피우는 장면을 떠올릴 수도 있을 것이다.…이 마음의 사악함 때문에 시간과 공간을 초월하고 우리의 통제에 굴종하지 않는 하나님의 존재를 가리키는 일상적 표시들을 보려고 하지 않는 것이다. 그분의 존재를 인정하는 것은 우리의 삶을 다스리시는 그분의 권리를 인정하는 것인데, 이것은 견디기 힘든 결론이다.…이런 이유로 우리 삶 속에서 그분의 개입을 온전히 경험한 이후에도 우리는 이스라엘처럼 성취된 것에 대해 우리 자신의 손과 공로에 감사하는 것이다.…우상숭배에 대한 이런 경향성에 대해 하나님은 무엇을 하실 수 있을까? 하나님은 예언을 통해 미리 알게 하신다. 만일 하나님이 예언자들을 통해 다가올 사건을 구체적으로 미리 알리실 수 있다면, 예언자들이 그 공을 하나님께로 분명히 돌린다면, 그리고 그 사건들이 예언된 그대로 이루어진다면, 이것은 하나님이 스스로 말씀하시는 바로 그분이 되심을 강력히 증거할 것이다. 더 나아가 하나님이 이미 오래전에 이제 막 일어난 어떤 사건을 예언하셨다면, 그것의 공을 다른 신, 더욱이 자기 손으로 지금 막 만든 신에게 돌리기란 어려울 것이다.[19]

이제 이사야 48:7-8을 보라. 오스왈트에 따르면 여기서 우리는 다음의 내용을 발견한다.

예언은 우상들의 주장을 반박하기 위해 주어졌는데(5절), 이런 예언이 한꺼번에 주어지지 않은 것은 인간이 전지하다는 주장을 반박하기 위함이다. 하나님을 의지하지 않으려는 인간의 모든 노력은 그 지식의 한계로 좌절을 경험한다. 인간은 자신이 미래를 알 수만 있다면 지금과 같은 무력한 상태에서 살 필요가 없다고 쉽게 생각할 것이다.[20]

여기서 다시 한 번 이사야는 미리 알게 하는 예언의 목적을 설명한다. 예언의 주된 목적은 우리가 미래를 아는 데 있지 않고, 하나님을 신뢰해야 한다는 것을 증거하는 데 있다. 이것이 8절이 설명하고 있는 바이기도 하다. 하나님은 앞으로 이루어질 사건들을 왜 "지금" 보여주시는가?

---

19 같은 책, 262-63.
20 같은 책, 268.

이것은 어떤 우상이 아니라 하나님이 역사하고 계심을 분명히 하기 위해서다. 따라서 이 본문이 말하는 예언의 원리는 다음과 같다. 충분한 시간을 두고 충분한 정보를 제공하여 하나님이 역사를 주관하신다는 사실을 분명히 드러내시되, 사람들이 자신의 예지에 안주하여 더 이상 하나님을 의존하지 않는 일이 없을 만큼만 드러내신다.[21]

결론

열린 유신론을 받아들이는 사람들의 주장에 따르면, 하나님은 사람들의 자유로운 선택이나 감정, 행위를 미리 아실 수 없다. 미리 아실 수 있다면 이것들은 분명히 일어나야만 하는 사건이 된다. 분명히 일어나야만 한다면 이는 진정한 의미에서의 자유가 아니다. 그러나 이사야의 생각은 전혀 다르다! 그는 반복적으로 하나님이 사람들의 미래의 선택을 틀림없이 아시고 예언하시며, 그런 하나님의 지식이 사람들의 선택의 자발적 본질이나, 이런 선택이 요구하는 도덕적 책임을 결코 제거하거나 감소시키지 않는다고 못 박는다(이것이 양립가능론이다).

하나님은 고레스가 예루살렘의 재건을 도울 것을 예지·예언하셨을 뿐 아니라(사 44:28), 요시야가 여로보암의 제단을 부술 것도 미리 아셨다(왕상 13:2). 앞서 언급했듯이, 하나님은 고레스와 요시야의 부모가 자신의 아들들을 어떻게 이름 지을지도 아셨는데, 하나님이 이들의 자유로운 선택을 미리 아신 것은 놀라운 일이다.

---

21 같은 책.

하나님은 바로가 술 맡은 관원장을 높이고 떡 굽는 관원장의 목을 맬 것을 예측하셨다(창 40:13, 19). 죄인들이 예수님을 창으로 찌를 때 그의 뼈를 부러뜨리지 않을 것과(시 34:20; 슥 12:10; 요 19:36-37), 그분의 옷을 서로 나눌 것도 예측하셨다(시 22:18; 요 19:24). 애굽 사람들이 이스라엘을 괴롭게 할 것과(창 15:13), 바로가 자신의 마음을 완악하게 할 것(출 3:19), 사람들이 이사야의 메시지를 듣지 않을 것(사 6:9), 모세가 죽은 후에 이스라엘 백성들이 반역할 것(신 31:16), 유다가 예수님을 배반할 것(요 6:64) 역시 예측하셨다.[22]

이는 하나님이 사람들의 의사 결정을 미리 아신 수많은 예들 중 몇 가지에 불과하다. 따라서 이 선택들은 일어날 것이 분명했지만, 자유와 도덕적 중요성을 가지고 이루어졌다는 사실에는 변함이 없다.

추천 도서 _____

Frame, John M. *No Other God: A Response to Open Theism.* Phillipsburg, NJ: P&R, 2001. 『열린 신학 논쟁』(개혁주의신학사 역간).

Piper, John, Justin Taylor, and Paul Kjoss Helseth, eds. *Beyond the Bounds: Open Theism and the Undermining of Biblical Christianity.* Wheaton, IL: Crossway, 2003.

Ware, Bruce A. *God's Lesser Glory: The Diminished God of Open Theism.* Wheaton, IL: Crossway, 2000.

_____

22 John Piper, *The Pleasures of God: Meditations on God's Delight in Being God* (Portland, OR: Multnomah, 1991), 72-73.

3장
하나님은 자신의 마음을 바꾸실까?

정도 차이는 있지만 모든 사람은 변덕스럽다. 평범한 일상 속에서 우리가 얼마나 자주 우리의 계획을 바꾸고 방향을 전환하고, 그 주에 하기로 했던 약속이나 일을 취소하는지 알게 되면 우리는 충격에 휩싸일 것이다. 우리의 마음을 바꾸는 일은 그렇지 않은 삶을 상상하기 어려울 정도로 인간인 우리에게 너무도 자연스럽다. 대부분의 경우, 우리 마음의 변화는 해가 되지 않고, 그런 변화는 우리가 예견하지 못했던 상황과 우리에게 영향을 미치는 다른 사람들의 변화에 기인하는 것이 보통이다. 하지만 하나님이 자신의 마음을 바꾸신다는 것은 어떤 의미일까? 하나님은 자신의 마음을 바꾸실까? 그것이 가능할까? 아니면 그분의 모든 계획과 목적은 불변할까?

신학적 용어를 정확하게 정의하는 일의 중요성은 하나님의 불변성에 있어 극대화된다. 불변성이라는 단어는 현대 복음주의 교계에 반대와 찬사라는 두 가지 서로 다른 반응을 불러일으킨다. 일부는 이것이 실제로 변하시는 하나님에 대한 성경적 묘사를 거스른다고 본다. 하나님은 자신의 마음과("후회하사") 존재 양식("말씀이 육신이 되어")을 바꾸시기 때문이다. 또 다른 사람들은 하나님의 이런 속성에 대한 성급한 논의가 하나님을 변덕스럽고 불성실하며, 궁극적으로는 우리의 사랑과 예배를 받기에 합당하지 못한 분으로 전락시킨다는 염려를 표한다. 따라서 우리가 하나님이 변하실 수 있다, 없다를 논할 때 주의를 기울이는 것은 물론 확신을 갖는 것이 중요하다.

속성의 지속성으로 본 불변성

하나님의 불변성은 그분의 영원성과 관련이 있지만 이 둘은 분명히 구분된다. 하나님이 영원하시다고 할 때의 불변성은 그분이 언제나 존재하셨고 언제나 존재하실 것이라는 의미다. 그분보다 앞서 존재한 것이 없고 이후에도 없다. 하나님이 불변하시다고 할 때 우리가 의미하는 것은, 그분이 자신의 영원한 존재 안에서 한결같이 동일하시다는 것이다. 그분은 영원히 스스로 존재하시고 결코 변하지 않으신다. 그러나 이 사실이 하나님과 피조물 간의 관계 안에서 일어나는 변화와 발전을 부정하지는 않는다. 다음을 생각해보라.

◆ 한때 하나님의 원수였던 우리는 그리스도의 은혜로 그분의 친구가 되었다(롬 5:6-11).
◆ 하나님은 범죄한 니느웨를 멸망시키겠다고 선언하셨지만, 이들이 회개했을 때 그분의 마음을 돌이키셨다(아래에서 구체적으로 다룬다).
◆ 불변성을 해석할 때 "말씀이 육신이 되사"라는 말씀을 위태롭게 해서

는 안 된다(요 1:14). 우리는 자신의 영원한 존재 안에서 하나님이셨던 바로 그분이 시간과 공간의 역사 안에서 인간이 되셨다는 사실을 인정해야만 한다. 여기에 우리의 구원이 달려 있다. 하지만 육신이 되셨다고 해도 말씀은 여전히 말씀이다(화체설이 적용될 수 없다). 삼위의 제2위격은 인성을 취하셨지만 그가 가지고 계셨던 본질적 신성이 변화되고 감소된 것은 아니다. 그분은 지금껏 그가 존재해오신 대로 하나님 자체이시고, 이전에는 그렇게 존재하지 않으셨지만 인간이 되셨다. 이제부터 영원까지 그분은 이 두 가지 모두, 즉 신인(神人)이 되신다. 이 본질적인 성경적 진리를 일부라도 부인하는 불변성의 교리는 단순할 뿐 아니라 착상부터 잘못된 것이다.

따라서 무조건 하나님이 변하실 수 없다거나, 또는 변하실 수 있고 실제로도 종종 그렇게 하신다고 이야기하는 것은 좋게 말하면 지혜가 부족하고 나쁘게 말하면 오해의 소지가 다분하다. 불변성에 대한 우리의 견해는 하나님 "되심"과 "되어가심" 모두와 관련해 성경이 말하는 전체 내용을 공정하게 살피면서 형성되어야 한다.

하나님이 불변하신다는 말은 그분이 행동할 수 없는 정지 상태에 있다는 말이 전혀 아니다. 모든 변화는 행동인 반면, 모든 행동이 변화는 아니기 때문이다. 하나님의 불변은 다만 그분이 성경을 통해 계시된 스스로의 존재와 뜻에 완벽하게 부합하도록 존재하시고 행동하신다는 뜻이다. 예를 들어 성경은 하나님을 선, 공의, 사랑의 하나님으로 이야기한다. 불변성 혹은 지속성이란 어떤 환경에서든 상황이 하나님께 선이나 공의나 사랑을 적절한 반응으로 요구해올 때, 하나님이 바로 그렇게 자신을 보이실 것이라는(혹은 그렇게 하실 것이라는) 뜻이다. 같은 말을 부정적으로 표현하자면, 상황 혹은 자신의 약속이 요구하는 대로 하나님이 선이나 공의나 사랑이셔야 한다면, 절대로 그분은 악과 부정, 미움의 하나님이실 수 없다는 뜻이다.

불변성은 성경이 편재하시고 전지하시며 전능하시다고 이야기하는 하나님이 과거에도, 현재에도, 미래에도 (모든 가능한 상황 속에서) 동일하게 그러하시다는, 즉 국지적이거나 무지하거나 무능하지 않으시다는 뜻이다. 그분의 존재는 언제나 동일하다. 더 구체적으로 말하자면 하나님은 다음에 대해 불변하시다. (1) 그분의 본질적 존재(하나님은 자신의 속성을 얻지도, 잃지도 않으신다), (2) 그분의 생명(하나님은 다른 존재에서 하나님이 되셨거나, 하나님에서 다른 존재로 되어가고 계시지 않다. 그분의 생명은 시작된 적도 없고 끝나지도 않을 것이다), (3) 그분의 도덕적 특성(하나님의 도덕성은 더 나아지지도, 나빠지지도 않는다), (4) 그분의 목적과 계획(하나님의 작정은 바뀌지 않는다). 간략하게나마 이를 차례대로 살펴보자.

존재와 생명, 특성, 계획의 지속성

불변성은 신적 본질에 속한 특성으로, 이전에는 없던 새로운 속성을 얻는다거나, 이미 자신의 것이었던 속성을 잃는 것은 불가능하다. 노골적으로 표현하자면, 하나님에게는 성장이 없다. 신적 존재에게는 증가나 감소가 없다. 하나님이 질적으로든 양적으로든 증가하신다면, 그런 변화 이전에는 그분이 불충분했다는 뜻이 된다. 하나님이 감소하신다면, 그런 변화 이후에는 그분이 불충분하다는 뜻이 된다. 따라서 신성은 긍정적으로든 부정적으로든 발전이 불가능하다. 하나님은 진화도, 퇴화도 하지 않으신다. 그분의 속성들을 개별적으로 살펴볼 때, 그 속성들은 지금 그대로의 모습과 이제까지의 모습보다 더 커지거나 작아질 수 없다. 하나님은 지금까지보다 앞으로 더욱 지혜로울 수도, 사랑할 수도, 강력할 수도, 거룩할 수도 없다.

이것은 하나님이 모세에게 선언하신 내용, 즉 "나는 스스로 있는 자이니라"(출 3:14)에 암시되어 있고, 다른 본문에 더욱 분명히 기록되어 있다.

온갖 좋은 은사와 온전한 선물이 다 위로부터 빛들의 아버지께로부터 내려오나니 그는 변함도 없으시고 회전하는 그림자도 없으시니라(약 1:17).

나 여호와는 변하지 아니하나니 그러므로 야곱의 자손들아, 너희가 소멸되지 아니하느니라(말 3:6).

예수 그리스도는 어제나 오늘이나 영원토록 동일하시니라(히 13:8).

하나님의 생명의 불변성을 이야기할 때 우리는 영원성의 개념에 매우 가까이 다가간다. 하나님의 존재에는 시작도, 끝도 없다. 그분의 생명은 다만 존재할 뿐이다. 그분은 존재로 나아오시지 않고(존재하게 된다는 것은 무에서 유로의 변화이기 때문이다), 자신의 존재로부터 벗어나지도 않는다(존재를 멈춘다는 것은 유에서 무로의 변화이기 때문이다). 하나님은 젊지도 않고 늙지도 않는다. 그분은 다만 존재하신다. 성경은 다음과 같이 기록한다.

> 주께서 옛적에 땅의 기초를 놓으셨사오며
> 하늘도 주의 손으로 지으신 바니이다.
> 천지는 없어지려니와 주는 영존하시겠고
> 그것들은 다 옷같이 낡으리니
> 의복같이 바꾸시면 바뀌려니와
> 주는 한결같으시고 주의 연대는 무궁하리이다(시 102:25-27).

> 산이 생기기 전,
> 땅과 세계도 주께서 조성하시기 전,
> 곧 영원부터 영원까지 주는 하나님이시니이다(참조. 시 90:2; 93:2).

불변성은 하나님의 도덕적 특성에도 적용될 수 있다. 그분은 도덕적으로 보다 더 나아질 수도, 나빠질 수도 없다. 하나님이 자신의 도덕적 특성에 있어 변화하거나 다른 무엇이 될 수 있다면, 이는 그분이 지금보다 더 나아지거나 나빠진다는 뜻이다. 변화가 더 나아지는 것이라면, 그 변화의 시점 이전에는 도덕적으로 완벽하거나 완전하지 않았다는, 즉 하나님이 아니었다는 의미가 된다. 반면 더 나빠지는 것이라면, 지금 그분이 덜 완벽하거나 덜 충분하다는, 따라서 더 이상 하나님일 수 없다는 의미가 된다. 원래의 완벽한 존재에서 동일하게 완벽한 또 다른 존재로 변화했을 수도 있다는 상상은 적절하지 않다. 이 경우, 어떤 면에서의 변화인지에 대한 구체적인 설명이 필요하다. 원래의 하나님과 변화된 하나님 사이의 차이는 무엇인가? 변화된 하나님에게 속성이 더 있거나 덜 있는가? 있다면 더 나은 것인가, 더 나쁜 것인가? 변화된 존재로서의 하나님이 양적으로나 질적으로 원래의 하나님과 동일한 속성을 가지고 있다면, 어떤 면에서 원래의 존재 양식과 차이가 있는가?

하나님의 목적과 계획의 불변성을 부인하는 것은 그분의 존재와 생명, 특성에 대해 변화를 운운하는 것과 동일한 모독이다. 하나님이 자신의 목적을 꼭 바꾸셔야만 했다면 내가 생각할 때 이유는 두 가지 뿐이다. (1) 모든 만일의 사태를 예측하기 위해 꼭 필요한 예지나 지식이 부족했거나(이 경우 열린 유신론자들의 주장과 달리 하나님은 전지하시지 않다), (2) 필요한 예지가 있었다는 전제하에서는 자신이 계획하신 바를 이룰 능력과 힘이 부족했기 때문일 것이다. 하지만 하나님은 지혜와 지식에 있어 무한하셔서 자신의 목적을 세우실 때 착오를 일으키거나 간과하시는 일이 없다. 또한 능력에 있어서도 무한하셔서(전능하셔서) 자신의 목적을 성취하시는 데 실패나 좌절이 없다.

하나님이 자신의 피조물과 맺으시는 관계를 통해 보여주시는 다양하고 많은 변화와, 구속사적 사건을 통해 더욱 선명히 드러나는 사건들을 그분의 존재나 목적의 변화로 취급해서는 안 된다. 오히려 이것들은 하나님의 마음속에 영원히 존재해온 목적으로, 때가 차서 시행되는 것들이다. 예를 들어 모세의 언약이 폐기된 것은 하나님의 뜻이 변했기 때문이 아니다. 사실은 하나님의 뜻이 성취된 것으로, 그분의 영원한 뜻이 모세의 언약에서 새로운 언약으로의 변화를 가져온 것이다. 그리스도의 오심과 그분의 사역은 구약의 계획에서 예상치 못했던 결함들을 개선하기 위해 동원된 임시변통이 아니다. 오히려 하나님이 영원 전에 작정하신 일의 역사적이고 구체적인 자각이다.

> 여호와께서 나라들의 계획을 폐하시며
> 민족들의 사상을 무효하게 하시도다.
> 여호와의 계획은 영원히 서고
> 그의 생각은 대대에 이르리로다(참조. 시 33:10-11; 110:4).

> 만군의 여호와께서 맹세하여 이르시되
> "내가 생각한 것이
> 반드시 되며
> 내가 경영한 것을
> 반드시 이루리라"(사 14:24).

> 나는 하나님이라, 나 외에 다른 이가 없느니라.
> 나는 하나님이라, 나 같은 이가 없느니라.
> 내가 시초부터 종말을 알리며
> 아직 이루지 아니한 일을 옛적부터 보이고
> 이르기를 나의 뜻이 설 것이니
> 내가 나의 모든 기뻐하는 것을 이루리라 하였노라.
> 내가 동쪽에서 사나운 날짐승을 부르며
> 먼 나라에서 나의 뜻을 이룰 사람을 부를 것이라.
> 내가 말하였은즉 반드시 이룰 것이요,
> 계획하였은즉 반드시 시행하리라(사 46:9-11).

사람의 마음에는 많은 계획이 있어도

오직 여호와의 뜻만이 완전히 서리라(잠 19:21).

그는 뜻이 일정하시니 누가 능히 돌이키랴?

그의 마음에 하고자 하시는 것이면 그것을 행하시나니(욥 23:13).

주께서는 못하실 일이 없사오며,

무슨 계획이든지 못 이루실 것이 없는 줄 아오니(욥 42:2).

하나님은 약속을 기업으로 받는 자들에게 그 뜻이 변하지 아니함을 충분히 나타내시려고 그 일을 맹세로 보증하셨나니(히 6:17).

하나님은 자신의 마음을 바꾸실 수 있을까?

불변성의 교리를 논할 때, 하나님이 자신의 "마음을 돌이키신 것"으로 대표되는 문제를 논하지 않을 수 없다. 하나님의 계획이 변개할 수 없고, 그분이 불변하시는 존재라면, 어떤 의미에서 그분은 자신의 마음을 돌이키셨다고 말씀하실 수 있을까?

보통 "마음을 돌이키다" 혹은 "후회하다"(본문에서 사용된 단어는 repent로 성경에서 하나님에 대해서는 "후회하다"로 번역되었지만 인간에 대해서는 "회개하다"로 사용될 수 있다—역자 주)로 번역되는 히브리어는 나함 (nacham)이다. 이 단어에는 정말로 다양한 의미가 담겨 있는데, 비탄, 슬픔과 같은 감정적 고통을 경험하는 것으로부터(참조. 창 6:6-7; 출 13:17;

삿 21:6, 15; 삼상 15:11, 35; 욥 42:6; 렘 31:19), 위안을 얻는 것(참조. 창 24:67; 27:42; 37:35; 38:12; 삼하 13:39; 시 77:3; 119:52; 사 1:24; 렘 31:15; 겔 5:13; 14:22; 31:16; 32:31), 보다 더 극단적으로는 이전에 세운 행동 지침을 누그러뜨리거나 거두어 들이는 것(참조. 신 32:36 = 시 135:14; 삿 2:18; 삼하 24:16 = 대상 21:15; 시 90:13; 106:45; 렘 8:6; 20:16; 42:10), 어떤 진술을 철회하거나 어떤 행동 지침에 대한 자신의 마음을 바꾸는 것(참조. 출 32:12, 14; 민 23:19; 삼상 15:29; 시 110:4; 사 57:6; 렘 4:28; 15:6; 18:8, 10; 26:3, 13, 19; 겔 24:14; 욜 2:13-14; 암 7:3, 6; 욘 3:9-10; 4:2; 슥 8:14) 등을 포함한다.

이런 점을 감안할 때 "repent"를 하나님께 사용할 경우 세심한 주의가 필요하다. 인간은 도덕적 악을 회개(repent)한다. 우리는 하나님의 법을 위반하고 위반한 사실에 대해 슬픔을 느끼며 스스로의 행동을 고치기로 다짐한다. 하나님이 후회(repenting)하셨다는 의미가 무엇이든 간에 이것은 그분이 죄를 지었고 자신의 행동을 고치신다는 뜻은 될 수 없다. 그렇다면 그분에게는 하나님이라는 칭호뿐 아니라 예배도 합당치 않을 것이다. 이런 이유로 킹제임스역을 제외한 대부분의 영어 성경들은 "repent"를 대신해 "relent"나 "retract" 등을 사용했다(한국어 성경은 이들을 "돌이키사", "뉘우치사" 등으로 번역했다―역자 주).

"나함"(nacham)이 사용된 다음 두 본문을 구체적으로 살펴보자.

> 하나님은 사람이 아니시니 거짓말을 하지 않으시고
> 인생이 아니시니 후회가(change his mind) 없으시도다.
> 어찌 그 말씀하신 바를 행하지 않으시며
> 하신 말씀을 실행하지 않으시랴?(민 23:19)

사무엘이 그에게 이르되 "여호와께서 오늘 이스라엘 나라를 왕에게서 떼어 왕보다 나은 왕의 이웃에게 주셨나이다. 이스라엘의 지존자는 거짓이나 변개함(have regret)이 없으시니 그는 사람이 아니시므로 결코 변개하지 않으심이니이다" 하니(삼상 15:28-29).

사무엘상 15:11, 35은 하나님이 사울을 왕으로 삼은 것을 "후회"하신다고 기록한다. 하지만 위의 사무엘상 15:29과 민수기 23:19은 하나님이 자신이 취하신 행동에 대해 "repent", 즉 후회하시거나 변개하실 수 없다고 말한다. 이 본문들의 해석을 두고 학자들이 제시해온 방법은 대략 네 가지로 압축된다.

- ◆ 삼상 15:11, 35과 삼상 15:29(민 23:19)은 서로 모순된다.
- ◆ 삼상 15:29(민 23:19)은 삼상 15:11, 35을 감안하여 해석되어야만 한다.
- ◆ 삼상 15:11, 35은 삼상 15:29(민 23:19)을 감안하여 해석되어야만 한다.
- ◆ 삼상 15:11, 35에서의 "나함"은 "후회하다", "감정적 슬픔을 느끼다"를 의미하는 반면, 삼상 15:29에서의 "나함"은 정해진 행동 지침으로부터 "벗어나다", 그것에 대해 "자신의 마음을 바꾸다"를 의미한다. 따라서 11, 35절과 29절 사이에는 모순이 없다.

민수기 23:19에 대한 열린 유신론자들의 주장은, 하나님이 일반적으로는 후회하실 수 있지만, 이 특정한 경우에서는 후회하지 않기로 선택하셨다는 것이다. 이 경우 브루스 웨어(Bruce Ware)가 던진 다음과 같은 질문이 가능해진다. "그렇다면 같은 본문[민 23:19]으로부터 유사한 결론, 즉 하나님이 일반적으로는 거짓말을 하실 수도 있지만, 이 특정한 경우에서는 거짓말을 하지 않기로 선택하셨다는 결론이 가능하지 않을까? 거짓말과 후회의 병행을 볼 때, 하나님이 거짓말을 하실 수 없는 것처럼 후회도 하실 수 없다는 사실을 보여준다. 따라서 이것은 하나님이 거짓말을 하실 수 있는가의 문제가 된다."[1] 거짓말에 대한 대답이 모두 "아니오"라고 가정할 때(참조. 딤후 2:13; 딛 1:2; 히 6:18), "하나님의 후회와 거짓말의 유사적 관계성은 그분이 이 특정한 역사적 경우에서만 거짓말이나 후회를 하지 않기로 선택하신 것이 아니라는 사실을 보여준다. 하나님은 거짓말을 하실 수 없는 것처럼, 후회하실 수도 없다."[2]

본문이 하나님과 사람을 대조했다는 사실도 중요하다. 본문에 따르면 하나님은 거짓말과 후회를 일삼는 사람과 같지 않으시다. 웨어는 다음과 같이 말한다.

이 특정한 경우에만 하나님이 사람과 같지 않기에 후회하지 않으신다는 의미로 본문을 읽으면, 그런 주장은 바로 힘을 잃어버리지 않는가? 사람들은 늘 자신이 행하겠다고 말한 바를 후회하는가? 그렇다면 본문의 대조는 말이 된다. 하지만 인간이 자신이 말한 바를 행할 때도 있고 후회하며 행하지 않을 때도 있다면, 그리고 하나님 역시 자신이 말한 바를 행하실 때도 있고 후회하며 행하지 않으실 때도 있다면, 어떻게 하나님이 사람과 같지 않다는 것일까? 이 대조가 설득력을 갖기 위해서는, 하나님이

---

1 Bruce A. Ware, *God's Lesser Glory: The Diminished God of Open Theism* (Wheaton, IL: Crossway, 2000), 87.
2 같은 책.

사람과 달리 어떤 경우에도 후회하지 않으셔야만 한다. 하나님은 특정한 상황에서만이 아니라 일반적으로도 후회하지 않으신다.[3]

이것은 사무엘상 15장 본문에도 적용된다. 바꾸어 말하면, "하나님이 후회하실 때도 있고(예. 삼상 15:11, 35), 그렇지 않으실 때도 있다고(삼상 15:29) 말하는 것은, 후회와 같은 의미에서 하나님이 거짓말을 하실 때도 있고 하지 않으실 때도 있다는 주장이 된다. 하지만 하나님은 절대로 거짓말을 하시지 않고, 따라서 이 본문은 하나님이 결코 후회하시지 않는다는 의미여야 한다."[4]

여기서 두 가지 추가적인 견해가 가능하다. 먼저 많은 사람이 호소해 온 신인동감동정설(anthropopathism)이라는 비유법이다. 이것은 "사람"을 의미하는 그리스어 "안트로포스"(anthropos)와 "감정, 느낌"을 의미하는 "파토스"(pathos)의 합성어다. 신인동감동정설은 인간의 특정한 격정, 감정, 정신적 행위 등을 하나님께 부여하는 비유법이다. 더욱 잘 알려진 비유법으로는 신인동형론(anthropomorphism)이 있는데, 하나님에게 눈, 입, 코, 손과 같은 인간의 신체 일부를 부여하는 것이다. 이것 역시 "사람"을 의미하는 그리스어와 "형태"를 의미하는 "모르페"(morphe)가 합쳐졌다. 웨어는 신인동형론을 이렇게 정의했다. "성경은 분명히 하나님을 인간의 유한한 특징을 초월하시는 분으로 묘사한다. 따라서 성경이 하나님을 인간적으로 표현한 것은 신인동형론의 관점으로 이해하는 것이 마땅

---

3 같은 책, 88.
4 같은 책.

하다."[5] 그러므로 하나님이 자신의 행동을 "후회"하시고 자신의 "마음을 바꾸신다"는 표현은 비유적 묘사이지, 실제로 그렇다는 뜻이 아니다. 열린 유신론자들은 우리가 이 문제에 이런 식으로 접근하는 원인이 성경외의 전제, 즉 하나님의 본성에 완벽이라는 헬라적(그리스의) 이상을 투영한 것에 있다고 주장한다. 하나님의 말씀이 하나님 자신에 대한 우리의 개념을 형성하도록 하기보다, 이질적이고 철학적인 기준을 성경에 적용했다는 것이다.

하지만 이들의 주장과는 반대로, 대부분의 복음주의자들이 신인동감동정설에 호소하는 것은, 이것이 자신이 믿는 바 성경이 하나님의 전지하심과 불변성을 분명하게 가르치기 때문이다. 이것은 신앙의 유비(analogy of faith)로 성경을 그 자체로 조화롭게 해석하는 것이지, 그리스철학의 추측들을 끌어와 문제의 본문을 해석하려는 것이 아니다. 민수기 23:19과 앞서 인용한 다른 본문들은 명백하다. 하나님은 사람이 아니다. 따라서 그분은 거짓말을 하지 않는다. 사람들이 하는 대로 자신의 마음을 바꾸지도 않는다. 약속한 바를 성취하지 못하는 법도 없다. 신인동감동정설에 호소하는 사람들은 우리가 불분명한 본문을 해석할 때, 다른분명한 본문과 이미 정당성을 인정받은 비유법을 사용하는 것이 적절하다고 주장한다.

두 번째는 보다 더 중요한 것으로, 하나님의 무조건적 작정과 조건적 선언(혹은 경고) 사이의 차이점을 인식하는 것이다.[6] 하나님의 무조건

---

5 Bruce A. Ware, "An Evangelical Reformulation of the Doctrine of the Immutability of God," *Journal of the Evangelical Theological Society* 29, no. 4 (1986): 442.
6 무조건적인 작정의 예로는 민 23:19; 삼상 15:29; 시 110:4; 렘 4:28; 겔 24:14; 슥 8:14

적 작정은 다른 요인과 무관하게 반드시 일어날 것이다. 조건적 선언 혹은 경고는 그것이 겨냥한 대상의 반응에 따라 일어날 수도 있고 그렇지 않을 수도 있다. 문맥상 둘 중 어떤 경우인지가 분명한 때도 있다. 하지만 대부분의 경우 하나님의 의도는 모호하다. 이 말은 하나님의 선언이나 결정에 조건이 있는지 없는지를 가늠하기 위해서는 다른 자료들이 필요하다는 뜻이다. 예를 들어 요나와 니느웨 사람들의 경우는 목적이 자격이나 조건을 동반해 선언되었을 가능성이 높다. 예레미야서의 다음 본문의 진의를 세밀하게 살펴보자(18:5-12).

> 그때에 여호와의 말씀이 내게 임하니라. 이르시되 "여호와의 말씀이니라. 이스라엘 족속아, 이 토기장이가 하는 것같이 내가 능히 너희에게 행하지 못하겠느냐? 이스라엘 족속아, 진흙이 토기장이의 손에 있음같이 너희가 내 손에 있느니라. 내가 어느 민족이나 국가를 뽑거나 부수거나 멸하려 할 때에 만일 내가 말한 그 민족이 그의 악에서 돌이키면 내가 그에게 내리기로 생각하였던 재앙에 대해 뜻을 돌이키겠고, 내가 어느 민족이나 국가를 건설하거나 심으려 할 때에 만일 그들이 나 보기에 악한 것을 행하여 내 목소리를 청종하지 아니하면 내가 그에게 유익하게 하리라고 한 복에 대해 뜻을 돌이키리라.
>
> 그러므로 이제 너는 유다 사람들과 예루살렘 주민들에게 말하여 이르기를 '여호와의 말씀에, 보라! 내가 너희에게 재앙을 내리며 계책을 세워 너희를 치려 하노니 너희는 각기 악한 길에서 돌이키며 너희의 길과

이 있고, 조건적 선언이나 경고의 예로는 출 32:12, 14; 렘 15:6; 18:8, 10; 26:3, 13, 19; 욜 2:13-14; 암 7:3, 6; 욘 3:9-10; 4:2이 있다.

행위를 아름답게 하라 하셨다' 하라.

그러나 그들이 말하기를 '이는 헛되니 우리는 우리의 계획대로 행하며 우리는 각기 악한 마음이 완악한 대로 행하리라' 하느니라."

따라서 하나님이 니느웨를 멸하기로 하신 후, 이들이 회개했을 때 그분의 손을 거두셨다는 사실은 불변성의 교리를 결단코 위협하지 않는다. 반대로 하나님이 이들의 회개에도 불구하고 니느웨를 멸하셨다면, 하나님은 변개하시는 분으로 보였을 것이다. 윌리엄 셰드(William Shedd)는 다음과 같이 설명한다.

하나님이 만일 이들이 회개한 후에도 회개 이전에 경고하셨던 대로 이들을 멸하셨다면, 이것은 하나님을 변개하시는 분으로 비치도록 했을 것이다. 이들이 회개하지 않을 때뿐만 아니라 참회할 때에도 노여워하시는 분으로 말이다. 차녹(Charnock)은…말했다. "하나님이 세상을 다스리실 때 자신의 속성을 행사하심에 있어 불변하시다는 말은, 그분이 경우와 정황에 상관없이 늘 똑같은 방식으로 행하신다는 의미가 아니다. **언제나 옳은 바를 행하신다는, 즉 사고하는 피조물들을 대하실 때 이들의 다양한 행위와 성품에 따라 적절히 행하신다는 뜻이다.** 지금은 타락한 마귀가 영광스러운 천사였을 때 이들은 하나님이 사랑하시는 대상이었다. 타락했을 때 이들은 불결한 존재로서 하나님이 미워하시는 대상이 되었다. 이들이 순결했을 때 이들을 사랑하도록 했던 바로 그 이유가, 이들이 범죄했을 때에는 이들을 미워하도록 만든 것이다." 하나님이 자신 외의 창조된 것들을 대하실 때 변하신다는 것과 자신의 본성과 속성에 대해 변

하신다는 것은 서로 다른 문제다.[7]

이 모든 것은 하나님의 불변성이 그분으로 하여금 의로운 자와 불의한 자를 서로 다른 방식으로 대하시도록 만든다는 사실을 이야기한다. 불의한 자가 회개할 때 이들을 다루시는 하나님의 방식 역시 달라져야한다. 따라서 스트롱(Strong)에 따르면, 하나님의 불변성은 "내적 경험이 없는 돌멩이와 같지 않고 주변 공기의 온도에 따라 오르내리는 수은주와 같다."[8]

따라서 하나님이 성경에서 계시하신 바 불변하시는 그분의 존재 원리는, 악하고 저항하는 자를 벌하시고 의롭고 회개하는 자를 축복하시고 용서하신다는 것이다. 하나님이 자신을 그와 같이 계시하셨음에도 불구하고 회개하는 자를 벌하시고 저항하는 자를 축복하신다면, 이것이야말로 진짜 변화이며 따라서 하나님의 불변성을 무효화시킬 것이다. 니느웨 사람들의 죄악된 행위와 악으로 인해 이들을 벌하겠다고 의도하시고 선언하신 것은 이들이 그 악한 상태를 유지한다는 가정하에서다. 하지만 이들이 회개했음에도 불구하고 이들을 벌한다는 것은 하나님의 뜻과 말씀이 완전히 달라진다는 것으로, 과거와 달리 이제는 회개하는 자를 축복하시지 않고 벌하신다는 뜻이 된다.

---

7 William G. T. Shedd, *Dogmatic Theology*, vol. 1 (1889; repr., Minneapolis: Klock & Klock, 1979), 352-53(스톤스 강조).

8 Augustus H. Strong, *Systematic Theology* (1907; repr., Old Tappan, NJ: Revell, 1970), 258.

결론

아주 간단히 말하자면 하나님은 신뢰할 만한 분이다. 그분은 변치 않으실 것이고 또 변하실 수도 없기 때문에 그분에 대한 우리의 신뢰는 확실하다. 그분의 목적은 한결같고 그분의 약속에는 실패가 없다. 우리에게 영생을 약속하신 하나님은 불변하는 분이고, 따라서 어떤 환난이나 곤고나 박해나 기근이나 적신이나 위험이나 칼도 우리를 그리스도의 사랑에서 끊을 수 없다. 예수 그리스도는 어제나 오늘이나 영원토록 동일하시기 때문에, 천사들이나 귀신들이나 현재 일이나 장래 일이나 능력이나 높음이나 깊음이나 다른 어떤 피조물이라도 우리를 우리 주 그리스도 예수 안에 있는 하나님의 사랑에서 끊을 수 없다(롬 8:35-39).

추천 도서 _____

Nash, Ronald H. *The Concept of God: An Exploration of Contemporary Difficulties with the Attributes of God*. Grand Rapids: Zondervan, 1983. 『현대의 철학적 신론』(살림 역간).

Roy, Steven C. *How Much Does God Foreknow? A Comprehensive Biblical Study*. Downers Grove, IL: IVP Academic, 2006.

Ware, Bruce A. *God's Lesser Glory: The Diminished God of Open Theism*. Wheaton, IL: Crossway, 2000.

4장
예수님도 죄를 지으실 수 있었을까?

나는 죄를 "안다." 이것은 내가 죄를 정의할 수 있다는 의미에서 하는 말이 아니다. 죄를 죄로 알아볼 수 있다는 의미에서 하는 말도 아니다. 내가 죄인이라는 의미에서 하는 말이다. 애석하게도 나는 매일 죄를 짓고 있으며, 이런 의미에서 나는 죄를 "안다." 따라서 내가 죄를 아는 것은 죄를 짓는 다른 사람들과 어울려서도 아니고, 죄악론에 관한 책을 읽어서도 아니다. 내가 죄를 "안다"는 것은 앞서 이야기했듯이 내가 다음과 같이 말한 다윗과 같기 때문이다.

> 내가 죄악 중에서 출생하였음이여,
> 어머니가 죄 중에서 나를 잉태하였나이다(시 51:5).

나는 죄를 짓기 때문에 죄를 "안다."

반면에 예수님은 "죄를 알지도 못하신" 분이었다(고후 5:21). 사도 바울이 의미한 바는 예수님이 죄의 존재를 인식하지 못하셨다거나, 그분이 다른 죄인들과 떨어져 외톨이로 생활하셨다는 것이 아니다. 그분은 죄와 죄의 파괴적인 결과에 대해 무지하지 않으셨다. 그분이 "죄를 모르셨다"는 것은 한번도 직접 죄를 짓지 않으셨다는 의미에서다. 그분에게는 죄가 없었다.

우리는 얼마나 자주 그리스도의 죄 없으심을 생각하고 감사하는가? 그분에게 죄가 있었다면, 바울이 고린도후서 5:18-21에서 설명한 화해를 위한 모든 계획은 철저히 실패했을 것이다. 세상을 자신과 화목하게 하시는 하나님의 영광스럽고 은혜로운 역사는, 우리의 범죄를 그리스도의 범죄로 간주하심으로써 우리의 것으로 여기지 않으시는 하나님께 달려 있기 때문이다. 그런데 만일 그리스도 자신이 범죄하셨고 그 죄에 대한 책임을 져야하는 상황이라면, 여기에는 아무런 효력이 없을 것이다. 우리의 죄를 예수님께 전가해 우리를 대신하여 하나님의 진노를 당하시도록 하는 것은, 그분 자신이 죄가 없을 때에만 구원이 된다.

신약성경은 이에 대해 매우 명확하다. 바울의 기록 중에서는 고린도후서 5:21이 그리스도의 죄 없으심을 명확하게 확증하는 유일한 본문이지만, 우리는 로마서 5:19과 빌립보서 2:8에서 그가 언급한 아들의 "순종" 역시 유념해야 한다.

예수님은 당시 종교 지도자들에게 그분 자신의 삶에서 죄를 찾아보도록 충분히 기회를 주셨다. "너희 중에 누가 나를 죄로 책잡겠느냐?"(요 8:46) 이는 공공 장소에서 던지신 질문이었다. 히브리서 기자는 우리에게 이렇게 상기시킨다. "우리에게 있는 대제사장은 우리의 연약함을 동정하지 못하실 이가 아니요, 모든 일에 우리와 똑같이 시험을 받으신 이로되 죄는 없으시니라"(히 4:15). 예수님은 "거룩하고 악이 없고 더러움이 없으셨다"(히 7:26). 그분은 "흠 없고 점 없는 어린 양"(벧전 1:19)이셨고 "죄를 범하지 아니"한 분이셨다(벧전 2:22).

핵심 질문

하나님이 죄를 짓지 않으셨다는 사실은 확실하고 또 부인할 수도 없다. 하지만 그분은 죄를 지으실 수는 있었을까? 하나님이 죄를 짓는 것이 어떤 면에서는 가능했을까? 아니면 그분은 모든 면에서 범죄하는 것이 불가능했을까? 신학적인 용어로 그분에게는 죄를 짓는 것이 불가능했을까 (impeccable)? 아니면 죄를 짓지는 않으셨지만 죄를 짓는 것이 가능했을까(peccable)? (아래에서 이 단어들은 "죄의 불가능성"과 "죄의 가능성"으로 번역되었다—역자 주)

나는 의도적으로 전문적인 신학 용어들을 사용하지 않으려고 노력하지만, 당면한 문제에 유익한 네 개의 라틴어 구문을 소개하는 동안만큼은 독자의 인내를 부탁하고 싶다. 첫 번째는 "죄를 짓지 않을 수 없는"을 뜻하는 "*non posse non peccare*"이다. 이것은 거듭나지 못한 사람과 타락한 천사, 즉 귀신을 묘사한다. 다른 말로 하면, 이들은 필연적으로 죄를 짓는다.

다른 두 개의 구문은 "죄를 지을 수 있는"을 뜻하는 "*posse peccare*"와 "죄를 짓지 않을 수 있는"을 뜻하는 "*posse non peccare*"다. 이것들은 타락 이전의 아담, 거듭난 사람들, 그리고 죄의 불가능성을 부인할 경우의 예수님도 묘사할 수 있다. 마지막으로 "죄를 지을 수 없는"을 뜻하는 "*non posse peccare*"가 있다. 이것은 하나님과 하늘에 있는 성도들, 죄의 불가능성을 긍정할 경우의 예수님을 묘사한다.

내 질문은 예수 그리스도의 죄 없으심이 그분의 능력(*non posse peccare*) 인지, 의지인지 하는 것이다. 그분은 체질적으로 죄를 지으실 수 없었는 가, 아니면 다만 의지적으로 자유로이 죄를 짓지 않으셨는가? 예수님이 죄를 지으실 수 있었다고 말하는 것은 실제로는 죄를 짓지 않으셨다고 해도 그분에게는 죄를 짓는 것이 가능했다는 의미다. 반면 예수님이 죄 를 지으실 수 없었고 따라서 죄를 짓지 않았다고 말하는 것은, 그분에게 는 죄를 짓는 것이 아예 불가능했다는 의미다.

이 문제에 있어 가장 도움이 될 만한 구체적인 예는 예수님이 광야에 서 사탄과 대면하신 사건이다(참조. 눅 4:1-13). 사탄이 세 가지 유혹을 가 지고 예수님께 다가왔을 때, 그분은 굴복하실 수도 있었을까? 물론 예수 님은 굴복하지 않으셨고, 이에 대해 우리는 무한히 감사한다. 하지만 예 수님이 유혹에 저항하지 않는 것도 가능했을까? 죄의 불가능성을 주장 하는 사람들은 단번에 "아니오"라고 대답할 것이다. 죄의 불가능성에 동 의하지 않는 사람들은 세 가지의 다른 견해를 제시하는데, 그중 두 가지 만이 유익할 것이라고 생각된다.

먼저 죄의 불가능성을 부인하는 사람들은 예수님이 죄를 지으실 수 없었다면 참된 인간이실 수 없다고 주장한다. 인간 됨이 실수하는 것에 있기 때문이다. 그러나 죄의 가능성이 인간 본성에 필수적이지는 않기에, 이 주장은 설득력이 없다. 마침내 천국에 들어가 영화롭게 될 때 성도들 은 죄를 지을 수 없게 될 것인데, 그런 이유로 이들이 이 땅에 있을 때보 다 덜 인간적일 것이라고 주장할 수는 없다.

두 번째로 종종 불거지는 논쟁은, 만일 예수님이 죄를 지으실 수 없었 다면 그분이 받으신 유혹이 참되지 않다는 것이다. 참된 유혹은 죄의 가능성을 전제로 한다. 그분이 사탄의 유혹을 거절하셨다는 사실은 어느 누구도 부인하지 않는다. 하지만 그분이 굴종하시는 것도 가능했어야 하는데, 그렇지 않다면 그 유혹은 가짜가 되기 때문이다.

일부는 예수님이 스스로 죄의 불가능성을 모르고 계셨을 수도 있다고 이야기한다. 다시 말해, 그분은 유혹에 굴할 수 없으셨지만, 그런 불가능성을 인지하지는 못하셨다는 것이다. 따라서 그분 자신의 의식적 경험에 한해, 이 유혹은 상당 부분 진실하다는 것이다. 하지만 예수님께 이런 자기인식이 부족했다는 주장은 개인적으로 받아들이기가 어렵다. 백번 양보해 우리는 알고 있는 이 사실을 예수님이 알지 못하셨다고 한다면, 그분이 마귀의 접근을 물리치신 이 사건은 우리에게 무슨 유익이 될 수 있는가? 다른 말로 하면, 우리가 예수님의 모범을 통해 격려받는 것은 그분이 죄를 지을 수 있었음에도 그렇게 하지 않으셨다는 사실을 통해서다(벧전 2:21-23). 우리가 죄의 절대적 불가능성을 아는 한, 그분이 어디까지 알고 계셨는지와는 무관하게, 그분이 보이신 모범의 힘은 약화된다.

죄의 불가능성을 부인하는 사람들의 세 번째이자 마지막 논쟁은, 이 교리의 근거가 예수님이 자신의 신성의 힘을 빌려 마귀에게 저항하셨다는 믿음에 있다는 것이다. 사탄은 하나님을 유혹했고, 하나님은 당연히 죄를 지으실 수 없다. 사탄의 유혹이 얼마나 강력하든지 그는 절대로 성공할 수 없었다. 유한이 무한을 정복할 수는 없다. 성육신 하신 하나님의 제2위격의 거룩하고 전능한 신적 본성이 있기 때문에, 예수님이 사탄의 접근에 굴복하는 것은 불가능했다.

오랫동안 나는 그리스도가 성육신 하신 하나님이시기 때문에 죄를 지으실 수 없다고 주장하면서 죄의 불가능성을 굳게 고집해왔다. 오해는 말아달라. 그분은 이전에도 그리고 영원토록 성육신 하신 하나님이시다. 하지만 나는 죄의 불가능성을 다음의 이유로 더 이상 확신할 수 없게 되었다.

예수님은 인간으로서 성령의 능력을 의지해 사셨고 또 사역하셨다. 그분은 인간이셨기 때문에 죄를 지으실 수 있는 가능성이 존재했지만, 성령의 능력을 항상 의지하심으로써 죄를 짓지는 않으셨다. 첫 번째 아담과 마찬가지로 예수님은 죄를 지으실 수도 있었다. 하지만 두 번째 아담으로서 그분은 죄를 짓지 않기로 선택하셨다.

제럴드 호손(Gerald Hawthorne)은 이것을 다음과 같이 해석했다. "성자 하나님은 인간이 되심으로 자신의 신적 능력, 속성, 특권을 사용하지 않기로 의도하셨는데, 이는 참된 인간 안에 내재된 한계와 더불어 온전히 사시기 위함이었다."[1] 그분은 자신의 신분(삼위일체의 제2위격)으로 인하여 자신에게 있는 것들(모든 신적 속성들)을 기꺼이 사용하지 않기로 선택하셨다. 따라서 우리는 초인적인 일들을 행하신 한 인간을 보고, "어떻게?"라는 질문을 던진다. 그 대답은 그분이 자기 신성의 능력이 아닌 성령의 능력으로 그렇게 하셨다는 것이다.

성자는 인간의 의식과 참된 본성이 부과하는 한계를 통해 세상을 경험하기로 선택하셨다. 전능, 편재, 전지의 속성은 상실되거나 제외되지 않았지만, 인간의 본성이라는 범위 안에서 잠재된 가능성으로 남았다. 이것들은 충만한 상태로 그리스도 안에 존재했지만 의식적으로 실행되지

---

1 Gerald F. Hawthorne, *The Presence and the Power: The Significance of the Holy Spirit in the Life and Ministry of Jesus* (Dallas: Word, 1991), 208.

는 않았다. 성육신은 예수님이 "단지 인간이 평범하게 발달해가는 범위 안에서 실제로 생각하셨고, 행동하셨고, 세상을 보셨고, 시공간의 사건들을 경험하셨다"는 뜻이다.[2]

사탄이 예수님을 유혹한 것에 대한 다양한 기록들을 다시 한 번 살펴 보라. 이들에 따르면 예수님은 성령에게 이끌려 광야"로" 가셨고(마 4:1), 또 광야"에서" 40일 동안 성령에게 이끌리셨다(눅 4:1; 예수님이 금식하시도 록 한 것은 의심할 바 없이 성령이시다).

> 그분이 광야에서 40일 동안 시험을 받으셨다면(막 1:13), 그 40일 동안 성령에게 이끌리신 것도 사실이다(눅 4:1). 복음서 기자들이 독자들에게 전하고 싶었던 것은 예수님이 강탈을 일삼는 하나님의 원수를 오로지 자신의 능력으로 맞서거나 이기지 않으시고 성령의 능력을 의지해 승리 하셨다는 불가피한 결론이다.[3]

예수님은 성령 하나님이 지속적으로 부어주시는 신적 능력을 통해 힘과 동력을 공급받으셨다(요 3:34도 보라).

이런 질문을 할 수도 있을 것이다. 하지만 인간 예수님은 왜 그리고 어떻게 성령의 능력을 "언제나" 의지하기로 선택함으로써 죄를 짓지 않 으셨는가? 그 대답은 성령이 언제나 예수님의 모든 선택에 앞서 계셨고, 성령이 제공하는 능력을 예수님이 의식적으로 의존하도록 힘과 동력을 제공했다는 것이다. 우리의 경우도 마찬가지다. 어느 정도 그리고 얼마나

---

2 같은 책, 210.
3 같은 책, 139.

자주 우리가 죄를 짓지 않기로 선택하든, 이것은 성령이 그분의 임재와 공급을 활용하도록 우리에게 앞서 능력을 주시기 때문이다.

예수님의 인성에 내재된 죄에 대한 추상적인 가능성을 감안하면 그분께 죄의 가능성이 있겠지만(즉 아담의 경우와 마찬가지로, 그리스도의 사람 되심 그 자체에는 죄짓는 것을 불가능하게 하는 것이 내재하지 않는다), 자신이 제공하는 능력을 예수님이 의존하도록 예수님의 뜻을 움직이시는 성령의 사역에 실패가 없다는 면에서는 그분께 죄의 가능성이 없다.

결론

이 문제가 우리 모두에게 시사하는 바는 심오하다. 나는 호손의 말을 빌려 이번 장의 결론을 맺으려 한다.

> 예수님은 자신의 신분과 성부의 뜻을 향한 온전한 순종으로 그들의[우리들의] 구세주가 되실 뿐 아니라(참조. 히 10:5-7), 성령 하나님에 대한 전적인 의존으로 인간의 삶에 무엇이 가능한지를 보여주시는 뛰어난 모범이 되신다. 또한 예수님은 제자들에게 인간성의 한계를 어떻게 극복해야 할지를 보여주신 산증인이다. 이는 그들 역시 자신과 마찬가지로 현재의 삶에서 모든 악조건에도 불구하고 성령으로 하나님의 소명을 완수하도록 하시기 위함이었다. 하나님이 인간들에게 원하신 삶의 방식, 즉 이상적이고 가장 성공적인 삶의 방식은, 하나님과 떨어져 독립적이거나 그분 없이 사는 삶이 아니라, 하나님과 함께 조화를 이루고 그분의 능력을 공급받는 삶이다. 예수님이 이것을 분명하게 보여주신 것이다.

성령은 예수님 안에 계시는 하나님의 임재이자 능력이셨고, 충만하게
그러하셨다.[4]

추천 도서

Hawthorne, Gerald F. *The Presence and the Power: The Significance of the Holy Spirit in the Life and Ministry of Jesus*. Dallas: Word, 1991.

Piper, John. *Seeing and Savoring Jesus Christ*. Weaton, IL: Crossway, 2001. 『예수님이 복음입니다』(부흥과개혁사 역간).

Ware, Bruce A. *The Man Christ Jesus: Theological Reflections on the Humanity of Christ*. Wheaton, IL: Crossway, 2012.

4 같은 책, 234.

5장
"비판을 받지 아니하려거든 비판하지 말라"의
진의는 무엇일까?

대다수 그리스도인에게 각자 좋아하는 성경 구절이 적어도 한 개씩은 있다는 사실은 별로 놀랍지 않은 반면, 비그리스도인들에게도 좋아하는 성경 구절이 있다는 사실은 다소 놀랍다. 더 기이한 점은 대부분의 경우 그 구절이 똑같다는 것이다! 성경을 잘 모르는 비그리스도인들도 마태복음 7:1을 매우 정확히 인용한다. "비판을 받지 아니하려거든 비판하지 말라." 애석하게도 가장 사랑받는 이 구절은 가장 많이 곡해되는 구절이기도 하다.

오용된 본문

이보다 더 오용되고 오해되고 잘못 적용되어온 본문도 없을 것이다. 비그리스도인들은(그리고 잘못 알고 있는 많은 신자들도) 이 본문을 사용해 다른 사람들의 죄와 결점, 교리적 잘못을 비평하거나 드러내는 사람이 누구든 그를 비난한다. 동성애, 간음, 험담, 탈세, 사통, 낙태, 기독교 외의 다른 종교, 인본주의 등등에 대해 좋지 못한 말이라도 할려면 비판하지 말라는 예수님의 말씀을 굳게 믿는 무리로부터 진노가 쏟아진다. 정작 예수님은 경멸하고 거부하는 사람들로부터 말이다!

이 문제는 대체적으로 사람들이 절대적인 것, 특히 도덕적인 절대성을 싫어한다는 것에 기인한다. 실제로 선과 악, 진리와 거짓 사이에 절대적 차이가 존재한다고 이야기하는 사람은 고루하고 편협한 사람이라는 꼬리표를 달게 될 가능성이 매우 높다. 많은 이들로부터 호평을 얻은 책인 『미국적 사고의 폐쇄』(The Closing of the American Mind)에서 앨런 블룸(Allen Bloom, 시카고 대학교의 사회사상 교수)은 다음과 같이 말했다.

교수들이 절대적으로 확신할 수 있는 사실이 하나 있는데, 대학에 들어오는 학생들 대부분이 진리를 상대적인 것으로 믿거나 그렇게 믿는다고 이야기한다는 것이다. 그런데 정작 그런 믿음을 시험하면 이들의 반응은 이해할 수 없다는 식이다. 그 명제가 자명하지 않다고 여기는 사람이 있다는 사실에 학생들은 놀란다. 마치 2+2=4에 이의를 제기하는 것처럼 말이다.⋯학생들이 이에 대해 도전받았을 때 불신과 분노가 뒤섞인 특정한 반응을 보이는 것은 그것이 그들에게 도덕적 문제이기 때문이다. 그들은 "당신은 절대주의자인가요?"라고 되묻는다. 이는 어조로 볼 때 "당신은 군주제를 지지하시나요?" 혹은 "정말로 마녀가 있다고 믿으시나요?"와 흡사한 반응이다.[1]

---

1 Allan Bloom, *The Closing of the American Mind: How Higher Education Has Failed Democracy and Impoverished the Souls of Today's Students* (New York: Simon & Schuster, 1987), 25.

블룸은 다음과 같이 설명한다.

> 그들이 절대주의에서 조심해야 할 위험이라고 배워온 것은 오류가 아닌 편협함이다. 상대주의는 개방성에 없어서는 안 될 덕목 중에서도 으뜸이 되는 덕목으로, 모든 초등교육이 이것을 우리 학생들의 마음에 심어주기 위해 지난 50년 이상을 헌신해왔다. 우리 시대에서 개방성과 상대주의는 위대한 통찰이다. 상대주의는 개방성을 진리에 대한 다양한 주장과 생활 방식, 인간 유형을 상대하기에 그럴싸하고 유일한 입장으로 만든다. 무엇을 정말로 믿는 사람이야말로 매우 위험한 사람이 되는 것이다.…이 입장의 핵심은 실수를 바로잡고 참으로 올바른 사람이 되는 것이 아니라, 자신이 옳다고 생각하지 않는 것이다.[2]

간략하게 말해, 오늘날 많은(대부분이 아니라도) 학생들에게 "가장 큰 원수는 모든 것에 열려 있지 않은 사람이다."[3]

이 안에서 우리가 잘못된 딜레마의 오류(다른 대안이 있는데도 불구하고 양자택일을 강요하는 것–역자 주)라고 불리는 근본적인 논리적 실수에 빠지는 것은 당연하다. 비그리스도인이 볼 때 대안은 둘 뿐이고, 이것들은 상호배타적이다. 다른 사람의 행위와 믿음을 의심하고 지적하고 평가하기 위해 입을 열지 않거나, 아니면 그렇게 함으로써 마태복음 7:1에 기록된 예수님의 정죄를 받는 것이다. 대세를 따른다면, 이 구절은 다른 사람들을 평가하기 위해 윤리적 분별을 사용해서도, 아니, 아예 평가

---

2 같은 책, 25 – 26.
3 같은 책, 27.

를 해서도 안 된다는 뜻이 된다. 존재하는 모든 생활 양식과 믿음에 대해 우리는 완전하고 비평이 없는 관용을 보이도록 배워왔다. 이것에 대해 우리는 어떻게 반응해야 할까?

아이러니한 것은, 우리가 다른 사람을 판단한다고 우리를 판단하는 그들 자신이, 우리를 비난하기 위해 근거로 삼은 바로 그 계명을 어기고 있다는 사실이다. 특정한 믿음이나 도덕적 실천이 잘못이라고 선언하는 것이 잘못이라는 이들의 주장 자체가 윤리적이고 도덕적이다. 모든 견해에 대한 무비판적인 관용을 강요하는 것은 그와 다른 견해를 갖는 사람들에게 있어 지극히 너그럽지 못한 처사다. 하지만 더 말해 무엇하겠는가? 이제 예수님의 말씀으로 돌아가보자.

예수님이 의미하시지 않은 것

먼저 예수님이 말씀하시지 않은 것에 주목해보자. 존 스토트(John Stott)는 아래와 같은 내용을 우리에게 상기시킨다.

"비판하지 말라"는 주님의 명령은 다른 사람들에 대해 우리의 비판적 기능을 사용하지 말고, 그들의 잘못을 눈감아주며(마치 모르는 것처럼), 모든 비판을 삼가고, 진리와 오류, 선과 악 사이를 분별하는 일을 거부하라는 명령이 아니다.[4]

---

4 John R. W. Stott, *Christian Counter-Culture: The Message of the Sermon on the Mount* (Downers Grove, IL: InterVarsity, 1978), 175.

또한 이 구절은 "하나님의 아들들과 예수님의 제자들이 어떤 정황에서 무슨 일을 당해도 옳고 그름에 대한 아무런 의견이 전혀 없는, 형태도, 분별도 없는 대중이 되라"는 명령도 아니다.[5] 예수님이 옳고 그름, 선과 악, 진리와 거짓에 대해 의견을 표하는 것을 금하지 않으셨다는 사실은 두 가지, 곧 근접 본문과 나머지 신약이 판단에 대해 가르치는 내용으로 증명된다.

먼저 근접 본문에서 시작해보자. 이 본문의 전후로 배치된 사실상 모든 산상수훈은 우리가 윤리적·논리적 판단을 할 때, 우리의 비판력을 사용하며 또 그렇게 해야 한다는 사실에 근거한다. 예수님은 우리에게 세상과 구별될 것과 바리새인의 의보다 나은 의를 추구할 것(이들의 의가 "나쁘고" 부적절했기 때문이다), 불신자보다 더욱 "많이" 행할 것(이들의 행위는 충분하지 못했다는 말인데, 이것 역시 판단이다), 헌금과 기도, 금식 등등에 있어 외식하는 자들(이것은 명백하게 판단하는 단어다)과 같이 되지 말 것을 말씀하셨다. "하지만 먼저 다른 사람들의 수행을 평가하여 우리의 실천이 그들의 것과 다르고 더 높다는 사실을 확인하지 않는다면, 어떻게 이 모든 가르침에 순종할 수 있단 말인가?"[6]

그뿐 아니라 마태복음 7:1의 권면에 바로 이어 예수님은 두 가지 명령을 더하셨다. "거룩한 것을 개에게 주지 말며 너희 진주를 돼지 앞에 던지지 말라"(이 역시 매우 비평적인 말들이다). "거짓 선지자들을 삼가라"(이것도 마찬가지다). 스토트는 말한다. "우리의 비판적 판단력을 사용

5 D. A. Carson, *The Sermon on the Mount: An Evangelical Exposition of Matthew 5-7* (Grand Rapids: Baker, 1978), 98

6 Stott, *Christian Counter-Culture*, 176.

하지 않고는 이 두 가지 명령 모두에 순종할 수 없을 것이다. '개', '돼지', '거짓 선지자'에 대한 행동을 결정하기 위해, 우리는 먼저 그들이 누구인지 알아야 하고, 그러기 위해서는 어느 정도 비판적 분별력을 발휘해야 하기 때문이다."[7] 더욱이 이와 같은 비평적 판단이 이루어지기 위해서는 그 행동을 비추어 가늠할 만한 절대적 기준이 필요하다.

신약 나머지에 있어서는 다음 본문들로 독자의 관심을 돌리고 싶다. 마태복음 18:15-17, 로마서 16:17-18, 고린도전서 5:3, 갈라디아서 1:8, 빌립보서 3:2(여기서 바울은 자신을 대적하는 사람들을 "개…행악하는 자들…몸을 상해하는" 자들로 불렀다), 디도서 3:10-11, 요한1서 4:1-4, 요한2서 9-11절, 요한3서 9-10절, 그리고 특별히 예수님이 직접 "외모로 판단하지 말고 공의롭게 판단하라 하시니라"고 말씀하신 요한복음 7:24이다.

예수님이 의미하신 것

그렇다면 예수님이 마태복음 7:1-6에서 의미하신 것은 무엇일까? 우리는 예수님이 판단·비평하는 분별을 전부 금하지 않으셨음을 분명히 하는 동시에, 다음의 문제에 대해서도 세심한 주의를 기울여야 한다. 죄가 되는 판단의 유혹은 매우 실제적이고 강력하다. 우리가 우리 뒤의 모든 것이 전적인 은혜임을 망각하면, 마태복음 5-6장에서 그리스도께서 우리를 거룩하고 구별되게 부르셨다는 사실이 다른 사람을 향한 오만과 교만의 태도로 이어지기 쉽다.

---

7 같은 책.

예수님이 금하신 판단적 비평은 자기 의에 사로잡히고(다른 사람에게서 쉽게 발견되는 죄로부터 자신은 전적으로 자유하다고 생각하는 것), 정도가 과하며(원래의 목적을 성취하는 데 필요한 것을 넘어서는 과도한 것), 파괴적인(우리가 겨냥하는 사람을 세우거나 회복하지 않고 무너뜨리는 것) 비평이다. 그분은 상대의 영적 건강과 안녕에 대한 염려 때문이 아니라, 오직 사람들 앞에서 자신의 의를 과시하기 위해 타인을 판단하는 것을 금하신 것이다. 마틴 로이드 존스(Martyn Lloyd-Jones)는 다음과 같이 설명했다.

> 사실, 우리는 다른 사람을 돕는 일에 정말로 관심이 있지 않다. 우리는 그를 정죄하는 일에만 관심을 갖는다. 우리는 그에게 큰 관심을 갖고 있는 척한다. 그의 결점을 발견하는 일이 매우 고통스러운 양 가장하는 것이다. 그러나 사실은 우리 주님께서 이미 보여주신 바와 같이, 우리는 그의 결점을 발견하게 되어 매우 기쁜 것이다.[8]

따라서 예수님이 금하신 것은 사랑의 꾸짖음이나 건설적인 비평이 아니고, 자기 고양적인 지나친 비판이다. 스토트의 설명에 따르면 지나친 비판은,

> 사람들을 비판적으로 평가하는 것을 의미하는 것이 아니라, 가혹하게 판단하는 것을 의미한다. 지나친 비평가는 다른 사람들에 대해 부정적이고,

---

8 D. Martyn Lloyd-Jones, *Studies in the Sermon on the Mount*, vol. 2 (Grand Rapids: Eerdmans, 1974), 180.

파괴적이며, 사람들의 실수를 적극적으로 찾아내는 것을 즐기는 사람이다. 그는 사람들의 동기에 대해 가능한 한 최악의 분석을 하며, 그들의 계획에 찬물을 끼얹고, 그들의 실수에 대해 인색하다.[9]

요약하자면 "'비판하지 말라'는 명령은 맹목적이 되라는 요구가 아니라 관대하라는 간청이다. 예수님은 우리에게 (우리를 짐승과 구분하는 데 도움이 되는 비판적 능력을 중지시킴으로) 더 이상 사람이 되지 말라고 말씀하시는 것이 아니라, (우리 자신을 재판관으로 제시하여) 하나님이 되려는 주제넘은 야망을 포기하라고 말씀하신다."[10]

하지만 마태복음 7:1에서 멈출 수는 없는데, 이 문제에 대한 예수님의 말씀이 이후에도 계속 이어지기 때문이다. 자기 의에 사로잡혀 과한 방식으로 다른 사람을 판단하지 말아야 하는 이유로, 예수님은 "너희가 비판하는 그 비판으로 너희가 비판을 받을 것이요, 너희가 헤아리는 그 헤아림으로 너희가 헤아림을 받을 것이니라"고 말씀하셨다(2절). 이 부분의 문제는 이것이 하나님과 사람 중 누구에게 받는 판단(심판)이냐는 것이다. 지나치고 죄악된 방식으로 다른 사람을 비판할 때 우리는 스스로에게 그것보다 나은 대우를 기대해서는 안 된다. 하지만 나는 여기서의 판단이 하나님의 판단(심판)에 더 가깝다고 생각하는데, 이것은 이생에서의 지속적인 죄에 대한 징벌(고전 11:32), 혹은 내세의 상급을 위한 삶의 평가(고후 5:6-10)라는 형태로 나타날 수 있다. 어떤 경우든, 우리가 기준을 세웠고 다른 사람들이 그 기준에 부합하기를 원한다면, 우리는 자신에게

9 Stott, *Christian Counter-Culture*, 176.
10 같은 책, 177.

도 똑같은 의무를 지워야 할 것이다. 이런 이유로 겸손과 사랑이 우리의 판단을 다스려야 한다. 고백이 모든 비평에 앞서 이루어져야 한다. 다른 사람들의 잘못을 지적하기 전에, 우리가 먼저 우리 자신의 삶에 있는 그 잘못을 고백해야 한다는 뜻이다.

이와 같은 원리의 예는 마태복음 7:3-5에 기록되어 있다. 예수님은 이렇게 물으셨다. "어찌하여 형제의 눈 속에 있는 티는 보고 네 눈 속에 있는 들보는 깨닫지 못하느냐? 보라! 네 눈 속에 들보가 있는데 어찌하여 형제에게 말하기를 나로 네 눈 속에 있는 티를 빼게 하라 하겠느냐? 외식하는 자여 먼저 네 눈 속에서 들보를 빼어라. 그 후에야 밝히 보고 형제의 눈 속에서 티를 빼리라."

이런 원리는 여러 상황에 적용될 수 있다. 예를 들면 질투, 악독, 탐심, 음욕과 같은 내면적이고 덜 가시적인 죄를 면하거나 최소화시키기 위해 간음, 도둑질, 살인과 같은 외면적이고 가시적인 육신의 죄를 비난하는 것이다. 자신의 죄를 떨쳐버리기 위해 다른 사람의 잘못을 즐겨 지적하는 경향도 이와 관련이 있다. 이런 종류의 판단은 자기 합리화에 불과하다. 다른 사람들의 죄의 심각성을 그들에게 알게 할 수만 있다면, 자신의 죄는 상대적으로 아름다워 보일 것으로 기대하는 것이다.

다시 말하지만, 예수님은 모든 비평과 꾸짖음을 금하시지 않고 오히려 5절에서는 그것을 명령하셨다. 그분이 반대하신 것은 자기 점검 이후가 아니라 그 이전에 이루어지는 비판이었다. 스토트는 이야기한다. "다시 말하면 예수님은 비판 자체를 정죄하시는 것이 아니라, 상응하는 자기비판은 하지 않고 다른 사람들을 비판하는 것을 정죄하신다. 또한 바로잡는 일 자체를 정죄하는 것이 아니라, 우리 자신을 먼저 바로잡지 않고 다른 사람들을 바로잡는 것을 정죄하신다."[11] 이 모든 것의 위험은 로마서 14:10이하에 언급되어 있다. 판단은 언제나 성경이 말하는 부분, 곧 성경이 분명한 긍정과 부정을 제시하는 부분과 문제에 한해 이루어져야 한다. 문제는 그리스도인들이 성경이 선택의 자유로 남겨둔 것을 규범의 문제로 다루려 한다는 것이다.

반면, 반대되는 동일한 위험도 있다. 마태복음 7:6에서 예수님은 "거룩한 것을 개에게 주지 말며 너희 진주를 돼지 앞에 던지지 말라. 그들이 그것을 발로 밟고 돌이켜 너희를 찢어 상하게 할까 염려하라"고 말씀하셨다. 여기서 예수님은 방종과 분별없음의 위험을 지적하신다. 원수를 사랑하고 더 베풀고 부당하게 판단하지 않는 것에는 미온적인 것과 옳고 그름, 진리와 거짓 사이의 본질적 차이를 구분하지 못하는 위험이 도사린다. 성도는 재판관이 되어서도 안 되지만, 숙맥이 되어서도 안 된다.

이 본문에 등장하는 "개"와 "돼지"(아마도 멧돼지일 것이다)는 우리가 이 단어들을 들을 때 보통 떠올리는 대상이 아니다. 예수님이 언급하신 "개"는 품에 안아보고 싶어지는 21세기 애완견이 아니라, 질병과 오물을 옮기고 다니는 사납고 흉포한 길거리의 사냥개다. 사도 베드로도 거짓 교사들을 언급하면서 이들을 자기 토사물로 돌아가는 개와 씻었다가도 더러운 구덩이에 도로 눕는 돼지로 묘사했다(벧후 2:22). D. A. 카슨(D. A. Carson)은 이렇게 설명한다.

예수님이 그려주시는 장면은 귀중한 진주가 담긴 자루를 손에 든 채, 거

---

11 같은 책, 179. 시 51:10-13, 갈 6:1을 참조하라.

대한 사냥개 무리와 멧돼지를 마주하고 선 한 남자의 모습이다. 그 짐승들은 굶주린 눈으로 남자를 노려보았고, 그는 진주를 꺼내 길바닥에 흩뿌렸다. 진주를 음식 조각으로 생각한 짐승들은 재빠르게 달려들었다. 그러나 곧 환상은 깨져버렸다. 진주는 씹기에 너무 딱딱했고 아무런 맛도 없어 입맛만 버린 것이다. 분노한 들짐승들은 진주를 뱉어낸 후 그 남자에게 달려들어 그를 찢어버렸다.[12]

예수님의 말씀은 우리 생각에 합당하지 못한 이들에게 복음을 전하지 말라는 뜻이 아니라, 현실적인 측면에서 이들이 여러 번 복음을 거절했고 조롱했다면, 이들 말고 다른 사람들에게 복음을 전하는 것이 옳다는 사실을 인정하신 것이다. 성경의 진리보다 오로지 조롱하기만을 기뻐하며, 계속해서 공격성과 냉담함을 보이는 사람들이 있다. 따라서 "개"와 "돼지"는 단순한 불신자들이 아니라, 반항적이고 지속적으로 증오와 앙심을 보이는 불신자들을 말한다. 칼뱅은 다음과 같이 기록했다. "우리가 알아야 할 것은 개와 돼지가 온갖 종류의 타락한 사람이나 하나님을 경외하는 마음과 참된 경건이 결여된 자에게 붙여진 이름이 아니라, 완악한 마음으로 하나님을 멸시하여 그들의 병이 도저히 고쳐질 수 없음을 분명히 보여주는 자들에게 붙여진 이름이라는 것이다."[13]

---

12 Carson, *The Sermon on the Mount*, 105.

13 John Calvin, *Commentary on a Harmony of the Evangelists, Matthew, Mark, and Luke*, vol. 1 (Grand Rapids: Baker, 2005), 349. 잠 9:7-8; 마 10:14; 15:14; 눅 23:8-9; 행 13:44- 51; 18:5-6; 28:17-28도 참조하라.

결론

결론에서 언급해야 할 몇 가지 사실이 있다. 먼저 예수님이 말씀하신 것이 "자갈"이 아니라 "진주"라는 중요한 사실이다. 우리는 복음 메시지가 소중한 보화이며 막대한 가치와 영광을 가지고 있음을 마음에 새겨야 한다. 두 번째로 우리가 전하는 복음을 듣는 사람들이 다양하며, 이들의 차이점을 식별하는 안목을 길러야 한다는 것이다(행 17:32-34을 보라). 세 번째로 복음을 제시할 때 아무 생각없이 기계적인 방식으로 항상 같은 것을 강조해선 안 된다는 것이다. 어떤 이들은 이미 죄와 죄책, 죄를 깨닫게 하시는 성령으로 마음이 무겁기 때문에, 이런 경우에는 그리스도 안에 있는 하나님의 사랑을 전해야 한다. 반면, 하나님의 거룩하심과 진노를 들어야 하는 이들도 있다. 그 마음의 부패와 드잡이해야 하는 사람들도 있고, 하나님의 긍휼과 용서를 받아야 하는 사람들도 있다. 명심할 것은, 이 명령이 원수를 사랑하라는 문맥 안에서 주어졌다는 사실이다. 따라서 우리의 진주를 돼지에게 던져서도 안 되겠지만, 험악하고 잔인하고 무정해서도 안 된다.

　마지막으로 특정 교회나 그리스도인들에게는 마태복음 7:6을 가르치는 것이 부적절하다는 점이다. 이들의 문제는 분별력 없이 자기 진주를 돼지에게 던져주는 것이 아니라, 진주를 아예 던지지 않는 것이다. 본래 이 구절은 복음전도에 너무 열정적인 탓에, 굶주린 영혼과 조롱하는 영혼을 구별하지 못하는 사람들을 위한 것이다. 하지만 우리의 (진짜) 문제는 대부분의 경우 복음전도에 대한 열정이 아예 없다는 데 있다.

추천 도서

Copan, Paul. "True for You but Not for Me": *Overcoming Objections to Christian Faith*.
  Minneapolis: Bethany House, 2009.

Wilson, Jared C. *Your Jesus Is Too Safe: Outgrowing a Drive-Thru, Feel- Good Savior*.
  Grand Rapids: Kregel, 2009.

6장
성령모독죄란 무엇일까?[1]

허물의 사함을 받고 자신의 죄가 가려진 자는 복이 있도다.

여호와께 정죄를 당하지 아니하는 자는 복이 있도다(시 32:1-2).

이스라엘의 왕 다윗이 했던 말 중 이보다 더 큰 위안과 격려가 되는 말은 없으리라고 생각한다. 다시 한 번 들어보라. "허물의 사함을 받은 자는 복이 있도다." 자신의 죄가 용서받았다는 사실을 아는 것보다 더한 기쁨은 없을 것이다.

하나님의 용서의 실재는 인간의 영혼을 치유하고, 이는 우리의 이해를 초월한다. 하나님의 용서에는 다른 어디에서도 찾아볼 수 없는, 회복시키고 새롭게 하는 능력이 있다. 한 저명한 정신과 의사는 말했다. "제 환자들 중 절반은 자신이 용서받았다는 사실을 알기만 해도 일주일 안에

---

1 성령모독죄는 성령훼방죄로 더 많이 알려져 있다. 다만 본문에서 사용된 성경 번역을 따라 성령모독죄로 번역했는데, 성령을 모독하고 거역하고 훼방하는 의미로 해석해도 무방하다─역자 주.

집으로 돌아갈 수 있을 겁니다." 이런 이유로 우리 하나님이 용서하시는 분임을 아는 것은 큰 위안이 된다.

여호와께서 그[모세]의 앞으로 지나시며 선포하시되 여호와라, 여호와라, 자비롭고 은혜롭고 노하기를 더디하고 인자와 진실이 많은 하나님이라, 인자를 천대까지 베풀며 악과 과실과 죄를 용서하리라(출 34:6-7).

주는 선하사 사죄하기를 즐거워하시며,
주께 부르짖는 자에게 인자함이 후하심이니이다(시 86:5).

내 영혼아, 여호와를 송축하며
그의 모든 은택을 잊지 말지어다.
그가 네 모든 죄악을 사하시며
네 모든 병을 고치시며(시 103:2-3).

주와 같은 신이 어디 있으리이까?
주께서는 죄악과
그 기업에 남은 자의 허물을 사유하시며
다시 우리를 불쌍히 여기셔서
우리의 죄악을 발로 밟으시고
우리의 모든 죄를
깊은 바다에 던지시리이다(미 7:18-19).

용서에 대한 진리의 눈부시고 복된 빛 가운데로 심히 어둡고 우울한 그늘을 드리우는 것은 마가복음 3:22-30이다. 여기서 예수님은 "누구든지 성령을 모독하는 자는 영원히 사하심을 얻지 못하고 영원한 죄가 된다"라고 말씀하신다(29절).

이것 때문에 혼란스러운가? 요한복음 6장에서 예수님은 자신에게 오는 자는 결코 내쫓지 않으시겠다고 말씀하신 반면, 여기 마가복음 3장에서는 성령을 모독하는 자는 현금이나 내세에서나 사하심을 얻을 수 없다고 말씀하신다. 두 말씀 모두 사실이어야 한다. 그렇다면 이것은 어떤 의미일까?

예수님의 이 불길한 선언은 진공상태에서 일어난 것이 아니다. 이 발언을 발생케 한 사건이 있었다. 문맥을 살펴보자. 종교 지도자들은 예수님이 귀신을 내쫓는 장면을 지금 막 목격했는데, 그분이 바알세불 혹은 사탄에 사로잡혔다고, 즉 귀신을 내쫓도록 한 것이 바로 사탄이라고 결론내렸다.

이 사건에 대해 마가는 더 이상의 정보를 제공하지 않지만, 마태는 더욱 상세히 기록한다. 마태복음 12장에서 마태는 눈멀고 말 못하는 남자가 예수님께로 왔다고 말한다. 예수님은 귀신을 내쫓고 그를 치유해주셨다. 그는 즉시 보았고 또 말했다. 이 기적에는 이견이나 논쟁의 여지가 없었다. 그가 눈멀고 말 못한 것은 어느 누구도 의심할 수 없는 사실이었다. 서기관들은 그 역시도 귀신 들렸다고 확신했다.

마태는 "무리가 다 놀라"(12:23)라고 기록한다. 사람들은 깜짝 놀라 뒤로 자빠졌고 숨마저 막힐 정도였다. 이것은 굉장히 압도적인 기적이었다. 이것은 부인하기 어려운 초자연적 사건이기에, 사람들은 예수님이 정말로 다윗의 아들, 메시아가 아닐까 생각하기 시작했다.

사람들의 선택은 한정되어 있었다. 일어난 일에 대해서는 두 가지 설명만이 가능했다. 이것은 마술사의 손장난이 아니었다. 능수능란한 마술사가 모자에서 토끼를 꺼낸다거나, 카드를 가지고 놀라운 솜씨를 보인 것과는 달랐다. 이 남자는 모든 사람이 알고 있는 바, 눈멀고 말 못하는 사람이었다. 그의 치유는 하나님의 역사든지, 아니면 마귀의 역사였다. 이것이 하나님의 역사임을 부인한 이들이 내릴 수 있는 유일한 결론은 예수님이 바로 사탄의 능력으로 이를 행했다는 것이었다.

여기에 대한 우리 주님의 반응은 심오하다. 그분의 말씀을 요약하자면 "사탄이 악할지는 몰라도 멍청하지는 않다"이다. 어느 나라나 집이나 동네라도 내분이 심해질 경우, 결국에는 자멸하고 만다. 사탄의 영역도 다르지 않다. 하나님을 제외하고 우주에서 가장 똑똑한 존재는 사탄일 것이다. 그는 귀신들 사이에서 내분이나 내전이 일어나게 할 만큼 무모하지 않다. 사탄은 다른 무엇보다 자기 보존에 열심이다. 그는 자신의 능력을 위협하거나 감소시킬 만한 일은 어떤 것도 하지 않는다. 즉 영적 자살은 절대로 시도하지 않는다. 예수님의 말씀은 사탄의 나라에 조화, 신뢰, 충성이 있다는 뜻이 아니다. 존재하는 모든 귀신이 이기적이고 악하다는 사실은 의심할 필요가 없다. 하지만 사탄은 어느 귀신이라도 자신을 방해하도록 절대 허용하지 않는다. 매우 간단하게 표현하자면, 사탄은 사탄을 내쫓지 않는다.

하지만 예수님은 여기서 멈추시지 않는다. 마태복음 12:29(막 3:27)을 다시 한 번 살펴보라. 사탄은 "강한 자"이고, 그의 "집"과 궁궐은 현재의 세상이며, 그의 "세간"과 재산은 그가 어둠과 영적 결박에 매어둔 사람들이다. 하지만 예수님의 오심으로 더욱 강한 자가 나타나 그를 공격하고 정복했다. 예수님은 사탄의 뜻을 행하도록 포로된 사람들을 구하심으로써 사탄의 나라를 약탈하러 오셨다. 예수님의 오심과 함께 마귀의 힘이 끊어졌고, 그의 나라는 정복되었으며, 그의 포로들은 놓임을 받았다. 예수님이 사탄, 즉 "강한 자"를 결박하신 것은 무죄한 자신의 삶과 광야에서 이기신 시험, 진리로 거짓을 이긴 권위 있는 가르침, 궁극적으로는 그분의 죽으심과 부활, 그리고 성부의 오른편으로 높아지신 것 때문이다. 용서받을 수 없는 죄에 대한 예수님의 불길한 말씀은 이런 배경과 문맥 안에서 이루어졌다.

예수님은 마가복음 3:28에서 모든 죄가 용서받을 수 있다고 말씀하셨다. 우리가 어떤 모독의 말을 하든 그것은 용서받을 수 있다. 마태복음에서 예수님은 자신, 즉 인자에 대해 범한 죄도 용서받을 수 있다고 말씀하셨다. 하지만 누구든지 성령을 모독하는 자는 영원히 사하심을 얻지 못하고 영원한 죄가 된다(29절). 사하심과 용서를 얻을 수 없는 죄가 무엇인지를 알아보기에 앞서, 그 죄가 무엇이 아닌지를 먼저 살펴보도록 하자.

어떤 사람들은 용서받을 수 없는 죄가 살인이라고 이야기한다. 무고한 사람을 살해한다면 하나님이 결코 용서하지 않으신다는 것이다. 하지만 모세, 다윗, 바울을 생각해보라. 이들은 살인죄를 저질렀지만 하나님의 용서를 받았다.

간음이 용서받을 수 없는 죄라고 주장하는 사람들도 있다. 하지만 다윗은 간음을 했고, 바로 그가 앞서 인용한 시편 32:1-2을 기록한 사람이다. 요한복음 8장에 나오는 간음하다 잡힌 여인은 어떤가? 예수님은 그녀를 용서하셨고 가서 다시는 죄를 범하지 말라고 말씀하셨다. 요한복음

4장에 등장하는 우물가의 사마리아 여인도 마찬가지다.

사함 받을 수 없는 죄는 박해의 압력이나 협박 때문에 예수님을 부인하는 것일 수도 있다. 하지만 베드로를 떠올려보라. 그는 예수님을 알지도 못한다고 세 번이나 부인했다. 이보다 더 심각한 죄는 없을 것이다. 하지만 그는 영광스럽게 용서받았고, 하나님과의 관계와 사역 역시 회복되었다.

자살이 용서받을 수 없는 죄라고 주장하는 사람들도 있다. 하지만 구약과 신약 어디에서도 그렇게 말하는 본문은 없다.

야웨의 이름을 망령되이 일컬어 용서받지 못할 죄를 지었다는 두려움에 살아온 사람들도 있을 것이다. 순간적인 분노, 악독, 실망에 휩싸여 야웨를 저주했거나 온갖 욕설이나 비속어 등을 퍼부었을 수도 있다. 아니면 좌절과 혼돈으로 하나님이 안 계신다거나 자기를 비참하게 버리셨다고 분노를 담아 소리쳤을 수도 있다. 이것들은 심각한 죄이지만, 그렇다고 용서받지 못할 죄는 아니다.

용서받을 수 없는 죄란 무엇일까?

예수님은 용서받을 수 없는 죄의 본질을 매우 구체적으로 알려주신다. 바로 성령을 모독하는 것이다. 종교 지도자들의 죄는 예수님 자체를 모독한 것이 아니다. 사실 마태복음에서 예수님은 "누구든지 말로 인자(즉 예수님)를 거역하면 사하심을 얻되, 누구든지 말로 성령을 거역하면 이 세상과 오는 세상에서도 사하심을 얻지 못하리라"고 말씀하셨다(12:32).

이들의 죄는 왜 예수님에 대한 것이 아니라 성령에 대한 것일까? 이들의 죄가 성령에 대한 죄인 이유는 예수님이 행하신 치유와 기적이 성령의 능력으로 된 것이기 때문이다. 예수님은 마태복음 12:28에서 직접 말씀하시기를, 자신이 하나님의 성령을 힘입어 귀신을 내쫓는다고 하셨다. 다시 한 번 확인하는 바, 예수님이 사신 삶은 성령의 능력으로 사신 삶이며, 그분이 행하신 기적은 성령의 능력으로 행하신 것이다.

종교 지도자들의 말은 다음과 같이 요약된다. "예수여, 우리는 위대한 치유의 기적이 일어난 것을 부인하지 않습니다. 당신이 이 사람으로부터 귀신을 쫓아낸 것도 부인하지 않습니다. 하지만 당신이 그렇게 한 능력은 사탄의 능력입니다." 따라서 이들의 죄는 성령이 하신 일을 마귀에게 돌린 데 있었다. 이들은 초자연적인 존재를 부인하지 않았다. 기적의 실재도 부인하지 않았다. 다만 마음의 완악함과 영적인 무지를 놀라울 만큼 과시하며 "당신이 그것을 행할 수 있도록 마귀가 당신에게 능력을 주었습니다"라고 말했다.

하지만 예수님이 왜 이것을 용서받을 수 없을 만큼 가증스러운 죄로 여기셨는지는 여전히 불분명하다. 성령과 그분의 사역을 모독하는 것은 왜 용서가 불가능할 만큼 끔찍하고 비난받을 만하며 충격적일까?

그 대답은 예수님과 종교 지도자들 사이의 관계와 이들이 예수님께 반응한 방식에서 찾을 수 있다. 이들이 예수님을 거절한 것은 무지나 증거 부족의 결과도, 예수님을 싫어한 다른 사람들이 만들어낸 나쁜 소문 때문도 아니었다. 성령모독은 하나님이 행하신 일을 명확히 마귀에게로 돌려, 성령의 사역을 의도적으로, 또한 눈에 힘을 주고 비방하는 것이다. 이들은 여느 사람들처럼 예수님이 성령의 능력으로 기적을 행하셨음을 분명하게 보았고 명확하게 이해했다. 하지만 자신이 사실로 알고 있는 것을 거슬러, 예수님께 능력을 준 것이 사탄이라는 교만한 주장을 펼쳤다.

예수님이 행하신 기적은 천국의 증거였지만 종교 지도자들은 이것을 지옥의 증거로 만들어버렸다. 마가복음 3:30에 따르면 실제로 이들은 예수님이 귀신 들렸다고 주장했다. 이들은 예수님의 신성을 부인하는 것에서 그치지 않고 그분을 귀신으로 선언해버린 것이다. 예수님의 가족은 그분을 정신이상 환자로 생각했을 수도 있지만, 바리새인들은 그분을 도덕적인 악한으로 선언했다.

따라서 이것은 단회적이고 순간적인 실수나 우연한 판단착오가 아니었다. 오히려 회피할 수도, 부인할 수도 없는 진리에 지속적으로 저항한 것이었다. 성령모독은 분노와 반항의 순간에 단 한 번 범하는 경솔한 행동이 아니라, 시간을 두고 냉담해진 태도, 마음을 완악하고 굳게 하는 지속적인 반항이다. 바리새인들은 예수님이 병자를 치유하셨을 때 그 자리에 함께 있었다. 이들은 그분이 기적을 행하시는 것을 가까이서 직접 보았다. 죽은 자를 살리시는 것도 목격했다. 문둥병을 앓고 있던 사람이 갑자기 눈에 띄게 깨끗해지고 온전해지는 것도 두 눈으로 보았다. 예수님이 능력과 권위로 가르치시는 것 역시 들었다. 갇힌 자를 자유케 하실 때 귀신들이 그분의 임재로부터 도망치는 것도 목격했다. 눈먼 자의 눈을 뜨게 하신 것도 똑똑히 보았다. 그럼에도 이들은 그분이 이 모든 것을 마귀의 능력으로 행하셨다고 공공연하고 지속적으로, 분노와 오만에 사로잡혀 주장했다.

따라서 성령모독은 이 세상의 전형적인 불신, 거절, 의심과 같은 단순한 불신앙이 아니다. 성령모독은 추호의 의심도 없이 사실로 아는 것에 대한 저항이다. 그것은 단순한 부인이 아니라 단호한 부인, 단순한 거절이 아니라 고의적이고 의지적이며 악하고 눈에 힘을 주면서 행하는 거절이다. 따라서 이 죄가 용서받을 수 없는 것은 예수님의 속죄 죽음에 결점이 있기 때문이 아니다. 하나님의 은혜와 긍휼에 한계가 있어서도, 그분의 속성에 다른 결함이 있어서도 아니다.

마가는 회개할 때 죄를 용서받는다는 사실을 분명히 했다. 그는 마가복음 1:4에서 "세례 요한이 광야에 이르러 죄 사함을 받게 하는 회개의 세례를 전파하니"라고 기록했다. 마가복음 1:14-15은 "예수께서 갈릴리에 오셔서 하나님의 복음을 전파하여 이르시되 때가 찼고 하나님의 나라가 가까이 왔으니 회개하고 복음을 믿으라 하시더라"고 기록했다(4:12; 6:12; 행 2:38; 5:31을 보라). 죄 용서를 받기 위해서는 반드시 회개가 필요하다. 죄로부터 하나님께로 자신을 돌이키고, 그분의 은혜에 자신을 던지며, 그분을 따라가야 한다. 따라서 예수님이 마가복음 3:28에서 "사람의 모든 죄와 모든 모독하는 일은 사하심을 얻되"라고 말씀하셨을 때 언급하신 죄와 모독은 죄인이 참으로 회개한 것들이다.

그렇다면 왜 예수님은 29절에서 유독 한 가지 죄와 한 가지 모독, 곧 성령모독죄를 위의 약속에서 제외하셨을까? 내 생각에 그것은 성령모독죄가 죄인을 회개하지 못하도록 하고, 따라서 용서받지 못하도록 하기 때문이다. 29절은 28절의 예외적 사례가 아니다. 예수님은 우리가 회개하는 모든 모독죄는 용서되지만, 성령모독죄만은 용서받을 수 없다고 말씀하시지 않는다. 우리가 회개하는 모든 모독죄는 용서될 것이지만, 성령모독죄는 그 본질상 회개가 불가능하고 따라서 용서받을 수 없다고 말씀하신다. 이 죄는 구제불능의 완악해진 마음으로부터 나오는 죄로, 그야말로 회개가 불가능한 종류다. 어떤 죄든 우리가 회개하지 못하도록 한다면 그것은 용서받을 수 없는 죄인데, 용서는 오직 참으로 회개하는 자들에게만 주어진 약속이기 때문이다(참조. 막 4:12).

이 죄가 용서로부터 제외되는 이유는 본질상 회개로부터 제외되었기 때문이다. 죄인이 회개할 수 있는 죄는 용서받을 수 없는 죄가 아니다. 따라서 자신이 용서받을 수 없는 죄를 지은 것은 아닐까 염려하는 사람들은 그럴 필요가 없다. 이것은 관심도, 죄를 깨달음도, 염려도, 따라서 회개도 없는 죄다. 오히려 그것은 마음이 완악하고 제멋대로이고 고집스럽고 반항적인 죄로, 이 죄를 범하는 사람들은 자신의 죄에 대해 일말의 관심도 없다.

그렇다! 우리가 우리 자신을 용서의 가능성 저 바깥으로 밀어내는 일은 가능하다. 하지만 이것은 하나님의 잘못이 아니다. 하나님의 긍휼이 부족해서도, 그분의 사랑이나 능력이나 은혜에 한계가 있어서도 아니다. 그것은 진리를 보고 듣고 심지어 맛보고도, 죄를 깨닫고 회개하는 것으로부터 자신을 단절하기까지 마음을 완악하게 하기로 선택한 죄인 때문이다.

결론

자신이 용서받을 수 없는 죄를 지었다고 확신하거나, 적어도 이로 인해 극심한 염려에 시달리는 이들에게 나는 말하고 싶다. 당신의 삶에서 어떤 특정한 죄가 심각한 내면의 괴로움과 형언할 수 없이 고통스런 감정을 불러왔을 수 있다. 지속적으로 찌르는 죄책감 때문에 당신의 삶이 참을 수 없는 지경에 이르렀을 수도 있다. 어떤 이들은 자신의 수치심이 너무 무겁고 괴로워 영적 생명의 숨통이 조여오는 듯하다고 묘사하기도 한다.

내가 이것을 안다고 확신할 수 있는 것은, 지난 수년 동안 수십 명의 사람들이 나를 찾아와서 이런 류의 이야기를 함께 나누었기 때문이다. 셀 수 없이 많은 사람들이 상심으로 몸을 떨고, 그칠 줄 모르는 눈물을 흘리며, 잠을 이루지 못하고, 혹시나 잠을 이루더라도 끔찍한 악몽에 시달렸는데, 이는 자신이 하나님께서 용서하실 수 없는 죄를 범했다고 확신했기 때문이었다.

내가 위에서 묘사한 것이 당신의 모습이라면, 나는 하나님 말씀의 권위로, 절대적인 확신과 기쁨으로 당신에게 말할 수 있다. 당신은 용서받을 수 없는 죄를 짓지 않았다.

- ◆ 자신의 죄에 대해 수치심을 느끼는 사람들은 용서받을 수 없는 죄를 지은 것이 아니다.
- ◆ 성령이 자신의 마음에 죄를 깨닫게 하시는 것과 하나님의 말씀을 거역한 것에 대해 찌르는 죄책감을 느끼는 사람들은 용서받을 수 없는 죄를 지은 것이 아니다.
- ◆ 자신이 용서받을 수 없는 죄를 지은 것은 아닐까 두려워하는 사람들은 용서받을 수 없는 죄를 지은 것이 아니다.
- ◆ 자신의 죄로 인해 상심하고 슬퍼하는 사람들은 용서받을 수 없는 죄를 지은 것이 아니다.

당신이 용서받을 수 없는 죄를 짓지 않은 경우에 대해 나는 온전히 확신할 수 있다. 하지만 당신이 하나님의 용서 바깥으로 멀어진 경우에 대해서는 그럴 수 없다.

마지막으로 다른 사람들이 당신을 용서하느냐는 중요하지 않다. 당신이 스스로를 용서할 수 있느냐도 중요하지 않다(이것이 정말로 가능하다는 전제하에). 궁극적으로 중요한 한 가지는 하나님이 당신을 이미 용서하셨느냐다. 이것은 쉽게 알 수 있다. 당신은 예수 그리스도를 천국을 향한 유일한 소망으로 신뢰하는가? 십자가를 생각할 때, 예수님이 그 위에서 이루신 사역, 곧 죄인을 위하여 죽으시고 죄인을 향한 하나님의 진노를 만족시키신 것과, 그것이 당신이 용서받고 하나님과 화목케 되는 유일한 소망임을 깨닫는가? 그렇다면 나는 다시 한 번 확증한다. 당신은 성령모독죄를 범하지 않았다. 당신의 죄는 용서받을 수 없는 죄가 아니다.

추천 도서

Cole, Graham A. *Engaging with the Holy Spirit: Six Crucial Questions*. Nottingham: Apollos, 2007.

_____. *He Who Gives Life: The Doctrine of the Holy Spirit*. Wheaton, IL: Crossway, 2007.

7장

성경은 원죄 교리를 가르칠까?

원죄라니? 지나치게 고루하고 비관적이고 암울한 중세적 표현이다. 맙소사! 지금은 화성 탐사로봇과 인간 게놈 프로젝트의 시대가 아닌가? 가장 학식 있는 심리학자들과 사회학자들이 밝혀낸 바, 인간은 본질상 선하게 태어나고, 악을 행하는 것은 인간 내면의 본능 때문이 아니라 탈선 문화와 열악한 교육 때문이 아닌가?

원죄 개념을 이해하고 받아들이기 위해 넘어야 할 걸림돌은 분명히 존재한다. 따라서 가장 먼저 해야 할 일은 용어의 정의일 것이다. 원죄라는 용어는 다음 세 가지 의미로 사용되어왔다. 먼저 원죄를 최초의 죄, 곧 아담의 첫 번째 죄로 생각하는 사람들이 있다. 반면 원죄를 상속된 죄, 곧 모든 인간이 도덕적으로 타락하고 영적으로 하나님과 분리되어 태어난다는 개념을 가르치기 위해 사용하는 경우도 있다.[1] 마지막으

---

1 이것은 칼뱅이 다음을 기록했을 때 의미했던 바이기도 하다. "그러므로 원죄는 우리 본성의 유전적 타락과 부패인 것으로 보이며, 영혼의 모든 부분에 퍼져 첫째, 우리로 하여금 하나님의 진노를 받게 만들고, 그런 다음에는 성경에 '육체의 일'(갈 5:19)이라고 한 행위

로 아담의 죄와 우리의 죄 사이의 인과관계를 가리키기 위해 이 말을 사용하는 사람들도 있다. 이번 장에서 우리는 이 세 가지 정의를 모두 다루게 될 것이다.

로마서 5:12-21의 기여

원죄를 연구하기 위해 주로 살펴볼 본문은 로마서 5:12-21이다. 이 본문을 연구할 때 명심해야 할 중요한 사실은 바울의 사고가 본질적으로 집합적이라는 사실이다. 더글라스 무(Douglas Moo)는 다음과 같이 설명한다.

> 모든 사람이 두 사람[아담과 그리스도] 중 한 사람과 관련되며, 두 사람의 행위가 그들에게 속한 모든 사람의 영원한 운명을 결정한다고 바울은 가르친다. 누구든지 아담에게 "속하여" 그의 죄 또는 불순종으로 인하여 사망 선고를 받거나, 아니면 그리스도에게 속하여 그의 "의로운" 행위 또는 순종으로 인하여 영생의 약속을 받는 것이다. 그러므로 아담과 그리스도의 행위는 "신기원적"[epochal] 의의를 갖는다는 점에서 유사하지만 효력 면에서는 같지 않다. 그리스도의 행위는 아담의 행위가 미치는 영향을 완전히 극복할 수 있기 때문이다. 누구든지 하나님이 그리스도 안에서 주시는 "선물을 받는" 자는, 사망의 왕 노릇이 은혜와 의와 영생의 왕 노릇에 의해 완전히 그리고 최종적으로 지워짐을 알고 안도와 기

를 하게 만든다." *Institutes of the Christian Religion*, ed. John T. McNeill, trans. Ford Lewis Battles (Philadelphia: Westminster, 1975), 2.1.8.

뿜을 느끼게 된다(17, 21절을 보라).[2]

바울의 말은 다음과 같다.

그러므로 한 사람으로 말미암아 죄가 세상에 들어오고 죄로 말미암아 사망이 들어왔나니 이와 같이 모든 사람이 죄를 지었으므로 사망이 모든 사람에게 이르렀느니라. 죄가 율법 있기 전에도 세상에 있었으나 율법이 없었을 때에는 죄를 죄로 여기지 아니하였느니라. 그러나 아담으로부터 모세까지 아담의 범죄와 같은 죄를 짓지 아니한 자들까지도 사망이 왕 노릇 하였나니 아담은 오실 자의 모형이라.

그러나 이 은사는 그 범죄와 같지 아니하니 곧 한 사람의 범죄를 인하여 많은 사람이 죽었은즉 더욱 하나님의 은혜와 또한 한 사람 예수 그리스도의 은혜로 말미암은 선물은 많은 사람에게 넘쳤느니라.

또 이 선물은 범죄한 한 사람으로 말미암은 것과 같지 아니하니 심판은 한 사람으로 말미암아 정죄에 이르렀으나 은사는 많은 범죄로 말미암아 의롭다 하심에 이름이니라. 한 사람의 범죄로 말미암아 사망이 그 한 사람을 통하여 왕 노릇 하였은즉 더욱 은혜와 의의 선물을 넘치게 받는 자들은 한 분 예수 그리스도를 통하여 생명 안에서 왕 노릇 하리로다.

그런즉 한 범죄로 많은 사람이 정죄에 이른 것같이 한 의로운 행위로 말미암아 많은 사람이 의롭다 하심을 받아 생명에 이르렀느니라.

한 사람이 순종하지 아니함으로 많은 사람이 죄인 된 것같이 한 사람

---

2 Douglas J. Moo, *The Epistle to the Romans* (Grand Rapids: Eerdmans, 1996), 315.

이 순종하심으로 많은 사람이 의인이 되리라. 율법이 들어온 것은 범죄를 더하게 하려 함이라. 그러나 죄가 더한 곳에 은혜가 더욱 넘쳤나니 이는 죄가 사망 안에서 왕 노릇 한 것같이 은혜도 또한 의로 말미암아 왕 노릇 하여 우리 주 예수 그리스도로 말미암아 영생에 이르게 하려 함이라(롬 5:12-21).

12절에는 설명이 필요한 다섯 가지 구문이 들어 있다.

1. 12절에서 바울은 "한 사람으로 말미암아" 죄가 세상에 들어왔다고 이야기한다. 아담은 역사적인 인물이었다. 우리와 마찬가지로 그에게는 정신과 육체, 영혼이 있었다. 당신과 내가 그렇듯이, 그는 시공간 안에서 지리적 위치를 가지고 살았다(참조. 마 19:4; 막 10:6; 고전 15; 딤전 2:13-15).

2. 바울에 따르면, 이 한 사람으로 말미암아 "죄가 세상에 들어왔다." 문자적으로는, 죄가 세상을 침략한 것이다. 그렇다고 아담이 최초의 죄인이라는 뜻은 아니다. 최초의 죄인은 하와였다. 이때 에덴동산에서 죄가 생겨났다는 뜻도 아니다. 바울은 죄가 존재하기 시작했다고 말하지 않고 들어왔다고 말한다. 죄는 사탄이 반역한 결과로 이미 존재했다. 이 본문은 죄가 인간 세상에 처음 등장하게 된 일을 설명한다. 따라서 죄는 불법 침입자로 묘사된다. 죄는 원래의 창조세계를 구성하는 요소가 아니었다.

3. 다음으로 중요한 구문은 "죄로 말미암아 사망이"라는 구문이다(참조. 창 2:17; 겔 18:4; 롬 6:23; 약 1:15). 바울은 죄가 사망의 원인임을 강조한다.

따라서 사망은 벌로서의 악, 형벌이다. 아담과 하와에게 사망은 불가피한 것이 아니라, 반역에 대한 형벌이었다. 성경은 사망을 세 가지 방법으로 묘사한다. 첫 번째는 영적 사망으로, 영혼이 하나님으로부터 분리되어 전 인간의 영적 타락으로 이어지는 사망이다(참조. 엡 2:1-2). 두 번째는 설명이 필요 없는 육체의 사망이다. 마지막으로는 영적 사망이 영구히 지속되는 두 번째 사망이다. 두 번째 사망은 하나님으로부터의 영원한 분리와 소외를 수반한다(참조. 계 2:11; 20:6, 14; 21:8). 영적 사망의 해결책은 중생 혹은 거듭남이다. 육체의 사망의 해결책은 몸의 부활이다. 하지만 두 번째 사망에는 해결책이 없다. 이것은 돌이킴과 해결이 불가능한 영원한 사망이다.

4. 사도는 이 사망이 "모든 사람에게 이르렀다"고 말한다. 다시 말하면, 아담의 죄와 그 죄의 결과가 그에게서 멈추지 않았다는 뜻이다. 육체의 사망은 양벌규정(위법 행위자뿐만 아니라, 그 업무의 주체인 법인 혹은 대인도 함께 처벌하는 규정—역자 주)으로 모두에게 적용된다. 하지만 왜 모든 사람이 죽어야 할까? 그 대답은 다섯 번째로 중요한 구문에서 찾을 수 있다.

5. "모든 사람이 죄를 지었으므로"라는 선언은 이 복잡한 본문에서도 가장 어려운 구문으로, 수없이 다양한 방식으로 해석되어왔다. 주요 견해들을 살펴보도록 하자.

첫째는 펠라기우스주의 교리다. 이 견해에 따르면 사람들이 죽는 것은 자신이 친히 지은 죄 때문이다. 물론 우리가 죽는 것은 우리의 죄 때문이다. 하지만 이 견해는 아담의 죄와 우리의 죄 사이의 유일한 연결점

혹은 고리를 아담이 나쁜 모범을 보였고 우리가 그것을 어리석게도 반복한다는 사실에서 찾고 있다. 우리 각자는 개인적으로, 자신의 경험 안에서 아담의 죄를 재현한다. 로마서 5:12에서 바울이 말한 바에 대해, 펠라기우스는 우리가 아담 안에서 죄를 짓는다는 것은 우리가 하나님을 반역하기로 한 그의 결정을 따르는 것에 불과하다고 주장한다. 결과적으로 모든 인간이 타락 이전의 아담과 똑같은 상태로 태어난다는 것이다. 펠라기우스는 각 영혼이 하나님에 의해 직접적으로 창조되었기 때문에 아담의 죄로 오염되거나 타락한 채 태어날 수 없다고 믿었다.

펠라기우스는 죄가 전이된다는 교리를 불경하다고 말한다. 죄는 한 사람에게서 다른 사람에게로 옮겨갈 수 없고 조상으로부터 유전될 수도 없다. 죄는 인간과 더불어 태어나는 것이 아니라, 태어난 이후 인간이 범하는 것에 불과하다. 죄는 인간 본성의 결함이 아니라, 인간의 의지가 자유롭게 선택해온 행위들의 집합일 뿐이다. 따라서 펠라기우스에 따르면 유아는 죄 안에서 태어나지도, 내재적인 도덕성을 갖지도 않는다. 죄와 도덕성은 의지를 사용하여 형성되는 습관으로부터 생겨난다. 다른 말로 하면, 우리는 죄와 어울리고 죄에 의해 길들여지는데, 이는 죄인 된 가족과 사회에 지속적으로 노출되기 때문이다. 물론 가족과 사회도 같은 이유로 죄가 있게 된다.

펠라기우스가 주장한 견해에는 몇 가지 문제점이 있다. 먼저 그의 주장은 역사적으로나 경험적으로나 사실이 아니다. 모든 사람이 자발적으로 죄를 지어 죽는 것은 아닌데, 유아 사망이 그 한 예다. 또한 로마서 5:15-19에서 바울은 여섯 번이나 오직 한 가지 죄, 곧 아담의 죄를 사망의 원인으로 언급한다. 더욱이 모든 사람이 각자의 자범죄로 사망한다면 이들은 아담의 범죄와 같은 죄를 지어야 한다. 하지만 14절은 그렇지 않은 사람들을 언급한다. 이런 해석은 바울이 15-21절에서 도출하는 아담과 예수님 사이의 유사성 또는 병행을 망가뜨린다. 펠라기우스의 견해가 옳다면 바울의 논증은 모든 사람이 개인적으로 범죄했기 때문에 죽고, 따라서 개인적으로 순종해야 의로워질 수 있다는 것이 되어야 한다(이것은 정확히 펠라기우스가 믿은 바이기도 하다). 하지만 이 구절들의 핵심은 우리가 한 사람의 죄로 죽은 것과 같이, 한 사람 곧 예수님의 순종으로 산다는 것이다. 마지막으로 더글라스 무는 설명한다. "이 해석은 바울이 분명히 밝히듯이 사실상 **모든 사람**이 죄를 짓는데, 그 이유가 무엇인지 설명하지 못한다는 점을 지적하지 않을 수 없다. 분명 '사람이라는 것' 속에 예외 없이 모든 사람으로 하여금 참 하나님이 아닌 우상을 숭배하도록 만드는 **어떤 고유한 것**이 있음이 틀림없다."[3]

두 번째 견해는 인간 본성이 개별화되지 않고 결속된 상태로 아담 안에 존재했다는 실재론(realism)이다. 인류는 자신의 자연적 시조 안에서 유기적·생리적으로 결속되어 있고, 이에 따라 아담의 후손의 본성이 수와 구체적 내용에 있어 아담의 본성과 일치한다. 이것이 아담의 죄책이 그의 후손에게로 전가되었다는 근거다.[4] 바꿔 말하면, 온 인류가 아담 안에서 자연적·생물학적·육체적·종자적으로 함께 존재한다는 것이다. 우리 모두는 아담과 하와로부터 나왔고, 따라서 그의 허리에 있다고 볼 수

---

3 같은 책, 324 각주 51(더글라스 무 강조).
4 원죄 이론으로 실재론을 가장 잘 대변한 자료로는 William G. T. Shedd, *Dogmatic Theology*, vol. 2 (1889; repr., Minneapolis: Klock & Klock, 1979), 3-257을 참조하라. 이 견해에 대한 비평으로는 G. C. Berkouwer, *Sin*, trans. Philip C. Holtrop (Grand Rapids: Eerdmans, 1971), 436-48을 참조하라.

있다(레위가 아브라함의 허리에 있을 때 멜기세덱에게 십일조를 바쳤던 것과 같다; 히 7:10). 아담이 죄를 범했을 때 우리는 실제로 아담 안에 존재했고, 따라서 그의 범죄에 참여했다. 그가 열매를 먹었을 때 우리도 그 열매를 먹었다. 아우구스티누스는 로마서 5:12의 라틴어 번역에 근거해 이 견해를 지지했다. 라틴어 번역은 12절 마지막 구문을 "모든 사람이 죄를 지었으므로"라고 번역하지 않고 "한 사람 안에서 모든 사람이 죄를 지어"라고 번역했는데, 여기서의 한 사람은 12절의 아담을 지칭한다.

따라서 아우구스티누스에 의하면, 모든 인간은 아담이 범죄했을 때 개별적 개인으로서가 아니라 아담 안에 존재했던 인간의 총체적 본성의 참여자로서 실제로 죄를 지었다. 따라서 유아는 아담 안에 있던 인간의 공통적 본성에 참여했기 때문에 아담(혹은 자기)의 죄의 죄책을 안고 태어나고, 그것이 일으키는 본성의 타락에 굴복하게 된다.

펠라기우스와는 반대로 아우구스티누스는 아담의 본성과 그의 모든 후손의 본성이 타락과 악의 원리에 굴복하게 되었다고 주장한다. 아담에게 선포된 형벌은 그의 후손에게도 선포되었고, 아담의 본성의 타락은 그의 후손의 본성의 타락이 되었다. 따라서 아담 안에서 전 인류는 "영벌의 무리"(massa damnata)가 되었다. 그러므로 죄는 모든 사람 안에 보편적으로 존재하는데, 이것은 펠라기우스의 주장대로 모방(imitation) 때문이 아니라 출생(generation) 때문이다.

아우구스티누스의 주장이 펠라기우스의 견해보다 장족의 발전인 것은 분명하지만 여기에도 여러 문제점이 있다. 예를 들면, 존재하기도 전에 우리는 어떻게 행동할 수 있는가? 다른 말로 개별적 인간이기도 전에 우리는 어떻게 개인적·개별적으로 죄를 지을 수 있는가? 이 견해가 사실이라면, 우리는 아담이 그 이후에 지은 모든 죄에 있어서도 죄책을 가져야 하지 않을까? 바울에 따르면 사망의 근거는 한 사람의 죄이지, 아담 안에 있는 모든 사람의 죄가 아니다. 실재론은 모든 사람이 아담 안에서 실제로 죄를 지었기 때문에 모든 사람이 죽게 되었다고 설명하지만, 이것은 15-21절의 병행을 망가뜨린다. 분명한 것은 모든 사람이 개인적으로 순종했기 때문에(이것은 펠라기우스와 반대되는 부분이다) 모든 사람이 살게 된 것이 아니라는 사실이다. 우리는 그리스도가 순종하셨을 때, 그분 안에 육체적·종자적으로 함께 있지 않았다. 15-21절의 핵심은 우리를 의롭게 하는 것이 우리 자신의 의가 아닌 것처럼, 우리가 정죄를 받는 것도 우리가 개인적으로 범한 죄 때문이 아니라는 사실이다. 사망이 한 사람으로 인해 온 것은 생명 역시 한 사람으로 오기 위해서다. 히브리서 7:9-10에 호소한 바에 대해서는, 만일 이것을 문자적으로 받아들인다면, "모든 조상의 모든 행위가 이들의 후손 각각에게로 적용되어야 하는데, 이것은 터무니없는 주장이다."[5]

이제 우리는 행위 언약론(federalism) 혹은 언약 대표론(covenant representation)으로 불리는 세 번째 견해에 도달했다. 이 견해는 아담 안에서 인류가 종자적·실제적으로 연합되었다는 사실과, 자연적 번식을 통해 죄악된 성향이 아담으로부터 그의 후손에게로 전달되었다는 사실을 부인하지 않는다. 하지만 대표성 교리, 혹은 언약적 대표성 교리로 불리는 이 견해를 주장하는 사람들은 이 자연적 연대만으로는 아담의 죄가 그의 후손에게로 전가되었다는 사실을 충분히 설명할 수 없다고 말한다.

---

5 Henri Blocher, *Original Sin: Illuminating the Riddle* (Grand Rapids: Eerdmans, 1997), 115.

대표성의 견해는 아담이 그의 후손들의 언약적 머리가 되기 위해서는 자연적 머리 됨에 더해 하나님의 지명이 필요했다고 주장한다. 따라서 첫 번째 죄의 죄책이 인류에게 전가되었다는 근거는 하나님이 정하신 대표성의 원리로, 이 때문에 인류가 아담 안에서 함께 시험을 받았다고 여겨지는 것이다.

그러므로 이 두 가지 학설 사이의 문제는 종자적·자연적 연합의 존재 유무가 아니다. 이 둘은 모두 그와 같은 개념을 유효하다고 인정한다. 쟁점은 다음과 같다.

> 아담은 한 명의 개인이었는가? 곧 아담 안에서 인간의 본성은 구체적 내용과 수에 있어 단 하나의 독립체로 존재했는가? (이 말은 아담으로부터 나온 모든 개인이 이들의 구체적 내용에 있어 하나이며[곧 같은 종에 속했으며], 한때 이들은 아담 안에서 수적으로 하나였지만, 지금은 번식하여 큰 무리의 개인들로 개별화되었다는 뜻이다.) 아니면 아담은 하나님께 지명을 받아 자기 후손을 위해 근신을 받은 인간의 대표였는가?[6]

언약적 머리 됨의 견해는 바울이 모든 사람에게 사망이 이른 것은 모든 사람이 죄를 지었기 때문이라고 말하는 로마서 5:12을 암시한다. 하지만 15-19절에서 바울은 모든 사람에게 사망이 이른 것은 아담이 죄를 지었기 때문이라고 말한다. 바울은 두 가지 진술에서 같은 것을 말하고 있

---

6 S. Lewis Johnson, "Romans 5:12—An Exercise in Exegesis and Theology," in *New Dimensions in New Testament Study*, ed. Richard N. Longenecker and Merrill C. Tenney (Grand Rapids: Zondervan, 1974), 309.

다. 하지만 한 사람의 죄, 곧 아담의 죄가 어떻게 모든 사람의 죄가 될 수 있을까? 그 해답은 아담과 우리 사이에 있는 연합과 연대에서 찾을 수 있다. 이것은 실재론자들의 주장대로 단순히 육체적·자연적 연합일 수 없다. 오히려 법적이고 대표적인 연합, 즉 언약적 연합이 되어야 한다. 하나님은 인류를 대표하는 머리로서의 아담과 언약을 맺으셨다. 하나님은 아담을 대하실 때 그의 모든 후손을 함께 대하셨다.

따라서 우리가 아담의 죄에 대해 유죄판결을 받고 형벌을 당하는 것은 펠라기우스주의자들의 주장대로 우리가 아담의 죄와 같은 죄를 개인적으로 범했기 때문도, 실재론자들의 주장대로 우리가 육체적·생물학적 근원인 아담 안에서 그와 함께 죄를 범했기 때문도 아니며, 아담이 인류의 언약적 머리로서 범죄했기 때문이다. 마찬가지로 우리는 그리스도의 순종으로 의로워지고 그것이 가져다주는 생명을 경험하는데, 이것 역시 우리가 개인적으로 순종했기 때문이 아니라 우리의 언약적 머리 되신 예수님께서 순종하셨기 때문이다(참조. 고전 15:21이하).

두 사람, 두 행위, 두 운명

원죄 교리가 의미하는 것은 아담은 우리를 망가뜨렸지만 그리스도는 우리를 새롭게 하신다는 사실이다. 우리는 첫 번째 아담의 죄로 정죄를 받았지만, 마지막 아담의 순종으로 의로워짐을 받는다. 이런 이유로 로마서 5:14은 아담을 그리스도의 모형으로 부른다. 이 견해에 따르면 하나님은 인간을 스스로의 힘으로 서 있는 밭의 옥수수나, 각 사람이 다른 사람들로부터 분리되고 독립해 있는 해변의 자갈처럼 다루시지 않는다. 대신 가지들이 공통의 뿌리로 연결되어 있는 한 그루의 나무처럼 다루신다. 뿌리가 건강하다면 가지들도 건강할 것이다. 도끼가 뿌리를 쳐 잘라낸다면 모두가 죽게 될 것이다.

이 견해에 대한 주된 이의는 이것이 부당하다는 주장일 것이다. 곧 모든 인류에게 그중 한 사람의 죄에 대한 영원한 책임을 물리는 것이 도덕적으로 불가하다는 것이다. 하지만 사도 바울에게 자신의 정당성을 입증할 기회를 줄 필요가 있다.

로마서 5:13-14에서 바울이 증명하는 것은 개별적 사망이 언제나 개별적 범죄의 결과는 아니라는 사실이다. 그는 아담으로부터 모세의 율법에 이르는 구약 역사의 기간을 염두에 두었다. 이 기간 동안 사람들은 분명히 죄를 지었다. 하지만 율법이 없었기 때문에 이들의 죄는 이들에게 돌려지지 않았다(13절). 그럼에도 불구하고 이들은 죽었다. 하나님이 이들의 죄를 이들 자신에게 돌리지 않으셨다면 이들은 왜 죽었을까? 이들이 또 다른 사람, 곧 하나님이 계시하신 법을 실제로 위반한 어떤 사람 때문에 죽었다는 사실에 그 해답이 있다. 그 사람은 물론 아담이다.

더욱이 사망은 아담과 같이 범죄하지 않은 사람들까지도 다스렸다. 다른 말로 하면, 당대 대다수 사람들과 아담이 범죄한 것처럼 자발적이고 개별적으로 죄를 지은 적이 전혀 없는 부류의 사람들이 있었지만 이들 역시 죽었다. 바울은 누구를 생각했던 걸까? 아마도 유아들이었을 것이다. 유아들이 자발적이고 개별적으로 범죄하지 않았다면 이들은 왜 죽은 것일까? 사망이 오로지 죄의 형벌로 오는 것이면 유아와 같이 범죄하지 않은 사람은 왜 죽는 것일까? 다른 사람의 죄 때문이어야 한다. 의식적이고 개별적인 죄를 짓기 전에 유아가 사망하는 것은 이들의 대표적 머리인 아담의 죄 때문이다.

15-21절이 언급한 아담과 예수님 사이의 유사성과 윤리적 차이는 바울의 논증에 있어 매우 중요하다.

◆ 한 사람의 범죄는 죽음을 불러왔고, 다른 한 사람의 순종은 값없는 은혜의 선물을 불러왔다(15절).

◆ 한 사람은 범죄하여 정죄를 가져왔고, 다른 한 사람은 순종하여 의롭다 하심을 가져왔다(16절).

◆ 한 사람의 범죄로 사망이 왕 노릇 하게 되었고, 다른 한 사람의 순종으로 생명이 왕 노릇 하게 되었다(17절).

◆ 한 사람의 범죄는 심판을 가져왔고, 다른 한 사람의 의는 의롭다 하심을 가져왔다(18절).

◆ 한 사람의 불순종으로 인간은 죄인이 되었고, 다른 한 사람의 순종으로 인간은 의인이 되었다(19절).

◆ 아담을 통해 죄가 사망 안에서 왕 노릇 하게 되었고, 그리스도를 통해 의가 생명 안에서 왕 노릇 하게 되었다(21절).

따라서 언약적·대표적 머리 됨의 교리를 반대하기 전에 염두에 두어야 할 사실이 있다. 아담이 에덴동산에서 당신을 대표해야만 예수님이 골고다에서 당신을 대표하실 수 있다는 점이다. 예수님은 당신을 대표하는 머리로서 십자가에 달리셨는데, 이는 그분의 율법에 대한 순종, 의, 형벌 당하심이 모두 자기 백성을 대신하고 대표하는 언약적 머리로서 행하신 일이라는 뜻이다. 아담이 에덴동산에서 당신을 대신했다면, 그리스도는 당신을 위하여 십자가에 달리신 것이다. 당신이 아담이라는 언약적 대표를 인정하지 않고 하나님 앞에서 따로 근신을 받겠다고 고집 피운다면, 당신은 의로움에 대해서도 그렇게 해야 할 것이다. 그리고 당신은 어떤 평가를 받을 것인가? 당신이 홀로 즉 당신 자신의 행위로 실패한다면, 당신은 구원 역시 똑같은 방법으로 이루어야 할 것이다.

로마서 5:18에는 주목해야 할 문제가 하나 더 있다. 아담의 행위는 모든 사람에게 정죄를 불러왔다. 이 구절의 주장을 표면적으로 볼 때, 그리스도의 행위가 모든 사람에게 의롭게 하심과 생명을 가져왔다고 결론 내려도 무방하지 않을까? 즉 이 구절은 보편구원론을 가르치고 있는 것이 아닐까? 더글라스 무의 대답은 이 문제에 도움을 준다.

바울의 요지는 그리스도와 아담에게 영향 받는 집단들의 범위가 각각 동연(同延)이라는 데 있는 것이 아니라, 그리스도께서 그에게 속한 사람들에게 미치는 영향이 아담이 그에게 속하는 사람들에게 미치는 영향 못지않게 확실하다는 데 있다. 누가 아담과 그리스도에게 속하느냐 또는 그 "안에" 있느냐고 우리가 물을 때, 바울은 분명히 대답한다. 모든 사람이 예외 없이 "아담 안에" 있지만(참조. 12b-14절), "선물을 받는" 자들(17절; 롬 1:16-5:11에 따르면 "믿는 자들")만이 "그리스도 안에" 있다. "모두"가 많은 구절에서 문맥상으로 분명히 한정되는 것으로 보아(예. 롬 8:32; 12:17, 18; 14:2; 16:19) 항상 "모든 개인"을 의미하지 않는다는 것은 분명하며, 이 주장을 가로막는 언어적 장애물은 없다. 이 구절에서 두 번 등장하는 "모든 사람"의 범위는 문맥을 통해 구별된다. 바울이 침묵과 12-14절의 논리로 명확하게 하는 것은 이것이다. 즉 아담의 죄에 관련된 사람의 수에는 제한이 없지만, 17절의 주도면밀한 단어 선택과 1:16-4:25에서 의를 얻는 수단이 믿음임을 줄기차게 강조하는 것을 볼 때, 바울은 일정한 사람들만이 그리스도의 의로운 행동의 혜택을 받게 된다는 것을 분명하게 말하고 있다.[7]

결론

원죄 개념에 대한 짧은 논의는 우리가 경험상 이미 알고 있는 바를 확인해준다. 우리는 본질상 태어날 때부터 보편적으로 악하다. 21세기의 이른바 계몽된 인간은 스스로를 이렇게 생각하지 않고, 대신 이번 장에서 논의된 내용을 인간 본성에 대한 지나치게 부정적이고 시대에 뒤떨어진 의견으로 일축할 것이다. 하지만 "아담의 타락 안에서 우리 모두가 범죄했다"는 사실과, 우리가 정말 도덕적으로 부패했고 영적으로는 하나님과 분리되었다는 것을 온전히 깨닫고 개인적으로 고백할 때만, 그리스도 예수 안에서 주어진 구원이 우리 영혼에 호소력을 가질 것이다.

하지만 논의해야 할 불편한 문제가 하나 더 있다. 태어날 당시 인간의 상태가 지금 우리의 상태, 즉 바울의 표현으로 "본질상 진노의 자녀"(엡 2:3)라면, 유아기에 사망한 아이들은 어떻게 되는가? 이 질문은 다음 장에서 다루도록 하자.

---

7 Moo, *The Epistle to the Romans*, 343-44.

부록: 로마서 5:12-14에 대한 대안적 해석

로마서 5장을 해석하는 데 있어 중요한 문제 중 하나는 사망이 모든 사람에게 이른 것은 "모든 사람이 죄를 지었으므로"라고 한 바울의 진술이다. 바울의 논지의 핵심은, 모든 사람이 죽는 것은 아담이 범죄했을 때 이들이 자신의 대표적 머리인 아담 안에서 함께 범죄했다고 하나님이 여기시기 때문이라는 것이다.

최근 토마스 슈라이너(Thomas Schreiner)는 먼저는 자신의 로마서 주석[8]에서, 더 최근에는 바울 신학을 다룬 집필[9]을 통해서 이에 대한 대안적 해석을 제시했다. 슈라이너는 우리가 이 수수께끼 같은 구문을 "~때문에"가 아니라 "~을 기초하여"라고 해석해야 한다고 주장한다. 그의 논지의 핵심은 모든 사람의 범죄가 아담으로 인해 세상에 들어온 사망의 귀결 혹은 결과라는 것이다.

> 아담이 지은 죄의 결과로 사망이 세상에 들어와서 모든 사람을 사로잡았다. 모든 사람은 아담의 죄 때문에 하나님으로부터 멀어지고 영적으로 죽은 상태로 세상에 들어간다. 죽음의 상태로 세상에 들어왔기 때문에(즉 하나님으로부터 분리), 모든 사람이 죄를 짓는다.····우리가 하나님으로부터 소원해져 있고 분리되어 있는 것은 아담의 죄 때문이며, 따라서 우리는 하나님의 생명으로부터 분리된 세상에 태어난 결과로 죄를 짓는

---

8 Thomas R. Schreiner, *Romans* (Grand Rapids: Baker, 1998).

9 Thomas R. Schreiner, *Paul: Apostle of God's Glory in Christ* (Downers Grove, IL: InterVarsity, 2001).

것이다.[10]

바울의 요점은 아담이 범죄했을 때 우리가 "종자적"으로든 그의 대표적 역할으로든 그와 함께 범죄했고, 그 결과로 우리가 영적으로 죽게 되었다는 것이 아니다. 아담의 죄는 세상에 영적 사망을 가져왔고, 그 사망의 결과로 우리가 개인적인 죄를 범한다는 것이다. 이런 견해에 대한 이의는 바울이 종종 사망을 죄의 결과로 언급한다는 사실인데, 여기서 슈라이너는 반대로, 즉 죄를 사망의 결과로 논증하고 있다. 슈라이너에 따르면 이 문제의 해결은 어렵지 않다.

여기서 우리는 대답을 양자택일해서는 안 된다. 바울은 실제로 사람이 죄 때문에 죽는다고 주장하지만, 또한 바울은 그들이 죽었기 때문에(즉 하나님으로부터 분리되었기 때문에[증거로 그는 특별히 엡 2:1-3을 언급한다]) 죄를 짓는다고 말한다. 모든 사람은 하나님으로부터 소외된 채 세상에 들어오며, 이런 소외의 결과로 죄를 짓는다. 만일 사람들이 죄를 짓는다면 종말론적 죽음을 당할 것이라는 것도 사실이다.[11]

만일 슈라이너가 옳다면, 로마서 5:13-14의 의미는 무엇일까? 앞서 제시된 견해와는 달리, 바울은 아담으로부터 모세까지 살았던 사람들이 사망한 이유가 오로지 아담의 죄 때문이라거나 이들 자신의 개인적인 반역과는 무관하다고 이야기하지 않는다. 로마서 2:12은 이 점을 분명히 하

---

10 Schreiner, *Romans*, 275-76.
11 같은 책, 276-77.

는데, 여기서 바울은 "율법 없이 범죄한 자는 또한 율법 없이 망하고"라고 단언한다. 다음은 슈라이너의 설명이다.

> 바울이 로마서 2:12에서 이방인들이 성문 율법을 범하기 때문에 망한다고 말하고 나서, 로마서 5:13-14에 와서는 모세의 법이 없는 사람들의 죄를 죄로 여기지 않는다고 말하는 것은 일관성 없는 행동일 것이다. 게다가 바울은 세상이 홍수로 말미암아 멸망하고 바벨탑을 쌓던 사람들이 심판을 받는 이야기가 기록된 창세기의 내용을 잘 알고 있었다. 만일 모세의 법이 전해진 후에만 심판이 유효하다면, 그런 형벌을 옹호할 수는 없을 것이다. 홍수 세대와 바벨의 심판은, 율법 없이 범죄한 사람들이 율법 없이 망할 것이라는 바울의 원리와 일치한다(롬 2:12).[12]

그렇다면 바울이 5:13에서 "율법이 없었을 때에는 죄를 죄로 여기지 아니하였느니라"라고 말한 것은 어떤 의미일까? 이것은 단순히 모세의 율법이 아직 주어지지 않았기 때문에 사람들이 개인적인 죄로는 형벌을 받지 않는다는 뜻이 아니다. 바울의 핵심은 모세의 율법 이전의 죄가 엄밀하게 말해 죄로 여겨지지 않는다는 뜻이다. 다음과 같은 표현도 가능하다. "온도계의 존재 여부와 상관없이 뜨거움과 차가움이 존재하듯, 죄가 기술적으로는 죄로 등록되지 않았지만 존재했다. 그러나 어떤 의미에서는 율법이 주어지기 전에는 죄를 평가할 수 없었다."[13] 아담으로부터 모세까지 살았던 사람들이 아담처럼, 곧 계시된 계명을 거역하는 방식으

---

12 Schreiner, *Paul*, 147.
13 같은 책, 148.

로 범죄하지 않은 것은 사실이다. 하지만 그렇다고 해서 하나님이 이들의 행위에 대해 책임을 묻지 않으시는 것은 아니다. 다만 이들의 죄가 기록된 계명을 거역한 죄가 아니기 때문에 죄로 측정될 수 없다는 뜻이다.

그렇다면 바울의 핵심은 하나님이 기록하신 명명백백한 율법이 존재하지 않더라도 사망이 왕 노릇 하고 능력을 행사한다는 것인데, 그 이유는 율법의 부재 속에서도 죄는 여전히 죄이며 형벌 받을 것이기 때문이다. 기록된 율법이 계시될 때 죄의 심각성은 더욱 증가하는데 이는 "죄가 이제 성격상 더욱 반항적이고 반역적이라는 의미에서" 그렇다.[14]

슈라이너에 대한 비평은 아니지만, 두 가지 의견을 덧붙이고 싶다. 먼저 슈라이너가 옳다고 해도 인류의 죄악된 곤경의 유래는 여전히 아담과 그의 범죄에 있다는 사실이다. 우리가 아담 안에서 범죄한 것으로 여겨져 영적으로 죽었든지, 아니면 아담의 죄로부터 온 영적 사망 때문에 개인적으로 범죄했든지 간에 "한 사람, 곧 아담의 범죄로 많은 사람이 죽었다"는 사실에는 변함이 없다(롬 5:15). 두 번째로 슈라이너가 옳다면, 그가 로마서 5:12-14을 이해하는 데 있어 유익한 방법을 제공한 것은 맞지만, 어떻게 인류가 궁극적으로 자신의 개인적이고 의식적인 죄 때문이 아니라 다른 사람 곧 아담의 죄 때문에 죄인이 되었는지에 대한 윤리적 딜레마를 더 잘 설명하지 못한다는 점에 있어서 앞서 제시된 견해들과 별반 다르지 않다는 점이다.

---

14 Schreiner, *Romans*. 이런 의미로 바울이 롬 7:7-11에 기록한 바와 비교하라.

추천 도서

Blocher, Henri. *Original Sin: Illuminating the Riddle*. Grand Rapids : Eerdmans, 1997.

Jacobs, Alan. *Original Sin: A Cultural History*. New York : HarperOne, 2008.

Plantinga, Cornelius, Jr. *Not the Way It's Supposed to Be: A Breviary of Sin*. Grand Rapids : Eerdmans, 1995.

8장
유아기에 사망한 아이들도 구원받을 수 있을까?

삶에는 모두에게 결코 잊을 수 없는 날이 있다. 너무나 큰 기쁨 때문에 마음에 영원히 아로새겨진 날이 있는가 하면, 마음의 고통과 괴로움 때문에 떨쳐낼 수 없는 날도 있다. 1978년에 우리 교회의 한 성도가 두 명의 딸아이를 조산했다는 소식을 듣고 병원으로 달려갔던 날이 내게는 후자의 경험이었다. 병원에 도착했을 때 두 아이 중 하나가 숨을 거두었다는 소식을 들었다. 슬픔을 가누지 못하는 산모의 병실로 들어서면서도, 나는 곧 마주칠 질문을 전혀 예상하지 못했다. 서로 안부를 묻기도 전에 산모는 이렇게 질문했다. "목사님, 제 아이가 천국에 갔을까요?" 수년 동안 신학교에서 받은 훈련도 이 순간을 위해 나를 준비시켜주지는 못했다. 나는 무력했고, 큰 슬픔을 당한 부모의 마음을 위로할 만한 대답을 찾지 못하고 어물거리는 스스로에게 수치심마저 느꼈다.

몇 년 후 가까운 친구의 어린 자녀가 교통사고로 숨을 거두었다. 아이의 부모는 내게 장례식 인도를 부탁했고, 나는 다시 한 번 이 아이의 영원한 운명에 대해 내가 믿는 바를 성경적이고 자애한 방식으로 고심하고 설명해야 하는 입장에 처하게 되었다. 나는 어떤 결론에 다다랐을까?

인간의 본성이 아담이 범죄한 결과로 모태에서부터 부패하고 죄책을 갖는다면(시 51:4; 엡 2:1이하) 유아기에 사망한 아이들은 구원받을 수 없는 걸까? 이들보다는 오래 살지만, 정신장애나 다른 장애 때문에 도덕적 분별, 숙고, 의지 등이 불가능한 사람들에게도 동일한 질문이 적용된다. 이것은 단순히 우리의 추측이나 호기심을 위한 이론적인 문제가 아니다. 이것은 인생에서 감정적·영적으로 가장 불안한 경험들 중 하나인 어린 자녀의 상실이라는 문제에 닿아 있다. 이제껏 제시된 다양한 견해들을 먼저 살펴보도록 하자.

문제 있는 견해들

유아기에 사망한 아이들에게는 정죄받을 만한 근거나 행위가 없다는 단순한 이유로 이들이 구원받는다는 견해가 있다. 바꾸어 말하면, 이들은 도덕적 중립 혹은 도덕적 평형상태에서 태어나 죄성도 없고 부패하지도 않았다는 것이다. 즉 이들에게는 특성도 없고 도덕적 지위도 결여되어 있다. 이들 영혼에게는 하나님의 심판의 대상이 될 만한 것이 없다. 따라서 이런 상태로 죽은 모든 사람은 구원을 받는데, 단순히 이들이 정죄받을 수 없기 때문이다. 이런 견해에 반대되는 몇 가지 본문이 있는데, 창세기 8:21, 욥기 15:14-16, 시편 51:5, 58:3, 잠언 22:15, 에베소서 2:3 등이 있다.

유아로 사망하는 아이들을 포함해 모든 사람이 구원을 받는다는 주장도 있다. 이 견해에 따르면 누구도 영원한 저주를 당하지 않을 것이고,

구원하시는 하나님의 은혜는 전 인류에게 효과적으로 미친다. 이런 생각이 틀렸음을 입증하는 본문은 수없이 많지만 몇 개만 인용하자면, 마태복음 7:13-14, 21-23, 8:11-12, 10:28, 13:37-42, 누가복음 16:23-28, 데살로니가후서 1:9, 유다서 6절, 요한계시록 14:10-11, 20:11-15이 될 것이다.

베드로전서 3:18-19과 4:6에 대한 특정(그릇된) 해석에 근거해, 그리스도의 복음을 듣고 충분한 정보에 입각하여 의식적이고 도덕적인 의사 결정을 내릴 기회가 없이 죽은 사람들에게는 "두 번째 기회"가 주어진다는 주장도 있다(하지만 이것이 이생에서는 정당한 기회를 한 번도 얻지 못했기 때문이라면 사실상 "첫 번째 기회"일 것이다). 특별히 유아에 대해서는 하나님이 이들이 충분히 이해하고 선택할 수 있는 성숙의 상태로 인도하신다고 주장한다.

이 견해에는 여러 문제가 있다. 먼저 우리의 지적·영적인 틀을 구성하고 정보에 입각한 의사 결정의 근거가 되는 부모, 교육, 친구, 경험 등의 영향력을 벗어나, 하나님께서 어떻게 이들을 성숙함으로 인도하시는가의 문제다. 인간을 인간으로 만드는 데 결정적인 개인적 죄의 과거 없이 하나님께서 이들을 도덕적 평형상태로 인도하신다는 것일까? 어떤 방식으로든 하나님이 이들을 직접 가르치고 돌보신다면, 이들의 마음과 의지에는 우리가 받는 가르침과 돌봄과는 전혀 다른 방식의 편견이 생기지 않을까? 이것과 관계된 문제는 끝이 없다.

더 나아가 이 견해의 근거가 되는 두 본문은 유아로 사망한 아이들이나 예수님의 이름을 한 번도 들어보지 못한 이교도들을 위한 사후 복음 전도를 전혀 언급하지 않는다. 마지막으로 목회적 관점에서 보았을 때도,

이 이론은 자신의 자녀가 천국에 있는지를 알고자 염려하는 부모의 마음을 조금도 위로하지 못한다. 죽은 이후에 기회가 주어졌다고 해도 이들이 믿음으로 반응할 것이라는 보장이 없기 때문이다.

고린도전서 7:14-16에 호소함으로써, 믿는 부모를 둔 유아나 자녀들이 믿는 가정에서 태어났다는 이유로 하나님 나라에서 구원의 특권을 갖는다고 주장하는 사람들도 있다. 이 견해의 설득력은 고린도전서 7장에 대한 이 특정 해석만큼이나 약하다. 많은 개혁 신학자들이 지지해온 관련 견해에 따르면, 유아 사망한 아이들 중 일부는 선택받은 자로 구원받지만 다른 일부는 선택받지 못한 자로 저주받는다.

기독교 안에는 "세례에 의한 거듭남"을 인정하는 특정 전통들이 있다. 이들에 따르면 하나님은 세례수(waters of baptism)를 사용하셔서 유아에게 거듭남과 영적 정화, 용서를 베푸신다. 이 견해는 "세례에 의한 거듭남"만큼 설득력이 전혀 없다. 또한 기독교 세례의 유익을 받지 못하고 사망한 인류 역사 속 대다수 유아들의 사후 운명에 대한 질문에도 대답하지 못한다.

로마 가톨릭 교회는 자연적 축복 혹은 행복의 상태가 가능하다고 인정하는데, 세례받지 못한 유아들은 이 상태에서 완전한 천국의 기쁨은 아니더라도 일종의 영원한 평화(limbo)를 경험한다.[1] 로마 가톨릭 신학에서 "림보" 개념은 원죄 교리와 구원을 위한 세례의 필요성과 직결된다. 가톨릭 교리문답은 세례를 다음과 같이 정의한다.

---

1 "림보"는 끝, 가장자리, 경계를 뜻하는 라틴어 *limbus*에서 왔다.

세례성사는 그리스도교 생활 전체의 기초이며, 성령 안에서 사는 삶으로 들어가는 문이며, 다른 성사들로 가는 길을 여는 문이다. 우리는 세례를 통하여 죄에서 해방되어 하느님의 자녀로 다시 태어나며, 그리스도의 지체가 되어 교회 안에서 한 몸을 이루어 그 사명에 참여하게 된다. "세례는 물로써 그리고 말씀으로 다시 태어나는 성사다."[2]

로마 가톨릭에 따르면 물세례를 통해 성취되는 것은 다음 두 가지다. 첫째는 원죄와 모든 개인적인 죄와 죄책의 정화다. 물론 후자는 성인의 경우에만 해당된다. 둘째는 중생 혹은 거듭남의 경험이다. 교리문답은 이렇게 표현한다. "세례는 모든 죄를 정화하기만 하는 것이 아니라, 새 신자를 '새 사람'이 되게 하며 '하느님의 본성에 참여하는' 하느님의 자녀가 되게 하고, 그리스도의 지체, 그리스도와 공동 상속자, 성령의 전이 되게 한다."[3]

마찬가지로 어린아이들도 세례를 받아야 한다. 교리문답에 따르면,

어린아이들도 원죄로 타락하고 더러워진 인간의 본성을 지니고 태어나므로, 어둠의 세력에서 해방되어, 하느님의 자녀들이 누리는 자유의 영역으로 옮겨 가기 위해 세례로 새로 나야 한다. 모든 사람이 그런 부름을 받는다.…그러므로 출생 후 가까운 시일에 아이에게 세례를 베풀지 않는다면, 교회와 부모는 그 아이가 하느님의 자녀가 되는 무한한 은총을 받

---

2 가톨릭 교회 교리문답, 1213번.
3 같은 문답, 1265번.

지 못하게 하는 것이 된다.[4]

그렇다면 세례를 받지 못하고 사망한 유아들은 그들의 죄 안에 거하
고 거듭나지 못하며 지옥으로 떨어지는가? 아우구스티누스(기원후 430
년 사망)는 유아들이 개인적인 죄를 짓지 않았기 때문에 지옥의 비참함을
완전하게 경험하지는 않겠지만, "그렇다"고 대답했다. 중세 가톨릭 신학
자들은 아우구스티누스의 교리가 불편했고, 지나치다고 생각되는 부분
을 완화시키고 싶어했다. 이들은 림보 개념, 즉 세례를 받지 못하고 사망
한 유아들이 하나님을 직접 뵙는 지복직관(至福直觀)과 그분의 임재 안에
서의 삶이 가져다주는 초자연적인 기쁨으로부터는 배제될지라도, 자연
적인 행복과 축복, 평화를 누릴 수 있는 장소 혹은 경험을 만들어냈다.
　가톨릭 교리문답은 림보라는 용어를 사용하지 않지만 다음의 설명을
포함한다.

　　세례를 받지 않고 죽은 어린이들의 경우, 그들을 위한 장례 예식에서 하
　　듯이 교회는 그들을 하느님의 자비에 맡길 수밖에 없다. "모든 사람이
　　구원을 받게 되기를 원하시는" 하느님의 크신 자비와, "어린이들이 나에
　　게 오는 것을 막지 말고 그냥 놓아두어라" 하신 예수님의 어린이들에 대
　　한 애정으로 인하여, 우리는 세례를 받지 않고 죽은 어린이들에게 구원
　　의 길이 열려 있다는 희망을 갖게 된다.[5]

---

4 같은 문답, 1250번.
5 같은 문답, 1261번.

가톨릭 교회는 림보의 존재를 공식적 가르침을 통해 제대로 인정한 적도, 부인한 적도 없다. 따라서 이것을 교리나 이단으로 단정하기는 어렵다.

2005년 12월, 서른 명의 주요 신학자들이 이 개념의 처리문제를 논의하기 위해 바티칸에서 모였다. 이들은 일 년 전에도 "좀 더 일관성 있고 분명한" 교리를 만들어내라는 고(故) 요한 바오로 2세의 부름을 받아 모인 적이 있었다. 1984년, 당시에는 라칭거 추기경이었던 교황 베네딕트 16세는 (2016년 현재 교황은 프란치스코다―역자 주) 가톨릭 저자인 비토리오 메소리(Vitorio Messori)에게 림보는 "신앙의 분명한 진리인 적이 없었고 단순한 신학 가설"에 지나지 않기 때문에 이것을 용납할 수 없다고 말했다. 아직 실행된 바는 없지만, 일부는 그가 세례받지 않은 유아들이 하늘의 충만한 복으로 들어간다는 사실을 "공식화" 할 것으로 예견하고 있다.

이런 전개에는 두 가지 흥미로운 결과가 수반된다. 최근 「타임」의 사설에서, 데이비드 반 비에마(David Van Biema)는 "림보의 부재 속에서… 세례 의식은 많은 가톨릭 교도들에게 이전만큼의 강제성을 갖지 못하는 것 같다. 그리스도의 몸으로 들어서는 성사로서의 중요성은 지속되겠지만 이것의 위급성은 아마도 쇠퇴할 것이다"라고 썼다.[6] 많은 가톨릭 부모들에게는 그럴 수 있겠지만, 교회의 좀 더 보수적인 신학자들이 이와 같은 생각을 지지할지는 의심스럽다.

많은 이들이 이 임박한 결정을 낙태를 살인으로 보는 교회의 입장과 일치하는 것으로 본다. 최근 교황 베네딕트는 태아가 육체적으로는 덜 발달했다고 해도 "온전하고 완전한" 인간임을 분명히 했다. 위에서 언급

---

6 *Time*, January 9, 2006, 68.

한 「타임」 기사에서 저자는 다음과 같이 썼다. "당신이 태아의 중절을 살인으로 지칭한다면, 이 허물없고 온전하고 완전한 피해자에게 천국을 부인하는 것은 다소 모순되어 보인다."[7] 이런 논리의 설득력이나 신학적 의미에 대해서는 언급하지 않더라도, 이것은 가톨릭 교회에게 자녀를 잃고 슬퍼하는 부모를 위로할 방법을 제공해준다.

유아기에 사망한 모두를 위한 구원

내가 받아들이는 견해는 정신적 무능 때문에 정보에 입각한 의사 결정을 내릴 수 없는 사람들을 포함해 유아기에 사망한 모든 아이들이 하나님이 영원 전에 구원하시기로 선택하신 택자들이라는 견해다. 이런 견해를 위한 증거는 소수지만 중요하다.

첫째, 로마서 1:20에서 바울은 일반계시를 받은 사람들이 "핑계하지 못할지니라"고 이야기한다. 이들이 자신의 믿음 없음을 증거의 부족으로 탓할 수 없다는 뜻이다. 자연질서 안에서 하나님의 존재에 대한 증거는 충분하며, 이것은 그것을 목격하는 모든 사람들의 도덕적 책임을 확실히 한다. 이 말은 일반계시를 받지 못한 사람들(예, 유아들)이 따라서 하나님 앞에 책임이 없고 진노의 대상이 될 수 없다는 뜻일까? 다른 말로 유아 사망한 아이들은 자신이 일반계시를 받지도 못했고 그것에 반응할 능력도 없었다고 하나님 앞에서 "핑계"할 수 있을까?

둘째, 유아들은 선악을 알지 못하기 때문에 도덕적으로 정보에 입각

---

7 같은 기사.

한, 따라서 책임이 따르는 선택을 할 수 없다는 사실을 주장하고 암시하는 본문들이 있다. 신명기 1:39에 따르면 아이들은 "선악을 분별하지 못한다." 그러나 이 구절 자체로는 유아의 구원을 증명할 수 없는데 이는 여전히 아담의 죄에 대한 책임이 남아 있기 때문이다.

셋째, 사무엘하 12:15-23(특히 23절)에 기록된 다윗의 아들 이야기다. 주님은 다윗과 밧세바의 첫 번째 아들을 치셨고 그 아이는 죽었다. 다윗은 아이가 죽기 전 칠 일 동안 "여호와께서 나를 불쌍히 여기사 아이를 살려주실까"(22절) 소망하여 금식기도했다. 그러나 아이가 죽고 난 후에는 몸을 씻고 음식을 먹고 하나님을 경배했다(20절). 신하들이 그 연유를 물었을 때 그는 다음과 같이 대답했다. "[아이가] 지금은 죽었으니 내가 어찌 금식하랴? 내가 다시 돌아오게 할 수 있느냐? 나는 그에게로 가려니와 그는 내게로 돌아오지 아니하리라"(23절).

"나는 그에게로 가려니와"라는 다윗의 말은 어떤 의미일까? 이 말이 단순히 무덤이나 죽음, 즉 언젠가는 다윗 자신도 죽고 무덤에 묻힐 것을 가리킨다면, 왜 그렇게 뻔한 사실을 굳이 언급했을까 하는 의구심이 생긴다. 다윗은 자신이 "그에게로 갈 것"을 알았고 이를 통해 일종의 위안을 얻은 것 같다. 다윗이 일상의 삶을 시작한 것도, 더는 슬픔을 내색하지 않기로 한 것도 이 때문이다. 자신이 그에게로 갈 것을 통해 위안과 격려를 얻은 것이다. 하지만 이 말의 의미가 자신도 아들과 마찬가지로 죽게 될 것에 불과했다면, 어떻게 그럴 수 있었을까? 추측컨대 다윗은 자신이 죽은 아이와 재회할 것을 믿었던 것 같다. 그렇다면 우리가 적어도 특정 유아의 구원은 확신할 수 있다는 뜻일까? 아마도 그럴 것이다. 만일 그렇다면 유아로 사망한 모든 아이들의 구원을 긍정하는 교리를 확립해도 괜찮은 것일까?

넷째, 성경이 지속적으로 증거하는 바에 따르면 사람들은 자신의 몸을 통해 자의적이고 의식적으로 범한 죄로 심판을 받는다(참조. 고전 6:9-10; 고후 5:10; 계 20:11-12). 다른 말로 하면, 영원한 심판은 언제나 하나님의 계시(창조든 의식이든 그리스도든)에 대한 의식적인 거절과 고집스런 불순종을 기초해 이루어진다. 유아들에게도 이것이 가능할까? 성경에는 이와는 다른 이유로 심판이 이루어진 경우가 전무하다. 따라서 유아로 사망한 아이들은 하나님의 심판을 위한 조건을 충족시키지 않기 때문에(그럴 수 없기에) 구원받는다.

다섯째, 위의 내용과 연관지어 R. A. 웹(R. A. Webb)이 기록한 내용이다.

[사망한 유아가] 다른 이유가 아닌 원죄만의 이유로 지옥에 떨어진다면, 하나님의 마음에는 이런 심판에 대한 선한 이유가 있겠지만, 고통의 이유에 대해 그 아이의 마음은 순백의 화폭과도 같을 것이다. 이 상황에서 아이는 자신이 고통 당하고 있다는 사실은 인지해도, 그 이유는 전혀 가늠하지 못한다. 자신의 이웃에게도 스스로에게도 자신이 이렇게 끔찍한 고통을 당하는 이유를 설명할 수 없고, 이것은 아이의 의식 속에서 영원한 수수께끼로 남아 고통의 의미와 중요성을 무색케 하고, 형벌의 본질을 퇴색케 하며, 정의는 그 설득력을 잃을 것이다. [사망한] 유아는 자신이 지옥에 있다는 사실은 느낄 수 있지만 자신이 왜 그곳에 있는지에 대해서는 자기 의식에게 설명할 수 없다.[8]

---

8 R. A. Webb, *The Theology of Infant Salvation* (Harrisonburg, VA: Sprinkle, 1981), 288-89.

여섯째, 태중에서 거듭났고 따라서 유아기에 사망했다고 해도 구원받았을 만한 아이들에 대한 분명한 성경적 증거들이 있다. 이것은 유아로 사망한 다른 모든 아이들 역시 구원받았을 수 있다는 생각의 이론적 기초가 된다. 다른 말로 하면 "이런 일이 한 번이라도 일어났다면 또 없으리라는 법은 없다."[9] 그 예로는 예레미야 1:5과 누가복음 1:15이 있다.

일곱째, 예수님이 "어린아이들을 용납하고 내게 오는 것을 금하지 말라. 천국이 이런 사람의 것이니라"고 말씀하신 마태복음 19:13-15(막 10:13-16; 눅 18:15-17)에 호소하는 이들도 있다. 예수님의 말씀은 누구든지 구원받고자 하는 사람은 회의와 오만을 버리고 어린아이와 같이 그분을 신뢰하라는 의미였을까? 곧 단순히 천국에 들어올 만한 종류의 사람을 묘사하셨던 걸까? 아니면 다른 아이들이 아니라, 바로 이 아이들이 구원의 은혜를 받았다는 의미였을까? 후자가 맞다면, 예수님은 당시 은혜를 입은 아이들이 유아기에 사망할 것을 아셨거나, 혹은 더욱 오랫동안 살아 구원받을 것을 아셨다는 사실을 암시하는 듯하다. 이런 상상은 타당한 것일까?

여덟째, 밀라드 에릭슨(Millard Erickson)은 사망한 유아의 구원을 특별한 방식으로 논증한다. 그는 아담의 죄에도 불구하고 이를 우리가 용납하거나 승인하기 위해서는 우리 쪽에서의 의식적이고 자의적인 결정이 필요하다고 주장한다. 그러기 전까지는, 영적 후손에게 전가된 그리스도의 의가 조건적이듯, 육체적 후손에게 전가된 아담의 죄 역시 조건적이다는 것이다. 따라서 "책임질 수 있는 나이"에 도달하기 전까지의 모든

---

9 Ronald Nash, *When a Baby Dies* (Grand Rapids: Zondervan, 1999), 65.

아이들에게는 죄가 없다. 그렇다면 우리는 언제, 어떤 방법으로 아담의 죄에 동조하는 걸까? 에릭슨은 다음과 같이 설명한다.

> 우리가 우리의 부패한 본성을 받아들이거나 그것을 시인할 때, 우리는 책임성을 가지고 죄책에 이르게 된다. 우리 각자의 삶 가운데서 죄로 향하는 우리의 성향을 인식하게 되는 순간이 있다. 그 시점에서야 우리는 항상 존재해온 죄된 본성을 싫어할 수 있을 것이다. 그 경우에 우리는 회개하며, 복음에 대한 인식이 있다면 하나님께 용서와 깨끗게 함까지도 구할 것이다.…그러나 만일 우리가 그 죄된 본성을 묵인한다면, 우리는 사실상 그것이 선하다고 말하는 것이다. 우리가 암묵적으로 부패를 승인한다면, 우리는 오래전 에덴동산에서의 행위를 승인하거나 거기에 협력하고 있는 것이다. 우리 스스로 죄를 범하지 않았다 하더라도 죄책은 우리에게 있다.[10]

하지만 여기에는 두 가지 문제가 있다. 먼저 에릭슨이 인정한 대로 인간이 부패하고 악한 본성을 갖고 태어난다면, 우리가 아담의 죄와 이에 따른 죄책과 부패한 본성에 기꺼이 동조한다는 것, 바로 이것이 우리가 이제서야 겉으로 인정하는 부패한 본성의 "불가피한" 결과라는 사실이다. 즉 부패하고 악하게 태어난 인간에게 부패하고 악한 방식이 아닌, 즉 아담의 죄에 동조하는 것 외에 어떤 다른 반응이 가능한가? 에릭슨이 이런 반응을 "불가피하지 않은 것"으로 주장한다면, 왜 지금까지 존재했던

---

10 Millard J. Erickson, *Christian Theology*, vol. 2 (Grand Rapids: Baker, 1984), 639.

162 터프 토픽스

모든 인간이(예수님을 제외하고) 아담의 죄와 본성의 부패라는 죄의 결과를 승인하고 용납했는지에 대한 의구심을 벗어버릴 수 없다. 이것에 대해 "안 돼"라고 말한 사람이 분명 어딘가에는 있어야 한다. 또한 모든 영혼이 도덕적 책임감을 갖기 시작할 때, 이들이 가지고 태어난 부패한 본성과 악한 경향성에 영향 받지 않고 완전한 도덕적·영적 평형상태로 들어선다는 사실을 증명해야 한다.

하지만 이것은 두 번째 문제를 야기한다. 즉 우리가 자신만의 에덴동산을 경험해야 한다는 사실이다. 따라서 모든 인간의 영혼은 도덕적 책임의 나이에 도달하는 순간, 자신만의 근신을 받는다. 그러나 이것이 사실이라면, 아담의 행위와 우리 자신의 본성을 연결짓는 노력에는 어떤 의미가 있을까? 결국 나 자신의 첫 번째 선택으로 내가 부패할 것이라면, 굳이 아담이 필요할까? 그리고 만일 그 첫 번째 선택 이전부터 내가 부패했다면, 우리는 다시 제자리로 되돌아간다. 그 자리는 곧 아담으로부터 상속된 나의 죄책과 부패함, 인류의 머리와 대표로서 그가 선택한 것에 대한 형벌의 자리다.

결론

가장 난해한 장을 마무리하면서 우리는 다음의 질문을 해야 한다. 성경에 나타난 하나님의 성품에 기초할 때, 그분은 오직 아담의 죄를 근거로 하여 유아들을 영원히 저주하실 만한 분이신가? 인정하건대, 이는 주관적이고 어쩌면 감상적일 수도 있는 질문이다. 하지만 대답이 필요한 질문이다. 그리고 나의 대답은 "그렇지 않다"이다.

나만의 생각일 수도 있지만, 나는 첫째, 셋째, 넷째, 다섯째 사실에 충분한 설득력이 있다고 생각한다. 따라서 나는 유아 사망한 아이들의 구원을 믿는다. 나는 이들의 구원을 확신하지만, 이들에게 죄가 없다거나 이들이 하나님의 용서를 받을 자격이 있다고 생각하기 때문은 아니다. 이들의 의식적 믿음과 상관없이, 하나님이 이들에게 영생을 주시기로 주권적으로 선택하셨고, 이들의 영혼을 거듭나게 하셨으며, 이들에게 그리스도의 보혈의 구원하시는 은혜를 적용하셨기 때문이다.

추천 도서 _____

Nash, Ronald. *When a Baby Dies*. Grand Rapids : Zondervan, 1999.

Webb, R. A. *The Theology of Infant Salvation*. Harrisonburg, VA : Sprinkle, 1981.

9장

예수님의 이름을 들어보지 못한 사람도
그분을 믿지 않는다는 이유로 정죄받을까?

「워싱턴 포스트」의 샐리 퀸(Sally Quinn)과의 인터뷰에서 베스트셀러『사
랑이 이긴다』(포이에마 역간)의 저자 랍 벨(Rob Bell)은 예수의 이름을 들
어보지 못한 사람들의 운명에 관한 문제를 다시 혼란스럽게 만드는 데
일조했다. 그는 이 문제에 대한 복음주의의 입장을 심각하게 호도했다.
그의 대답은 다음과 같다.

> 하나님이 만일 수십 혹은 수백억의 사람들을 지옥에서 영원토록 고통 받
> 게 하신다면, 예수의 이름을 들어보지 못한 사람들이 자신은 들어본 적
> 도 없는 예수를 믿지 않았다는 이유로 영원한 고통 가운데 시달려야 한
> 다면, 이 시점에서 우리는 그랜드 래피즈에 사는 한 목사가 썼다는 책보
> 다 훨씬 더 심각한 문제에 봉착하게 된다(트위터에 올라온 "당신이 만일
> 틀리다면요?"라는 질문에 대한 랍 벨의 답변—역자 주).

여기서 랍 벨이 상대하고 있는 대상은 복음주의자들로, 이들은 예수

를 믿지 않은 사람은—비록 예수의 이름을 들어보지 못했다고 해도—영원한 고통 속에서 시달릴 것을 믿는다고 알려져 있다. 가능한 한 분명하게 설명해보자면 "어느 누구도 예수를 믿지 않았다는 이유로 지옥에서든 아니면 다른 어디에서든 얼마의 기간이라도 고통 받는 일은 없을 것이다." 이 말을 다시 반복하고 싶지만, 독자들에게 다시 한 번 읽어달라고 부탁하는 것으로 만족하려 한다.

로마서 1장: 하나님은 모든 사람에게 계시되었다

벨을 포함해 이런 충격적인 주장을 펼치는 사람들은 로마서 1:18이하를 자세히 살펴보지 못한 것이 분명하다. 하늘로부터 나타난 하나님의 진노의 근거는 그분이 창조질서 안에서 자신을 계시하신 것을 지속적으로 거절해온 인류에게 있다. 바꾸어 말하면 하나님의 진노에는 이유가 있다. 그것은 변덕스러움이 아니다. 하나님은 자신을 계시하셨고, 그분의 진노는 인간의 고집스러운 거절에 의해 의도적이고 지속적으로 유발되었다.

계시는 하나님으로부터 오는 것이기도 하고 하나님에 대한 것이기도 하다. 따라서 이 경우 학생이 알지 못하는 것은 교사가 가르치지 않았기 때문이 아니다. "그들에게 보이셨다"(19절)는 구절은 "그들 안에서" 혹은 "그들 중에"로 번역되는 편이 낫고 그중 후자가 더 낫다. 다른 말로 하면, 하나님은 창조와 섭리의 역사를 통해 사람들 중에 자신을 보이셨고, 이것은 이들에게, 곧 이들의 정신과 마음에 말씀하시는 것으로 이루어졌다.

20절에는 바울의 역설적 표현이 등장하는데, 그는 하나님의 보이지 않는 속성들이(참조. 딤전 1:17) 분명히 보여 알려졌다고 말한다. 이는 모순어법이다. 바울의 핵심은 비가시적이던 것이 창조와 자연을 통해 가시화 되었다는 것이다. 예를 들어 하나님의 지혜, 능력, 영원, 선은 그 자체로는 가시적이지 않지만, 자연 속에서 나타나는 효과로 이것들의 실재를 확실히 확인하고 이해할 수 있다. 최고이시고, 영원하시고, 능력이 무한하시고, 인격적이시고, 지혜가 풍성하시고, 스스로 계시고, 영광과 감사를 받기에 합당한 하나님이 존재하신다는 사실은 창조 안에서 명명백백한 사실이다.

하나님에 대한 이런 진리는 어떻게 알려지며 어디서 발견되는가? 바울의 대답은 "만드신 만물"에서다(롬 1:20). 하나님은 우주의 드넓은 면면마다 어느 누구도 놓칠 수 없는 자신의 지문들을 남겨두셨다. 그분의 존재와 본성을 가르치는 성경이 없는 이들이라도 여전히 달의 아름다움과 해의 찬란함, 별들의 질서정연함, 천둥과 번개의 강력함, 인간 육체의 정교함, 산의 장엄함, 대양의 광활함, 동물계의 충만한 종들을 볼 수 있고, 이를 통해 능력, 장엄함, 거룩, 사랑의 하나님이 존재하심을 분명히 확인할 수 있다. 헤르만 바빙크(Herman Bavinck)는 이를 다음과 같이 간략히 표현했다. "우주의 원자들 중 어떤 것도 하나님의 능력과 신성이 계시되지 않은 것은 없다."[1]

로마서 1장에서 바울의 핵심은 모든 사람을 평계하지 못하게 만들 만큼 이 계시가 온전히 분명하고 불가피하다는 것이다(20절을 보라). 결론적으로 말해 "미국에 있는 무고한 이교도"만큼이나 "아프리카에 있는 무고한 원주민" 역시 존재하지 않는다.

---

1 Herman Bavinck, *The Doctrine of God*, trans. and ed. William Hendriksen (Edinburgh: Banner of Truth, 1977), 63.

모든 인류가 핑계할 수 없다는 바울의 말은 무슨 의미일까? R. C. 스프로울(R. C. Sproul)은 다음과 같이 설명한다.

금지된 핑계, 모든 이교도가 헛되이 사용하는 핑계, 자연을 통한 하나님의 자기 계시로 타파된 핑계는 거짓되고 어리석고 부정직한 무지에 대한 호소다. 어느 누구도 하나님의 법정에 나아가 다음과 같이 애원할 수 없다. "당신의 존재를 알기만 했다면 저는 분명히 당신을 섬겼을 것입니다." 이런 핑계는 소용없다. 그 누구도 자신이 하나님을 믿지 않은 것에 대해 "불충분한" 증거를 운운할 수 없다.[2]

문제는 증거 부족이 아니다. 문제는 하나님에 대한 인류의 태생적·자연적·도덕적 반감이다. 문제는 모든 인류에게 증거가 열려 있지 못함이 아니라, 인류가 증거에 열려 있지 않음이다. 바울의 말을 새겨들어야 한다. "하나님을 알되"(롬 1:21) "이는 하나님을 알 만한 것이 그들 속에 보임이라"(19절). 즉 이것은 숨겨져 있거나 모호하거나 불확실하지 않고, 열려 있고 분명하고 불가피하다. 정직한 무신론자 같은 것은 없다. 모든 사람이 하나님을 안다. 물론 하나님에 대한 인식적 이해, 곧 하나님이 존재하시고 그분께 순종과 예배와 감사가 합당하다는 사실을 인식적으로 아는 것과 하나님의 구원에 대한 구속적 지식에는 차이가 있다. 전자는 모든 사람이 경험할 수 있지만, 후자는 오직 구원받은 사람만이 경험할 수

---

2 R. C. Sproul, Arthur Lindsley, and John Gerstner, *Classical Apologetics: A Rational Defense of the Christian Faith and a Critique of Presuppositional Apologetics* (Grand Rapids: Zondervan, 1984), 46.

있다. 따라서 다시 한 번 말하면, 문제는 "알지 못해서 높이지 못하는 것이 아니라, 분명히 알게 된 것을 높이지 않으려는 거절"이다.[3]

바울은 하나님에 대한 불신자의 지식을 구원에 이르는 지식은 아니지만 실제적인 지식으로 보았다. 불신자에게도 하나님을 인식하는 것 이상이 가능하다. 이들은 하나님이 존재하시고 특정한 도덕적 성품을 소유하시며, 자신이 그분께 책임을 진다는 사실을 안다. 다른 말로 하면, 하나님에 대한 이런 지식의 열매는 주관적인 이해이지만 구원에 이르는 이해는 아니다. 이들은 자신이 실제로 그리고 참으로 아는 하나님을 미워하며 높이기를 거절한다. 하지만 그런 반응의 출처는 무지가 아니라, 고집스러운 저항과 자기 중심적인 죄악이다.

바울은 모든 사람이 이런 지식을 고집스럽게 억누르고 있음을 분명히 한다(21-32절을 보라). 그는 이들이 어두움과 허망함으로부터 시작해, 비록 느리지만 틀림없이 빛 가운데로 나아오고 있다고 말하지 않는다. 오히려 이들은 하나님을 아는 분명하고 불가피한 지식으로부터 시작해 어두움으로 퇴보한다.

이들을 "허망"하고 "미련"하다고 지칭한 것은(21-22절) 모든 이교도들이 어리석다는 의미가 아니다. 이런 표현이 지칭하는 것은 인간의 지성이 아니라 성향이다. 구원받지 못한 이들의 문제는 자기 머리로 생각할 수 없음이 아니라, 마음으로 믿기를 거절하는 것이다. 구원받지 못한 사람이 어리석은 이유는 그의 지성이 의심스럽기 때문이 아니라, 참된 줄로 아는 것을 인정하고 예배하지 않겠다는 비도덕적 거절 때문이다.

---

3 같은 책, 51.

하나님의 이런 계시적 행위에 대해 인간의 마음은 어떻게 반응할까? 바울은 이를 21-23절에서 묘사한다. 바울이 생각한 것은 참된 것을 인위적이고 위조된 것으로 대체할 때 일어나는 왜곡이나 의도적인 변형이었다. 인간이 하나님을 거절한다고 해서 자신의 종교성을 버리는 것은 아니다. 사실 하나님을 거절하기 위해서는 종교성이 필요하다. 인간은 하나님을 스스로 만든 신, 종종 자기 자신으로 대체한다.

이것은 세 가지 중요한 결론으로 이어진다. 첫째는 창조와 양심에 드러난 하나님의 계시가 모든 사람이 핑계하지 못하도록 하기에 충분하며, 이를 거절한 이들을 정죄하기에도 충분하지만, 구원에 있어서는 충분치 못하다는 점이다. 자연에 나타난 하나님을 인식했다는 이유만으로 구원받을 사람은 없지만, 그런 하나님을 거절했기 때문에 구원받지 못할 사람은 많다. 다른 말로 하면, 일반계시에는 구속적 내용이 결여되어 있다. 그것은 하나님의 존재와 그분의 속성에 대한 일반적 지식을 모든 인류에게 제공하기에는 충분하지만, 이 지식만으로는 누구도 구원받을 수 없다. 또한 이 계시는 죄를 벌하시는 하나님의 존재를 보여 알게 하지만, 죄를 용서하시는 하나님을 알게하지는 못한다.

독자들의 세심한 주목을 부탁하면서 언급하고 싶은 두 번째 결론은, 이른바 이교도들이 정죄받는 것은 이들이 들어보지도 못한 예수를 거절했기 때문이 아니라, 많이 보고 들어온 성부를 거절했기 때문이라는 사실이다. 하나님에 대해 바울이 "그의 보이지 아니하는 것들 곧 그의 영원하신 능력과 신성"(롬 1:20)에서 언급하고자 한 것이 무엇이든, 그런 지식은 보편적이고 불가피하며 모든 사람들이 자신의 불신과 하나님을 높이지 못한 것, 하나님께 감사하지 않은 것, 유일하신 참 하나님으로부터 돌아서서 우상을 숭배한 것을 핑계하지 못하도록 한다.

세 번째로 일반계시는 특별계시를 위한 필수 전제조건이다. 그리고 특별계시는 일반계시를 구속적으로 보완하고 해석한다. 따라서 하나님의 은혜롭고 주권적인 능력과 깨우침을 통해 어떤 불신자가 자연과 양심에 드러난 하나님의 계시에 긍정적으로 반응한다면, 하나님은 그를 구원하기 위해 그리스도의 복음을 들고 그에게 찾아오실 것이다.

결론

로마서 1장을 짧게나마 살펴보면서 알게 된 바는 하나님이 자신의 존재와 속성을 모든 세대의 모든 인류에게, 지구 위 모든 나라와 모든 종교의 사람들에게 보여 알게 하셨다는 사실이다. 이들이 예수님의 이름을 들어보지 못했을 수 있다. 복음의 선포, 십자가, 부활을 들어보지 못했을 수도 있다. 자신의 언어로 된 성경을 손에 쥐어보지 못했을 수도 있다. 하지만 이들에게는 자신이 하나님을 하나님으로 높이지 못한 것, 결과적으로는 창조주를 대신하여 창조된 것들을 우상숭배한 것에 대해 그분 앞에서 내세울 만한 완전하고 공정하고 의로운 핑계가 없다.

이들의 심판은 이들이 들어보지 못한 예수를 거절했기 때문이 아니다. 랍 벨이나 어느 누구라도, 이런 입장은 우리의 믿음을 왜곡하는 것은 물론 더욱 심각하게는 바울의 분명한 가르침을 왜곡한다. 하나님은 이들에게 주신 자신의 계시를 근거로 그들에게 책임을 묻고 심판하실 것이다. 이런 계시는 명백하고 불가피하며 충분할 만큼 편만하고 분명하여, 이들은 자신이 여기에 반응하지 못한 것과 우상을 숭배한 것에 대해 핑계할 수 없을 것이다. 이들은 성자를 거절했기 때문이 아니라 성부를 거절했기 때문에 심판을 받을 것이다. 이것은 공의로운 심판이다.

추천 도서 _____

Nash, Ronald H. *Is Jesus the Only Savior?* Grand Rapids : Zondervan, 1994.

Piper, John. *Jesus: The Only Way to God: Must You Hear the Gospel to Be Saved?* Grand Rapids: Baker, 2010. 『오직 예수』(복있는사람 역간).

Sanders, John, ed. *What about Those Who Have Never Heard? Three Views on the Destiny of the Unevangelized.* Downers Grove, IL: InterVarsity, 1995. 『복음을 듣지 못한 사람 어떻게 되는가』(부흥과개혁사 역간).

10장
우리는 천사에 대해 무엇을 알 수 있을까?

수년 동안 나는 거룩한 천사와 타락한 영의 존재를 쉽게 인정했지만, 이들의 활동을 성경 안으로만 제한했다. 성경의 권위를 인정하는 사람으로 그런 존재의 실재를 부인할 수는 없었지만, 일상 속에서 이들이 갖는 존재감은 내가 생각할 때 미미했다. 천사와 귀신들은 어떤 의미에서 그저 그런 존재들이었는데, 이것은 이들이 성경책 표지 안에 가만히 들어앉아 있을 경우에 한해서였다. 천사나 귀신의 존재를 실제로 마주하게 된다고 해도, 나는 신학적으로 순진하다거나 은사주의적 감각주의에 빠졌다는 평을 들을까봐 그 사건을 재빨리 얼버무렸을 것이다. 나는 이번 장이 우리 모두를 일깨워 천사와 귀신의 역사라는 불가피한 실재를 보도록 하고, 이 전쟁을 준비해야 하는 필요성을 절감하게 만들기를 바란다.

이제 여덟 가지 주요한 질문들을 살펴보도록 하자.

천사에 대한 여덟 가지 질문

1. 첫 번째 질문은 간단하다. "천사들은 정말로 존재할까? 존재한다면 그 것이 중요할까?" 천사들이 존재한다는 증거는 성경 도처에 있다. "천사" 라고 번역된 단어는 성경 66권 중 34권에 등장한다. 구약에는 108번, 신 약에는 165번, 즉 성경을 통틀어 거의 275번이나 나온다.

예수님은 천사의 존재를 믿으셨을 뿐 아니라, 그들로부터 격려와 힘 을 받으셨다. 예수님이 이 땅에 계시는 동안 천사들이 얼마나 그분의 삶 에 면면히 스며 있었고 많은 영향력을 행사했는지 생각해보라. 천사(가 브리엘)는 예수님의 잉태를 알렸고, 그분의 탄생을 알린 것도 천사들이 었 다. 그분은 타락한 천사에게 시험을 받으셨고, 이후에는 천사들의 시중 을 받으셨다. 그분의 가르침은 천사적 존재를 빈번히 언급했으며, 겟세 마네에서는 천사들의 섬김을 경험하시기도 했다. 또한 그분은 열두 군단 이 더 되는 천사를 동원해 죽음을 면하실 수도 있었다(마 26:53). 부활 이 후 천사들은 그분의 무덤을 지켰고, 예수님이 승천하실 때에도 함께 있었 다. 이 모든 것의 핵심은 천사들이 그리스도의 탄생, 생애, 사역, 가르침, 죽음, 부활, 승천에 있어 필수적이라는 사실이다. 그들은 예수님의 재림 에도 동행할 것이다. 따라서 천사의 세계의 실재를 부인하는 것은 예수님 자신의 진실성을 훼손하는 것이다.

2. "천사들은 어디에서 올까?" 천사는 인간과 마찬가지로 특정한 시점 에 창조되었다(시 148:2-5; 요 1:1-3; 골 1:16). 이들은 영원한 존재가 아니 다. 모든 천사는 직접 창조되었다. 이 말은 이들이 우리처럼 원부모로부

터 내려오지 않았다는 뜻이다. 천사들은 우리와 달리 자녀를 낳지 않는다(마 22:28-30). 천사들이 언제 창조되었는지는 알 수 없지만, 창세기 1:1 이전에 창조되었을 확률이 높다(참조. 욥 38:4-7). 하나님은 악을 직접적으로 창조하시지 않기에 이들은 의롭고 정직한 존재로 창조되었을 것이다. 몇몇 본문은 최초의 반역 행위를 명시하거나 암시한다(골 1장; 계 12장; 사탄과 귀신을 다루는 장에서 더욱 자세히 살펴볼 것이다).

3. "이들은 어떤 존재일까?" 이것은 일종의 개방형 질문이기 때문에 몇 가지 중요한 사실에 집중하는 편이 나을 것이다. 먼저 특성의 측면, 즉 지성, 감정, 의지, 자기의식, 자기결정, 도덕적 의무(양심)와 이것을 추구할 능력이라는 의미에서 살펴보도록 하자. 천사들은 분명 지성적이지만 전지하지 않고(막 13:32; 벧전 1:12), 감정을 갖고(욥 38:7; 눅 15:10; 계 4-5장), 의지를 행사한다(계 12장).

천사도 인간처럼 하나님의 형상으로 창조되었는지를 묻는 이들이 있다. 성경은 어디에서도 이것을 분명하게 긍정하거나 부인하지 않는다. 물론 이것은 우리가 하나님의 "형상"을 어떻게 정의하느냐에 달려 있다. 인격, 이성 혹은 지성, 관계를 맺는 능력, 자기의식, 권위와 지배의 행사, 하나님에 대한 도덕적 책임을 수반하는 문제라면 이들이 하나님의 형상으로 창조되었다는 긍정적 대답이 가능할 수도 있다. 하지만 확신하기는 어렵다.

천사들은 영적 존재로서 실체나 형태가 없다. 곧 살이나 피, 뼈가 없다는 말이다. 이들은 히브리서 1:14의 선언대로 "섬기는 영"이다. 그럼에도 이들은 공간의 제약을 받는다. 다른 말로 하면, 천사들은 편재하지 않는다(단 9:21-23; 10:10-14을 보라. 여기서 우리는 공간 이동과 시간의 제약을 확인할 수 있다). 이들은 같은 시간대에 여러 공간에 있을 수 없다.

천사들은 영적 존재이지만 어떤 의미에서는 형태와 모양을 갖는다. 즉 이들은 공간적으로 제한되어 있고(이들의 존재는 우주에 펼쳐져 있지 않다) 국지적이다. 천사들에게 문자 그대로의 "날개"가 있을까? 이사야 6:2, 6에서 스랍들은 날개가 있는 것으로 묘사된다(겔 1:5-8도 보라). 또한 가브리엘은 다니엘의 곁을 날아간 것으로 묘사되었다(참조. 단 9:21; 계 14:6-7). 그러나 모든 천사에게 날개가 있었는지에 대해서는 결론 내리기 어렵다. 내가 생각하기로 천사들은 성별이 없다(마 22:28-20). 따라서 자녀를 낳지 않는다. 하지만 이들이 언제나 남성으로 묘사된다는 사실은 언급할 필요가 있다(슥 7:9은 예외). 마지막으로 천사들은 죽지 않는다(눅 20:36). 그러나 이들의 불멸은 내재적이지 않고 분명 하나님의 선물이다.

능력에 대해서 살펴본다면, 천사는 인간의 형태와 모습을 취할 수 있다. 천사가 육안(마 28:1-7; 눅 1:11-13, 26-29)으로 볼 수 있게 나타난 기록도 있고, 환상과 꿈(사 6장; 마 1:20)으로 나타난 경우도 있다. 창세기 18:1-8에서 천사들은 인간의 형태를 하고 등장한다. 이 경우 이들의 모습은 다분히 "실제" 같았고 소돔과 고모라에 있던 동성애자들은 이들을 향해 음욕을 품었다(막 16:5도 보라).[1]

천사들이 어떤 형태나 모양을 취하든지 이들의 등장에 대한 반응은 거의 모든 경우에 정신적·감정적 동요와 두려움이었으며 심지어 평정심과 의식을 잃기도 했다. 이는 자신이 천사적 존재와 친밀하고 막역한 관

---

1 천사들이 취할 수 있는 다른 모습과 형상에 대해서는 단 10:5-6; 마 28:3; 계 4:6-8을 참조하라.

계를 맺고 있다는 것을 경솔하다 못해 심지어 우습게(다소 교만하게) 묘사하는 사람들에 대해 많은 것을 시사한다. 성경 속에서 천사를 본 사람들의 일반적인 반응은 극심한 두려움이었다.

천사의 모든 능력은 하나님의 능력과 목적에 굴복한다(시 103:20; 벧후 2:11). 창세기 19:12-16에서 하나님은 천사들을 통해 소돔과 고모라를 멸하신다. 열왕기하 19:35에서 능력을 입은 한 천사는 185,000명의 앗수르 군사들을 멸한다. 마태복음 28:2에 따르면 그리스도의 무덤으로부터 돌을 굴려낸 것도 천사였다. 사도행전 12장에서 한 천사는 잠긴 감옥의 문을 열고 들어가 베드로를 풀어주었다. 사도행전 12:23에는 가장 섬뜩한 방식으로 헤롯을 죽게 한 천사가 등장한다. 요한계시록에는 자연현상에 능력을 행사하는 천사들이 등장한다(특히 계 7:2-3을 보라).

이들의 위치에 대해서는 두 가지 도덕적 질서 혹은 범주, 곧 "거룩하게 택함 받은 천사들"(막 8:38; 딤전 5:21)과 "악한 천사들"(눅 8:2)로 나뉜다. 사탄과 그의 군대가 거역하여 타락한 이후, 모든 천사의 도덕적 상태는 이 둘로 분명하게 구분되었다. 즉 하나님은 거룩하게 택함 받은 천사들을 의로운 상태로 보존하시며, 악한 천사들은 구원하지 않으신다. 우리는 왜 타락한 천사적 존재들, 즉 귀신들의 구원가능성을 부인하는 것일까? 한 가지 이유는 성경 속에 그런 사례가 없기 때문이다. 귀신이 회개한 사례도 없다. 성경은 언제나 십자가가 귀신에게 미친 영향을 구원이 아닌 심판으로 묘사한다. 우리는 성경 어디에서도 천사적 존재의 칭의, 용서, 구속, 입양, 중생 등이 사실인 경우를 찾아볼 수 없다. 히브리서 2:14-17은 예수님께서 인간의 육과 혈을 지니심이 "천사들을 붙들어 주려 하심이 아니라 아브라함의 자손을 붙들어 주려 하심이라"고 선언한다

(계 5:8-14도 보라).

4. "이들은 어떻게 불릴까?" "천사"(angel)라는 단어 자체는 보통 전령 (messenger)을 의미한다. 이들은 하나님(시 104:4)과 택함 받은 백성(히 1:14)을 섬기는 "사역자"로 불리기도 한다. "만군"(시 46:7, 11)과 "순찰자"(단 4:13, 17, 세상 다스리는 일을 감독하도록 하나님이 보내신 자)로 언급된 곳도 있다.[2] 다른 이름으로는 "신들"(시 89:6), "하나님의 아들들"(욥 1:6; 2:1; 38:7), "거룩한 자"(시 89:6-7)가 있다.

천사적 존재에는 몇몇 특별한 분류, 범주, 종류가 있는 것 같다. 그룹 (cherubim)은 가장 높은 계층 혹은 지위로 이들의 특징은 화려함과 능력, 아름다움이다. 이들은 에덴을 지켜 인간이 돌아오지 못하도록 막았으며 (창 3:24), 그 날개로 속죄소를 덮기도 했다(출 25:17-22; 히 9:5의 "영광의 그룹"을 보라. 겔 1:1, 28; 10:4, 18-22도 보라). 그룹은 "천사"로 불린 적이 한 번도 없는데 이는 그들이 전령이 아니기 때문이다. 이들은 하나님의 영광과 거룩을 선포하고 보호한다.

스랍(seraphim, 문자적 의미는 "불타는 것"으로 사 6장에 등장한다)은 하나님에 대한 강렬한 헌신으로 잘 알려져 있다. 이들은 하나님에 대한 경배로 "불타는" 존재이며 이들의 주된 임무는 예배다. 요한계시록 4:6-9의 "생물"은 그룹이나 스랍이거나 아니면 전혀 다른 종류일 수 있다.

이름이 있던 천사는 둘뿐이다. 먼저 미가엘("하나님과 같은 이가 누구인가?"라는 의미; 단 10:13, 21)은 이스라엘을 보호하는 임무를 받았다. 그

---

2 하지만 희년서, 사해 사본과 같은 일부 신구약 중간기 기록들에서 "순찰자"라는 단어는 천사가 아니라 악한 영을 가리키는 데 사용된다.

는 "천사장"(유 9절)으로 사탄의 군대를 대적해 싸우는 천사의 군대 대장
이다(계 12:7). 다음은 가브리엘("하나님의 능력 있는 자"를 의미; 단 9:21; 눅
1:26)로, 그는 성경에서 등장할 때마다 하나님 나라의 목적에 대한 계시
를 알리거나 해석하는 역할을 했다.[3]

"하나님의 천사" 혹은 "자기 앞의 사자"라고도 불리는, 야웨의 사자라
는 이름은 독특한 경우로 보인다(창 22:9-18; 시 34:7 등). 여기서의 질문
은 이 천사가 성육신 전의 말씀, 곧 삼위일체의 제2위격인지 아니면 단순
히 창조된 천사적 존재인지 하는 것이다. 이 천사는 야웨와 구별되기도
하고, 어떤 경우에는 심지어 같은 본문 안에서 동일시되기도 한다. 하갈
을 찾아왔을 때(창 16장), 야웨의 천사는 일인칭을 사용해 다음과 같이 말
했다. "내가 네 씨를 크게 번성하여 그 수가 많아 셀 수 없게 하리라"(10
절). 심지어 하갈은 그를 "나를 살피시는 하나님"으로 불렀다(13절). 또한
천사는 야곱에게 "나는 벧엘의 하나님이라"고 자신을 소개한다(창 31:13).
하지만 아브라함은 그를 하나님과 분명히 구분 지었다. "그[하나님]가 그
사자를 너보다 앞서 보내실지라"(창 24:7). 불타는 떨기나무를 통해 모세
에게 나타난 것은 "여호와의 사자"였지만(참조. 출 3:2; 행 7:35, 38), 모세가
만난 것은 분명 하나님 자신이었다(출 3:13-14).

이 야웨의 사자를 하나님 자신과 동일한 존재로 주장하는 근거에는
설득력이 있다. 이 사자는 여러 번에 걸쳐 자신을 야웨와 동일한 존재로
소개했고, 그를 보았던 사람들은 그를 하나님으로 인정하고 묘사했으며,

---

3 외경 「토비트서」(*Book of Tobit*)에는 라파엘(Raphael)이라는 또 다른 천사의 이름이 등
장한다. 「에스드라 2서」(*2 Esdras*)를 외경에 포함한다면 우리엘(Uriel)이라는 또 다른 이
름도 있다.

성경의 저자들은 그를 "야웨"로 분명하게 지칭했다. 하지만 이 야웨의 사자를 창조된 영적 존재로 보는 다음의 주장 역시 설득력을 갖는다. 하나님은 자신의 대사나 대표에게 자신의 성품과 언어를 완벽할 정도로 부여·위임하셔서 이들이 그분의 말씀을 전할 때 하나님과 분리되어 보이지 않았다(참조. 출 23:21). 구약 예언자들은 자신의 말을 하나님의 말씀과 동일하게 여겨 이런 종류의 동일성을 잘 보여준다. 또한 "야웨의 사자"는 신약에서 성육신 이후에도 등장하기 때문에 삼위일체의 제2위격과는 별개의 존재로 여겨져야 한다. "하지만 그의 행동(예. 행 12:7, 15)은 야웨 자신의 행동으로 묘사되며 야웨 자신의 말씀을 대변할 때 그가 사용한 것은 일인칭이다(계 22:6, 7, 12)."[4]

5. "천사는 몇 명이나 될까?" "수많은" 천사들이 예수님의 탄생을 알렸다(눅 2:13-15). 하나님은 "만군의" 야웨시고(시 46:7, 11 등) 이것은 그분이 천사들의 거대한 군대의 수장이 되신다는 뜻이다. 예수님은 "열두 군단"이 넘는 천사를 언급하셨다(마 26:53; 1개 로마 군단은 6,000명이기에 72,000명의 천사들을 의미한다). 때로 천사들은 별과 연관지어 언급되기도 했고, 어떤 사람들은 둘의 수가 동일하다고 주장해왔다(욥 38:7; 시 148:1-3; 계 9:1-2; 12:3-4, 7-9). 반면 각각의 천사는 그리스도인들을 섬기는 영이고(히 1:14), 따라서 이들의 수는 택한 자의 수와 동일해야 한다고 주장하는 사람들도 있다. 이들은 천사의 수에 상응하는 만큼의 사람들이 구원받기

---

4 Andrew J. Bandstra, *In the Company of Angels: What the Bible Teaches. What You Need to Know* (Ventura: Gospel Light, 1995), 49-50.

까지 예수님이 재림하지 않으실 것이라고 주장하기도 한다.[5] 하지만 모든 천사들이 이런 임무를 수행한다고 말하는 본문은 없다. 하나님의 보좌를 떠나지 않는 천사들도 많아 보인다(계 4-5장). 천사의 수가 얼마든지, 이들은 아이도 낳지 않고 죽지도 않기 때문에 그 수는 고정되어 있을 것이다(마 22:28-30; 눅 20:36). 요한계시록 5:11은 "많은"(myriads; 10,000을 뜻하는 myriad의 복수형)을 언급하지만 이것이 모든 천사를 지칭한 표현인지는 알 수 없다. 마지막으로 다니엘 7:10은 야웨 앞에 서 있는 "천천"과 "만만"의 천사들을 언급하고 신명기 33:2은 "일만 성도"를 언급한다(유 14절을 보라) 따라서 천사의 수는 얼마나 될까? 아주 많다.

6. "이들은 어떻게 조직되어 있을까?" 미가엘은 "천사장"으로(이 단어는 살전 4:16과 유 9절에만 등장한다) 최고나 제일을 의미한다. 요한계시록 12장에서 그는 천사의 군대장이다(단 10:13을 보라). 욥기 1:6과 2:1은 천사들에게 규칙적이고 정기적인 모임(참조. 시 89:5-6과 "거룩한 자들의 모임")이 있었음을 시사하는데, 아마도 그 회집의 목적은 경과를 보고하고 하나님으로부터 지시를 받기 위해서였을 것이다(시 103:20-21을 보라).

다른 계급이나 범주, 유형의 천사들이 있다는 사실은 일종의 조직을 암시해준다. 에베소서 1:21, 3:10, 6:12과 골로새서 1:16, 2:10, 15에서 바울은 이들을 묘사하기 위해 여섯 가지 용어를 사용한다. 이것을 통해 천사(귀신)의 존재에는 적어도 여섯 개의 계급이나 범주가 존재함을 예측

---

5 아우구스티누스는 마치 사탄이 이끈 거역으로 천국에서 "잃어버린" 수를 그리스도인들로 메워야 한다는 듯이, 택함 받은 자들의 수가 타락한 천사들의 수와 일치해야 한다고 주장했다.

할 수 있다.

◆ 권세자들과 통치자들(*archē*, 통치자에게는 주권을 행사할 대상이 있어야
  한다. 롬 8:38; 엡 1:21; 3:10; 6:12; 골 1:16; 2:10을 보라).

◆ 권세(자들; *exousia*, 정의상 권세 역시 하급 계층을 필요로 한다. 엡 1:21;
  3:10; 골 1:16).

◆ 능력(롬 8:38; 엡 1:21; 막 9:29에서 예수님은 "기도 외에 다른 것으로는
  나갈 수 없는" 종류의 귀신을 언급하신다. 여기서 핵심은 어떤 귀신이 다
  른 귀신들보다 더 큰 힘과 능력을 갖는다는 사실이다. 따라서 여기에는
  영적 능력에 근거한 계층이나 차이가 암시되어 있다).

◆ 주권(*kyriotētos*, 다시 한 번 무엇을 대상으로 어디서 이루어지는 "주인
  됨"과 "주권"인가? 참조. 엡 1:21; 골 1:16).

◆ 왕권들(*thronoi*, 천사를 대상으로 사용된 곳은 유일하게 골 1:16).

◆ 세상 주관자들(*kosmokratoras*, 천사를 대상으로 사용된 곳은 유일하게 엡
  6:12).

◆ 모든 천사와 귀신이 동일한 종류, 계급, 권위를 갖는다면, 이들을 묘사
  하기 위해 왜 이토록 다양한 용어가 동원되었을까? 계급의 차이와 함
  께 능력과 임무 등등의 차이가 수반되었을 것이다.

7. "이들의 사역은 무엇일까? 이들은 어떤 일을 할까?" 이미 확인한 대로
이들의 주된 역할은 하나님을 예배하고(사 6장; 계 4:6-11; 5:11) 섬기는 것
이다(시 103:19-21; 뒤의 본문은 개방형으로 천사들은 하나님이 원하시고 명하
시는 것은 무엇이든 행한다). 어떤 사건의 책임이 천사들에게 있다는 주장

에 사람들은 의구심을 드러낸다. "성경에 그런 일이 어디 있어요?" 마치 천사들이 성경 시대에 행했다고 기록된 것들만 할 수 있는 것처럼 말이다. 하지만 천사들의 행동을 성경에 명확히 기록된 일에만 제한할 근거는 없다. 시편 103편이 제시하는 것처럼 이들이 하나님의 뜻을 성취하고 그분의 말씀을 행하기 위해 존재한다면, 이들이 행동하는 범위와 내용에는 사실상 제한이 없다.

또한 이들은 하나님의 백성을 안내하고 방향을 제시한다(아브라함의 종이 이삭의 신부를 찾은 일이 기록된 창 24:7, 40과 천사가 이스라엘을 광야에서 인도한 일이 기록된 출 14:19 외에도, 출 23:20; 민 20:16; 행 5:17-20; 8:26; 10:3-7, 22; 16:9을 참조하라). 비슷한 방식으로 이들은 지키고 보호한다(왕상 19:5-7; 시 34:7; 78:23-25; 91:11; 단 6:20-23; 12:1; 행 12:15을 보라).

별도의 언급을 하고 싶은 몇몇 본문이 있다. 요한계시록 2-3장에 등장하는 일곱 교회의 "사자들"(angels)에 대해서는 상당한 논쟁이 있었다.[6] 내가 여전히 남침례교회에 출석하고 있었을 때, 나는 우리 교회 목회자가(그의 이름을 밝히지는 않을 것이다) 각 사자는 그 교회의 담임목사를 지칭한다고 발언하는 것을 들었다. 모든 남침례교 목회자들이 이 본문을 그렇게 해석한다는 뜻은 아니지만, 여기에는 추가적인 언급이 필요하다. 내가 이 이론이 타당하지 않다고 생각하는 데는 몇 가지 이유가 있다.

가장 먼저 이것은 신약성경이 묘사하는 교회 구조와 대치된다. 신약성경 어디에서도 한 개인이 교회를 대상으로 목회적 권위를 행사한 예가

---

6 이어지는 논쟁은 나의 책 *To the One Who Conquers: 50 Daily Meditations on the Seven Letters of Revelation 2-3* (Wheaton, IL: Crossway, 2008), 21-24을 개작한 것이다.

없다. 다수의 장로들이 교회를 치리하는 것이 성경의 표준적인 관점이다. 그렇지 않다고 주장하는 것은 내가 볼 때 성경적 교회론의 진화적 발전, 즉 초기교회의 다수의 리더십이 한 사람의 목회적 권위에게 점차 그 자리를 내어줬다는 잘못된 추측이다. 역사적 전개, 그러니까 정경이 마무리된 이후로 볼 때 이것은 사실이다. 한 사람의 목회자 혹은 주교가 처음 암시된 것은 기원후 110년경 이그나티우스와 로마의 클레멘스의 글을 통해서다. 하지만 정경 안에서 그런 일이 일어났다고 주장하는 것에는 무리가 있다.

두 번째로 "사자"라는 단어는 요한계시록 안에서 60여 번 사용되는데, 매번 초자연적·영적 존재를 의미한다. 이것이 결정적인 증거는 아니라 해도, 여기서 사용된 단어가 요한계시록의 표준적 용례로부터 제외된다는 주장은 입증할 필요가 있다.

세 번째로 "사자"라는 단어는 신약성경 어디에서도 교회의 직분을 언급하기 위해 사용된 적이 없다. 물론 일곱 편지에서 그렇게 적용될 수 없다는 뜻은 아니지만, 만일 그렇다면 이것은 성경의 계시에서 특별 사례가 될 것이다.

네 번째이자 마지막으로 우리는 사도행전 20:17-38을 통해 에베소 교회를 치리한 것이 다수의 장로들이었음을 안다. 나는 한 교회에 한 사람의 "담임" 혹은 "대표" 목회자가 있는 것이 적절하다고 믿지만(비록 그가 교회를 다스리는 다수의 장로들 중 한 사람이라고 해도), 예수님이 이런 의미로 이 일곱 편지에서 "천사"라는 단어를 사용하셨다고는 생각하지 않는다.

또 다른 가능성은 이 "사자"가 예언자 혹은 교회의 위임을 받은 대표를 지칭한다고 보는 것이다. 이 사람은 대사적 역할을 담당했을 수도 있고, 아니면 일종의 비서로서 교회 외부의 사람들과 지속적으로 소통하는 책임이나 그 외에 부여받은 다른 책임을 수행했을 수도 있다. 이 견해는 전령으로서의 그리스어 "앙겔로스"(angelos)를 강조한다(눅 9:52; 약 2:25을 보라).

보다 더 가능성이 엿보이는 세 번째 대안은 요한계시록 1:11(참조. 1:4)에서 편지들이 "교회들"(복수형)에게 수신되었다는 점과 연관된다. 또한 각 편지의 마지막 부분은 "성령이 교회들에게 하시는 말씀을 들을지어다"라고 마무리된다. 따라서 야웨께서 단순히 한 명의 "사자"가 아니라 "온 교회"에 말씀하고 계시다는 것이다. 이것을 근거로 사자가 교회, 곧 교회의 의인화라고 결론짓는 이들도 있다. 그리스어 본문은 이런 해석을 허용(절대로 요구는 아니다)하고, 이 경우 "에베소 교회인 사자에게"라는 번역이 가능하다. 그러나 이 견해가 처음 두 대안과 동일한 문제에 부딪힌다는 사실은 두말할 필요가 없는데, 곧 요한계시록에서 일반적으로 사용되는 용례를 벗어난다는 것이다. 요한계시록은 사자를 초인적 존재, 곧 인간이 아닌 존재를 지칭하기 위해 사용한다. 더욱이 요한계시록 1:20에서 일곱 교회의 사자들은 일곱 교회와 구분되는 존재로 묘사되었고, 이 점은 둘의 동일시를 어렵게 만든다.

또 다른 이론은 각 교회의 "사자"가 그 교회의 수호천사라는 주장이다. 천사가 그리스도의 몸에 이런 종류의 역할이나 사역을 제공한다는 주장을 비웃는 사람들도 있겠지만 섣부른 판단은 금물이다. 천사(사자)들을 묘사한 단어 중에는 "사역자들"(leitourgos)이 있는데, 이것은 제사장 역할을 암시한다(참조. 히 1:7, 14; 시 103:19-21). 이들은 하나님의 백성에게 인도와 방향은 물론(창 24:7, 40; 출 14:19; 23:20; 민 20:16; 행 5:17-20; 8:26; 10:3-7, 22; 16:9을 보라), 위로와 격려를 제공한다(마 4:11; 눅 22:43; 행 27:22-24). 또한 천사들은 하나님의 자녀들을 지키고 보호하는데, 열왕기상 19:5-7, 시편 34:7, 78:23-25, 91:11, 다니엘 6:20-23, 12:1이 분명한 예다.

사도행전 12:15은 특이한 본문으로, 여기에는 사람들이 베드로를 "그의 천사"로 오해한 사건이 등장한다. 여기서 누가는 단순히 이들의 믿음을 묘사한 것일 뿐 누가 자신은 그렇게 생각하지 않았을 수도 있다(하지만 나는 가능성이 낮다고 본다). 반면 이 본문에는 우리 각자에게 수호천사가 있다는 사실뿐 아니라 이들이 우리의 육신적 특성을 취할 수도 있다는 사실을 가르치려는 의도가 다분했다고 주장하는 이들도 있다. 이 주장이 의심스럽기는 해도, 그렇지 않다면 신자들은 왜 문밖에 서 있는 사람이 다른 누구도, 다른 무엇도 아닌 베드로의 천사라고 단정지었던 것일까?

마태복음 18:10은 특별히 흥미롭다. 여기서 예수님은 어린아이들을 무시하는 행위를 나무라시며 제자들에게 "그들의 천사들이 하늘에서 하늘에 계신 내 아버지의 얼굴을 항상 뵈옵느니라"고 상기시키신다. 동방의 법정에서 널리 통용되던 관습에 따르면, 왕 앞에 서서 그의 얼굴을 볼 수 있던 사람들은 왕의 특별한 은혜를 입고 가장 가까이서 그와 교제하는 특권을 얻은 종들이었다. 따라서 이 구절이 암시하는 바는 하나님이 가장 높은 계급의 천사들을 보내셔서 자신의 "작은 자들"을 사랑으로 지켜 돌보도록 하셨다는 것이다. 사실상 예수님의 말씀은 이렇게 대체될 수 있다. "나의 '작은 자들을' 업신여기지 말라. 하나님이 이들을 어찌나 존귀하게 여기시는지 자신의 가장 뛰어난 천사들을 보내셔서 이들을 지키도록 하셨느니라."

이들이 하나님 앞에서 그분의 얼굴을 뵈오며 "항상" 그 자리를 지키는 것은 다음 두 가지 중 하나를 의미할 수 있다. (1) 우리의 상태와 필요가 언제나 하나님 앞에 상달된다는, 곧 하나님이 우리 인생 속 상황을 언제나 예의 주시하신다는 의미다. 혹은 (2) 높은 계급의 천사들이 하나님 앞에서 그 자리를 지키는 것은 그분이 내리시는 어떤 임무든지 그것을 재빨리 수행하기 위해서라는 의미다(이에 대해서는 천사들이 하늘에 계신 하나님 앞에서 그분의 얼굴을 뵈오며 항상 그 자리를 지킨다면 어떻게 매일 혹은 항상 이 땅에 있는 사람들의 수호천사일 수 있는가라는 질문이 있을 수 있다).

이런 견해의 가장 기본적이고 분명한 문제는 "왜 예수님이 그 편지를 교회에게 직접 보내시지 않고 교회의 수호천사에게 보내셨는가"다. 그럴 만한 이유와 목적은 무엇이었을까? 이에 대한 적절한 답변이 앞으로 등장할지는 모르겠지만 이 시점에서는 잘 모르겠다.

독자들도 보다시피 이 사자들의 정체와 역할에 대해서는 분명한 설명이 없다. 굳이 선택을 해야 한다면 세 번째 해석(사자로서의 교회)이나 네 번째 해석(수호천사)이 적절할 것이다. 하지만 어떤 해석을 선택하든지 각각의 편지에 기록된 그리스도의 권면을 들어야 할 우리의 책임은 이 편지를 수신한 "사자"의 정체를 밝혀내는 능력과는 무관하다.

열왕기하 6:8-23을 보면 하나님의 전쟁을 수행하고, 그 결과로 이 땅에 영향을 미치는 천사의 군대가 등장한다. 천사의 군대와 이들의 역할을 아는 것은 두려움을 떨쳐주고 확신을 심어준다. 이와 비슷하게, 성경은 천사들이 하나님의 백성을 위로하고 격려한다고 묘사한다(마 4:11; 눅 22:43; 행 27:22-24). 천사들은 하나님의 계시를 드러내고 해석하기도 한다. 모세가 율법을 받았을 때 이들이 담당했던 역할에 주목하라(행 7:38; 52-53; 갈 3:19; 히 2:2). 또한 이들은 하나님의 뜻을 알리고 해석한다(단 9 장; 요한계시록 전체).

천사들은 기도 응답에 있어서도 조력자다(단 9:20-24; 10장). 그리고 창세기 18-19장, 출애굽기 12:23, 29(여기서 "멸하는 자"는 천사적 존재일까?), 사무엘하 24:15-17, 열왕기하 19:35, 시편 78:49, 사도행전 12:23, 요한계시록 전체에서 묘사되듯 천사들은 하나님의 심판을 수행하는 일에도 쓰임 받는다.[7]

8. "천사들에 대해 우리는 어떻게 반응해야 할까?" 이미 언급된 대로 우리의 즉각적인 반응은 존경과 경외여야 한다(단 8:16-17; 10:1-18; 눅 1장). 예배에 대해서는 이들로부터 배울 필요도 있다(계 4-5장). 하지만 이들 역시 하나님만을 예배하는 존재이므로, 이들을 예배하지 않도록 세심한 주의를 기울여야 한다. 이런 문제를 정면으로 다루고 있는 본문은 골로새서 2:18이다. 하지만 이 본문은 어떤 의미일까?

먼저는 "천사들이 하나님께 올려드리는 예배(숭배)"를 의미한다는 견해다(참조. 계 4-5장). 여기서 골로새의 거짓 교사들은 자신의 비상한 영성을 자랑하고 있는데, 그 근거로 자신의 예배가 다른 평범한 사람의 수준과 같지 않고, 하늘에서 하나님을 찬송하는 천사의 무리와 함께하는 드높고 특별한 경험임을 주장한다.

나는 이 견해를 받아들이지 않는데, 여기에는 두 가지 이유가 있다.

---

7 창 19:12-13에서 천사들은 자신들이 소돔과 고모라를 멸할 것이라고 말하지만, 19:23-25 에서 유황과 불을 그곳에 내리시는 분은 하나님이다.

먼저는 이것이 문법적으로는 가능할지 몰라도 개연성이 없기 때문이다. 하지만 더 중요한 두 번째 이유는 그리스도인들이 천사들과 함께 하나님을 숭배하고 높이는 것을 불법으로 간주할 만한 근거가 없기 때문이다. 무엇을 근거로 오직 몇몇 소수에게만 이런 특권이 있다고 주장하겠는가? 히브리서 12:22은 우리가 "시온 산과 살아 계신 하나님의 도성인 하늘의 예루살렘과 천만 천사"에게 이르렀다고 말한다. 이들 역시 하나님을 숭배 중이던 천사일 수 있다. 더욱이 요한계시록 4-5장에는 요한이 때마침 경배 중이던 많은 천사와 더불어 하나님을 찬송했다고 그를 정죄한 흔적이 없다. 따라서 바울이 천사들과 함께 숭배한 일을 나무랐다는 주장은 확대해석이다. 배타적이고 엘리트주의적인 사람들이 자기보다 못한 사람들을 제외한 채 오직 자신들만이 하늘 잔치에 참여할 수 있다고 주장한 경우일 때만 그런 나무람이 타당할 것이다.

반면, 이 이단자들이 하나님께만 합당한 찬송과 영광을 천사들에게 돌려 "천사들을 숭배했다"는 의미일 수도 있다(참조. 계 19:10; 22:8-9). 하지만 그렇다면 바울은 그런 신성모독적인 행위를 더욱 엄격하고 분명히 나무랐어야 했다.

또 다른 견해도 가능하다. 데이비드 갈랜드(David Garland)는 다음과 같이 지적한다.

일부 주장에 따르면 골로새의 이단자들은 이 천사들이 창조와 세상을 다스리는 일에 관여한다고 오해했고 이들을 하나님과의 연결 고리로 간주해 숭배했다. 천사들은 악의적이어서 우리가 달래야 하는 존재이거나, 자애로워 축복을 가져다주는 존재로 볼 수 있다. 이른바 그들의 "숭배"는

이들의 악한 효력을 막기 위한 달램이거나 보호를 바라는 간청이었을 것이다.[8]

다른 말로 "숭배"라고 번역된 단어는 "기원"과 "마술" 등의 의미로 사용되었을 수 있다. 그럴 경우 이들은 천사들에게 주술을 사용해 악을 물리치는 것과 육체의 보호, 복, 일상의 성공 등을 부탁한 죄를 범한 것이다.

어떤 경우든 골로새에는(우리 시대도 마찬가지다) 천사들과, 인간 삶에 그들이 관여하는 것에 대해 과도하고 부적절하게 몰두하는 사람들이 있었고, 바울은 그들이 이 때문에 예수 그리스도의 중심성과 위대함으로부터 멀어지게 된다고 간주했다. 우리 역시 바울의 경고를 귀담아 들어야 할 것이다.

누가복음 16:22, 고린도전서 6:2-3, 11:1-10, 히브리서 12:22, 13:1과 같은 본문도 중요하지만, 나는 바울이 "택하심을 받은 천사들"을 언급한 디모데전서 5:21에 주목하고 싶다. 이들은 사탄의 거역과 함께 타락하지 않은 모든 천사를 지칭하는가? 그렇다면 이들은 사탄이 타락하기 전에 택하심을 받았는가? 아니면 지금은 귀신으로 지칭되는 천사들이 타락하고 난 후에야 택하심을 받았는가? 아니면 그룹이나 스랍처럼 구체적으로는 교회 지도자들의 행위와 교회의 일들을 돌보라는 독특한 책임을 부여받은, 보다 작은 범위의 "택하심을 받은" 특별한 무리인가?(이들이 등장한 문맥을 고려하라) 결론적으로 바울은 충분한 정보를 제공하지 않았기에 이것에 대해서는 어떤 확정적인 결론도 내릴 수 없다.

---

8 David E. Garland, *Colossians and Philemon: The NIV Application Commentary* (Grand Rapids: Zondervan, 1998), 177.

결론

성경이 천사에 대해 말하는 바를 간략히 살펴 얻을 수 있는 분명한 결론은 이들이 하나님의 구속의 목적에서 필수적이며, 선택받은 자들의 구원뿐 아니라 자신을 영화롭게 하시는 하나님의 목적의 전반적 성취에 있어서도 적극적 역할을 수행한다는 것이다. 우리는 천사들에게 몰두해서는 안 되며 이들을 예배해서도 안 된다. 하지만 이들의 존재와 이 땅에서 이들이 하나님의 뜻을 실행하는 수많은 방식을 간과해서도 안 된다.

부록: 다니엘서를 통해 간략히 살펴본 천사의 본질과 역할

세부적인 설명은 생략하고, 나는 이번 장을 다니엘서에 기록된 천사에 대한 다양한 언급을 나열하면서 마무리 지으려고 한다. 이것을 통해 앞서 다룬 계시와 구속이라는 하나님의 경륜에서 천사들이 갖는 중요성과 커다란 존재감은 적어도 확증될 것이다.

다니엘 3:28

- ◆ 천사들은 하나님의 목적을 성취하기 위하여 보냄 받고 그분에게 순종한다.
- ◆ 이 "천사"(성육신 이전의 성자?)는 불의 영향을 받지 않고, 불로부터 인간을 보호할 능력을 갖는다.

다니엘 4:13

◆ 이들은 "순찰자"와 "거룩한 자"로 불린다.

◆ 이들은 환상을 통해 계시를 알린다.

◆ 이들은 하나님의 목적(작정, 결정)을 이루기 위하여 능력과 권위를 부여받는다.

◆ 하나님은 인간의 영역을 다스릴 권위의 일부를 이들에게 위임하신다(참조. 17b절).

다니엘 6:22

◆ 이 "천사"(성육신 이전의 성자?)는 하나님의 뜻을 성취하기 위하여 보냄 받는다.

◆ 그 천사는 사자들의 폭력적 충동을 제지할 능력을 갖는다(동물의 영역을 다스리는 능력).

다니엘 7:10

◆ 셀 수 없는 천사들이 (아마도) 하나님을 "섬긴" 것으로 묘사된다.

◆ 셀 수 없는 천사들이 (아마도) 하나님 "앞에 모여 선" 것으로 묘사된다.

다니엘 8:13

◆ 이들은 계시를 중재한다.

◆ 다니엘은 두 천사 간의 대화를 "듣는다."

다니엘 8:16

◆ 가브리엘은 하나님의 계시의 해석을 제공한다.

◆ 가브리엘은 하나님께 복종한다.

다니엘 8:17-18

◆ 천사가 등장하자 다니엘은 두려워한다.

◆ 이 천사는 다니엘과 신체 접촉을 한다.

다니엘 9:21-22

◆ 천사는 사람의 형태와 모습을 취한다.

◆ 천사는 다니엘과 대화하고 그를 가르친다.

다니엘 10:5-9

◆ 천사(?)는 사람의 모습을 취한다.

◆ 천사는 영적 진리(순결, 왕족 신분, 거룩, 능력 등)를 상징하는 육신적 특성을 보인다.

◆ 천사는 다니엘 안에서 두려움과 물리적 현상들을 유발한다.

◆ 천사는 선택적으로 나타날 수 있다. 즉 다니엘만이 이 천사를 실제로 보았고 그의 음성을 들었으며, 함께했던 다른 사람들은 자신을 두렵게 만드는 어떤 존재를 인식했을 뿐이다(참조. 행 9:1-7).

다니엘 10:10-12

◆ 천사는 다니엘과 신체 접촉을 한다.

◆ 천사는 하나님의 명령에 순종하여 행동한다.

◆ 천사들은 하나님이 인간의 기도에 응답하시는 수단일 수 있다.

다니엘 10:13-14

◆ 선한 천사들과 악한 천사들(귀신들)은 서로 갈등한다. (이 갈등의 본질
은 무엇일까? 이들은 어떤 방법으로 서로를 해치고 서로에게 저항할까?
이런 갈등에서 승리나 패배를 결정짓는 것은 무엇일까?)

◆ 선한 천사나 악한 천사 모두 전능하지 않다.

◆ 타락한 천사들(귀신들)은 분명 기도 응답을 방해하거나 지체시킬 수
있다. 하나님은 귀신들이 그분의 목적에 저항하고 "일시적으로는" 그
것을 좌절시킬 수 있도록 이들에게 어느 정도의 능력을 부여하셨다

다니엘 10:15-17

◆ 천사는 또 다시 다니엘과 신체 접촉을 한다("입술").

◆ 천사의 임재는 다니엘을 겸손하게 만들어준 경험이다(17절). 다니엘은
천사를 "내 주여"라고 부르고 어떻게 사람인 자신이 그런 장엄한 존재
와 대화할 수 있을지를 묻는다.

다니엘 10:18-21

◆ 천사는 신체 접촉을 통해 육체적·감정적 힘을 전달할 수 있다.

◆ 하나님과 사탄은 각각 선한 천사들과 악한 천사들(귀신들)에게 모든
나라에 대한 특별한 권위 혹은 역할을 부여할 수 있다.

다니엘 11:1

- ◆ 선한 천사들이라도 지칠 수 있고 힘을 필요로 한다.
- ◆ 선한 천사들이라도 낙담할 수 있고 격려를 필요로 한다.
- ◆ 가장 높은 천사(천사장인 미가엘)라도 자족적이거나 전능하지 않다.

다니엘 12:1, 5-7

- ◆ 천사장 미가엘은 하나님의 백성인 이스라엘에 대한 책임을 맡아 수행한다.
- ◆ 천사들은 하나님의 미래 계획에 관한 계시의 수단이다.

추천 도서 _____

Bandstra, Andrew J. *In the Company of Angels: What the Bible Teaches. What You Need to Know.* Ventura: Gospel Light, 1995. 『천사에 대해 얼마나 알고 계십니까?』(은성 역간).

Noll, Stephen F. *Angels of Light, Powers of Darkness: Thinking Biblically about Angels, Satan and Principalities.* Downers Grove, IL: InterVarsity, 1998.

Oropeza, B. J. *99 Answers to Questions about Angels, Demons and Spiritual Warfare.* Downers Grove, IL: InterVarsity, 1997.

11장
우리는 사탄에 대해 무엇을 알 수 있을까?

원수에 대해 이야기해야만 하는 입장이 달갑지는 않다. 사탄이라면 아예 무시해버리고 사탄과 사탄의 악한 무리(다음 장의 내용)에 대해서는 한마디도 덧붙이고 싶지 않은 것이 솔직한 마음이다. 하지만 우리의 궁극적인 씨름이 혈과 육, 곧 인간에 대한 것이 아니고 사탄과 그를 섬기는 통치자들과 권세들에 대한 것이라면 선택의 여지가 없다. 가능한 한 빨리, 다음 두 장을 갈무리하는 것이 최선일 것이다.

사탄의 존재와 행위

사탄에 대해 가장 먼저 기억해야 할 사실은 다른 모든 천사들과 마찬가지로 그 역시 특정한 시점에 창조되었다는 것이다(요 1:1-3; 골 1:16). 사탄은 영원하지 않다. 그는 유한한 피조물이다. 따라서 그는 "하나님의" 마귀다. 사탄은 이원론의 주장과는 달리 하나님과 동급도, 그분의 대항 세력도 아니다. 사탄의 능력은 무한하지 않다. 그에게는 신적 속성이 없다. 간략히 말해 사탄은 하나님의 적수가 아니다. 그는 기껏해야 천사장 미가엘과 동급이거나 그의 대항 능력이다.

사탄이 원래 천사로 창조되었다면 그는 어떻게 타락하게 되었는가? 사탄의 최초 타락을 묘사한다고 해석되는 구약 본문은 이사야 14:12-15 과 에스겔 28:12-19이다. 시드니 페이지(Sydney Page)는 다음과 같이 지적한다.

> 두 본문은 이방 왕의 죽음을 애도하는 조가의 일부다. 두 본문에서 왕은 적절한 선 이상으로 자신을 높여 멸망을 자초했다고 묘사된다. 두 본문 모두 조가의 형태를 띠고 있지만, 왕의 죽음을 향한 슬픔에는 진정성이 없다. 이 본문을 실제로 채우고 있는 것은 빈정거림이다. 현실에서 폭군 의 죽음은 환영의 대상이다.[1]

여기서의 질문은 "이 애도가 사탄과 그의 최초의 거역을 암시하는 가?"이다.

이사야 14:12-15은 바벨론 왕에게 임한 심판을 비웃는 본문(3-4절) 의 일부다. 조롱은 특정한 왕(산헤립일 가능성이 크다)을 겨냥했을 수도 있고 "한 개인으로 의인화된 바벨론 왕국 전체"를 겨냥했을 수도 있다.[2] 분명한 것은 이 조롱의 애가가 하나님의 백성을 반대하고 억압해온 세상 권력의 몰락을 묘사(사실은 축하)한다는 점이다. 12-14절에 사용된 언어

---

1 Sydney H. T. Page, *Powers of Evil: A Biblical Study of Satan and Demons* (Grand Rapids: Baker, 1995), 37.
2 같은 책, 38.

는 우리가 알고 있는 사탄의 특성들과 분명하게 일치하지만, 세상의 왕을 묘사하는 시적 언어일 수도 있다. 여기서 사용된 다수의 용어들("계명성", "아침", "집회의 산")은 고대 이교도 신화를 다룬 기록에서도 발견된다. 페이지는 "이 신화가 이른 아침 태양이 하늘로 눈부시게 차올라 떠오르면 급하게 퇴색하는 금성에 그 뿌리를 두고 있을지도 모른다"고 썼다.[3] 그렇다면 이사야는 세상 통치자의 몰락을 묘사하기 위해 이교도의 신화에서 두루 사용된 모티프를 차용한(이것을 지지했기 때문은 아니다) 것에 불과하다.

이것이 전부 사실일 수 있지만, 세상에서 하나님을 대적한 자(바벨론의 왕)의 묘사를 통해 우리가 여전히 그의 모형과 천상적 영감(사탄)을 엿볼 수 있다고 주장하는 사람들도 있다. 하지만 이것이 이사야가 이 본문을 기록할 당시 의도한 바일까? "루시퍼"(Lucifer)로 번역되기도 하는 단어의 문자적 의미는 "빛나는 자" 혹은 "아침의 별"(12절)로, 16절에서는 "사람"으로 번역되었고 18절에서는 열방의 다른 왕들과 비교되었다. "루시퍼"가 처음 사용된 것은 히브리어 "헬렐"(helel)을 번역한 라틴어 불가타이고, 이것이 킹제임스역으로까지 이어진 것이다. 그레고리 보이드(Gregory Boyd)에 따르면,

이사야는 다만 바벨론 왕을 아침의 별, 금성에 비교하고 있다. 금성은 이른 아침이면 밝게 떠올라 하늘 가장 높은 곳까지 오르지만, 떠오르는 태양의 광휘에 밀려 급속하게 퇴색하는 별이다. 이사야는 현재 바벨론에서

---

3 같은 책, 39.

빛나고 있는 왕의 운명도 이와 같다고 말한다. 그는 세계사의 무대에 가장 빛나는 별로 등장하여 하늘 높은 줄 모르고 승승장구하고 있는 듯하지만 결국에는 태양의 빛에 밀려 급히 그 자취를 감추게 될 것이다.[4]

에스겔 28:12-19은 어떤가? 1-10절 역시 두로의 "군주" 혹은 "통치자"를 언급한다(두로는 예루살렘에서 북서쪽으로 200km 정도 떨어진 페니키아의 항구 도시). 2절과 9-10절은 그를 천사가 아닌 인간으로 명시한다. 역사적 정황은 두로가 기원전 587년에서 574년까지 느부갓네살에 의해 포위된 기간으로, 당시의 두로 왕은 이토바알(Ithobaal) 2세였다.

12-19절은 두로 "왕"을 언급하고, 이것은 어떤 이들이 보기에는 1-11절에 등장한 인간 통치자의 배후에 초인적 능력이 있었음을 암시한다. 하지만 여기서 "왕"은 에스겔서의 다른 부분에서 이 땅의 통치자들을 지칭하는 데 사용되었고(17:12; 19:9; 21:19; 24:2; 26:7; 29:2-3, 18; 30:10, 21; 31:2; 32:2, 11), 따라서 대부분의 사람들은 28:1-11의 "군주"(prince)와 12-19절의 "왕"(king)을 동일 인물로 생각한다(prince와 king을 동의어로 보는 것이다). 그러나 12-19절의 "왕"을 묘사하는 단어들은 세상 왕을 묘사하는 단어를 초월한다("완전", "에덴", "지음을 받고", "그룹", "하나님의 성신", "완전하더니"가 그 예다).

이 왕을 14절에 등장한 "기름 부음을 받고 지키는 그룹"과 동일 인물로 보는 견해는 이 본문이 사탄을 묘사한다는 주장에 대해 가장 강력한 증거가 된다. 하지만 히브리어 본문을 얼마든지 "그룹과 함께"로 번역할

---

4 Gregory A. Boyd, *God at War: The Bible and Spiritual Conflict* (Downers Grove, IL: InterVarsity, 1997), 158.

수 있다고 설명하는 이들도 있다. 이럴 경우 부정직하고 불의한 무역, 성소의 더럽힘을(18절) 사탄의 타락과 연결짓는 것은 조금 억지스럽다. 그렇다면 13절에 나오는 "에덴"동산의 언급은 어떻게 이해해야 할까? 이것에 대해서는 두로 왕이 아담에 비교된 것이라는 의견이 지배적이다. 페이지는 다음과 같이 주장한다.

> 왕은 스스로를 첫 인간이 부활한 존재로 믿었고, 에스겔은 이 왕이 직접 내세웠던 오만한 주장을 사용해 그의 패배를 더욱 뚜렷하게 부각시키려 했을 것이다.…실제로 에스겔은 왕의 주장을 대놓고 조롱하며 왕이 최초의 세상과 자신을 어떻게 연결지었든지 거기에는 적어도 한 가지 유사점, 즉 아담과 같이 그도 창조주를 거역하여 하나님의 심판을 받게 되었다는 사실을 설명한다.[5]

반면 라마 쿠퍼(Lamar Cooper)를 비롯한 몇몇 사람들은 에스겔서에 묘사된 두로 왕을 단순히 한 명의 세속적 인물로 제한할 수는 없다고 주장한다.

> 이 특정 도시와 왕의 특성을 초월하는 여러 요소들이[28:1-19의] 예언적 메시지를 구성하고 있다.…에스겔은 두로 왕을 악한 폭군으로 묘사하는데, 그에게 생기와 동기를 부여하는 것은 그 보다 더 사악한 보이지 않는 폭군, 곧 사탄이다.…하나님의 원수들 배후에서 지휘하는 자의 사악

---

5 Page, *Powers of Evil*, 42.

한 특성을 늘 인식할 수 있는 것은 아니다. 두로 왕 배후에 있었던 진짜 힘은 태초부터 하나님과 그의 백성에 반대해온 대적자, 곧 사탄이었다 (28:6-19).[6]

이 본문들이 정말로 사탄의 타락을 묘사하는지에 대해서는 어느 정도 불확실성을 인정해야 한다는 것이 나의 생각이다. 그렇다면 사탄은 "언제" 타락한 것일까? 성경은 이 질문에 대해서도 분명한 대답을 주지 않는다. 어떤 사람들은 창세기 1장의 여섯째 날 이전은 될 수 없다고 주장하는데, 그때까지 하나님이 창조하신 모든 것이 "심히 좋았기" 때문이다(창 1:31). 하지만 이런 선언은 눈에 보이는 물질적 창조에만 제한되었을 수 있고, 사탄의 거역은 창세기 1:1 이전이었을 수도 있다. 어떤 이들은 동산에서 하와에게 접근하기 바로 직전에 사탄이 타락했을 것이라고 주장한다. 하지만 무엇이든 단정적으로 확신하기는 어렵다.

사탄의 이름

우리가 원수의 특징을 제대로 배울 수 있는 방법은 성경이 그를 가리키기 위해 사용한 이름들을 통해서다. "사탄"이라는 칭호는 성경에서 총 52번 사용되었다. 사탄은 문자적으로는 반대하는 자, 곧 "대적"을 뜻한다(슥 3:1-2을 보라). 이것이 민수기 22:22, 32, 사무엘상 29:4, 사무엘하 19:22, 열왕기상 5:4, 11:14, 23, 25에 나오는 의미다. 시편 109:6에서는 "고발자"

---

6 Lamar Eugene Cooper Sr., *Ezekiel*, The New American Commentary (Nashville: Broadman & Holman, 1994), 268-69.

혹은 "검사"의 의미를 갖기도 한다.

욥기에 등장하는 "사탄"의 용례는 여러모로 유익하다. 여기 "하나님의 아들들"(1:6)은 천사의 무리를 지칭한다(참조. 욥 38:7). 이들은 하늘 공회를 구성하는 하나님의 조신(朝臣)들이며, 어떤 명령이든 순종할 채비를 마치고 보좌를 둘러싸고 있다(왕상 22:19; 단 7:9-14도 보라). 이들과 함께 있는 것은 말 그대로 "사탄"이다. 욥기에서 이 단어가 등장하는 모든 곳에는 정관사("the")가 붙어 있다.[7] 따라서 이것은 그의 역할과 특성을 묘사하는 칭호가 된다.

사탄은 하나님에 대한 욥의 충직한 순종에 할 말을 잃었다. 사탄에게 욥은 완벽한 수수께끼였다. 그는 욥의 순종과 정직을 의심하지 않았으며 욥의 경건도 알았다. 하지만 그가 믿기로, 아무런 대가 없이 거룩하려는 사람은 없었다. 이제 유일하게 남은 것은 욥의 동기를 공격하는 것이었다. 욥의 의로움에는 의심의 여지가 없었지만 그것의 이유는 달랐다. 사탄은 욥이 하나님을 섬기는 것은 하나님으로부터 무언가를 얻기 위함이라는 사악한 결론에 다다랐다. 그가 추론하기로 욥의 경건은 하나님으로부터 선물을 받아내기 위한 계산된 노력이었다. 그는 "보수가 없는 일은 당장에라도 때려칠 것이다"라고 생각했다. 사탄은 예배가 근본적으로는 이기적인 것, 즉 예배가 아첨을 통해 하나님의 너그러움을 끌어내기 위해 인간이 만든 장치에 불과하다고 확신했다. 하나님으로부터의 후한 선물이 끊어진다면 욥의 찬송은 저주로 바뀔 것이다.

결론적으로 말해, 사탄은 하나님이 욥의 충성을 건강과 부를 사용해

---

7 욥 1:6, 7(두 번), 8, 9, 12(두 번), 2:1, 2(두 번), 3, 4, 6, 7도 참조하라.

매수했다고 고소한다. "욥이 당신을 섬기는 것은 거저 그렇게 하는 것이 아닙니다. 착각하지 마시지요. 욥이 아니라 누구라도 공짜로 하는 사람은 없을 겁니다." 사실상 "그가 당신을 사랑하는 것은 당신이라는 존재 때문이 아니라, 당신이 그에게 무언가를 주었기 때문입니다"라고 말한 것이다. 결국 사탄이 공격한 것은 욥이 아니라 하나님이다. 욥이 마주하는, 그리고 우리 모두가 마주하는 질문은 이것이다. "하나님은 다른 모든 보상을 떠나 그분의 존재 자체로 우리의 사랑과 순종을 받으시기에 합당한 분이신가?" 욥은 모든 은택이 사라진다고 해도 전과 같은 충성을 유지할 만큼 헌신되어 있을까? 사탄의 대답은 "아니오"였다. 여기서 그는 하나님을 기만하는 사기꾼으로, 욥을 이기적인 위선자로 고발한다.

사탄이 얼마나 난데없고 무례한지에 주목하라. 고대 중동의 전통적인 법정 예법에 따르면 아랫사람은 윗사람에게 인칭대명사를 사용할 수 없다. 조신들은 "당신" 대신 "내 주여"를, "나"나 "저" 대신 "당신의 종"을 사용해야 한다. 하지만 사탄은 아니다. 게다가 그는 마치 자신이 하나님께 무엇을 명령이라도 하는 것처럼 명령 동사를 사용한다. 욥기 1:12은 사탄이 하나님께서 그에게 부여하시고 허용하시는 범위를 넘어서는 어떤 능력이나 권위가 없다는 사실을 보여준다. 사탄이 무엇을 할 수 있는지 그 범위를 정하시는 분은 하나님이시다. 따라서 "하나님이 허용하실 때" 사탄은 자연, 나라, 개인에 대해 거대한 파괴적 영향력을 행사할 수 있다. 이것은 하나님이 사탄과 그의 행위를 지속적으로 제지하신다는 사실을 보여준다.

원수의 또 다른 이름은 "마귀"로 이 단어는 성경에서 총 35번 사용되었고, 문자적으로는 "험담하는 자", "고발자"를 뜻한다(*diabolos*, 눅 4:2, 13;

계 12:9, 12; 삼상 29:4; 왕상 11:14도 보라). 다른 말로 하면, 마귀의 목표는 중상(中傷)이다. 그는 거짓되고 악한 소문을 지속적으로 만들어낸다. 그는 하나님께 당신에 대해(계 12:10; 하지만 참조. 롬 8:33-39; 요일 2:1), 당신에게 하나님에 대해(창 3장; 마 4장), 당신에게 당신에 대해(엡 6:16; 그는 당신이 그리스도 안에서 어떤 존재인지에 대한 당신의 지식을 약화하고 와해시키려 노력한다) 거짓말한다.

사탄의 또 다른 이름이나 묘사적 칭호로는 루시퍼(앞 내용을 보라), "옛 뱀"(계 12:9, 15은 창 3장을 명백히 암시한다. 참조. 롬 16:20; 고후 11:3) "큰 용"(계 12:3, 7, 9, 17)이 있다. 사탄은 끔찍하고 파괴적인 짐승이다. 그는 "이 세상의 임금 [혹은 왕]"이기도 하다(요 12:31; 14:30; 16:11). 성경은 사탄이 어떻게 세상에 대해 이런 권위를 행사하게 되었는지 분명하게 말하지 않지만, 아마도 사람들이 자신의 죄를 통해 그에게 능력을 부여했기 때문일 것이다.

사탄의 칭호 중에서도 특별히 도움이 되는 것은 "통치자" 혹은 에베소서 2:2에 등장하는 "공중 권세 잡은 자"다. "권세"(혹은 "능력")로 번역된 단어는 마귀의 영향(즉 귀신의 무리; 골 1:13을 보라)이 미치는 영역이나 분야, 제국을 의미한다. "공중"이라는 단어는 말 그대로 우리를 둘러싼 대기를 지칭할 수도 있고(이 경우 귀신의 영들이 거하는 처소다), "흑암"의 동의어일 수도 있으며(참조. 눅 22:53; 엡 6:12; 골 1:13), 귀신의 무리가 갖는 본질, 즉 섬뜩하고 영적이며 비인간적인 본질을 지칭할 수도 있다. 일부는 "공중"이 위의 개념을 어느 정도 모두 가지고 있으며 "'하늘에 있는' 영역을 지칭하는 또 다른 방식으로, 에베소서 6:12에 따르면 그리스도의 백성이 전쟁하고 있는 통치자들과 권세자들, '어둠의 세상 주관자들', '악의 영들'이 거하는 처소다"라고 주장한다.[8] 여기에는 "도덕적 분위기"나 "의견과 관념의 세계"와 같은 현대적 의미가 들어 있지 않다.

다음 구문은 몇 가지 다른 방식으로 해석되어왔다. 먼저는 "공중 곧 지금 역사하고 있는 영의 권세를 잡은 자"로 해석할 수 있다. 여기서 "공중"은 불신자들을 통제하는 영적 분위기다. 아니면 "공중 권세 잡은 자로서 그가 곧 지금 역사하고 있는 영"이라는 해석도 가능하다. 또 다른 해석은 "지금 역사하고 있는 영의 공중 권세를 잡은 자"다. 즉 사탄은 악의 법(영, 기분, 성질, 성향)을 통치하는 왕이고 그의 법은 구원받지 못한 사람들을 다스린다(참조. 고전 1:12, "세상의 영").

하지만 가장 중요한 것은 바울이 사탄을 가리켜 "불순종의 아들들"(참조. 막 3:17; 눅10:6; 16:8; 20:34; 행 4:36; 엡 5:8; 벧전 1:14) 가운데 "역사한다"(energeō)고 표현한 것인데, 이것은 보다 앞서 넓게는 세상에서 일하시는 하나님(엡 1:11)과 좁게는 부활하신 예수님(1:20)에 대해 사용된 구문이기도 하다. 여기서는 사탄의 초자연적인 행위를 가리키며, 이것으로 사탄이 불신자들의 삶에 부정적 영향력을 행사한다. 그렇다고 모든 불신자가 귀신 들렸다는 말은 아니다. 그것은 "온 세상[이] 악한 자 안에 처[했다]"는 의미다(요일 5:19).

바울은 사탄이 불신자들 안에서 "지금" 역사한다고 분명히 선언한다. 이 서신을 읽고 있는 독자들을 포함한 모든 그리스도인이 "과거에" 사탄에게 매였던 것은 사실이지만, 그렇다고 지금 사탄의 능력이 사라진 것은 아니다. 사탄은 불신앙 가운데 있는 모든 사람 안에서 지금도 역사하

---

8 Peter T. O'Brien, *The Letter to the Ephesians* (Grand Rapids: Eerdmans, 1999), 160.

고 있다.

에베소서 2:2에서 "따랐으니"로 번역된 그리스어 전치사(kata)는 불신자들이 마귀를 "좇아서" 혹은 "모방하여" 산다는 단순한 의미가 아니다. 불신자들이 마귀처럼 산다기보다는 어떤 이유에서든 이들이 사탄의 통제력 아래 거하게 되었다는 뜻이다. 바울은 로마서 8:3에서 "육신을 따르기(kata)" 보다 영을 "따르는" 신자들(참조. 고후 10:2)에 대해 이야기하는데, 이것 역시 통제력의 개념이다.

사탄의 또 다른 이름은 "이 세상의 신"(고후 4:4; 시 24:1; 89:11도 보라)과 "악"(마 6:13; 13:38; 요 17:15; 요일 2:14; 5:18)이다. 주기도문의 마지막 간구("다만 악에서 구하옵소서"의 악—역자 주)가 사탄에 대한 언급이라는 결론에는 몇 가지 이유가 있다. 마태복음 13:19, 38, 요한복음 17:15, 에베소서 6:16, 데살로니가후서 3:3, 요한1서 2:13-14, 3:12, 5:18에는 정관사가 붙은 "악한"(ponēros)이라는 형용사가 등장하는데 이는 분명히 사탄을 가리킨다. 주기도문의 마지막 간구는 광야에서 사탄과 대면하셨던 예수님의 경험을 암시할 수도 있지만, 예수님은 우리가 우리 자신도 그런 방식으로 "시험하는 자"를 마주할 수 있음을 알기 원하셨다. 마지막으로 이 간구에서 "에서"(from)로 번역된 단어는 "apo"인데, 이것은 주로 사물이 아닌 사람에게 사용되었다.

사탄은 귀신들의 왕, 통치자다(마 10:25; 12:26-27; 눅 11:15; 고후 6:15). "바알세불"이라는 이름이자 칭호는 "똥신"(오물신), "원수", "귀신들이 거주하는 곳의 주인", 그리고 블레셋의 이방신 중 하나를 지칭하는 칭호였다가 유대교로 건너와 사탄을 지칭하게 된 "파리신"을 의미했다.

요한계시록 9:11에서 그는 멸망시키는 자로, 여기서 인용된 히브리어 "아바돈"은 파멸이나 파괴, 그리스어 "아볼루온"은 근절자나 파괴자를 의미한다. 마지막으로 사탄은 "시험하는 자"(마 4:3; 살전 3:5)로 "고소"(계 12:10)하고 "미혹"한다(계 12:9; 20:3). 그는 거짓말쟁이, 살인하는 자(요 8:44; 가인이 아벨을 살인한 사건이나 창 3장에서의 타락을 암시. 참조. 요일 3:11-12), 가장(假裝)의 명수다(고후 11:14-15; 살후 2:9). 그는 강력하지만 전능하지 않고(마 4:5, 8을 보라), 지성적이지만 전지하지 않으며, 활동적이지만 편재하지 않다.

사탄의 활동

사탄에게는 계획이 있다. 그는 죄악된 존재이지만 멍청하지는 않으며, 무턱대고 목적도 없이 행동하지 않는다. 바울은 고린도후서 2:10-11에서 사탄이 고린도 교회의 연합을 와해시키기 위한 "계책", 곧 전략과 의도를 세웠다고 분명하게 말한다(사탄은 모든 도시에서 그렇게 하고, 여기에는 당신의 교회도 포함된다). 이것은 사도가 에베소서 6:11에서 마귀의 "간계"(문자적으로 "방법"을 의미하는 *methodeia*)에 대해 이야기한 바와 비슷하다. 다른 말로 하면, 사탄은 교활하고 약삭빠르며 그리스도인들과 지역 교회를 공격함에 있어 조심스럽게 의도된 술수들을 이용한다(참조. 엡 4:14). 사탄은 세상의 가치체계, 기관, 조직, 철학 운동, 정치·사회·경제 구조를 움직이고 거기에 틀을 제공한다. 사탄은 목적을 세우고 그 사악한 목적을 실현하기 위해 모든 장애물을 피하는 동시에 가장 효과적인 수단을 사용한다. 나는 사탄이 무엇을 추구하는지 수많은 예를 발견했는데 간략하게나마 살펴보도록 하자.

1. 그는 복음에 적극적으로 대항한다. 바울은 그가 불신자들의 마음의 눈을 어둡게 한다고 했는데, 그렇지 않으면 이들이 복음의 영광을 보고 구원을 받을 것이기 때문이다. 영적 눈의 어두움에는 두 가지 이유가 있다. 먼저는 진리에 대한 본능적이고 죄악된 자기 저항이고, 두 번째는 사탄과 귀신에 의한 마음의 완악해짐과 눈이 어두워짐이다. 복음이 현장에 임하기 전까지 사탄은 불신자의 마음에 놀랄 만한 영향력을 행사한다. 바꾸어 말하면, 우리가 마주하는 것은 지성적 장애물 그 이상이다. 우리는 초자연적 저항에 부딪힌다. 사탄은 어떻게 그렇게 할까?

사탄은 불신자가 복음을 들을 수 있는 기회가 찾아왔을 때, 불시의 방해, 쓸모없는 공상, 거슬리는 전화벨, 응급상황, 바로 처리해야만 하는 일이나 책임에 대한 갑작스런 기억, 친구의 등장(행 13:7b-8) 등을 사용해서 이들을 방해한다. 불신자의 마음에 복음을 제시하는 사람의 능력과 정직함에 대한 반감과 의심을 불러일으키기도 한다. 불신자가 전도자에게 불순한 동기를 부여하는 경우도 있다. "돈 때문일 거야", "나를 자기 마음대로 움직이고 싶은 거겠지", "전도한 사람을 하나라도 더 늘려 다른 사람들에게 자랑을 하려는 거겠지." 불신자는 전도자의 교육이나 학식의 정도를 핑계로 자신의 불신을 정당화하기도 한다. "저렇게 못 배운 사람이 뭘 알겠어?"

사탄은 비그리스도인을 부추겨 그가 들은 바를 전도자의 의도와는 전혀 다른 방향으로 왜곡하도록 한다(참조. 요 2:19-21; 6:48-52; 7:33-36; 8:51-53에 등장한 예수님과 바리새인). 그는 이들이 복음으로부터 잘못된 의미와 결론을 도출해 복음을 터무니없는 것으로 이해하도록 한다(예컨대 삼위일체를 세 명의 하나님으로 이해한다거나, 은혜의 교리를 무엇을 믿든지 원하는 대로 살아도 좋다는 허락으로 이해하는 것이다). 또한 전도자를 과거 기독교에 망신을 안겨줬던 사람들과 연결지어 그의 말을 거절할 핑계를 만들어주기도 한다(일종의 연좌제다). "너희 모든 그리스도인은 TV에 나오는 장사꾼들과 똑같아. 다 돈이나 명예 때문에 하는 일이지." 사람들 마음에 온갖 질문을 집어넣고는 완벽하게 만족스러운 대답을 얻을 수 없다면 기독교는 진리가 아니라고 확신하도록 한다. 이들은 복음을 들으며 다음과 같이 질문한다. "악은 왜 존재하나요?", "교회 안에 있는 위선자들은 어떻죠?", "아프리카에 있는 이교도는요?", "왜 한 가지 길밖에 없다는 거죠? 너무 자기중심적이지 않나요?", "교단은 또 왜 그렇게 많죠?"

사탄은 복음이 이해되려는 찰나에 교만을 불러일으키고 독립심과 자기 충족성을 심어줄 수 있다. "종교라는 목발은 필요없어. 나 혼자서도 충분해." 복음의 메시지를 고심해보기도 전에, 듣는 사람의 마음으로부터 복음의 씨앗을 낚아챌 수도 있다(마 13:4, 18-19). 어떻게 그렇게 할까? 교회에서 집으로 돌아오는 길에 차가 고장나거나, 대화가 정치나 스포츠 쪽으로 새거나, 섹시한 광고판에 정신이 팔리거나, 라디오 이야기에 마음을 빼앗길 수도 있다. 사탄은 친구, 명예, 돈, 본능적 쾌락, 다른 사람들의 인정(참조. 요 9장) 등, 그가 그리스도인이 된다면 잃어버릴 수 있는 것에 돌연 더 높은 가치를 부여하도록 그를 충동질할 수도 있다. 무력함을 불러올 수도 있다. "이것도 안 될거야. 희망은 없어. 내 인생은 실패야. 예수님도 나를 도와줄 수 없어."

바울이 데살로니가전서 2:18에서 말한 바를 생각해보라. "그러므로 나 바울은 한 번 두 번 너희에게 가고자 하였으나 사탄이 우리를 막았도다." 바울은 사탄이 어떤 수단을 사용해 이들의 선교적 노력을 방해하고 위협했는지에 대해서는 언급하지 않지만, 사탄이 여행 계획을 방해하거나, 국가 공무원들의 마음을 조종해 비자 발급을 취소·연기하도록 하거나, 질병을 불러오거나, 군사적 갈등을 초래하는 등, 추측은 얼마든지 가능하다. 바울은 계획 변경의 책임이 하나님과 사탄 중 누구에게 있는가에 대해 어떻게 알았는지도 함구한다(참조. 행 16:6-7). 상황의 확대해석은 금물이지만, 하나님이 자신의 목적을 이루기 위해 사탄의 간계까지도 사용하실 수 있다는 사실은 인정해야 한다.

2. 사탄은 항상은 아니지만 때로 질병의 원인이 된다(마 8:16; 막 9:17-18; 눅 13:10-17; 행 10:38). 그는 죽음을 가져오는 것은 물론 죽음에 대한 끔찍한 두려움을 유발할 수도 있다(히 2:14; 요 10:10; 욥 1:13-19도 보라). 그는 사람의 마음에 악한 계획과 목적을 심는다(마 16:21-23; 요 13:2; 행 5:3). 사도행전 5장에서 우리는 유익한 사실을 한 가지 발견한다. "사탄이 아나니아와 삽비라를 파멸로 이끈 것은 이들의 끔찍한 부패 행위가 아닌, 종교적 헌신 행위를 통해서였다.…하나님의 백성이 행할 수 있는 매우 선한 일이 파멸의 원인이 될 수도 있다는 사실은 우리의 정신을 번쩍 일깨운다."[9]

3. 때로 사탄은 어떤 사람 안에 직접 거하기도 한다. 요한복음 13:27에 따르면 사탄은 유다 "속에 들어갔는데", 이는 귀신 들림을 연상시킨다(눅 8:30, 32-33). 하지만 중요한 것은 유다의 동기가 탐욕이었으며, 성경 어디에서도 마귀가 그 안에 들어 있었다는 이유로 그가 혐의를 벗었다고 말

---

9 Page, *Powers of Evil*, 132.

하지 않는다는 사실이다.

4. 그는 덫과 올가미를 놓는다. 이것은 아마도 사람들의 죄악된 경향성을 이용하거나 강화시키기 위함일 것이다. 디모데전서 3:6-7에서 바울은 "마귀를 정죄하는 그 정죄에 빠지는 것"의 위험을 이야기하고, 디모데후서 2:25-26에서는 "마귀의 올무"에 매인 자들은 "그[의] 뜻을 따르게" 된다는 사실을 설명한다. 이처럼 사탄은 기독교 리더의 명예의 자그마한 흠도 이용할 수 있다. 두 번째 본문에서 바울은 거짓된 가르침으로 인해 진리를 떠난 이들을 언급한다. 사탄은 이들이 거짓되고 호도된 것을 믿도록 기만함으로써 이들을 사로잡아 자신의 뜻을 따르도록 한다. 다른 무엇보다 이 본문이 강조하는 것은 건강한 교리의 중요성이다.

5. 그는 그리스도인들을 시험한다. 누가복음 22장에서 사탄이 베드로를 "까부른" 사건을 생각해보라. 분명 사탄은 하나님의 뜻이 정해놓은 범위를 벗어나 행동할 수 없다. 하나님의 허락이 먼저다. 또한 그가 베드로를 "까부른" 의도는 명백히 악의적이다.[10] 베드로가 예수님을 부인하도록 그를 충동질해 결국에는 멸망시키고자 한 것이다. 하지만 사탄에게 그것을 허용하신 하나님의 의도는 전혀 달랐다. 베드로를 향한 하나님의 목적은 그를 가르치고 겸손하게 하고, 아마도 그를 훈련시켜서 인간의 오만은 물론 용서와 회복의 가능성에 대한 본보기를 세우기 위함이었을 것이다. 따라서 무엇이든 쉽게 "사탄의 행위" 혹은 "하나님의 행위"로 구분 지을

---

10 사탄이 모든 제자를 시험하도록 허락받은 사실은 분명하다. 눅 22:31에서 예수님이 사용하신 단어는 복수형의 "너희"로 모든 제자를 의미한다.

수 없다. 이와 같은 경우에서 둘 다 사실이지만 (하나님의 뜻이 주권적이고 최우선이며 모든 것을 앞선다는 전제하에) 각각의 목적은 명백히 반대된다. 이 사건에 대한 페이지의 설명은 중요하다.

> 누가복음 22:31-32은 사탄이 예수님을 따르는 자들의 충성을 실패가 예견될 만큼의 엄격한 시험대에 올려놓을 수도 있다는 사실을 보여준다. 사탄이 신자들에게 가하는 압력은 극심하여 가장 용맹스런 믿음의 신자들이라도 극복하기 어려울 정도다. 하지만 사탄은 하나님이 허락하시고 예수님이 자신의 백성을 위해 중보하시는 범위 안에서만 활동할 수 있다(참조. 롬 8:34; 히 7:25; 요일 2:1). 더욱이 베드로와 같이 잠시 흔들렸던 사람도 지도자의 위치로까지 회복될 수 있다. 사탄은 예수님이 중보하시는 이들에 대해 궁극적인 승리를 취할 수 없다.[11]

6. 그는 신자들의 박해와 투옥, 정치적 억압을 일으키고(벧전 5:8-9; 계 2:10), 그리스도인들을 고소하며(계 12:10; 슥 3:1-2도 보라), 나라들을 미혹하기 위해 능력과 표적을 행사하고(살후 2:9-11), 교회의 증언을 묵살하기 위해 분투한다(계 12:10-12). 우리가 사탄의 패배를 이끌어내는 주된 방법 중 하나가 증언이기 때문에, 사탄은 어떤 방법을 동원해서든 우리의 증언을 잠잠하게 하려 할 것이다.

7. 그는 분쟁과 분열을 일으킬 기회를 호시탐탐 엿본다. 고린도후서

---

11 Page, *Powers of Evil*, 124.

2:10-11을 보면 교회의 선한 의도를 그렇지 못한 것으로 이용하기 위해 애쓰는 사탄의 모습이 등장한다. 고린도의 일부 성도들은 교회의 표면적 순결을 유지하기 위해, 방종하다가 지금은 회개한 형제를 용서하고 받아들이는 것을 꺼렸다. 이런 엄격함이 사탄에게는 회개한 죄인의 영을 짓밟고 그를 절망으로 몰아넣는 것뿐 아니라, 결과적으로는 그의 존재를 교회로부터 영원히 잘라낼 기회를 제공한 것이다.

8. 그는 거짓 교리를 장려하고(딤전 4:1-3; 고후 11:1이하; 계 2:24), (하나님의 허락을 받아) 날씨를 조종하며(욥 1:18-19과 아마도 막 4:37-39), 불신자들의 생각과 행동에 영향을 미친다(엡 2:1-2).

9. 그는 결혼한 부부의 성적 관계를 공격한다(고전 7:5). 바울은 기혼 부부들이 기도에 전념하기 위해 "잠시 동안" 성적 관계를 삼가는 일을 인정했다. 장기적으로 그렇게 하는 것이 불필요한 유혹에 빠질 수 있도록 하기 때문이다(예컨대 음욕을 품거나 부부관계를 벗어나 성적 욕망을 충족하는 것이다). 이것 역시 원수가 어떻게 우리의 경건한 의도를 자신의 사악한 목적을 위해 이용하는지를 잘 보여준다.

10. 그는 우리의 죄악된 결정들을 이용하는데, 대부분은 우리가 이미 선택한 행동 지침을 악화시킴으로써 그렇게 한다. 예컨대 에베소서 4:26-27에 기록된 분노(anger)에 대해 사탄에게는 어떤 공로도, 책망도 없다. 책임은 우리에게 있다. 사탄의 반응은 분노와 또 다른 죄들을 이용해 우리 삶에 자신의 발을 들이밀어 우리가 이미 선택한 행동 지침을 확대하

고 악화시키는 것이다.

11. 마지막은 쉽게 예견되는 바, 다양한 유혹으로 우리에게 다가온다는 사실이다(삼하 24:1; 대상 21:1; 살전 3:5).

결론

나는 사탄이 복음과 그리스도인들을 대항해 승리하는 듯한 인상을 남기면서 이번 장을 마무리하고 싶지는 않다. 따라서 독자들이 이것을 기억해주기를 바란다. "하나님의 아들이 나타나신 것은 마귀의 일을 멸하려 하심이라"(요일 3:8). 사탄이 행하는 일 중 예수님이 새롭게 하지 못하거나 극복하지 못할 일은 없다. 사탄은 "하나님의" 마귀이며 패배한 원수다. 따라서 다음을 꼭 기억하라. "너희는 하나님께 복종할지어다. 마귀를 대적하라. 그리하면 너희를 피하리라"(약 4:7).

추천 도서 _____

Arnold, Clinton E. *Powers of Darkness: Principalities and Powers in Paul's Letters.* Downers Grove, IL: InterVarsity, 1992. 『바울이 분석한 사탄과 악한 영들』(이레서원 역간).

Green, Michael. *I Believe in Satan's Downfall.* Grand Rapids: Eerdmans, 1981. 『나는 사탄의 멸망을 믿는다』(장로회신학대학교출판부 역간).

Page, Sydney H. T. *Powers of Evil: A Biblical Study of Satan and Demons.* Grand Rapids: Baker, 1995.

12장
우리는 귀신에 대해 무엇을 알 수 있을까?

사탄이 귀신이라는 사실을 감안할 때, 성경이 귀신에 대해 말하는 바와 사탄에 대해 앞서 살펴본 내용 사이에는 상당한 공통점이 있을 것이다. 먼저 구약을 살펴본 후 신약으로 넘어가도록 하자.

구약 속 귀신

몇몇 본문은 반역의 시절 이스라엘이 숭배했던 우상들이 사실은 귀신이었다고 이야기한다. 가시적 형상은 비가시적인 귀신의 외양에 불과하다는 것이다(참조. 신 32:17; 시 106:36-37; 시 96:4-5).

　레위기 17:7, 역대하 11:15과 같은 본문에는 숫염소(he-goat)가 등장하는데, 이것의 문자적인 의미는 "털 많은 염소"다(이것은 남자의 얼굴을 하고 염소의 다리와 뿔을 가진 그리스 신화의 "사티로스"와도 흡사하다). 이것은 레위기 16:7-10, 15, 18, 20-22, 26-27에 등장하는 숫염소(male goat)를 가리키기도 한다. 일부 사람들은 이것을 귀신들이 염소의 모양과 형태를 취한 것으로 생각한다(수 24:14; 겔 20:7). 반면 이는 단순히 이집트에서 흔했던 염소 우상들로서, 이들 이면에 귀신이 존재했다고 생각하는 사람들도 있다. 덧붙일 필요가 있는 사실은 염소의 머리가 현대의 주술 행위에서도 사탄의 상징이나 표상으로 흔히 사용된다는 점이다.

사무엘상 16:14-16, 23, 18:10, 19:9을 보면, 각각의 본문에는 "하나님/야웨로부터 온" 혹은 하나님이 보내신 "악령"(harmful spirit, "해를 입히는 영"으로 해석될 수도 있다—역자 주)이 등장한다. 이것은 누구를 괴롭게 하기 위해 보내심을 받은 선한 천사인가, 아니면 본질상 악하지만 자신의 목적을 성취하시는 하나님에 의해 사용되는 귀신인가? 후자일 가능성이 크다. 우리는 선한 천사와 마찬가지로 귀신 역시 하나님의 뜻에 굴복한다는 사실을 유념해야 한다. 본문을 보면 이 영은 사울을 "번뇌하게" 했다. 이것에 대한 구체적인 설명은 생략되어 있지만 사울의 육체와 감정 모두를 포함한 것이 분명하다. 이 영의 임재는 두 차례나 사울을 인도, 유도, 심지어 충동질해 그를 폭력적으로 만들었고 다윗의 생명을 위협하도록 했다(삼상 18:10-11; 19:9-10). 이 본문은 고통의 원인으로서의 귀신과 인간의 죄 사이의 관계에 대해 무엇을 시사할까? 우리가 주목해야 할 사실은 악령이 그것을 유도하고 충동질했다고 해도 사울이 다윗을 죽이려고 한 자신의 죄를 인정했다는 점이다(삼상 24:16-21과 26:21). 또한 이 악령이 하나님으로부터 왔다는 사실은 이것이 사울의 불순종에 대한 일종의 심판이었음을 시사한다. 마지막으로 이 악령은 다윗이 수금을 연주할 때마다 그를 떠났다고 기록되었다(삼상 16:16-23). 이것은 단순히 "음악"이 연주되었기 때문일까? 아니면 "다윗"이 그 음악을 연주했기 때문일까?(특히 18절을 보라)

이사야 13:21과 34:14(참조. 레 17:7)은 특별히 도움이 된다. 이 본문들에서 사용된 단어는 다른 곳에서 "숫염소"(male goat)를 의미한다(속죄제로 드려지는 종류의 염소다). 하지만 이사야의 두 본문에서는 귀신을 가리킨다. 시드니 페이지는 다음과 같이 썼다.

> 위의 두 본문에서 이 단어가 등장하는 공통 문맥은 야웨가 이스라엘의 원수들 위로 임하게 하실 멸망의 예언이다. 이사야 13장은 바벨론의 파괴를, 34장은 이와 비슷한 에돔의 운명을 묘사한다. 두 본문은 이스라엘의 원수들이 완전히 파괴될 때와 이들 권력의 중추가 더 이상 사람들이 아닌 광야의 생물들로 북적일 때를 상상한다. 숫염소들(se'irim, 곧 귀신들) 역시 이 폐허에서 미래에 거주하게 될 자들로 포함되었다.[1]

많은 사람들은 요한계시록 18:2이 이사야 13:21을 암시한다고 생각한다. 요한계시록 18:2은 이렇게 기록한다.

> 무너졌도다, 무너졌도다, 큰 성 바벨론이여,
> 귀신의 처소와
> 각종 더러운 영이 모이는 곳과
> 각종 더럽고 가증한 새들이 모이는 곳이 되었도다.

다시 한 번 여기서 우리는 귀신과 사람들이 떠나고 남은 황량한 장소

---

1 Sydney H. T. Page, *Powers of Evil: A Biblical Study of Satan and Demons* (Grand Rapids: Baker, 1995), 69.

사이의 연관성을 발견한다. 이사야 34:14에는 귀신을 가리킨다고 볼 수 있는 또 다른 단어가 등장한다. 곧 "릴리스"(Lilith)라는 히브리어인데 "밤의 괴물"(NASB) 혹은 "밤의 짐승"(ESV)으로도 번역될 수 있다.

바벨론의 귀신학에서 릴리스는 다음 중 하나를 지칭한다고 알려져 있다. (1) 어린아이를 도둑질해가는 마녀, (2) 하와 이전에 있었던 아담의 첫 번째 부인으로 모든 귀신의 어머니, 혹은 (3) 어둠과 폐허가 된 장소들을 배회하며 다니는 어둠의 귀신이다. 성경 시대 이후 유대교는 이 릴리스에 대해 무수한 추측을 쏟아냈다. "릴리스는 주로 꿈속에서 남성들을 유혹하고, 어린아이들을 살해하며, 특별히 분만에 위협적인 귀신으로 간주되었다. 보다 최근에 이르러서는 유대교 페미니스트들의 긍정적인 상징으로 부상했다."[2] 일부는 시편 91:5에 등장하는 "밤에 찾아오는 공포"가 이것을 지칭한다고 주장하기도 한다.

성경적 용어는 아니지만 "incubus", "succubus"라고 알려진 귀신의 영들 역시 언급하고 넘어가도록 하자. "Incubi"는 라틴어 "incubare"에서 왔으며 "위에 눕다"라는 뜻을 갖는다. 이것은 잠자고 있는 여성을 유혹하기 위해 남자의 형태와 모습을 취하는 귀신을 지칭한다. 반대로 "Succubi"는 남성을 유혹하기 위해 여성의 형태와 모습을 취하는 귀신을 말한다. 귀신들은 정액이나 난자를 생산할 수 없기 때문에 그런 관계를 통해 생식적 열매가 생기는 것은 아니다. 이들의 주된 목적은 인간에게 굴욕과 타락을 안기는 데 있다. 이때 인간은 육체적으로 움직일 수 없는 상태가 되어 강간을 당한다. 하지만 이 귀신은 그를 속여 자신이 "자의

---

2 같은 책, 73.

로" 성관계를 맺었다고 생각하도록 하고, 따라서 그는 깊고 개인적인 수치심과 자기혐오를 느끼게 된다. 많은 경우 자신의 배우자와 건강한 성관계를 유지할 수 없다. 그러나 이런 귀신들이 정말로 존재하는지, 또한 이토록 사악한 행위가 정말로 가능한지에 대해서는 확실히 알 수 없다.

시편 82편은 하나님이 신들의 모임을 주재하고 통치하시는 모습을 그린다. 하나님은 가난하고 힘없는 자들을 보호하라는 의무를 시행하지 못한 "신들"을 책망하시며 이들에게 죽음을 선언하신다(7절). 이 "신들"은 누구일까? 일부는 이들을 인간적 존재 혹은 재판관으로 주장하는데, 이들이 신들로 불린 것은 이들이 판결을 내릴 때 하나님을 대표했기 때문이라는 것이다. 하지만 초자연적 존재를 지칭한다고 보는 것이 맞다. 이것을 지지하는 몇 가지 사실이 있다. 시편의 배경(1절을 보라)은 신들의 모임, 하나님의 회(會)다. "신들"(1절)과 "지존자의 아들들"(6절)이라는 용어는 천상의 존재들을 지칭한다고 보는 것이 더욱 자연스럽다. 7절은 그들이 "사람처럼" 죽을 것을 기록하는데, 이것으로부터 그들이 사람이 아님을 추측할 수 있다. 사람이라면 이런 비교가 필요없다. 그리고 천상의 존재들이 특정 나라에서 정의를 시행하도록 책임을 부여받는 것은 구약의 다른 곳에서도 발견되는 개념으로서 신명기 32:8이 한 예다.

"시편 저자는 천상의 '신들'이 지상의 통치자들을 통해 이 땅에 영향력을 행사했다고 믿었을지도 모르"기 때문에, 천상의 존재들과 지상의 인간 통치자들을 지나치게 구분 짓는 것은 어리석은 일일 수 있다.[3] 따라서 나는 시편 82편의 "신들"이 타락한 천사들로, 원래는 여러 나라를 수

---

3 같은 책, 58.

호하는 임무를 맡았지만 이런 책임을 회피하고 자신의 능력을 남용한 자들이라고 결론짓고 싶다. 페이지는 이렇게 설명한다.

> 본문은 이들이 순결함으로부터 타락한 정황에 대해서는 침묵한다. 하지만 이들이 타락한 존재로서 이들의 죄가 인간 사회에 파괴적인 영향을 끼친 것만은 분명하다. 하나님은 악한 자들이 가난하고 힘없는 자들을 착취하는 것을 방조해온 천사들을 책망하신다. 사실 사회에서 소외된 자들이 처한 곤경은 이런 천사들의 행위로 더욱 악화되었다. 이들의 영향력이 얼마나 대단했던지 5절은 "땅의 모든 터가 흔들리도다"라고 기록했다. 공의가 왜곡될 때 우주적 질서의 구조 자체가 공격을 받고 혼돈에 빠진다. 시편 저자는 불평등의 창궐과 긍휼의 부재를 인간의 도덕적 결함만으로는 설명이 불가능한 극심한 죄로 보았다. 사회적 불평등의 악이 너무 크기에, 이것은 하나님께 대항하는 우주적 세력의 활동으로만 설명될 수 있다.[4]

이사야 24:21-22은 하나님이 "높은 데서 높은 군대" 혹은 "저 높은 곳에 있는 하늘의 군대"를 벌하실 것을 언급한다. 이들을 타락한 천사로 보는 입장에서 21절에 등장한 이 땅의 통치자, 왕들과 비교해보라. 어떤 의미에서 이 귀신들은 많은 나라의 왕들과 연합했으며, 세상 나라의 "수호" 천사로서 5절에 언급된 죄와도 연관되어 있다. "군대"(powers)로 번역된 단어는 "차바"(saba)인데, 이는 구약의 다른 곳에서는 천사들을 지칭하기

---

4 같은 책, 59.

도 한다(왕상 22:19, 한국어 성경은 "[만]군"으로 번역했다—역자 주). 또한 이 본문은 귀신들이 마지막 심판을 기다리는 동안 중간 지점의 옥에 갇힐 것을 언급하기도 한다(참조. 사 24:22; 벧후 2:4; 유 6절).

열왕기상 22:19-23(대하 18:18-22)은 대단히 흥미로운 본문이다. 아합은 유다 왕 여호사밧과 동맹을 맺고자 했다. 아람의 통치를 받고 있던 길르앗 라못을 함께 치기 위함이었다. 여호사밧은 먼저 예언자를 통해 하나님의 의견을 듣고자 했다. 반면 아합은 자신의 예언자 사백 명을 모아들였고, 이들은 길르앗 라못을 치면 승리할 것이라고 떠들어댔다. 여호사밧은 미가야라는 예언자에게 물었고, 그는 자신이 본 "신들의 모임"의 환상을 전했다. 환상에서 하나님은 누가 아합에게로 가서 그를 꾀어 길르앗 라못을 치고 죽임을 당하도록 할 것인지 물으셨다. 한 "영"(천사?)이 "내가 나가서 거짓말하는 영이 되어 그의[아합의] 모든 예언자들의 입에 있겠나이다"라고 자원했다(왕상 22:22). 하나님은 이에 동의하셨다. 그 영은 그대로 행했고, 자신이 불러모은 예언자들의 말을 듣고 전쟁에 나간 아합은 결국 죽임을 당했다.

미가야의 환상 속 장면은 욥기 1장에서 모든 천사가 참석했던 하늘 공회 장면과 흡사하다. 이 "영"을 실제 사탄으로 주장하는 이들도 있지만, 본문은 정확히 언급하지 않는다. 본문에는 많은 영들 중 하나로만 묘사되어 있을 뿐이다. 그가 더 높고 특별한 위치에 있었다는 증거도 없다. 이 영은 타락한 영, 곧 귀신이었을까? 아마도 그럴 것이다. 그는 아합의 예언자들을 선동해 거짓말을 하도록 한 악한 역할을 맡았다. 이 영이 사탄 본인은 아니더라도, 이 본문과 욥기 1장 사이에는 부인할 수 없는 유사성이 있다. 또한 본문은 아합의 예언자들에게 영감을 준 영과 미가야에게 영감을 준 영을 분명히 구분 짓는다(왕상 22:24을 보라). "미가야가 받은 메시지와 아합의 예언자들이 받은 메시지의 출처는 똑같을 수 없다. 두 가지 서로 다른 출처가 있고, 올바른 출처로부터 메시지를 받은 사람은 미가야다. 결국 그대로 이루어진 것은 그의 예언이기 때문이다."[5]

가장 중요한 사실은 귀신의 영이라도 하나님의 뜻에 절대적으로 굴복한다는 점이다. 이들은 하나님의 명령을 따른다. 미가야는 옳았다. "거짓말하는 영을 왕의 이 모든 예언자의 입에 넣으셨고…왕에 대해 화를 말씀하신" 분은 하나님이셨다(23절). 하나님은 자신의 목적을 이루기 위하여 귀신의 영을 사용하실 수 있고, 실제로도 종종 그렇게 하신다. "누가 그랬을까? 하나님일까, 마귀일까?"라는 질문에 대한 적절한 대답은 "둘 다"일 수 있다. 하지만 언제나 최후의 승자는 하나님이시다. 이 본문과 매우 유사한 다른 본문은 사사기 9:23로, 여기서 하나님은 악령을 보내셔서 아비멜렉과 세겜 사람들 사이에 불화를 일으키셨다.

신약 속 귀신

신약 시대 이후 유대 문학의 상당 부분은 귀신의 영을 이름 지어 구분하는 일에 집중해왔다(예, Raux, Barsafael, Artosael, Belbel 등). 사탄을 벨리알로 언급한 한 가지 경우를 제외하고(고후 6:15), 사도 바울은 어떤 귀신도 특별한 이름으로 가리키지 않았으며, 다만 세 가지 용어를 사용하여 그들을 묘사했다. 먼저는 "귀신"(*daimōn* 혹은 *daimonion*)으로 총 63번 사용

---

5 같은 책, 79.

되었다(그중 54번이 복음서에서다). 대부분의 경우 "영들"로 번역된 "프뉴마타"(pneumata)도 있다(참조. 눅 10:17과 10:20. 한국어 성경은 "귀신들"로 번역했다―역자 주). 또한 "더러운 귀신"은 총 21번 사용되었고, 그중 절반이 마가복음에 나온다(눅 11:19-26을 보라). "악귀"는 복음서와 사도행전에서 여덟 번 등장했다(참조. 눅 8:2). 마지막으로 귀신들은 "앙겔로스"(angelos)로도 불리며 이것은 "사자, 천사"로 번역 가능하다(마 25:41; 벧전 3:22; 계 12:7을 보라).

귀신의 특성과 활동

사실상 내가 천사의 속성과 능력에 대해 언급했던 모든 것이 귀신에게도 적용될 수 있다. 유일한 차이라면 귀신은 사탄을 섬기는 악한 존재인 반면, 천사는 하나님을 섬기는 선한 존재라는 사실이다. 이 외에 구체적 언급이 필요한 부분들만 나열해보도록 하자.

신약에서 귀신의 이름이 기록된 경우는 드물지만(눅 8:30을 보라) 각각의 귀신에게 이름이 있다는 결론은 가능하다(거룩한 천사들에게는 미가엘, 가브리엘과 같은 이름이 있다). 귀신들은 인간과 대화, 소통을 할 수 있다(눅 4:33-35, 41; 8:28-30; 행 19:13-17). 이들은 지성적이고(눅 4:34; 8:28; 행 19:13-17) 자신들만의 교리적 체계를 만들고 선전할 수 있다(딤전 4:1-3).

이는 진리의 왜곡과 거짓 증거가 단순히 인간의 오해나 잘못된 판단 때문이 아님을 암시한다. 바울은 이것을 귀신의 영감으로부터 온 것으로 생각하기도 했다. 그러나 어떤 사람이 특정 교리에 대해 당신과 의견을 달리한다고 해서 그가 귀신의 도구로 쓰임 받고 있다는 뜻은 아니다. 하지만 일부 그리스도인들이 선한 의도로 수호하는 특정 거짓 교리가 귀신의 작품일 가능성은 얼마든지 있다. 귀신들은 교회 안에서 거짓을 조성하는 일에 굉장히 열심이다. 요한1서 4장에 따르면 거짓 예언자들(성육신을 부인했던 이들과 같은)의 이면에는 원수의 초자연적 대리인들이 있었다.

귀신에게는 감정이 있어서 다양한 종류의 느낌을 경험한다(눅 8:28; 약 2:19). 이들의 힘과(막 9:29) 죄악됨(마 12:45)에는 정도의 차이가 있다. 거룩한 천사들과 마찬가지로 귀신들 역시 영적·육신적으로 다양한 형태로 우리에게 나타날 수 있다(마 4장; 계 9:7-10, 17; 16:13-16). 거룩한 천사들이 우리가 눈치채지 못하는 사이 우리를 찾아올 수 있다면(히 13:1-2), 귀신들도 그렇게 할 수 있다고 생각하는 데는 무리가 없다.

귀신은 사람에게 초인적인 힘을 불어넣기도 하고(막 5:3; 행 19:16), 거룩한 천사처럼 공간을 재빠르게 이동할 수도 있다(단 9:21-23; 10:10-14). 보통의 물리적인 장애도 귀신의 행동을 제약할 수 없다(귀신의 "군대", 곧 육천의 귀신들이 한 사람의 몸 안에 거했다가 나중에는 이천 마리의 돼지에게로 옮겨갔다). 귀신은 사람의 몸을 공격해 물리적 고통을 안겨줄 수도 있다. 누가복음 9:39(마 17:15)은 귀신이 한 소년을 장악한 장면을 묘사한다. 이 소년은 다른 폭력적 징후와 더불어 불과 물에 넘어졌다. 마태복음 9:32-34에는 말 못하는 사람이 등장하는데, 그가 말 못하는 이유는 귀신 때문이었다(12:22-24; 눅 11:14-15과 비교). 하지만 복음서는 예수님이 보지 못하고 말 못하는 이들을 치유한 몇몇 사건을 기록하는데, 그 장애의 이유를 귀신의 영향 때문이라고 말하지 않은 부분도 있다(마 9:27-31; 20:29-34; 막 7:31-37; 8:22-26; 10:46-52; 눅 18:35-43; 요 9:1-7).

귀신들은 세상의 거짓된 지혜를 유발하고 활성화하는데, 이 거짓된 지혜는 시시각각 교회에 침투하여 그리스도의 몸을 이루는 상호관계에 해를 끼친다. 야고보서 3:13-18은 두 종류의 지혜, 곧 하늘로부터 오는 지혜와 "땅 위의 것, 정욕의 것, 귀신의 것(daimoniōdēs)"으로 특징지어지는 지혜를 묘사한다. "야고보는 그의 대적자들의 오만하고 종파적인 영을 귀신의 영으로 간주한 것이 분명하다."[6]

귀신들은 모든 비기독교적인 종교와 우상숭배를 조장하고 활성화한다(고전 10:14-22). 갈라디아서 4:3, 8-9에서 바울은 "스토이케이아"(stoicheia), 곧 이 세상의 "초등 학문"을 언급하는데, 이것은 유대인이나 헬라인이나 모든 사람이 그리스도께로 회심하기 전 매여 있는 상태다. 대부분의 사람들은 이것이 귀신의 능력을 가리킨다고 믿는다. 클린턴 아놀드(Clinton Arnold)에 따르면,

> 이방 종교에 머물러 있던 과거에 그들은 자신들이 실제로 존재하는 신과 여신을 숭배한다고 생각했다. 그러나 곧 그것들이 우상, 즉 마귀와 그의 어둠의 세력의 도구에 지나지 않는다는 것을 깨닫게 되었다. 갈라디아 성도들은 이방 신들에게서 등을 돌렸다. 하지만 이제 그들은 바울이 전해준 그리스도의 순전한 복음에 유대인들의 율법적 요구 조건을 첨가하려는 유혹에 직면해 있다. 바울이 보기에 이것은 영적 세력에게 종 노릇 하는 한 가지 형태를 다른 형태로 바꾸는 것과 다름없다.…여기서 이방 종교와 유대인의 율법은 사탄과 그의 세력이 이를 이용하여 비신자들을 종으로 삼고, 또한 신자들을 다시금 종 노릇 하게 만드는 두 체계로 나타난다.[7]

---

6 같은 책, 230.
7 Clinton E. Arnold, *Powers of Darkness: Principalities and Powers in Paul's Letters*

확신할 수 없지만, 귀신들에게 예수님의 십자가 처형에 대한 책임이 부분적으로나마 있을 수도 있다. 고린도전서 2:6-8에서 바울은 "영광의 주를 십자가에 못 박은…이 세대의 통치자들"(6, 8절)을 언급한다. 일부는 이들이 안나스, 가야바, 빌라도와 같은 당시의 "인간" 통치자들을 가리킨다고 주장한다. 반면 증거상 귀신의 능력을 가리킨다고 주장하는 이들도 있다. 두 번째 주장을 뒷받침하는 것은 다음 두 가지 사실이다.

먼저 바울이 다른 곳에서도 사탄을 가리키기 위해 "통치자"라는 단어를 사용한 경우다(엡 2:2). 예수님도 이 단어를 같은 용례로 사용하신 바 있다(요 12:31; 14:30; 16:11). 하지만 로마서 13:3에서는 인간 통치자를 지칭했다. 두 번째로 이 통치자들은 "이 세상에서 없어질", "곧 멸망해버릴" 존재로 묘사되었는데, 이것은 동사 "카타르게오"(katargeō)를 번역한 것으로, 이후 고린도전서 15:24에서는 권세자들과 능력들에 대한 그리스도의 궁극적인 승리와 파괴를 묘사하기 위해 사용되었다. 바울은 한 번도 이 동사를 불신자들의 궁극적 파멸을 가리키기 위해 사용하지 않았다. 히브리서 2:14도 이 단어를 마귀에 대한 그리스도의 승리를 가리키기 위해 사용했다.

이 "통치자들"이 귀신의 세력을 지칭한다면, 우리는 아놀드와 더불어 다음과 같이 결론 내릴 수 있다.

바울은 악한 영적 지배자들[통치자들]에게 그리스도의 죽음의 책임을 돌린다. 그는 이 사탄의 세력이 고난 주간 사건들 배후에서 역사하며 그

(Downers Grove, IL: InterVarsity, 1992), 131-32.

모든 과정을 조종하고 있었음을 전제한다. 이런 악한 영적 지배자들[통치자들]이 어떻게 역사했는지를 정확하게 설명하는 것은 바울의 목적이 아니었다. 최소한 우리는 그들이 교활한 영향력을 유다, 빌라도, 안나스, 가야바를 통해서 행사하고 무리를 충동질함으로써, 그 일에 깊이 연루되어 있었을 것이라고 상상할 수 있다. 그리스도를 죽임으로 하나님의 계획을 좌절시키려는 사탄의 책략은 결국 실패하고 말았다. 그 악한 세력은 하나님의 지혜, 즉 하나님 아버지께서 어떻게 그리스도의 죽음을 통해서 죄를 속하시며, 어떻게 그를 죽은 자들 가운데서 일으키시며, 어떻게 교회를 창조하시는지를 온전히 이해하지 못했다. 그들은 자신들의 패배를 전혀 예상하지 못했던 것이다![8]

귀신들은 현재 다음 세 가지 장소 중 한 곳에 있다고 추측할 수 있다. 이 땅에서 활동 중이거나, 무저갱에 갇혀 있거나(눅 8:31; 하지만 이런 갇힘은 영원한 것이 아닐 수도 있다. 계 9:1-3, 11을 보라), 지옥(tartarus)에 영원히 감금되어 있다(벧후 2:4; 유 6절; 벧전 3:18-20도 보라). "지옥으로 던져진"을 의미하는 동사 "타르타레오"(tartareō)는 신약의 경우 베드로후서 2:4에만 등장하지만, 그리스 신화에서는 더욱 빈번히 등장하고 "깊은 지하 세계"를 지칭한다. 4절에는 원문상의 문제가 있다. 어떤 사본은 이것을 귀신들이 어둠의 "구덩이"에 갇힌 것으로 기록하는 반면, 또 다른 사본은 어둠의 "사슬"에 매인 것으로 기록하기 때문이다. 베드로의 언어는 비유적이므로, 이것을 귀신들이 영원히 갇혀버린 것이 아니라, 이 땅에서 할 수 있

---

8 같은 책. 하지만 여기에서의 "통치자들"은 인간, 곧 이 땅의 통치자들이라고도 할 수 있다.

는 일에 상당한 제한을 받게 된 것으로 해석해야 한다는 주장이 있다. 나는 이 주장은 근거가 없다고 생각한다.

귀신들은 거룩한 천사들에 대항하여 우주적 수준의 전쟁을 벌인다(계 12:1-12). 신약학자들이 일반적으로 인정하는 바, 영적 갈등과 전쟁에는 네 가지 수준이 있다. (1) 먼저 하나님과 사탄 사이의 갈등이다(히 2:14; 요일 3:8). (2) 택함 받은 천사들과 악한 천사들 사이의 갈등도 있다(단 10; 계 12장). (3) 사탄과 성도들 사이의 갈등은 직접적일 수도 있고 간접적일 수도 있다. 전자는 지능적이고 악한 존재와 신자들 사이의 감각적이고 때로는 유형적인 만남이며(엡 6장을 보라), 후자는 신자들이 악한 자(요일 5:18-19)의 능력 가운데 놓인 세상, 사탄이 조종하는 가치와 이상과 제도로 이루어진 세상에서 살기에 겪을 수밖에 없는 갈등이다. (4) 마지막으로 사탄과 구원받지 못한 자들 사이의 갈등인데(마 13:1-23; 행 26:18; 고후 4:4; 엡 2:2; 골 1:12-14), 여기에는 갈등이라는 단어가 적절치 못할 수도 있다. 부지불식간이라도 믿지 않는 세상이 사탄과 같은 편에 서는 것은 스스로의 의지이기 때문이다. 우리의 즉각적인 관심사는 두 번째 갈등으로, 이것을 다루려면 요한계시록 12:1-12로 눈을 돌려야 한다.

요한은 요한계시록 12:7-12에서 "여자"가 광야로 도망쳐야만 한 이유(1-6절)와 사탄의 분노가 지금 이 땅에 있는 예수 그리스도의 교회로 분출되는 이유를 설명한다. 이것은 사탄이 하늘에 있는 그의 자리와 위치를 잃어버렸기 때문이다. 즉 그의 능력이 축소되었기 때문이다. 사탄과 귀신들이 하늘에서 추방당한 시점에 대해서는 일반적으로 세 가지 이론이 있다.

일부는 이것을 미래, 곧 이른바 환난의 기간에 일어날 사건으로 믿는다. 반면 이 사건을 영원한 것으로 보는 이들도 있다. 역사의 특정한 순간을 고려하지 않는 것이다. 이것은 사탄의 몰락에 대한 매우 상징적인 묘사에 불과하다. 가장 설득력 있는 주장은 예수님의 성육신과 생애, 죽음, 부활로 말미암아 마귀가 패배한다는, 아니 이미 패배했다는 주장이다. 미가엘과 그의 천사들은 예수님이 초림하셨을 때 그분의 승리로 말미암아 사탄을 내쫓는 임무를 부여받았다(눅 10:18). 그리스도인들은 십자가의 성취 위에 서서 예수님의 이름의 권위를 담대히 선포하여 사탄에 대한 이런 승리를 이어간다(계 12:11). 나는 이 세 번째 견해가 옳다고 믿고, 이것을 위해 다음 네 가지의 사실을 짚고 넘어가고 싶다.

먼저 우리는 사탄이 반역했을 때 그가 많은 수의 천사들을 유혹해 자신을 따르도록 했다는 사실을 알고 있다. 이것이 4절이 묘사하는 내용이고 따라서 최초의 천군 중 삼분의 일이 타락한 귀신의 영이라는 결론을 내려야 한다고 주장하는 목소리가 드높다. 하지만 이 본문에 대한 더 나은 설명이 있을 것이다.

용의 꼬리가 하늘의 별 삼분의 일을 끌어다가 땅에 던지는 그림의 출처는 다니엘 8:10일 것이다. 여기에는 "하늘군대에 미칠 만큼 커져서 그 군대와 별들 중의 몇몇을 땅에 떨어뜨리고 그것들을 짓밟"는(10절) "작은 뿔"(9절)이 등장한다. 이 "작은 뿔"은 분명 기원전 175-164년 셀레우코스 왕조의 여섯 번째 통치자였던 안티오코스 에피파네스 4세를 가리킨다(그는 163년에 사망했다).[9] 다니엘 8:24의 선언을(그가 "강한 자들과 거룩

---

9 안티오코스의 통치와 그가 유대인을 억압·박해한 것은 외경인 마카베오상·하에서 가장 잘 묘사된다(특히 마카베오상이 그렇다. 서문과 1:10-15, 20-24, 29-35, 41-50, 54-64[참조. 마카베오하 6:1-6, 7], 4:36-59; 6:5-16을 보라).

한 백성을 멸하리라") 감안할 때, 8:10에 등장한 "군대"와 "별들"은 하나님의 백성에 대한 상징적 비유로, 이들을 찬란한 별빛과 영광스러운 무리에 비교한 것이다.

이것의 핵심은 사탄이 요한계시록 12:4에서 땅으로 내친 "하늘의 별"들이 천군 중 사탄의 첫 번째 반역에 가담하여 그와 함께 타락했고, 이후 구약과 신약에 등장한 귀신의 군대가 아닐 수도 있다는 점이다. 따라서 4절의 "별들"을 요한계시록 12:7-8의 용의 "사자들"과 동일시해서는 안 된다. 4절은 하나님의 백성에 대한 사탄의 박해, 어쩌면 순교에 대한 묘사일 수 있다.

다니엘 8:10의 배경 외에도, 요한계시록 12:4이 거룩했던 천사들의 반역을 이야기하지 않는다는 견해를 지지하는 두 가지 다른 사실이 있다. 먼저 시점의 문제인데, 요한계시록 12:4은 예수님 탄생 직전인 반면, 천사들의 반역은 창조 이전 적어도 창세기 6장 사건들 이전이라는 것이 학자들 대부분의 의견이다. 두 번째로는 그레고리 비일(Gregory Beale)이 지적한 다음의 중요한 사실이 있다.

요한계시록 9:10과 9:19에서 사탄의 귀신들의 "꼬리"가 이 땅의 사람들에게 고통을 가한다는 사실은, 여기서 언급된 용의 꼬리도 사람들에게 고통을 가한다는, 곧 이 고통의 대상이 유일하게 혹은 주로 천사들만이 아니라는 것을 반증해준다. 이것을 더욱 확증하는 것은 12:4과 12:1 사이의 밀접한 연관성이다. 4절에 등장한 별들은 고작 세 절 앞서 등장한 "열두 별"과 밀접한 관련을 지녀야 한다. 1절에 등장한 열두 별은 참된 이스라엘의 하늘 정체성이고, 따라서 떨어지는 별들은 이스라엘에 대한 공격을 상징해야 한다.…궁극적으로는 보호될 것이나…참된 이스라엘은 그럼에도 불구하고 여전히 사탄의 공격을 받게 될 것이다.[10]

별들의 "삼분의 일"이 떨어진다는 묘사는 요한계시록에 등장한 다른 언급, 곧 땅과 나무, 바다와 바다 생물들, 강, 하늘의 빛나는 물체들의 "삼분의 일"이 하나님의 심판으로 영향 받는 모습을 떠올리게 한다. 모든 경우에서 삼분의 일은 매번 완전한 파괴에는 미치지 못하는 전체의 상대적 부분, 상당한 소수를 의미한다.

사탄이 천군 중 정확히 삼분의 일을 이끌고 반역했는지, 심지어 이것이 요한계시록 12장에서 이야기하고 있는 주제인지는 중요하지 않다. 중요한 것은 귀신의 군대가 지금은 "그의 사자들"로 간주된다는 사실이다(계 12:7, 9).

두 번째로 사탄의 참소는 십자가의 패배로 더 이상 법적·도덕적 능력을 발휘하지 못한다는 점이다. 내가 믿기로는 이것이 그가 "이기지 못하고" "하늘에서 있을 곳을 얻지 못한다"는 말의 의미다. 즉 이것은 마귀가 거하는 장소에 대한 문자적·공간적·지리적 변화가 아니다. "오히려 십자가 상에서 일어난 일로 사탄의 능력이 깨어졌고, 따라서 하나님의 백성에 대한 그의 참소가 더 이상 성공할 수 없다"는 뜻이다.[11] 결국 10절이 확인해주는 대로 쫓겨난(그리스어 시제로 부정과거 혹은 과거) 자는 "우리 하나님 앞에서 밤낮" 신자들을 "참소하던"(현재 시제) 자다. 예수님의 중보

---

10 G. K. Beale, *The Book of Revelation: A Commentary on the Greek Text* (Grand Rapids: Eerdmans, 1999), 637.

11 Page, *Powers of Evil*, 215.

사역은 이런 지속적인 참소에 대응한다(롬 8:33-34; 히 7:25; 요일 2:1-2).

세 번째로 우리는 이 사실로부터 천상 혹은 천사적 영역에서 일어나는 사건들이 이 땅의 우리에게도 영향을 미친다는 사실을 배운다. 네 번째로 미가엘과 그의 택함 받은 천사들은 사탄과 그의 귀신의 군대보다 더욱 강력하다(계 12:8). 왜 그럴까? 예수님의 십자가와 부활 때문이다. 다음 두 본문이 이런 사실을 입증한다.

첫 번째 본문은 베드로후서 2:10-11로, 여기서 악한 천사적 존재, 즉 귀신을 가리키는 "영광 있는 자들" 곧 "영광스러운 천사들"은 비방을 받는다. 거짓 교사들은 이들을 조롱하고 모욕했는데, 본문은 심지어 택함 받은 천사들도 그렇게 하지 않는다고 이야기한다. 택함 받은 천사들에게는(모든 거룩한 천사를 가리킬 수도 있고 미가엘과 같은 천사장만을 가리킬 수도 있다) 악한 천사들보다 "더 큰 힘과 능력"이 있다. 이 우월한 힘은 이들이 그렇게 창조되었기 때문이 아니다. 바꾸어 말하면, 이들 안에 내재된 힘 때문이 아니다. 오히려 예수님의 십자가와 부활, 존귀해지심 때문이다.

거짓 교사들은 왜 귀신들을 경멸할까? 리처드 보컴(Richard Bauckham)은 다음과 같이 설명한다.

가장 설득력 있는 견해는 거짓 교사들이 스스로의 부도덕성을 인정하면서도 귀신의 능력을 업신여겼다는 것이다. 이들은 자신의 부도덕한 행실로 책망받았고 마귀의 영향력 아래로 떨어져 그와 더불어 정죄받게 될 것을 경고받았지만, 마귀가 자신에게 어떤 영향력을 행사할 수도 있다는 가능성을 부인하고, 악의 능력을 의심하고 조롱하는 발언을 서슴지 않으며, 이런 생각을 비웃었다. 어쩌면 그들은 악의 초자연적인 능력 자체를

의심했을 수도 있다.[12]

두 번째 본문은 유다서 8-9절이다. 여기에는 그리스도의 승리로 말미암아 사탄보다 더 위대하고 강력한 존재가 된 미가엘이(벧후 2:11; 계 12:8) 등장하는데 그는 자신의 경쟁자에게 심판을 선언하지 않는다. 구약에는 이 둘 사이의 논쟁이 언급된 곳이 없다. 「모세의 유언」(Testament of Moses, 기원전 1세기; 신 34:1-6을 보라)에서 누락된 말미를 유다가 재구성한 부분에 등장할 뿐이다. 「모세의 유언」에 따르면 하나님은 미가엘을 느보 산으로 보내셔서 모세의 시신을 묘지에 장사하도록 하신다. 미가엘이 그렇게 하기 전, 사탄은 모세에 대한 능력과 권위를 얻기 위한 마지막 노력으로 그의 시신을 낚아채려 한다. 아마도 이스라엘 사람들이 그를 예배, 곧 우상숭배하도록 만들거나, 그가 천사장의 손에 장사되는 영광을 얻지 못하도록 방해하기 위함이었을 것이다. 이것은 법적 논쟁으로, 사탄은 모세가 살인자임을 내세워(출 2:12) 그에게 그런 영예로운 처우가 마땅치 않다는 사실을 증명하고자 했다. 미가엘은 사탄의 이런 중상을 참는 대신 하나님의 권위에 호소하며 "마귀야, 야웨께서 너를 책망하실지어다"라고 선언한다.

이 본문이 가르치는 바는 마귀에게 경의를 표해야 한다는 것이 아니다. 오히려 거짓 교사들과 달리 미가엘이 스스로 율법이 되려 하지 않고, 자신이 당면한 문제를 적절한 도덕적 권위, 즉 하나님께로 돌렸다는 사실이 핵심이다. 다시 한 번 보컴은 다음과 같이 설명한다.

---

12 Richard J. Bauckham, *Jude, 2 Peter*, Word Biblical Commentary (Waco, TX: Word, 1983), 262.

거짓 교사들과 미가엘을 대조한 것의 핵심은 미가엘이 마귀를 존중하여 대우했다는 사실이 아니며, 본문의 교훈도 마귀에게조차 공손해야 한다는 것이 아니다. 이 대조의 핵심은 미가엘이 마귀의 참소를 자신의 권위로 부인할 수 없었다는 데 있다. 마귀가 악의적인 동기를 품었고 미가엘이 그의 참소가 중상인 것을 알았다고 해도, 그는 재판관이 아니기에 마귀의 고소를 직접 묵살할 수는 없었다. 그가 할 수 있는 것은 홀로 재판관 되신 야웨께 사탄의 중상을 고하고, 그를 정죄해주시기를 요청하는 것뿐이었다. 따라서 여기서의 교훈은 어느 누구도 스스로 율법이나 자율적인 도덕적 권위가 될 수 없다는 것이다.[13]

그렇다고 그리스도인으로서 우리 역시 귀신적 존재를 책망하고 그에게 저항하고 심판을 선언할 수 없다는 뜻은 아니다. 그리스도 안에서 우리가 받은 권위는 불신자들(거짓 교사들), 심지어 거룩한 천사들도 갖고 있지 못한 것이다. 그리스도 안에서 그리고 그의 권위를 통해, 우리는 원수에게 저항할 수도, 그를 책망할 수도 있고 또 그렇게 해야만 한다(눅 10:1-20; 행 5:16; 8:7; 16:16-18; 19:12을 보라). 유다는 미가엘에게 부여되었던 제약을 그리스도인에게로까지 적용하지는 않는다.

결론

귀신들의 지도자인 사탄을 다룬 이전 장과 마찬가지로, 귀신들에 대한

---

[13] 같은 책, 61.

승리를 확신하며 이번 장을 마무리하는 것이 옳을 것 같다. 지옥 군대의 패배는 우리의 노력이나 활기찬 외침, 거센 몸짓, 혹은 귀신들이 큰 음악 소리를 못 견디기라도 하는 양 예배의 볼륨을 높임으로써 이루어지지 않는다. 바울은 골로새 교회에게 보낸 편지에서 분명하고 간결하게 말했다. "[성부 하나님, 또는 성자께서] 통치자들과 권세들을 무력화하여 드러내어 구경거리로 삼으시고 [그리스도 안에서, 또는 십자가 안에서] 그들을 이기셨느니라"(골 2:15). 좋은 소식은 우리가 "원수의 모든 능력을 제어할" 권능을 받았다는 것이다(눅 10:19). 사탄과 그의 심복들은 강력하나, 예수의 이름으로 전진하는 자들의 적수가 될 수는 없다(눅 10:17).

추천 도서

Cuneo, Michael W. *American Exorcism: Expelling Demons in the Land of Plenty*. New York: Doubleday, 2001.

Warner, Timothy M. *Spiritual Warfare: Victory over the Powers of This Dark World*. Wheaton, IL: Crossway, 1991. 『영적 전투』(죠이선교회 역간).

White, Thomas B. *The Believer's Guide to Spiritual Warfare*. Ann Arbor, MI: Servant, 1990.

13장
그리스도인도 귀신 들릴 수 있을까?

이 책에서 다루고 있는 모든 곤란한 질문을 통틀어 이제 살펴보게 될 질문만큼 뜨거운 열기와 논쟁을 불러일으키는 질문은 없다는 게 기이할 만큼 흥미롭다. 자, 적진으로 들어가 보자. 그리스도인도 귀신 들릴 수 있는가? 그리스도인의 내면에 귀신이 거할 수 있는가? 이에 대한 세 가지 대답은 "그렇다", "아니다", "그럴 수도 있고 아닐 수도 있다"이다. 관련된 논쟁을 평가하기에 앞서 용어부터 정리해보자.

귀신 들린다(Demonized)는 말은 무슨 의미일까?

독자 중 일부는 왜 내가 좀 더 대중화된 "Demon possession"을 대신해 "Demonization"이라는 용어를 사용했는지가 궁금할 것이다. (한국어 성경은 이것을 귀신 들림으로 번역했고 교회 안에서의 용례도 그러하다. 저자가 성경적이지는 않지만 대중적인 표현이라고 한 demon possession은 "귀신이 누구를, 무엇을 소유하다"의 의미로 이해될 수 있다. 이하에서 demonization은

"귀신 들림"으로 번역되었다―역자 주) 놀랄 독자도 있겠지만, 성경은 한 번도 "demon possession"에 대해 이야기한 적이 없다. 1611년 이전의 다른 영역본에서 이미 등장한 바 있지만, 이 구문이 대중화된 것은 킹제임스역이 등장하면서부터다.[1] 그런 번역에 충분한 근거가 없다는 사실만으로도 그 표현을 사용하지 말아야 할 좋은 이유가 되지만, 이 구문이 주는 감정적 효과, 곧 주제에 대한 객관적 토론을 방해하는 효과 역시 고려해야 한다. 많은 사람들에게 "demon possession"의 개념은 영화 "엑소시스트"의 장면을 연상시킨다. 또한 "possession"이라는 단어가 소유를 암시하고, 따라서 사탄이나 귀신이 무엇을 소유한다는 발언에는 문제가 있다.

신약으로 눈을 돌려보면, 귀신의 영향력을 묘사한 방법에는 모두 네 가지가 있다. 먼저 신약에서 13번(모두 복음서) 등장한 그리스어 "다이모니조마이"(daimonizomai)가 있다. 킹제임스역이 이 단어를 매번 "Demon Possession"으로 번역한 것은 애석한 일이다(마 4:24; 8:16, 28, 33; 9:32; 12:22; 15:22; 막 1:32; 5:15, 16, 18; 눅 8:36; 요 10:21을 보라. 마지막은 예수님에 대한 비난이다).

우리가 주목해야 하는 중요한 사실은 모든 귀신 들림의 경우 정도의 차이만 있을 뿐 사람이 자신 안에 거주하는 악한 영의 영향과 통제를 받게 된다는 사실이다. 신약에서 귀신 들림이라는 단어는 귀신으로부터 단순히 억압이나 괴롭힘, 공격, 유혹을 받는 사람을 묘사하기 위해 사용된 적이 단 한 번도 없다. 이 단어는 모든 경우 귀신의 들어옴이나 거주, 추방됨을 지칭하기 위해 사용되었다. 언뜻 보면 마태복음 4:24, 15:22은 이

---

1 Clinton E. Arnold, *Three Crucial Questions about Spiritual Warfare* (Grand Rapids: Baker, 1997), 205 각주 11.

런 규칙의 예외 같지만 병행 본문인 마가복음 1:32이하와 7:24-30은 다르게 이야기한다. 따라서 이 단어의 엄격한 의미를 감안할 때, 귀신 들림은 귀신이 다양한 영향력과 통제력을 가지고 그 사람 안에 거주하다는 뜻이 된다.

신약에서 16번에 걸쳐 이것은 귀신을 "가진"(has, 한국어 성경은 귀신 "들린"으로 번역했다—역자 주) 사람에게 사용되었다. 세례 요한을 고소하던 사람들이 요한을 두고 두 번 이 표현을 사용했으며(마 11:18; 눅 7:33), 예수님의 원수들이 예수님에 대해 이것을 사용한 경우는 여섯 번에 달한다(막 3:30; 요 7:20; 8:48, 49, 52; 10:20). 귀신의 영향력 아래 놓인 사람을 묘사하기 위해서는 여덟 번 사용되었다(막 5:15; 7:25; 9:17; 눅 4:33; 8:27; 행 8:7; 16:16; 19:13). 따라서 귀신을 "가졌다는"(has) 말은 귀신 들렸거나 귀신이 그 안에 거한다는 뜻이다.

귀신이나 영과 "함께"(그리스어로는 en) 있는 사람이 언급된 것은 두 차례다(막 1:23; 5:2). 어떤 사람이 귀신과 "함께" 있다는 것은 그가 귀신을 가졌다는(has), 곧 그가 귀신 들렸거나 귀신이 그 안에 거한다는 뜻이다.

마지막으로 더러운 귀신 때문에 곤혹과 "괴로움" 당하는 것을 묘사한 경우는 사도행전 5:16에서 유일하게 사용되었다.

요약하자면 귀신 들림은 귀신이 어떤 사람 안에 거하고 사는 것이다. 귀신으로부터 단순히 유혹과 괴롭힘, 고통, 억압을 받는 것은 귀신 들림이 아니다. 귀신 들림은 언제나 귀신의 내주(內住)를 수반한다. 우리는 이제 우리의 질문인, "귀신이 거듭난 그리스도인 안에 거하거나 살 수 있는가?"에 대한 세 가지 대답을 살펴볼 준비가 되었다.

그리스도인의 제한적 귀신 들림

몇몇 저자는 신자가 귀신 들릴 수 있지만 다소 제한적이고 한정적인 의미에서 그렇다고 이야기한다. 사람이 몸과 혼, 영이라는 세 가지 기능으로 이루어진다는 삼분설의 교리에 기초해, 이들은 귀신이 그리스도인의 영을 제외한 몸과 혼에 거할 수 있다고 주장한다. 육은 사람의 육체적 요소다. 혼은 그 사람의 정신과 감정과 의지를 구성한다. 영은 하나님과 관련된 구성 요소나 기능으로서 중생 때 거듭나고, 인침 받고, 성령이 영원히 내주하신다.

이 견해는 나날이 큰 호응을 얻고 있지만, 나는 몇 가지 이유로 설득력이 부족하다고 느낀다. 먼저 성경에는 이에 대한 명백한 증거가 없다. 성경 어디에서도 귀신이 사람의 "영"을 제외하고, "혼"과 "몸" 안에 거한다는 말은 없다. 더욱이 이 견해는 불확실한 교리인(막 12:30을 보라) 삼분설(살전 5:23)의 정당성을 전제로 한다. 인간은 이원적 존재로 물질적인 동시에 비물질적이며, 육신적인 동시에 영적인데, 후자는 혼으로도 불리고 영으로도 불린다. 많은 경우 성경에서 "영"과 "혼"은 교차적으로 사용된다. 즉 그것들은 이름만 다를 뿐 우리를 구성하는 요소 중 비물질적 차원을 똑같이 지칭한다. 따라서 이 둘을 엄격하게 구분 짓는 것은 옳지 못하다.

또한 나는 성령에 의해 새로워지는 것이 전인(全人)으로, 그 사람 안에 있는 하나의 능력이나 구성 요소가 아님을 논증하고 싶다(고후 5:17). 귀신을 사람의 영을 제외한 혼과 몸에 국한시키는 것은 우리 존재에 엄격하고 공간적인 구분이 있다는 사실을 전제한다. 하지만 우리 몸 안 "어디에" 혼이 있는가? "어디에" 영이 있는가? 이것은 성경적으로 부적절한 질문으로, 영적 실재에 육신적 범주들을 적용하려는 시도다. 클린턴 아놀드는 조금 다른 해석을 제시했다. 그는 혼과 영을 구분 짓지 않고 이것을 "사람의 중심, 존재의 핵심, 그의 궁극적인 본성과 정체성"으로 지칭했다.[2] 중생을 통해 각 사람 안에서 급진적이고 초자연적인 변화를 경험하는 것이 바로 이것이다.

> 이 사람의 존재 중심에는 이제 하나님을 향한 갈망과 모든 면에서 그분을 기쁘시게 하기를 원하는 열망이 존재한다. **이것이 성령이 거하시는 장소다. 악령은 이곳에 들어올 수도, 이곳으로부터 성령을 쫓아낼 수도 없다. 성소의 심상을 적용하자면 불가침의 장소인 "지성소"로 비교할 수 있다.**[3]

여기서도 귀신의 접근을 특정한 "장소"나 "영적 영역"으로 국한하려는 시도를 엿볼 수 있다. 아놀드의 모형은 위에서 언급한 삼분설의 약점과 비평을 성공적으로 극복하고 있는가? 나는 아니라고 생각한다.

그리스도인의 귀신 들림에 대한 반박

귀신은 그리스도인 안에 살 수도, 거할 수도 없다고 주장하는 이들이 호소하는 증거에는 몇 가지가 있다. 하나씩 살펴보도록 하자.

---

2 같은 책, 85.
3 같은 책, 84(스톰스 강조).

이들은 사탄의 패배를 묘사한 성경 본문들, 특히 요한복음 12:31, 16:11, 골로새서 2:14-15, 히브리서 2:14-15, 요한1서 3:8을 지적한다. 사탄이 심판을 받아 박탈당하고 그의 일도 멸하여졌다면(요일 3:8), 어떻게 그 귀신들이 신자 안에 거할 수 있다는 말일까?

하지만 이 본문들만으로는 문제가 해결될 수 없다. 예수님이 강한 자, 곧 사탄을 "결박"하신 것은 맞지만(마 12:25-29), 사탄이 신자의 삶에 강한 영향력을 행사할 수 있다는 것 역시 사실이기 때문이다(마 16:23; 행 5:3; 벧전 5:8). 예수님은 마귀를 이기셨지만(요 12:31; 16:11), 동시에 하나님이 우리를 악한 자의 공격으로부터 지켜주시도록 계속해서 기도하셨다(요 17:15). 모든 귀신의 능력은 예수님의 주인 되심 앞에 굴복했고 그의 발아래 복종했다(엡 1:19-22). 하지만 바울은 우리의 싸움이 여전히 통치자들과 권세들, 현재 어둠의 주관자들에 대한 것임을 경고한다(엡 6:10-13). 우리는 사탄의 권세로부터 구원받았고 예수님은 귀신을 이기고 승리하셨지만(골 1:13; 2:14-15), 사탄은 여전히 바울의 선교적 노력을 방해할 수 있었다(살전 2:18). 내가 말하고자 하는 핵심은 사탄의 실제적 패배가 현재 그의 활동과 영향력을 제거하지 않는다는 것이다.

또한 이들은 하나님의 보호를 약속하는 본문에 호소한다. 맞다! 예수님은 우리가 악한 자로부터 구원을 얻도록 기도할 것을 가르치셨다(마 6:13). 하지만 이 기도의 응답은 자동적이지 않고 우리의 기도를 전제한다. 우리가 기도하지 않으면 어떻게 되는가? 확실한 것은 아무도 우리를 하늘에 계신 아버지 손에서 빼앗을 수 없다는 사실이다(요 10:28-29). 따라서 만일 귀신이 신자 안에 거할 수 있다고 할 경우 구원의 확신은 의심스러운 것이 되는가? 아니다. 이 본문은 우리가 로마서 8:35-39에서 발견하는 진리와 동일하다. 그 무엇도, 심지어 귀신도 우리를 하나님 안에서 우리가 소유한 사랑과 생명에서 끊을 수 없다는 것이다. 이 말씀은 귀신 들림의 가능성에 대해 언급하지 않는다.

독자들도 그렇겠지만, 나는 예수님이 요한복음 17:15에서 아버지가 우리를 원수로부터 지켜주시도록 간구하신 사실에 감사드린다. 하지만 이것을 우리가 귀신의 공격을 전혀 받을 수 없도록 간구하신 것으로 해석할 수는 없다. 사실 이 기도에 이어 예수님은 베드로에게 사탄이 그를 밀 까부르듯 하려고 한 사실을 말씀하셨다. 이 기도는 우리의 영원한 보존에 대한 간구로 보는 것이 적절하고, 이 기도의 성취와 응답은 우리가 아버지의 보호하심을 활용하는 여부에 의지할지도 모른다(엡 6장).

데살로니가후서 3:3에서 바울은 주님이 우리를 사탄으로부터 지켜주시길 기도했다. 하지만 여기서도 던져야 할 질문은 "이것이 원수에 관한 한, 무엇으로부터의 지키심인가, 또 이 경우 우리에게 요구되는 조건은 무엇인가?"다. 이 보호의 약속은 원수의 공격이나 유혹을 배제하지 않는다(고후 12:7; 살전 2:18; 벧전 5:8 등을 보라). 따라서 이것은 신자의 영원한 보존에 관한 약속이거나(곧 그 공격이 얼마나 포악하고 인생이 얼마나 힘겨워지든, 사탄은 당신을 하나님에게서 끊을 수 없다는 약속), 아니면 신자의 순종적 반응을 조건으로 하는 약속이다. 다른 말로 하면, 이것은 4절의 사실을 전제로 하는 약속이다. 프레드 디카슨(Fred Dickason)은 다음과 같이 설명한다.

그러므로 이 약속은 주님께 순종하여 그와 함께 동행하는 자들에게 주신 것이다. 사탄은 그런 사람들을 무력하게 만들어 삶에서 열매를 맺지 못하고 불충성하게 할 수 없다. 이 소중한 약속은 하나님께 온전히 순종하는 자들에게 주어진 것이다. 그러나 우리가 알아야 할 것은 그 약속이 늘 무조건적이지 않다는 사실이다. 어떤 그리스도인도 악한 세력의 공격으로부터 완전히 피하여 안전지대에 늘 머무른다고 약속하는 것이 아니다. 이 구절은 귀신 들림과는 아무런 관계가 없다.[4]

신약에서 가장 격려가 되는 본문 중 하나는 요한1서 4:4로, 우리 안에 계신 이(예수 그리스도)가 세상에 있는 자(사탄)보다 크다는 확신의 말씀이다. 하지만 이 본문은 모든 그리스도인이 어떤 오류에도 절대 속아 넘어가지 않을 것이라는 자동적 보장이 아니다. 오히려 성령이 사탄보다 더욱 강력하시기 때문에 속아 넘어갈 필요가 없다는 뜻이다.

요한1서 5:18을 언급하면서 원수가 신자를 만지지도 못한다는 사실을 들먹이는 이들도 있다. 악한 자가 그리스도인을 "만지지도" 못한다고 했는데 그리스도인 안에 거할 수도 있다니 이해가 안 된다는 것이다. 하지만 이것을 좀 더 자세히 살펴보자. 먼저 우리는 "만지다"라는 단어로부터 사탄의 공격과 영향력을 제거할 수 없는데, 베드로전서 5:8에 따르면 마귀는 우리를 "삼킬" 수도 있기 때문이다. 요한계시록 2:10 역시 감안해야 하는데, 예수님께서 직접 말씀하시길 사탄이 그리스도인을 옥에 넘겨 죽이기까지 할 수 있다고 하셨다. 따라서 "만지다"가 무엇을 의미하든 간에 모든 그리스도인이 귀신의 공격으로부터 자동으로 보호를 받는다는 의미는 아니다. 또한 신자를 "만진다"는 것은 그로부터 구원을 빼앗는 것

---

4 C. Fred Dickason, *Demon Possession and the Christian* (Chicago: Moody, 1987), 91.

일 수도 있다. 그럴 경우 이 본문은 사탄이 신자의 영적 생명을 "멸하기까지 그를 움켜잡을 수 없다"라는 뜻이 된다. 마지막으로 이것이 조건적 약속, 곧 요한1서 5:21의 성취를 전제하는 것일 수도 있다. "자녀들아, 너희 자신을 지켜 우상에게서 멀리하라."

어떤 그리스도인도 사탄에게 삼킨 바 될 수 없고, 아버지의 구원과 생명과 사랑을 빼앗길 수도 없다. 그는 사탄의 소유가 될 수 없고, 그리스도 안에 있는 하나님의 사랑에서 끊어질 수도 없다. 하지만 이 본문들 중 어떤 것도 귀신 들림의 가능성을 명백히 배제하지 않는다. 보호의 약속은 두 종류로, (1) 신자의 구원을 보증하는 것에 대한 약속이거나, (2) 신자가 성령이 제공하는 자원을 활용하는지와 연결된 약속이다.

또 다른 논쟁은 성령의 내적 임재를 묘사하는 본문을 근거로 삼는다. 신자 안에서 사시는 이는 성령이시고, 따라서 귀신은 그곳에 들어와 거할 수 없다. 어떤 귀신보다 크고 강력하신 성령이, 귀신이 그리스도인의 마음에 들어오는 것을 허락하실 리 없다는 것이다.

하지만 귀신의 침입에 대한 이런 보호가 자동적인지를 물어야 한다. 신자가 반복적으로 죄를 짓고 회개치 않아 성령을 근심하게 한다면 어떻게 되는가? 신자가 충성과 기도로 자기 자신을 하나님의 전신갑주(엡 6장)로 두르지 않는다면? 몇몇 본문이 이런 문제와 관련될 수 있다.

시편 5:4은 이렇게 기록한다.

주는 죄악을 기뻐하는 신이 아니시니
악이 주와 함께 머물지 못하며.

이 본문의 진의는 하나님이 사람 안에 있는 악한 영과 함께 머무실 수 없다는 것일까? 4절의 두 문장이 서로 유사한 병렬을 이루고 있다는 사실에 주목하라. "악이 주와 함께 머물지 못하고"는 하나님이 죄악을 기뻐하지 않으신다는 사실을 표현하는 또 다른 방식에 불과하다. 핵심은 하나님이 악과 공간적으로 근접해 계실 수 없다는 것이 아니다. 우리가 잊지 말아야 할 사실은, 편재하시는 하나님은 모든 것과 공간적으로 가까이 근접해 계시다는 점이다. 이 본문의 핵심은 하나님이 악을 몹시 싫어하시며 악과 사귀지 않으신다는 데 있다.

마태복음 12:43-45은 유명한 본문이므로 전체를 인용할 필요가 있다. 이는 예수님의 말씀이다.

더러운 귀신이 사람에게서 나갔을 때에 물 없는 곳으로 다니며 쉬기를 구하되 쉴 곳을 얻지 못하고 이에 이르되 "내가 나온 내 집으로 돌아가리라" 하고 와보니 그 집이 비고 청소되고 수리되었거늘, 이에 가서 저보다 더 악한 귀신 일곱을 데리고 들어가서 거하니 그 사람의 나중 형편이 전보다 더욱 심하게 되느니라. 이 악한 세대가 또한 이렇게 되리라.

이들의 주장은 현재 누군가(짐작컨대 예수님 또는 성령) 그 집에 살고 있다면 귀신들이 그곳으로 들어갈 수 없다는 것이다. 하지만 이것은 그가 고의적이고 회개할 줄 모르는 죄와 우상숭배로 귀신에게 문을 열어주는 것이 불가능하다는 뜻일까? 또한 본문은 이 귀신이 이전 집에 누군가 살고 있다는 사실을 알았다고 해도 다르게 행동했을지에 대해 함구한다. 그런 이유만으로 그가 다시 들어가지 않았을 거라고 이야기하지 않는다.

다시 들어가는 것이 더 어려워졌을 수는 있어도 꼭 불가능한 일은 아니었다.

고린도전서 10:21에서 바울은 그리스도인들에게 이렇게 경고했다. "너희가 주의 잔과 귀신의 잔을 겸하여 마시지 못하고 주의 식탁과 귀신의 식탁에 겸하여 참여하지 못하리라." 하지만 바울의 "못한다"는 표현은 존재론적 불가능성이 아닌 도덕적 불가능성을 지칭한다. 간음을 계획하는 그리스도인에게 내가 "하지만 너는 그럴 수 없어"라고 말한다면 이것은 그의 간음이 물리적으로 불가능하다는 뜻이 아니라 그리스도인 된 그의 존재와 도적적·영적으로 어울리지 않는다는 뜻이다. 다시 말하면, 그리스도와 친밀함을 누리기를 기대하면서 동시에 자신을 귀신의 영향에 내어주는 것은 불가능하다. 하나님을 향한 사랑을 인정하면서 동시에 귀신이 주관하는 활동에 참여하여 그의 영향력에 자신을 노출시키는 것은 도덕적·영적 모순이다. 바울은 그리스도인이 귀신과 함께하고 사귀는 것이 불가능하다고 말하지 않고 오히려 바로 그것을 조심하라고 경고한다.

고린도서의 두 본문은 그리스도인들을 성령이 거하시는 "성전"으로 묘사하고, 그리스도인들이 불신자들과 "멍에를 함께 메고" 어둠과 "사귀는" 것의 위험을 설명한다(고전 3:16-17; 고후 6:14-16). 이 본문들의 논거는 일단 설득력이 있어 보인다. 분명 그리스도인은 하나님의 성전인 동시에 귀신의 성전일 수 없다.

하지만 (고후 6장에서) 바울이 이야기하는 것은 그리스도인이 악이나 불신자와 함께 멍에를 메고 서로 사귀는 것의 불가능성이 아니다. 불행하게도 이런 일은 늘 일어난다. 오히려 본문은 이런 사귐의 도덕적·영적 부조화를 강조한다. 하나님의 성전은 우상들과 어떤 도덕적·영적 조화도 이루지 못한다. 그러므로 이런 모든 얽어매는 연합을 피하라는 것이다.

고린도전서 3장으로부터 불거지는 논쟁은 그리스도인 안에 귀신이 거한다는 개념이 공간적으로나 영적으로 불가능하다는 생각 때문이다. 먼저 성령과 귀신의 존재가 동거하기에 사람의 몸 속 공간이 충분하지 않다는 생각이 있다. 즉 그러기에는 몸이 너무 비좁다는 것이다. 하지만 이것은 육신적 용어로 영적 존재를 상상하기 때문이다. 그렇다면 어떻게 성령과 인간의 영이 같은 사람의 몸 안에 거할 수 있을까라는 질문도 가능하다. 이것 또한 너무 "비좁지" 않을까? 한때 막달라 마리아 안에는 "일곱 귀신"이 거했다(눅 8:2). 거라사 지방의 귀신 들린 사람 안에는(막 5장) 한 군단(육천)의 귀신이 거했는데, 이 귀신들은 이천 마리의 돼지에게로 들어가 그것들을 죽게 만들기에 충분했다. 성령의 임재가 공간을 문제 삼아 귀신을 몰아내야 한다면 성령은 안 계신 곳이 없고 따라서 귀신은 어디에도 존재할 수 없다.

두 번째 논쟁은 이것이 영적으로 불가능하다는 것이다. 성령, 곧 거룩하신 영이 어떻게 거룩하지 못한 귀신과 같은 몸 안에 사실 수 있는가 하는 의문이다. 하지만 어떤 의미에서 성령은 우주 안에 있는 모든 사물과 심지어 불신자를 포함하여 모든 사람 안에 "살고 계심"을 기억해야 한다(물론 구원과 성화를 이루는 방식은 아니다). 성령은 편재하신다. 성령은 모든 것 안에 거하신다. 욥기를 통해 알 수 있는 바는, 사탄이 하나님의 임재로 들어갔다는 것이고, 이것은 공간의 근접성 문제가 아니라 개인적 관계의 문제임을 시사한다. 성령과 귀신이 인간의 몸 밖에서 근접한 거리 안에 존재할 수 있다면 인간의 몸 안에서는 왜 불가능할까? 마지막으로 성령은 그리스도인 안에 거하시는데, 그리스도인이 여전히 죄악된 본성과 육체를 가지고 있음에도 불구하고 그렇게 하신다. 바꾸어 말하면, 성령 곧 거룩하신 영이 거룩하지 못한 인간의 죄와 더불어 같은 몸 안에 사실 수 있다면, 왜 거룩하지 못한 귀신과는 그렇게 하실 수 없는가?

이 논쟁의 본질은 성경적이라기보다 감정적이다. 신자 안에 성령과 귀신이 동거한다는 것은 지나치게 가깝고 친밀한 접촉이다. 이런 생각은 감정적 도발이자 충격으로 영적 적절성에 어긋난다. 감정적으로는 하나님이 그것을 허용하실 리가 없다고 느끼는 것이다. 자기 자녀들을 향한 하나님의 사랑은 커서 귀신의 영향을 그렇게까지 허용하실 리가 없다. 하지만 이런 문제를 다룰 때 우리의 유일한 기준은 우리에게 적절하게 보이고 느껴지는 바가 아니라, 성경이 분명하게 이야기하는 것이 되어야 한다.

덧붙여 언급해야 할 논쟁도 여럿 있다. 일례로 "어떻게 그리스도인이 그리스도의 소유(possessed)이면서 동시에 귀신의 소유일 수 있느냐?"는 질문이다. 하지만 이 질문에서의 "소유"는 전혀 다른 의미를 지닌다. 어떤 사람이 귀신에게 소유되었다는 것은(앞서 언급했던 대로 이것은 비성경적 표현이다) 그가 악한 영으로부터 상당한 영향을 받고 있다는 뜻이다. 반면 그리스도에게 소유되었다는 것은 그의 피로 사신 바 되어, 말 그대로 주님의 소유가 되었다는 뜻이다(고전 6장).

또 다른 논쟁은 "어떻게 그리스도 안에 있는 그리스도인이 그 안에 귀신을 가질(have) 수 있느냐?"는 것이다. 다시 한 번 말하면, 여기서 사용된 단어들은 감정적인 반응을 유발할 뿐 신학적 본질을 담고 있지 않다. "그리스도 안에" 있다는 것은 영원한 구원을 지칭하고, 귀신이 "신자 안에" 있다는 것은 그의 영향력과 설득력을 지칭한다.

독자들도 "신약이 묘사하는 그리스도인의 내적 전투는 성령과 육의 싸움이지 성령과 귀신의 싸움이 아니다"라는 주장을 들어보았을 것이다. 하지만 먼저 이것은 침묵 논법에 해당한다. 즉 성경의 어떤 본문도 성령이 신자 안에 거하는 귀신과 싸우신다는 사실을 부인하거나 배제하지 않는다. 더욱이 만일 그리스도인이 그의 육에 복종하고 성령을 근심케 한다면, 이것은 곧 귀신이 그의 안에 들어오도록 문을 여는 것과 다름없다. 마지막으로 에베소서 6장은 우리의 주된 싸움이 귀신에 대한 것이라고 말한다. 이것이 "내적" 싸움인지에 대해서는 분명하게 언급하지 않지만, 그렇다고 배제하지도 않는다. 특히 우리가 전신갑주를 취하지 않는 경우에 더욱 그렇다.

그리스도인의 귀신 들림에 대한 옹호

이제껏 우리는 전부는 아니더라도 그리스도인이 귀신 들릴 수 없다고 주장하는 대부분의 논쟁을 자세히 살펴보았다. 이 본문들이나 그로부터의 추론 중 무엇도 결론적으로 타당하다고 여겨진 것은 없었다. 이제 귀신이 그리스도인 안에 거할 수도 있다고 제안하는 본문으로 시선을 돌려보자.

먼저 귀신의 활동과 공격의 실재를 묘사한 본문에서 시작해보자. 대부분의 본문은 그리스도인이 귀신 들릴 수 있다는 가설을 증명하지 못하는데, 개인과 연관지어 귀신이 활동하는 장소를 밝히지 않기 때문이다. 일례로 고린도후서 2:11은 사탄에게 그리스도의 몸을 분열하기 위한 계책이 있음을 언급한다. 어느 누구도 사탄이 분열과 방해를 일으키고, 의견의 불일치를 교묘히 이용하며, 용서하지 못하도록 분탕질한다는 사실을 부인하지 않을 것이다. 하지만 여기 어디에도 귀신 들림에 대한 분명한 언급은 없다.

고린도후서 11:3-4은 고린도 신자들이 이전에 받은 것과 "다른 영"을 "받는" 것의 위험을 언급한다. 이 "영"은 무엇을 의미할까? 귀신의 존재일까? 아니면 태도, 영향, 원리일까? "받는다"는 것은 어떤 의미일까? 침입과 그로 인한 거주일까? 아니면 용인, 주의(注意), 그와 비슷한 영향일까? 가장 설득력 있는 설명은 고린도 교인들이 귀신의 조종과 거짓 교사의 존재와 영향을 용인했다는 것이다.

우리는 바울의 육체의 가시가 "사탄의 사자"를 통해 왔다고 말하는 고린도후서 12:7-8 본문을 잘 알고 있다. 하나님이 바울을 겸손하게 하시려고 귀신의 존재를 사용하신 것은 사실이지만 어느 누구도 바울이 귀신 들렸다고 결론짓지는 않을 것이다. 그랬다면 바울은 그것의 영향 안에서 기뻐하지 않았을 것이다(9-10절).

에베소서 4:26-27은 마귀가 기독교 공동체 안에서 일어나는 관계의 압력과 긴장을 이용할 경우 어떤 일들이 벌어질지를 설명하고 있기에 더욱 중요한 구절이다. 페이지가 지적한 내용은 옳다. "마귀에게는 분노(anger)를 일으킨 책임이 없다. 분노의 근원은 그 사람 안에 있다. 하지만 분노는 마귀에게 그 사람과 공동체의 삶을 파괴할 기회를 제공할 수 있다."[5] 이 경우 사탄의 행동은 위의 본문에 연이어 등장하는 다른 죄들, 곧 "도둑질, 더러운 말, 악독, 노함, 떠드는 것, 비방하는 것, 악의와 용서하지 않는 것"(28-32절을 보라)으로 확대될 수 있다.

---

5 Sydney H. T. Page, *Powers of Evil: A Biblical Study of Satan and Demons* (Grand Rapids: Baker, 1995), 188-89.

아놀드는 바울이 사용한 "토포스"(topos)라는 용어를 지적하는데, 이 것은 "틈" 혹은 "기회"로 번역되었다(27절). 그는 이 단어가 신약에서 "있을 곳"으로 사용된 예를 들어 논쟁한다(참조. 눅 2:7; 4:37; 14:9; 요 14:2-3). 그에 따르면 보다 더 핵심에 가까운 본문은 누가복음 11:24, 요한계시록 12:7-8과 같이 "토포스"를 악한 영이 거하는 공간으로 사용한 경우다. 그가 내린 결론은 다음과 같다. 에베소서 4:27의 "토포스"를 가장 자연스럽게 해석하는 방법은 있을 만한 공간으로서의 개념이다. 바울이 신자들을 경계와 도덕적 순결로 부른 것은 이들이 귀신들에게 작전 기지를 내주는 일이 없도록 하기 위함이다."[6]

에베소서 6:10-18과 귀신의 맹공격에 대비하여 하나님의 전신갑주를 취하라던 바울의 강권은 모두가 익숙하게 알고 있는 바다. 그리스도의 힘 안에 서 있지 않은 신자, 하나님의 전신갑주를 입지 않은 신자, 따라서 "능히 대적"하지 못하는 신자에게는 어떤 일이 일어날까?(13절)

사탄과 귀신의 공격을 언급한 본문은 많지 않다. 데살로니가전서 2:18은 "사탄이 [바울이 고대하던 데살로니가의 방문을] 막았도다"라고 기록한다. 사도는 신자가 "마귀의 올무"에 빠지는 위험을 묘사한다(딤전 3:7). 여기에는 귀신 들림이 포함될까? 알 수 없다. 이 표현 자체에는 그런 가능성이 암시되지도, 배제되지도 않는다. "후일"(後日)의 특징은 사람들이 귀신의 가르침의 영향력 아래로 들어가는 것인데, 이것은 정신의 통제라는 형태를 띨 수도 있다. 바울은 이들이 "미혹하는 영과 귀신의 가르침을 따르리라"고 묘사한다(딤전 4:1). 하지만 이것이 귀신의 "거주"를 수

---

6 Arnold, *Three Crucial Questions*, 88.

반 혹은 요구하는가? 또 바울이 염두에 두었던 사람들은 거듭난 그리스도인들인가, 아니면 예수님의 구원하시는 은혜를 전혀 알지 못하던 이름뿐인 그리스도인들인가?

바울은 일부가 "마귀의 올무에서 벗어나 하나님께 사로잡힌 바 되어 그 뜻을 따르게" 되었다고 묘사한다(딤후 2:26). 하지만 이들은 바울이 디모데의 사역을 통해 구원의 믿음으로 나오기를 소망하고 기도하던 불신자들로 보인다. 물론 귀신 들린 사람이 구원의 믿음으로 나아올 때 일어나는 일에 대한 질문이 있을 수 있다. 불신자를 거듭나게 하시는 성령의 사역은 자동적으로 구원과 귀신의 내쫓겨남으로 귀결되는가? 내가 알고 있는 본문 중에는 이 질문에 대답하는 본문이 없다.

야고보는 "땅 위의 것이요 정욕의 것이요 귀신의 것"인 "지혜"를 언급하면서(약 3:15) 신자가 이런 지혜에 기초해 행동할 가능성을 분명히 고려한다. 하지만 이것은 귀신 들림을 포함하는가? 더욱 명백한 것은 베드로의 권면인데, 베드로는 "[우리의] 대적 마귀가 우는 사자같이 두루 다니며 삼킬 자를 찾는다"는 사실을 명심하여 주의할 것을 당부했다(벧전 5:8). 그는 우리에게 "겸손"하고(6절), 우리의 모든 염려를 하나님께 맡기며, 근신하여 깨어 있으라고 말했다. 이 말은 우리가 겸손하지 않고, 염려를 하나님께 맡기지 않으며, 근신하여 깨어 있지 않으면 마귀에게 삼킨 바 될 수도 있다는 결론으로 충분히 이어질 수 있다. 말 그대로 삼킨 바 되는 것이다(마 23:24; 고전 15:54; 고후 2:7; 5:4; 히 11:29; 계 12:16). 하지만 이 "삼킴"이 어떻게 또 어디로부터 일어나는지에 대한 분명한 설명은 없다. 기회가 주어질 때 사탄이나 귀신들은 신자의 삶을 상당 부분 잠식할 수 있고, 그리스도인이라는 신분만으로는 이런 종류의 잠재적이고 파괴적인 공격으로부터 자동으로 보호받지 못한다. 반면 우리가 마귀를 "대적"할 때(벧전 5:9) 승리를 보장받는다.

앞서 살펴본 본문인 요한1서 4:1-4 역시 이런 논쟁과 연관이 있지만, 이것은 적그리스도의 영이 역사하던 거짓 교사들 중 일부가 그리스도인들이었다는 가정하에서만 가능하다. 하지만 그럴 가능성은 희박하다.

이제 특정 개인들의 경험이 묘사된 본문을 살펴보자. 종종 언급되는 인물은 발람이다(민 22-24장). 하지만 발람은 신자였을까? 우리가 어떤 결론에 다다르든 그의 삶에 귀신이 내주했다는 기록은 없다. 사울의 경우는 더욱 흥미롭다. 그는 신자였을까? 아마도 그랬을 것이다(삼상 10:9). 그는 자신의 거역과 죄로 인해 귀신의 공격을 받는다(삼상 16:14-23; 18:10-11; 19:9). 하지만 악한 영이 그"에게"(upon/on) 왔다고 했을 뿐, 그의 "안으로"(into/in) 들어왔다고 기록되지는 않았다. 우리는 이것이 오순절 이전의 사건이라는 것을 감안하여 본문을 해석해야 할까?

가장 도움이 되는 본문은 몸이 구부러진 여자의 이야기다(눅 13:10-17). 그녀의 상태는 "강직성 척추염"으로 추측되는데 이는 척추의 뼈들이 서로 붙어버리는 질병이다. 하지만 우리의 질문은 그녀가 신자였는가로 다시금 돌아온다. 그녀는 병 고침을 받은 즉시 하나님께 영광을 돌렸고(13절) "아브라함의 딸"이라 칭함 받았다(16절; 눅 19:9을 보라). 이런 호칭은 그녀가 유대인이었다는 의미에 불과할 수도 있다. 그녀는 귀신 들렸을까? NASB는 그녀가 "귀신이 유발한 질병을 앓으며"라고 번역했는데, 문자적으로는 "그녀가 질병 혹은 병약함의 영을 가지고 있었다"는 의미로서 이는 "영을 가지고 있다"로 표현되는 귀신 들림과 흡사하다(16절도 보라). 같은 맥락에서 ESV는 이것을 "장애를 주는 영을 가졌다"로 번역했다. 하지만 이 이야기를 축귀보다는 단순한 치유로 보는 것이 좋다는 주장도 있었다. 비록 이것이 사실이라고 해도 귀신이 그녀 안에 거했는지에 대한 대답은 없다.

여기서 아나니아와 삽비라의 이야기(행 5장)를 언급하지 않는다면 임무 태만일 것이다. 이들은 분명 신자였다. 신자가 아니었다면 이들의 죽음이 교회와 어떤 관련성을 갖는다고 보기는 어렵다(참조. 11절). 그렇다면 이들은 귀신 들렸을까? 이들 마음에는 사탄이 "가득했다"고 한다(3절). "가득하다"는 동사는 에베소서 5:18에서 성령"충만"을 위해 사용된 단어이기도 하다. 하지만 사탄은 무엇으로 이들의 마음을 채운 것일까? 자기 자신으로? 즉 이들 안에 거한 것일까? 아니면 돈을 감추려는 유혹과 생각과 개념으로 채운 것일까? 이것은 적어도 신자가 사탄의 강력한 영향 아래로 들어온 사건이다. 사탄의 영향에도 불구하고 이 죄의 책임은 그들에게 있었다. 그리고 이들은 죽음으로 징계를 받았다(행 5:4b, 9, "네, 너희, 너를"). 요점은 이들이 사탄의 영향에 "아니"라고 말할 수도 있었다는 사실이다.

계모와 성관계를 맺은 것이 탄로 난 고린도전서 5장의 남자 역시 이 논쟁에서 종종 언급되는 인물이다. 바울은 그의 육신이 멸하도록 그를 사탄에게 내어줄 것을 조언한다(고전 5:5). 아마도 교회의 교제로부터 그를 제명하거나 추방하라는 의미였을 것이다. "사탄에게 내준다"는 것은 그를 세상과 사탄의 영역으로 다시 돌려보낸다는 의미다. "육신의 멸함"은 육체적 죽음이 아니라 그의 추방으로 예상되는 효과, 곧 육신적 욕구를 절제하고 십자가에 못 박아, 그가 그리스도의 날에 구원받는 것을 의미한다. 우리는 다른 예를 통해 사탄이 의도하는 것(틀림없이 이 남자를 파괴하고자 했을 것이다)과 하나님이 의도하시는 것(구원)이 전혀 다름을 다시 한 번 확인한다.

고린도전서 10:14-22은 현 논의의 결론을 확정하는 데 필요한 명백한 증거를 제공하는 것처럼 보이는 특별한 본문이다. 여기서 바울은 고린도인들이 이방인의 잔치에 참석한 후 지역 교회가 베푸는 주님의 식탁으로 향하는 것에 대해 긴급히 경고한다. 사도는 귀신에 대한 그리스도인의 참여(ESV)나 나눔, 혹은 함께함이 가능하다고 본 것이 분명하다. 그가 여기서 사용한 단어는 "코이노니아"(koinōnia)인데, 이 단어는 일반적으로 어떤 사람이나 사물과의 교제나 사귐을 지칭한다. 16절에서 바울은 같은 단어를 사용해 그리스도의 식탁에서 우리가 누리는 그리스도와의 나눔, 참여, 사귐을 묘사한다. 이것은 무엇을 의미할까? 우리가 귀신에 반대해 그리스도와 단순히 "의견의 일치"를 이루고 "공통의 목적"을 취한다는 뜻일까? 이교도의 잔치에는 단지 외견상으로만 참석한다는 의미일까? 아니면 바울이 염두에 둔 것은 보다 더 적극적인 나눔, 곧 귀신과의 내면적이고 영적인 연합, 연결 혹은 사귐이었을까? 그의 핵심은 우리가 주님의 식탁에 예배하고자 앉을 때, 혹은 반대로 우상 앞에서 그렇게 할 때, 이 둘 중 하나의 능력과 영향에 우리 자신을 연다는 사실이다. 여기에는 친밀한 영적 경험, 연관, 개인적이고 강력한 관계의 나눔이 있다. 하지만 이것은 귀신의 거주를 수반하는가?

결론

클린턴 아놀드는 성경의 어떤 본문도 그리스도인이 귀신 들린 경우를 묘사하지 않는다는 사실을 중요하게 여긴 이들에게 다음의 말을 전했다.

> 서신서가 그리스도인의 경험을 설명하면서 "귀신 들리다" 혹은 "귀신
> 을 갖다"라는 용어를 사용하지 않는다고 해도 그런 개념은 여전히 건재
> 한다. 귀신의 거주와 통제의 개념은 성경이 가르치는 바로서 귀신이 신
> 자들에게 할 수 있는 일의 일부다. 귀신이 영향력을 행사하는 현상을 묘
> 사하기 위해 복음서들이 사용한 그리스어로만 한정시킨다면, 우리는 다
> 른 용어로 표현된 똑같은 개념을 놓치고 말 것이다. 예컨대 "제자를 삼는
> 일"이 교회의 임무 중 하나라는 사실은 누구도 의심하지 않는다. 하지만
> 제자(mathetes)라는 용어는 사도행전 이후 신약에서 단 한 번도 등장하
> 지 않았다. 그렇다고 제자도의 개념이 교회의 초기 역사로부터 사라졌다
> 고 결론지을 수는 없다. 바울, 베드로, 요한 등 다른 신약의 저자들은 같
> 은 실재를 묘사하기 위해 다양한 다른 용어들을 사용했을 뿐이다.[7]

이제 논쟁은 귀신의 "영향력"이 아닌, 귀신이 신자에 대해 갖는 "위치"
로 귀결된다. 다른 말로 하면, 모든 사람이 인정하듯 귀신은 그리스도인
들을 공격하고 유혹하고 억압하고 삼키고 심각한 죄로 이끌 수 있다. 사
탄은 우리의 마음을 거짓말로 채울 수 있고, 우리의 분노를 사용하며, 우
리의 혼을 거짓 교리로 속일 수 있다. 문제는 이것이다. "이 모든 일은 우
리의 혼, 영, 몸 바깥에서 일어나는가? 아니면 우리 안에 거하는 귀신으로
부터 일어나는가?"

---

7 같은 책, 92-93.

신약은 위의 질문에 대해 반론의 여지가 없는 명백한 대답을 제시하지 않는다. 어떤 것도 신자의 귀신 들림을 배제하지 않는다. 동시에 어떤 본문도 이것을 분명하게 긍정하거나, 귀신 들렸던 신자에 대한 부인할 수 없는 예를 제공하지 않는다. 그렇다면 이 질문의 "실질적" 중요성은 무엇일까? 다른 말로 하면, 귀신이 갖는 "위치"는 내가 귀신의 공격에 처한 사람을 위해 기도하고 그를 섬길 때 어떤 영향을 끼치는가? 나로 하여금 다른 말, 다른 기도, 성경의 다른 본문을 사용하도록 하는가? 나는 다음과 같이 말한 토마스 화이트(Thomas White)와 의견을 같이한다. "귀신이 나를 덮치는 곳이 어디든, 몇 킬로미터 떨어진 곳이든, 이 방의 구석이든, 나의 귀에 속삭이든, 나의 어깨 위에서든, 아니면 부패하기 쉬운 나의 육에 매달려서든 그 결과는 동일하다."[8]

정말로 그럴까? 사람의 혼에 어떤 단어나 생각을 제시하고 불어넣기 위해, 혹은 그가 자신의 목소리가 아닌 다른 목소리를 듣도록 만들기 위해 귀신은 공간적 의미에서 그 사람 "안에" 있어야 할까? 베드로의 경우(마 16장) 사탄은 그의 내면에 거하지 않고도 그의 마음에 생각을 불어넣을 수 있었다. 종종 자신의 머릿속에서 어떤 목소리가 들린다고 이야기하는 사람들이 있는데, 이것은 들리는 음성을 통해서가 아니라, 이들의 마음에 부지불식간 떠오르는 생각이나 단어나 심상들을 통해서다. 이들이 느끼기에 그것의 출처는 자기 자신이 아니다. 그렇다면 이런 일을 위해 귀신이 그 사람 안에 있어야 하는 걸까?

내가 그리스도인도 귀신 들릴 수 있다고 말한다면 독자들은 놀랄 것

---

8 Thomas B. White, *The Believer's Guide to Spiritual Warfare* (Ann Arbor, MI: Servant, 1990), 44.

이다. 하지만 그리스도인도 지나가는 차에 치일 수 있다고 말한다면 두려워하지 않을 것이다. 다만 차를 조심할 것이다. 차들이 쌩쌩 달리는 도로 중앙으로 걸어 들어가지 않을 것이다. 차에 치일 수도 있다고 해서, 지속적인 염려와 두려움 속에서 살지는 않을 것이다. 마찬가지다. 그리스도인도 귀신 들릴 수 있다고 해서 두려워할 필요는 없다. 성경이 제시하는 점들에 주목하고, 성령이 제공하시는 보호 장치들을 사용하라. 그럼에도 불구하고 공격받는다면 그리스도 예수 안에 있는 피난처와 보호를 찾으라.

마지막 한 가지 질문은 "이 문제를 결론짓는 데 있어 우리가 다른 그리스도인들의 간증과 경험에 어느 정도의 자리와 권위를 부여해야 하는가?"다. 내가 판단할 때 확실히 그리스도인이었지만 동시에 귀신 들림의 모든 증거를 보인 이들을 위하여 기도하고 섬겨본 내 개인적 경험으로부터 나는 어떤 결론을 내려야 할까? 그리스도인의 귀신 들림이 불가능하다는 교리적 확신을 가진 사람들에게 내가 건네는 예시들은 별 의미가 없을 것이다. 이들에게는 세 가지가 아닌 두 가지 대안밖에 없다. 그 사람이 자기기만에 빠져서 다른 사람들이 자신을 거듭났다고 믿도록 현혹했거나, 아니면 귀신의 행위가 그의 내면이 아닌 외면으로부터 왔다는 것이다. 그가 거듭난 동시에 그 안에 귀신의 영이 거한다는 가능성은 전혀 고려 대상이 아니다.

나는 잠정적이고 조심스러운 결론을 내리며 이번 장을 마무리하고 싶다. 모든 근거를 볼 때 나는 그리스도인도 귀신 들릴 수 있다고 생각한다.

추천 도서 _____

Arnold, Clinton E. *Three Crucial Questions about Spiritual Warfare*. Grand Rapids :
　　Baker, 1997.

Dickason, C. Fred. *Demon Possession and the Christian*. Chicago : Moody, 1987.

Powlison, David. *Power Encounters: Reclaiming Spiritual Warfare*. Grand Rapids: Baker,
　　1995.『성경이 말하는 영적 전쟁』(생명의말씀사 역간).

14장
사탄은 귀신들에게 지정학적으로
특정 지역을 부여할 수 있을까?
지역 악령들은 정말 존재할까?

사탄은 특정한 지리적·정치적 영역에 대한 책임과 권세와 능력을 특정 귀신들에게 부여했을까? 일부 나라와 문화권에서 나타나는 복음에 대한 견고한 저항은 사탄이 그곳에 부여한 귀신(혹은 영)의 다스림 때문일까? 그렇다면 그리스도인의 책임은 무엇일까? 이른바 지역 악령(territorial spirit)과의 싸움에 관한 한 특별한 전략을 요구하는 독특한 형태의 영적 전쟁이 있는가?

지역 악령에 대한 성경적 증거[1]

몇몇 증거에 기초하여 나는 지역 악령이 존재할 수도 있다는 결론에 다

---

1 비평적이고 다소 부정적이긴 해도 이 문제를 대략적으로 가장 잘 다룬 책은 척 로우 (Chuck Lowe)가 쓴 *Territorial Spirits and World Evangelisation: A Biblical, Historical and Missiological Critique of Strategic-Level Spiritual Warfare* (Ross-Shire: Christian Focus, 2001)다.

다랐다.[2] 예를 들면, 우리는 사탄이 귀신의 집단을 계급화하여 조직한다는 것을 안다. 바울의 편지에는 여섯 가지 단어들로 묘사된 일종의 계급이 등장한다. 곧 통치자들(principalities), 권세자들(authorities), 능력들(powers), 주권들(dominions), 왕권들(thrones), 세상 주관자들(world rulers)이다. 예수님 자신도 귀신들이 악함은(마 12:45) 물론 힘과 능력에(막 9:29) 있어서도 서로 간에 정도와 깊이의 차이가 있음을 언급하셨다. 이것이 이들의 조직에서의 위치를 결정짓는 요인일 수 있지 않을까? 또한 우리는 사탄이 무턱대고 행동하지 않는다는 사실을 기억해야 한다. 사탄에게는 계획, 책략, 전략, 우주적 의도가 있다(엡 6:11; 고후 2:11; 요일 5:18-19).

다니엘 10장에 묘사된 이야기야말로 지역적·국가적 영들에 대한 가장 명백한 증거다. 이 장의 사건들은 "바사 왕 고레스 제삼 년"에 일어났다(1절). 이는 기원전 535년으로 다니엘 9장에서 가브리엘이 등장하고 2년이 지난 후다. 당시 다니엘은 대략 85세였을 것이다.

그해 "한 일이 다니엘에게 나타났는데…그 일이 참되니 곧 큰 전쟁에 관한 것"이었다(10:1). 다니엘은 이 일을 가볍게 여기지 않았고 즉시 개인적인 준비 기간에 들어갔는데, 여기에는 3주간의 "슬픔"과 좋은 떡과 고기와 포도주를 먹지 않는 금식이 포함되었다(3절). 추측하자면, 그가 부분적인 금식을 시작한 것은 니산 월(3-4월, 첫 번째 달)의 3일째 되던 날

---

2 로우가 기록한 바, 지역 악령의 실재를 옹호하는 자료들의 주장은 다음과 같다. "지역 귀신에게 맡겨지는 것은 지리적 영역만이 아니다. 나라나 주(states) 같은 지정학적 기관, 골짜기나 산, 강과 같은 지형적 특징, 나무나 개울, 바위와 같은 생태학적 특징, 집이나 성전, 우상 같은 작은 물리적 물체까지 포함한다"(같은 책, 19).

로, 그가 천사의 방문을 경험한 것은 그 달 24일이었다.

다니엘이 제1차 포로 귀환을 통해 팔레스타인으로 돌아가지 않은 이유에 대한 설명은 없다. 그의 나이가 장애가 되었을 수도 있고, 공무로부터 제외되기에는 그의 역할이 너무 중요했을 수도 있다. 바벨론에서 자신이 가지고 있던 세력 기반이 유대인들에게 더욱 유익할 것이라는 판단 때문에 일부러 남았을 수도 있다. 어찌되었든 그는 자신의 직무로부터 3주를 떼어 기도와 금식을 하며 주님을 구했다. 그가 그렇게 한 곳은 티그리스 강("힛데겔이라는 큰 강") 부근으로, 이 강은 바벨론의 북쪽에서 수백 마일 떨어진 곳으로부터 시작해 수도에서 30킬로미터 채 떨어지지 않은 지점을 지나 페르시아만으로 흘러들고 있었다.

이어진 천사의 방문은 다니엘 10:5-9에 묘사된다. 이 천사(?)의 특성에 관해서는(본문에서는 "사람"으로 지칭되었다─역자 주) 몇 가지 주목해야 할 사실이 있다. 다니엘 12:6에는 티그리스 강 위 공중에 떠 있는 자로 묘사된 천사가 등장하는데, 여기서도 그랬을 것이다(다니엘이 그의 눈을 "들어본즉"이라는 표현을 보라; 10:5). 이 "천사"는 사람의 형태와 모습을 취했고(5절), "세마포"를 입었다(5절). 제사장들과(출 28:42; 레 6:10) 천사들(겔 9:2-3, 11; 10:2, 6-7; 눅 24:4) 모두 새하얀 세마포를 입는데, 이것은 순결을 상징했다(참조. 사 1:18; 단 11:35; 12:10). 이 천사는 허리에 "우바스 순금 띠"를 띠고 있었다(단 10:5). 이것은 아마도 왕족의 신분과 심판의 능력을 가리키는 금으로 수놓인 세마포 벨트나 금줄이었을 것이다. 그의 몸은 "녹주석"(6절)과 같았고 "황옥"으로도 보였는데 이것들은 금색을 띤 보석의 일종이다. 그의 얼굴은 "번갯빛"(6절)과 같았고 이것은 말 그대로 번갯불을 지칭하거나, 아니면 단순히 얼굴의 광휘를 비유하기 위한 표현이었을 것이다. 그렇지 않다면 어떻게 얼굴이 번갯빛 같을 수 있겠는가? 그의 눈은 "횃불"(6절; 참조. 계 1:14)과 같았다. 잠시 멈추어, 활활 타오르는 횃불 같은 눈들을 "번갯빛" 같은 얼굴이 감싸고 있는 모습을 상상해보라. 그의 팔과 발은 "빛난 놋"(단 10:6) 같았고 "말소리"는 "무리의 소리" 같았다(6절; 참조. 계 10:3).

이 존재는 누구일까? 일부에서는 이 존재를 성육신 이전의 성자 하나님으로 풀무불과(단 3장) 사자 굴에(단 6장) 나타난 인물과 동일한 신적 존재로 본다. 그럴 경우 우리는 이 존재와 다니엘 10:10이하에 등장하는 "천사"를 구분 지어야만 한다(겔 1:26-28과 계 1:12-16에 기록된 비슷한 묘사들을 보라). 하지만 여기에는 작은 문제가 있는데, 곧 이 존재가 성자 하나님이 맞다면 그분이 등장하신 목적이 무엇인가 하는 것이다. 왜 그분은 등장하시자마자 바로 다른 천사에 의해 대체되셨는가? 차라리 다니엘 10:5-9에서 다니엘을 놀라게 했던 천사가 10절이하에서 그를 만지고 가르쳤던 천사와 동일하다는 설명이 훨씬 더 쉽다. 따라서 이를 9장에서 다니엘에게 나타났던 가브리엘로 보는 사람들도 있다. 이런 견해에 반대하는 한 가지 사실은 9장에서는 다니엘이 가브리엘에게 놀라지 않은 반면, 여기 10장에서는 놀라고 있다는 점이다. 하지만 이것은 단순히 그가 나타난 모습 때문일 수 있다. 5-6절에 기록된 묘사는 다니엘이 왜 다르게 반응했는지를 설명하기 위해서였을 것이다. 아니면 능력과 장엄함에 있어서는 가브리엘이나 미가엘과 비슷하지만 엄연히 다른 천사였을 수도 있다(특히 계 10:1을 보라).

다니엘 10:10-17은 이 각본에 대한 설명을 제공한다. 간단히 답하자면, 이 존재는 하나님이 다니엘의 겸손과 기도에 대한 응답으로(12절) 그에게 보내주신 천사였다. 이 천사의 도착은 "바사 왕국의 군주"의 방해로 21일 동안이나 지연되었다(13절). 이 "군주"의 정체는 무엇일까? 몇 가지 요인은 그가 인간 군주가 아님을 증거한다. 먼저 그는 고귀한 천사적 존재에 저항할 수 있었는데, 이것은 어떤 인간에게도 불가능한 일이다. 둘째로 그는 그런 힘에 저항하기 위해 미가엘의 도움을 받아야 했다(13b). 또한 우리는 이 "군주"라는 단어가 천사장 미가엘에게도 동일하게 적용되었다는 사실에 주목해야 한다. 정황상 여기서 우리가 다루고 있는 존재는 다른 천사적 존재와 직접적으로 갈등하는 귀신의 영이다. 그는 페르시아라는 나라와 지속적으로 관계를 유지했고(20절), 따라서 나는 "바사 왕국의 군주"가 귀신적 존재로서 사탄이 그에게 그 나라를 특별한 활동 영역으로 부여했다고 믿는다. 그의 목적은 페르시아의 통제 아래 있던 하나님의 백성 가운데서 그분의 뜻과 그 나라를 방해하는 것이었다.

13절은 가브리엘이 "바사 왕국의 왕들과 함께 머물러" 있었다고 기록한다. 이에 대한 한 가지 견해는 페르시아의 "왕들"이 미래에 그 나라를 다스릴 통치자들을 가리키고, 가브리엘이 이들에게 영향력을 행사할 위치를 13a절에 언급된 "바사의 군주"(귀신)로부터 성공적으로 쟁취해냈다는 주장이다. 또 다른 견해는 "바사의 왕들"이 현재 세상을 지배하고 있는 이 나라에 자신의 영향력을 행사하기 위해 사탄이 배치한 또 다른 귀신들이라는 주장이다. 20절의 기록에 따르면 가브리엘은 다니엘을 만난 후 페르시아의 군주와의 싸움을 재개하기 위해 다시 돌아가야 했다. 이것은 13절에 기록된 싸움의 본질이 무엇이든 간에 가브리엘이 그 "군주"를 영원히 멸망 혹은 제거하는 일이 불가능했음을 시사한다. 또한 20절에는 "헬라의 군주"가 등장한다. 이것으로부터 각 국가나 나라에 적어도 하나의 고위급 귀신이 그를 돕는 낮은 계급의 귀신들과 함께 배치된다는 사실을 유추할 수 있을까? 다니엘 10:13, 21, 12:1이 미가엘을 이스라엘을 위한 특별한 수호자 혹은 보호자로 묘사했다는 사실을 기억하라.

이로부터 내릴 수 있는 결론은 다음과 같다. 먼저 다니엘이 천사들에게 기도하거나 명령하는 묘사가 전혀 없다는 사실이다. 그의 기도는 오로지 하나님만을 향해 있었고, 하나님은 그에 대한 응답으로 갈등에 관여할 천군을 보내주셨다. 둘째로 귀신의 군대가 이 세상의 왕들과 나라들, 사람들을 조종할 기회를 상급으로 놓고, 하늘의 천군과 전쟁을 벌이고 있다는 분명한 사실이다. 페이지는 이렇게 설명한다.

> 반역한 천사들은 이스라엘을 지지하는 군대에 대항했고, 이 두 무리의 갈등은 이들이 연합한 나라들 간의 관계에도 영향을 미쳤다. 즉 땅에서의 상황은 하늘의 상황을 반영한다. 지상 밖의 영역에서 페르시아의 군주가 품었던 적대감은 이스라엘이 예루살렘 성벽과 성전을 재건하려고 했을 때 부딪혔던 인간적 저항의 형태로 그 모습을 드러냈다(스 4장). 후일에 이스라엘은 그리스라는 또 다른 외세의 압력을 받는데, 이는 앞서 암시되었던 "헬라의 군주"다.[3]

세 번째로 사실상 다니엘의 기도가 하늘의 갈등을 유발했다는 사실이다. 다니엘은 3주간 금식했고, 이 기간은 "바사의 군주"와 이름을 알 수 없는 천사가 서로 갈등한 기간과 일치한다. "이것은 인간의 기도가 더 높

---

3 Sydney H. T. Page, *Powers of Evil: A Biblical Study of Satan and Demons* (Grand Rapids: Baker, 1995), 64.

은 차원의 일들과 연관되어 있음을 시사한다. 다니엘의 기도는 나라들의 운명을 좌우할 만큼 중요한 역할을 수행하던 천사들에게 영향력을 행사한 것으로 보인다."[4] 이것은 하늘에서의 갈등의 결과가 지상에서의 기도의 빈도나 열성에 의존한다는 뜻일까? 이 질문에 대한 답이 무엇이든 간에 우리는 아놀드의 다음과 같은 지적을 기억해야 한다.

> 기도하는 동안 다니엘은 영적 영역에서 일어나고 있는 일들을 전혀 알지 못했다. **그가 지역 악령들을 분별하고 그들에 대항하는 기도를 하고 그들을 멸하고자 했다는 기록은 없다.** 사실 하늘의 경고를 받은 "후"에야 그는 천사의 영역에서 일어난 일들을 알게 되었다.[5]

네 번째로 지상 위 전투와 투쟁의 결과는 천상의 개입을 분명하게 반영한다. 존 골딩게이(John Goldingay)는 이렇게 말한다. "왕들과 나라들의 목적은 특정 인간의 의사 결정 그 이상이다. 영적 영역의 어떤 것이 이들 배후에 존재한다."[6] 다른 말로 인간 역사에서 일어나는 사건들을 결정짓는 것은 인간의 의지만이 아니다. 페이지는 다음과 같이 설명한다.

> 구체적으로 말해 우주에는 악의적인 힘이 존재하고, 이 힘은 특별히 하나님의 백성이 연관된 사회·정치 영역에서 사악한 영향력을 행사한다.

---

4 같은 책.

5 Clinton E. Arnold, *Three Crucial Questions about Spiritual Warfare* (Grand Rapids: Baker, 1997), 162(아놀드 강조).

6 John E. Goldingay, *Daniel*, Word Biblical Commentary (Dallas: Word, 1989), 312.

하지만 이 악한 대리인들의 힘은 제한적인데, 선의 초월적인 힘이 이들을 대항할 뿐 아니라 신자의 신실한 기도 역시 이들을 효과적으로 대항하기 때문이다. 하나님의 뜻에 맞서는 악의 힘이 얼마나 적대적이든 간에 그것은 하나님의 뜻이 성취되는 것을 방해하지 못한다.[7]

간략히 말해, 역사적 갈등에는 눈에 보이는 것 이상의 무엇이 있다(왕하 6:15-17을 보라).

다섯 번째는 아놀드가 지적한 중요한 사실이다.

다니엘 10장의 사건들이 일어난 시점은 기원전 535년이다. 인간적 차원에서 그리스 제국이 명성을 얻은 것은 이로부터 거의 이백 년이 지난, 알렉산드로스 대왕의 발흥 이후다. 다니엘 10장 이후 2세기 동안 페르시아 제국은 고대근동에서 강국으로서의 자리를 굳건히 지켰다. 본문은 다니엘이 그의 기도로 페르시아의 군주를 묶거나 멸하거나 쫓아낼 수 있었다고 가르치지 않는다. 그는 이백 년 동안 그의 강력한 영향력을 유지했다. 물론 다니엘이 기도했던 목적 역시 그 지역의 통치자를 끌어내리는 것은 아니었다.[8]

여섯 번째는 다니엘 10:13, 21의 경우 미가엘이 가브리엘을 돕기 위해 온 반면, 2년 전(기원전 538년경)에는 가브리엘이 미가엘을 도와야만 했다는 사실이다. 무엇 때문이었을까? 이것은 고레스의 조서를 따라 유

---

7 Page, *Powers of Evil*, 64.

8 Arnold, *Three Crucial Questions*, 155.

대인 포로들이 팔레스타인으로 돌아온 일과 연관이 있을 것이다. 이 사건이 궁극적으로 메시아의 등장에 필요한 서곡이었다면, 사탄은 이들의 귀환과 이스라엘의 재건을 방해하기 위해 자신의 총력을 동원하고자 했을 것이다. 50년이 조금 더 지나 하나님의 백성을 몰살하려는 또 다른 시도가 있었는데, 바로 하만이 유대 민족을 말살하기 위해 아하수에로 왕의 허락을 받으려고 한 사건이다. 에스더서는 천사와 귀신의 군대 간의 우주적 전쟁을 전혀 언급하지 않지만, 에스더는 천사의 도움과 힘으로 승리했을 것이다.

지역 악령의 존재를 지지하는 성경의 또 다른 본문들

귀신의 군대에 지역적 차원이 있음을 암암리에 암시하는 다른 본문들이 있다. 먼저는 신명기 32:7-8인데, 여기서 우리는 야웨께서 인류를 "하나님의 아들들의" 수효대로 무리 지어 나누셨다는 사실을 발견한다("백성들의 경계를 정하셨도다"). ESV 여백에 있는 번역은 이것을 "이스라엘의 아들들"(the sons of Israel)로 읽는다. 하지만 신명기의 70인역과 사해 사본은 ESV의 본문 번역인 "하나님의 아들들"(the sons of God)을 지지하고, 이것은 분명히 천군을 가리킨다. 이 사실이 옳다면, 많은 구약학자들이 믿는 대로 "지상 나라들의 수는 천사의 수와 정비례할 것이다. 어떤 천사들의 분류는 특정 나라들, 사람들과 연관되어 있다."[9] 여러 나라의 행정처들은 말하자면 천사적 권세 사이에서 분할되었다고 볼 수 있다.[10] 하나님이 거

---

9 같은 책, 151.
10 일부는 나라가 "수호천사"를 갖는다는 개념이 시 82편에도 등장한다고 믿는다.

록한 천사들 가운데 이런 분류를 이루셨다면, 사탄이 그것을 모방하고 그것과 다투지 말라는 보장은 없다(하지만 이것은 어디까지나 추측으로 이것만으로 지역 악령의 존재를 증명할 수는 없다).

지역 악령의 개념을 암시하는 또 다른 본문은 마가복음 5:10이다. 여기서 "군대"는 예수님에게 이상한 요청을 하는데, 곧 자신을 그 지방에서 내보내지 말아달라는 것이었다. 이들은 왜 지리학적으로 특정한 지역에서 쫓겨나는 것을 두려워하고 이에 저항한 것일까? 이들에게 그 지역을 맡긴 장본인이 사탄이고, 말하자면 자신의 "근무지 이탈"에 따른 보복이 두려웠던 것은 아닐까? 반면 누가의 기록을 근거로 귀신들이 이것을 두려워한 이유는 단순히 무저갱으로 던져지는 것이 싫었기 때문이라고 주장하는 사람들도 있다(눅 8:31).

고린도후서 4:4은 이 주제에 대해 직접적인 언급을 하지는 않지만 "이 세상의 신[곧 사탄]이 믿지 아니하는 자들의 마음을 혼미하게 하여 그리스도의 영광의 복음의 광채가 비치지 못하게 함이니 그리스도는 하나님의 형상이니라"고 기록한다. 개개인을 혼미케 하는 사탄이 그 일을 나라와 국가와 도시로 확장하지 못할 이유가 무엇이겠는가?

요한계시록 2:13에서 버가모는 "[사탄이 거하는] 사탄의 권좌가 있는" 곳으로 묘사된다. 이 도시는 이교도 신앙으로 악명 높았고 몇 가지 사실이 이를 증명한다. 버가모는 "신 아우구스투스와 여신 로마"를 위한 신전이 세워진 곳으로 황제 숭배의 중심지였다. 또한 그리스 신들의 왕 제우스를 위한 신전도 있었다. 버가모 시민은 치유의 신인 아스클레피오스(Asclepius)를 숭배했는데, 이는 뱀 곧 사탄으로 묘사되거나 상징되었다. 당시의 버가모는 사탄 활동의 중심지이자 본거지로, 사탄은 이곳에서 귀신의 군대를 지휘했을 것이다. 요점은 일부 장소, 따라서 일부 사람들이 다른 장소나 사람들에 비해 귀신의 능력의 통제나 통치를 보다 더 강력하게 받는다는 사실인데, 거기에 귀신의 활동이 존재하거나 특이할 만큼 집중되어 있기 때문이다.

잠정적이긴 해도 나는 이렇게 결론 내리고 싶다. 성경에는 지역 악령의 가능성을 배제하는 부분이 없고, 기실 많은 본문이 이들의 실재를 분명히 암시한다.

이제 우리는 무엇을 해야 할까?

지역 악령의 존재에 대한 충분한 사유가 이루어졌다면 모든 사람이 다음으로 묻는 질문은 "우리가 무엇을 해야 하는가?"일 것이다. 영적 전쟁을 위해 우리가 받아들이고 추구해야 할 특별한 전략이 있을까? 성경 어디에도 우리가 지역 악령의 존재를 마주했을 때, 일상적인 귀신의 영향력에 대처할 때와는 다른 책임을 져야 한다는 언급은 없다. 지역 악령을 구분하고 그와 적극적으로 맞서 싸우라는 지시도 없다. 마치 특정한 지정학적 지역에 대해 그가 갖는 능력과 권세를 우리가 홀로 깨부술 수 있는 것처럼 지역 악령에 맞서거나 그를 책망하라는 명령도 없다.

한 가지 적절한 전략으로 영적 도해(spiritual mapping)를 주장하는 이들도 있다. 이것은 한 도시의 자연적·물질적·문화적 특성을 넘어 그것에 형상을 입히고 특징을 제공하는 영적인 힘을 찾아내려는 시도다. 나는 조지 오티스(George Otis)가 다음과 같이 설명하는 것을 들어보았다. "[영적 도해는] 영적 영역의 힘과 사건에 대한 우리의 이해를 물질 세계의 장소와 정황으로 겹쳐놓는 것이다." 곧 사탄과 그의 귀신 군대가 지리적 지역이나 도시 혹은 국가로 들어와 영향력을 행사하는 문을 발견하려는 것이다. 이것은 그 요새가 세워진 도덕적·법적 근거는 물론 그것에 동력을 제공하는 귀신 역시 드러내 줄 것이다. 나는 영적 도해가 몸의 문제를 진단하기 위해 사용되는 엑스레이에 비견된다는 주장도 들은 적이 있다. 곧 영적 도해가 가장 효과적으로 사탄을 무찌를 방법을 포함해 그의 전략과 위치, 권위에 대한 초자연적 형상이나 사진을 제공해준다는 것이다. 이런 지식을 통해 중보자들은 영적 요새의 해체를 위해 더욱 잘 기도할 수 있고, 귀신의 영향력을 부숴버림으로써 잃어버린 영혼들을 전도할 기회를 가져다줄 다른 행동 지침들 역시 추구할 수 있다고 한다.[11]

성경에서 영적 도해를 명백히 지지한 곳은 찾아볼 수 없지만, 그렇다고 이를 불법적인 것으로 여겨 완벽히 배제한 곳도 없다. 지역 악령에 대해 이제껏 배워온 바에 대해 우리가 보일 수 있는 최선의 반응이자 가장 성경적인 반응은, 에베소서 6장에 기록된 바울의 권면을 따라 우리 자신을 매일같이 하나님의 전신갑주로 입히고 굳게 서는 것이다.

---

11 영적 도해는, 언제나 그런 것은 아니지만, 종종 적극적이고 공격적인 접근을 기초로 하는데, 이것은 "전략적 차원의 영적 전쟁"으로 알려져 있다. 이 견해에 따르면 교회는 단순히 굳게 서서 대적하고 대응하는 것 이상의 부르심을 가진다. 교회는 우리 공동의 존재에 영향을 미치는 귀신의 능력을 적극적으로 찾고 발견하고 거기에 맞서야 한다. 이런 관점에 대한 설득력 있는 반응과 이 문제에 대해 성경적 기반을 둔 제안을 찾고 있다면, 내가 추천하고 싶은 최고의 책은 척 로우의 *Territorial Spirits and World Evangelisation*, 특히 46-73, 130-51쪽이다.

추천 도서

Arnold, Clinton E. *Powers of Darkness: Principalities and Powers in Paul's Letters*. Downers Grove, IL: InterVarsity, 1992. 『바울이 분석한 사탄과 악한 영들』(이레서원 역간).

_____ . *Three Crucial Questions about Spiritual Warfare*. Grand Rapids : Baker, 1997.

Lowe, Chuck. *Territorial Spirits and World Evangelisation: A Biblical, Historical and Missiological Critique of Strategic-Level Spiritual Warfare*. Ross-Shire : Christian Focus, 2001.

15장
그리스도인이 구원을 잃어버릴 수 있을까?

사람들은 왜 영원한 보증의 교리를 의심하거나 부인하는 걸까? 왜 그렇게 많은 사람이 자신의 친구나 가족을 가리켜 이들이 한때는 정말로 거듭났지만 어떤 죄를 짓거나 반역으로 되돌아가 구원을 잃어버렸다고 주장하는 걸까? 여기에는 몇 가지 이유가 있다.

먼저 전통이 범인인 경우다. "저는 그렇게 믿고 자랐어요. 이제 와서 부모님과 목사님, 제 모든 친구들이 틀렸다고 생각할 수는 없지요." 전통은 은근하고 무의식적이지만, 그 영향력은 우리가 생각하는 것보다 훨씬 더 강력하다. 다른 견해에 마음의 문을 여는 것은 "과거는 전부 틀렸어요. 아무런 의미가 없어요"라고 말하는 것과 같다. 어떤 사람에게 이것은 자신이 사랑하고 존경할 뿐 아니라 자신의 삶에 강력한 영향을 미쳐온 사람들과 목회자들의 정직성이나 가치를 의심하는 행위나 다름없다. 이는 많은 사람에게 쉽지 않은 일이다.

의심할 바 없이 이런 질문을 일으키는 가장 큰 요인은 이른바 신약의 문제 본문들이다. 그중 두 개가 히브리서 6장과 10장에 등장하는데, 여기에 대해서는 이 책의 16장에서 설명할 계획이다.

구원을 잃어버릴 수 없다면 이 사실을 이용해 더러운 음행을 탐닉할 것을 두려워하는 이들도 있다. "구원을 잃어버리는 것이 불가능하다면 저는 제가 원하는 대로 할 거예요"(참조. 롬 6:1이하). 다시 말하면, 거룩에 대한 "합당한" 염려가 영원한 보증에 대한 "부당한" 거절로 귀결된 것이다. 언급한 대로 지인들 중 (이전에는) 확실한 그리스도인이었다가 나중에 미끄러진 사람들이 있을 수도 있다. 이들이 참으로 거듭났었다고 가정한다면, 유일한 설명은 그들이 구원을 잃어버렸다는 것뿐이다.

영원한 보증을 부인하는 책임은 일부 종교 지도자에게서도 찾아볼 수 있는데, 사람들을 자신의 통제 아래로 가두기 위해 그들이 자신의 구원에 대해 불안감을 느끼도록 하는 것이다. 종교에서 두려움은 사람들을 옴짝달싹 못하게 만드는 강력한 수단이다. 영원한 보증이 인간의 도덕적 책임을 감소시킨다고 믿는 사람들도 많다. 하나님의 주권을 지나치게 강조하는 반면, 인간의 자유의지는 충분히 강조하지 않는다는 것이다. 마지막으로 성경에는 거룩하고 인내하며 견디라는 권면들이 있는데, 그것이 권면이 되려면 우리가 그렇게 하지 않기로 선택할 수 있어야 한다.

오로지 이 주제만을 다룬 책도 많기 때문에, 나는 내가 모든 핵심을 나열하거나 모든 질문에 대답할 수 있을 거라고는 전혀 기대하지 않는다. 나는 배교의 가능성이 삼위일체 하나님의 각 위격에게 어떤 의미를 유발하는지를 설명하는 것으로 나의 역할을 제한하려 한다. 그리스도인이 구원으로부터 온전하고도 최종적으로 떨어질 수 있다는 가능성은 성부·성자·성령 하나님께 어떤 의미를 수반하는가?

성부 하나님에 대해 갖는 의미

참된 신자가 구원의 은혜로부터 온전하고도 최종적으로 떨어져 영생의 기업에 들어가지 못할 수 있다면, 성부 하나님은 우리가 올려드리는 영광이나 찬송과 예배를 받으시기에 합당하지 않다. 그 근거는 유다서 24-25절에 있다. 여기에 기록된 바 하나님이 경배를 받으시는 이유는 다름 아니라 그가 "능히 너희를 보호하사 거침이 없게 하시고 너희로 그 영광 앞에 흠이 없이 기쁨으로 서게 하실 이"시기 때문이다(24절).

하나님은 자기 백성이 이 세상에서 스스로의 믿음을 지키기 위해 어떤 위험과 곤란함에 직면하는지 정확히 알고 계신다. 영적 신의를 지키는 일이 얼마나 어려운지도 아신다. 유혹이든 시험이든 당신이 마주치는 것을 모르시지 않는다. 그분은 세상의 힘, 매력, 호소, 약속의 능력을 보고 또 아신다. 당신이 걸려 넘어질 수 있는 돌, 떨어질 수 있는 절벽, 방황할 수 있는 어두운 골목 등을 모두 인식하신다. 그리고 그분은 그 모든 상황에서 당신을 안전하게 지키실 수 있다.

이런 표현의 배경은 시편에 등장한 수많은 예, 곧 하나님이 자기 백성을 넘어지지 않도록 지키신다는 묘사에서 찾을 수 있다.

> 주께서 내 생명을 사망에서 건지셨음(delivered)이라.
> 주께서 나로 하나님 앞
> 생명의 빛에 다니게 하시려고
> 실족하지 아니하게 하지 아니하셨나이까?(시 56:13)

주께서 내 영혼을 사망에서,

내 눈을 눈물에서,

내 발을 넘어짐에서 건지셨나이다(delivered; 시 116:8).

시편 121:3-8은 특별한 연관이 있다.

여호와께서 너를 실족하지 아니하게 하시며

너를 지키시는 이가 졸지 아니하시리로다.

이스라엘을 지키시는(keeps) 이는

졸지도 아니하시고 주무시지도 아니하시리로다.

여호와는 너를 지키시는 이시라.

여호와께서 네 오른쪽에서 네 그늘이 되시나니

낮의 해가 너를 상하게 하지 아니하며

밤의 달도 너를 해치지 아니하리로다.

여호와께서 너를 지켜(keep) 모든 환난을 면하게 하시며

또 네 영혼을 지키시리로다(keep).

여호와께서 너의 출입을

지금부터 영원까지

지키시리로다(keep).

여기서 "keep"(지키다)보다는 "guard"(보호하다)가 좀 더 문자적인 번

역이다(한글 성경은 둘 다 "지키다"로 번역했다—역자 주). 이런 개념을 좀 더 정확히 이해하기 위해서는 데살로니가후서 3:3을 주목해야 한다. "주는 미쁘사 너희를 굳건하게 하시고 악한 자에게서 지키시리라(guard)". 이 것은 하나님의 능력만큼 미쁘심(faithfulness로 "신실하심"으로 번역될 수 있다—역자 주)의 문제다. 또한 성품의 문제이기도 하다. 당신을 보호하시고 지키시는 것에 그분의 진실성이 달려 있다. 피로 사신 자녀들 중 하나라도 잃어버리신다면 그분의 신실하심과 능력 모두가 의심받을 것이다(요 17:11, 15; 벧전 1:5을 보라). 우리가 넘어지지 않는 이유는 우리 자신의 고결함이나 능력이나 헌신 때문이 아니라 하나님의 하나님 되심 때문이다. 우리는 우리 자신만으로는 가망없고 무력한 존재다.

고린도전서 1:8에 따르면 하나님은 "너희를 우리 주 예수 그리스도의 날에 책망할 것이 없는 자로 끝까지 견고하게 하실" 것이다(살후 5:23을 보라). 유다서 1절에서도 이런 강조가 발견된다. "예수 그리스도의 종이요 야고보의 형제인 유다는 부르심을 받은 자 곧 하나님 아버지 안에서 사랑을 얻고 예수 그리스도를 위하여 지키심을 받은(kept for) 자들에게 편지하노라." 하지만 우리에게 우리 자신을 지킬 책임이 있지 않을까? 맞다. 유다서 21절은 분명히 말한다. "하나님의 사랑 안에서 자신을 지키며." 24절의 약속은 21절의 명령을 무효화하지 않는다. 오히려 24절은 그것을 행할 방법을 설명한다. 하나님은 우리를 지키시고 우리가 그분이 명령하신 바를 성취할 수 있도록 우리를 준비시키시고 능력을 주신다(빌 2:12-13; 히 13:20-21을 보라).

유다서 24-25절의 서술은 죄가 없는 완벽함에 대한 약속이 아니라, 하나님이 우리가 배교하거나 그분의 임재 속에 있는 영원하고 기쁜 지위를 획득하지 못하도록 하지 않으실 거라는 확신이다. 유다의 강조는 신자가 스스로를 보존하는 능력이 아니라 보존하시는 하나님의 능력에 있다. 맞다. 우리는 그분에게 헌신되어 있어야 하고, 우리가 그분에게 헌신되어 있는 것은 그분이 우리에게 헌신되어 계시기 때문이다.

하나님의 능력은 인정한다고 치자. 하지만 하나님은 기꺼이 그렇게 하실 것인가? 이 질문에 대한 대답은 24절과 25절의 관계에서 찾을 수 있다. 하나님이 다만 능력의 하나님이실 뿐 목적의 하나님이 아니시라면, 그분은 이런 찬송과 영광을 받으시기에 합당하신가? 자기 백성을 거침이 없게("넘어지지 않도록") 하실 수도 있지만 그렇게 하시지 않으신다면, 그분은 예배를 받으시기에 합당하신가? 다만 능력의 하나님이실 뿐 자기 백성을 향한 애정이 부족하시다면 어떤가? 하나님이 우리를 보존하실 수 있지만 그것을 거절하신다면 무슨 소용인가? 그런 종류의 하나님은 우리가 25절에서 읽는 찬양을 받으시기에 합당하신가? 아니다! 당신은 다음과 같이 말씀하시는 하나님을 상상할 수 있는가? "맞다. 나는 너희가 넘어지지 않도록 너희를 지킬 수도, 너희를 기쁨으로 내 앞에 서게 할 수도 있지만, 내게는 그럴 의도가 없다. 너희를 돕고 싶은 마음이 추호도 없다. 내가 볼 때 너희는 혼자다. 행운을 기원하마. 그러나 나를 찾아와 도움을 구할 생각은 하지 마라." 이런 하나님께 찬양이 합당할까? 그렇지 않다.

자기 백성을 보존하시는 하나님의 목적과 능력을 강조하는 또 다른 본문은 로마서 5장과 8장에 등장한다. 우리는 각 본문에서 깨어지지 않고 우리를 안심케 하는 하늘의 논리를 발견한다.

그러면 이제 우리가 그의 피로 말미암아 의롭다 하심을 받았으니 더욱 그로 말미암아 진노하심에서 구원을 받을 것이니 곧 우리가 원수되었을 때에 그의 아들의 죽으심으로 말미암아 하나님과 화목하게 되었은즉, 화목하게 된 자로서는 더욱 그의 살아나심으로 말미암아 구원을 받을 것이니라(롬 5:9-10).

자기 아들을 아끼지 아니하시고 우리 모든 사람을 위하여 내주신 이가 어찌 그 아들과 함께 모든 것을 우리에게 주시지 아니하겠느냐?(롬 8:32)

이런 논증의 전문적인 이름은 아포르티오리(*a fortiori*), 곧 한층 더 강력한 이유로부터의 추론이다(앞서 말한 것이 진실이라면, 현재 주장하는 것은 더욱더 강력한 이유로 진실일 수 있다는 논법―역자 주). 하나님에게 더 큰 과업이 우리가 아직 죄인 되었을 때 자신의 아들을 보내어 죽임 당하게 하시는 것이었다면, 이제 그분의 벗된 우리를 구원하시는 것은 얼마나 더 수월할 것인가! 우리가 그분을 미워했을 때 그리스도가 우리를 위해 죽으셨다면, 이제 우리가 그분의 벗이 되었으니 그가 우리를 위하여 얼마나 더 사실 것인가! 우리가 무력하고 죄악되며 불경건했을 때 하나님이 우리를 그렇게 사랑하셨다면, 이제 그분의 은혜로 의롭다 하심을 받았고, 그리스도 안에서 의로워졌으며, 그분의 자녀가 되었고, 그분의 마음으로 화목된 우리를 얼마나 더 사랑하시겠는가!

만일 하나님이 당신을 사랑하지 않으시거나, 당신을 잊고 떠나고 버리실 때가 있다면, 그것은 당신이 나그네 되고 그분과 화목하지 못하여 원수되었을 때일 것이다. 하지만 이제 당신은 나그네가 아니라 하나님의 권속이다. 화목하지 못한 자가 아니라 그분의 자녀다. 당신은 당신 삶의 주인과 원한이 아닌 사랑의 관계를 맺었다. 하나님이 그때, 곧 당신이 그분의 원수였을 때보다 자녀가 된 지금 당신을 덜 사랑하신다는 것은 논리적으로나 신학적으로 불가능하다.

로마서 8:32을 다시 한 번 살펴보라. 바울이 단순히 "하나님이 모든 것을 우리에게 주시지 아니하겠느냐?"라고 물었다면 우리는 의심했을 것이다. "저는 너무나 많은 것들, 크고 어려운 것들이 필요한데, 어떻게 하나님이 이 모든 것을 다 주시리라 확신할 수 있습니까?" 하지만 바울이 질문하는 방식을 주목하라. "자기 아들을 아끼지 않고 내주신 이가…!" 다시 말하면, 우리가 모든 것을 주시기를 청하는 하나님은 이미 자신의 아들을 우리에게 내주신 하나님이다. 하나님은 이미 우리를 위해 자신의 아들을 내주심으로 측량할 수 없을 만큼 크고 값진 일을 행하셨다. 이것이 상대적으로 훨씬 작은 것들을 그분이 쉽고 기쁘게 허락해주시리라고 확신할 수 있는 근거다.

바울이 사용한 "아끼다"(spare)로 번역된 단어를 잠시 생각해보자. 부모가 자녀의 잘못을 충분히 훈육하지 않을 때, 우리는 부모가 자녀를 "아낀다"라고 말한다. 판사가 판결을 감량하거나 보류할 때 판사가 범죄자를 "아낀다"라고 말한다. 하지만 이것은 성부 하나님이 예수님에 대해 하신 바가 전혀 아니다. 그분은 자신의 유일한 아들에게 지워진 심판의 전(全) 무게를 조금도 보류하거나 감량하거나 덜어내지 않으셨다. 대신 "우리 모든 사람을 위하여 내주셨다"(32절).

하나님이 우리를 대신하여 자신의 사랑하는 아들을 희생시키는 더 큰 일을 행하셨다면, 그분은 분명 그보다 더 작은 일들도 하실 것이고, 우리가 이미 우리의 것인 구원의 믿음 안에서 인내하기 위해 필요한 모든 자원과 은사와 능력을 제공해주실 것이다. 바울의 주장은 하나님이 의롭게 하시고, 부르시고, 미리 정하시고, 미리 아신 자들의 궁극적인 영화로움을 보장하기 위하여, 필요한 것이 무엇이든 간에 하나님이 그것을 행하실 것이라는 흔들림 없는 확신을 분명히 전달하기 위함이었다(롬 8:29-30). 하나님이 자신의 아들, 곧 가장 귀하고 값진 선물을 아끼지 않으셨다면, 우리가 구원을 위하여 필요한 모든 것을 받도록 보장하는, 보다 더 작은 모든 일을 어떻게 행하지 않으시겠는가? 존 파이퍼(John Piper)는 다음과 같이 설명한다.

두 가지 일이 동일한 열망에 의해 동기부여 되었다고 생각해보자. 그러나 하나는 비용이 너무 높아 실행하기가 힘들어 보이고, 다른 하나는 비용이 낮기 때문에 실행 가능성이 더 있어 보인다. 내가 두 일을 모두 완수하려는 열망이 있어 어떻게 해서든 비용이 높은 직무를 완수했다면, 그다음에 비용이 낮은 직무는 어렵지 않게 완수할 수 있다는 것이다. 더 커다란 장애물을 극복하면 그보다 약한 것은 훨씬 수월하게 극복할 수 있다.[1]

---

1 John Piper, *Future Grace* (Sisters, OR: Multnomah, 1995), 114. 이것은 마 6:30에서 예수님이 사용하셨던 것과 같은 논리다. "오늘 있다가 내일 아궁이에 던져지는 들풀도 하나님이 이렇게 입히시거든 하물며 너희일까 보냐 믿음이 작은 자들아." 파이퍼는 이 논쟁의 핵심을 이렇게 표현했다. "전능하신 하나님께서 단지 하루를 살다가 사그러질 들꽃을 입히시는데, 그분의 시간을 허비하는 것은 참으로 일어날 수 없는 일처럼 보인다.…이처럼 정말 일어나지 않을 것 같은 일이 '큰 것에서 작은 것으로' 옮겨가시는 그분의 논리 속에서 '큰 것'에 해당된다. 달리 말하면, 하나님께서 자기 아들의 제자들을 소홀히 하거나

즉 바울은 로마서 8:32에서 어려운 것으로부터 쉬운 것으로, 더 큰 것으로부터 작은 것으로 추론한다. 다시 한 번 파이퍼의 설명을 들어보자.

그 일[하나님이 자신의 아들을 아끼지 않으신 일]이 참으로 위대한 이유는 하나님께서 자기 아들을 무한히 사랑하시기 때문이다. 그분의 아들은 죽임 당할 만한 일을 행하지 않으셨다. 하나님의 아들은 모든 피조물로부터 찬양과 경배를 받아야 마땅한 분이지, 침 뱉음을 당하고 채찍에 맞고 경멸과 고난을 당해서는 안 된다. 자신이 사랑하는 아들(골 1:13)을 죽음에 넘겨준 것은 그 무엇과도 비교할 수 없는 위대한 일이다. 하나님께서 이런 일을 행하신 동기는 자기 아들을 향해 무한한 사랑을 갖고 계시기 때문이었다. 이 때문에 하나님께서 아들을 죽음에 넘겨주셨다는 사실은 도무지 일어나기 힘든 일처럼 생각된다. 하지만 하나님은 그 일을 행하셨다. 그리고 하나님은 그 일을 행하셨기에 사람들에게 다른 모든 일들―자기 아들을 주신 것에 비해 훨씬 쉬운 일―도 분명히 이루어주실 것이다.[2]

하나님의 사랑하는 자녀들이 구원을 기업으로 받지 못할 경우, 성부 하나님께는 또 다른 결과들이 있을 것이다. 먼저 구속하시는 그분의 목적이 실패하고 무효화된다. 그 목적은 로마서 8:29-30에 기록되어 있다.

입히지 않으실 개연성이 그보다 더 낮다는 것이다. 이런 사실은 예수님의 논리에서 '작은 것'에 해당한다. 하나님께서 들풀을 입히시는 것처럼 도무지 있을 법하지 않은 일을 기쁨으로 행하신다면, 자신이 제자들을 입히시는 정도의 일은 얼마든지 행하실 수 있다는 것을 증명하는 것이다"(같은 책).

2 같은 책, 114-15.

하나님의 의도는 자신이 미리 아신 자들을 그 아들의 형상을 본받게 하기 위해 미리 정하신 것이고, 미리 정하신 자들을 부르시고, 부르신 자들을 의롭다 하시고, 의롭다 하신 자들을 영화롭게 하신다는 것이다.

주목해야 할 사실은 이 각각의 고리가 서로 다른 고리들과 긴밀히 연결되어 있다는 점이다. 바울은 하나님이 구원하시는 대상이 시작부터 끝까지 동일하다는 점을 강조한다. 하나님은 자신이 미리 아신 자들을 하나도 가감하지 않으시고 미리 정하신다. 그리고 미리 정하신 자들 역시 하나도 가감하지 않으시고 모두 부르신다. 그리고 부르신 자 중에서도 하나도 가감하지 않으시고 모두 의롭게 하신다. 그리고 의롭게 하신 자들을 하나도 가감하지 않으시고 결국 영화롭게 하신다. 이 과정을 통해 하나님은 몇 명이나 잃어버리실까? 단 한 명도 잃지 않으신다. 영원한 과거 속에서 미리 아신 모든 사람을 영원한 미래에 결국에는 영화롭게 하실 것이다. 한 명도 잃은 바 되지 않을 것이다. 하나님이 미리 아신 사람 중 미리 정해지지 않은 이는 없다. 미리 정하신 사람 중 부름 받지 못하는 이도 없다. 부르신 사람 중 의로워지지 못하는 이도 없다. 의롭게 하시는 사람 중 영화롭게 되지 못하는 이도 없다. 이것을 다르게 말하면, 바울이 언급한 "너희 안에서 착한 일을 시작하신 이가 그리스도 예수의 날까지 이루신다"는 것이다(빌 1:6).

또한 우리가 감안해야 할 사실은 성부 하나님이 구원하시기로 작정하신 자를 잃으실 경우, 그분의 뜻이 좌절되고 성취되지 못한다는 점이다. 예수님이 분명히 말씀하신 바, 아버지의 뜻은 이것이었다. "나[예수님]를 보내신 이[성부]의 뜻은 내게 주신 자 중에 내가 하나도 잃어버리지 아니하고 마지막 날에 다시 살리는 이것이니라. 내 아버지의 뜻은 아들을 보고 믿는 자마다 영생을 얻는 이것이니 마지막 날에 내가 이를 다시 살리리라"(요 6:39-40).

여기에 등장한 예수님의 논지는 주의 깊게 살필 필요가 있다. 요한복음은 하나님의 선택을 성부 하나님께서 성자 하나님에게 특정한 사람들을 주신 것으로 묘사한다(6:37, 39; 10:29; 17:1-2, 6, 9, 24). 이 각각의 사례에서 하나님이 그리스도에게 이들을 주신 것은 이들이 받는 영생에 선행하는 사건이며 근거다. 성자에게 주신 사람들은 당시 예수님을 믿은 제자들뿐 아니라, 미래에 복음을 통해 믿음으로 나아올 선택받은 자들을 모두 포함했다. 아직 예수님의 이름을 믿은 것은 아니지만, 예수님은 이들을 이미 자신의 것으로 바라보셨다(요 17:20-21; 요 10:16과 행 18:10도 보라). 영원한 과거 속에서 성부가 이들을 성자에게 주셨기 때문에 이들은 예수님의 것이었다.

우리에게 특별히 중요한 사실은 예수님이 성부께서 자신에게 주신 자들이 어떻게 자신에게로 나아오는지와 또 나아온 자들이 구원을 잃어버릴 수 있는지에 대해 말씀하신 바다. 세 가지의 "불가능"을 이용해 살펴보면 도움이 될 것이다. 먼저 예수님은 성부 하나님이 이끄시지 않고는 자신에게로 나아오는 것이 도덕적·영적으로 불가능하다고 말씀하셨다(요 6:44, 65). 두 번째로 예수님은 성부께서 이끄신 사람이 자신에게로 나아오지 않는 것도 불가능하다고 말씀하셨다. "아버지께서 내게 주시는 자는 다 내게로 올 것이요"(37절). 다시 말하면, 성부의 이끄심이 없이 그리스도께로 나아오는 것도 불가능하지만, 성부의 이끄심에도 불구하고 그리스도께로 나아오지 않는 것 역시 불가능하다는 것이다.

위의 두 가지 불가능에 이어 예수님은 세 번째 불가능을 덧붙이신다.

예수님은 이미 성부가 이끄시지 않고는 자신에게로 나아오는 것이 불가능함을 말씀하셨다. 성부가 이끄실 때 나아오지 않는 것 역시 불가능하다고 말씀하셨다. 이제 성부의 이끄심을 통해 그분에게로 나아온 사람에게 불가능한 것은 내쫓김이다. 37절을 다시 한 번 읽어보라. "내게 오는 자는 내가 결코 내쫓지 아니하리라." 핵심은 성부께서 성자에게 주셔서 성자에게로 나아오는 자를 성자가 받으시며, 그는 영원히 멸망하지 않는다는 것이다. 37절에서 "내쫓다"(cast out)로 번역된 동사는 요한복음에서 여러 차례 등장했는데(2:15; 6:37; 9:34이하; 10:4; 12:31), 그때마다 이미 안에 들어와 있는 사람이나 사물을 밖으로 내쫓는다는 의미로 쓰였다. 따라서 여기서의 강조는 나아오는 자를 받는 것이라기보다(이것 역시 당연한 사실이지만), 그를 보존하는 것이다.

성부가 주신 것을 예수 그리스도가 받지 않으실 것이라고 누가 이야기할 수 있겠는가? 성부가 어떤 죄인들을 자신의 가장 복된 아들에게 선물로 주시겠다고 할 때, 우리가 확신할 수 있는 바는 성자께서 성부의 그런 은혜로운 관대함을 경멸하거나 부인하지 않으시리라는 것이다. 성자께로 나아오는 자들의 궁극적이고 절대적인 구원의 확신은 요한복음 6:38-40을 통해 재확인된다. 그리스도 안에서 이들이 갖는 생명은 영원하며 빼앗길 수 없는데, 이는 성부의 뜻이기 때문이다. 그리스도의 전 인격과 사역이 존재하는 것도 이런 뜻과 목적을 보장하기 위함이며, 이 뜻과 목적은 궁극적으로 성취될 것이다(시 115:3; 135:6; 단 4:34-35; 행 4:28; 엡 1:11). 예수님은 무엇을 행하려 오셨는가? 아버지의 뜻을 행하려 오셨다(요 6:38). 아버지의 뜻은 무엇인가? 아버지의 뜻은 자신이 성자에게 주신 모든 자들이 온전하고 최종적으로 구원받는 것이다(39절).

하나님이 택하신 사람 중 결국 구원을 기업으로 받지 못하는 이들이 있다면, 이것은 성부께서 자기 아들의 기도를 듣지 않으신다는 뜻이 된다. 예수님이 다음과 같이 기도하셨기 때문이다. "거룩하신 아버지여, 내게 주신 아버지의 이름으로 그들을 보전하사 우리와 같이 그들도 하나가 되게 하옵소서"(요 17:11). 그리고 몇 절이 지나 다시 한 번 예수님은 아버지께서 우리를 "악" 곧 사탄에 빠지지 않도록 "보전"(keep)하시기를 기도하셨다(요 17:15).

하나님이 선택하신 자 중 하나라도 잃어버리실 경우, 그분은 자신의 목적과 약속을 성취하기에 연약하고 무능하며 무기력한 분으로 드러날 것이다. 예수님은 요한복음 10:28-30에서 자기 양들에 대해 다음과 같이 말씀하셨다. "내가 그들에게 영생을 주노니 영원히 멸망하지 아니할 것이요, 또 그들을 내 손에서 빼앗을 자가 없느니라. 그들을 주신 내 아버지는 만물보다 크시매 아무도 아버지 손에서 빼앗을 수 없느니라. 나와 아버지는 하나이니라."

예수님은 자신의 양 떼가 안전하다는 확신의 근거를 성부의 비할 데 없는 전능으로부터 찾으셨다. 성부 하나님보다 더 크고 강력하신 분은 없기 때문에 양 떼는 안전하다. 예수님이 아버지의 능력과 목적을 잘못 판단하신 것일까?

예수님은 자신의 양들이 "영원히 멸망하지 아니할 것이요"(요 10:28)라고 말씀하셨는데, 우리는 이것을 어떻게 이해해야 할까? 이를 좀 더 문자적으로 번역한다면 "어떤 경우에도 이들은 절대 멸망하지 아니할 것이요"가 된다. 이는 절대적이고 명백하며 완벽한 부정이다. 기실 양 떼 중 많은 수가 멸망할 것인데도 불구하고 예수님이 이렇게 말씀하셨겠는가?

하나님의 참된 자녀가 하나라도 멸망할 수 있다면, 예수님은 우리를 속이신 것이 된다.

"그들을 내 손에서 빼앗을 자가 없느니라"(29절). 다가오는 이리(12절)와 절도, 강도(1, 8절)는 물론 어느 누구라도 그럴 수 없다. 빼앗을 자가 없다고 하셨으니 없는 것이다. "그들을 주신 내 아버지는 만물보다 크시매 아무도 아버지 손에서 빼앗을 수 없느니라"(29절). 성부 하나님이 친히 성자 하나님의 뒤에 서 계시면서 양 무리를 지키신다. 예수님이 우리를 꽉 붙들고 계신다. 하나님이 우리를 꽉 잡고 계신다. 어느 누가 하나님으로부터 우리를 도적질할 수 있겠는가? 어느 누구에게 전능하신 하나님을 이길 만큼의 간계와 능력이 있겠는가?

28절에서 예수님은 "그들을 내 손에서 빼앗을 자가 없느니라"고 말씀하셨고, 29절에서는 "아무도 아버지 손에서 빼앗을 수 없느니라"고 말씀하셨다. 이들을 빼앗으려는 시도는 얼마든지 가능하다. 하지만 이런 시도는 성공할 수 없다. 성자와 성부가 이들을 안전히 지키시겠다는 목적과 능력 안에서 서로 연합해 계시기 때문이다. "좋아요, 다른 누구도 저를 하나님의 손에서 빼앗을 수 없다고 합시다. 하지만 제가 스스로 빠져나오거나 뛰쳐나온다면요?" 당신의 선택 능력이 하나님의 것보다 더 큰가? 당신의 의지가 그분의 것보다 더 강한가? 예수님의 말씀을 다시 한 번 보라. 여기의 "아무도"는 나 자신과 다른 사람들, 당신을 포함하여 모든 사람을 제외시킨다. 영원한 보증이 거짓이라면 예수님은 이렇게 말씀하셨어야 한다. "각각의 양을 제외하고 아무도 아버지의 손에서 빼앗을 수 없느니라." 하지만 "각각"(모든)을 의도하면서 "아무도"라는 표현을 쓸 사람은 없다. 예수님은 "그 사람 자신을 제외하고 아무도"라고 말씀하지 않으셨다. 로마서 8:38-39에서 모든 피조물은 구원의 상실을 위협하는 존재로부터 제외되었다. 요한복음 10장은 창조주 역시 제외시킨다.

예수님이 영원한 보증을 가르치기 원하셨다면, 이보다 더 탁월하고 분명한 가르침이 가능했을까? 당신이 영원한 보증을 주장하려고 한다면, 요한복음 10장의 예수님의 말씀을 인용하는 것보다 더 나은 방법이 있을까? 다음과 같이 반박하는 이도 있을 것이다. "이들이 양으로 남는 한, 멸망하지 않을 거예요." 하지만 본문은 그렇게 말하지 않는다. 양은 언제까지나 양으로 남는다는 것이 본문의 정확한 주장이다. 곧 본문의 핵심은 "한 번 양은 영원한 양이다"이다. 예수님이 자신의 양 중 일부가 양으로 남지 않고 영원한 죽음을 당할 것을 가르치기 원하셨다면, 왜 자신의 양들이 영원한 죽음을 당하지 않고, 어느 누구도 아버지의 손에서 이들을 빼앗을 수 없다고 말씀하셨겠는가? 예수님은 신중치 못하게 서로 모순되는 말을 내뱉는 분이 아니다. "영원히 멸망하지 아니할 것이요"라는 말은 "이들이 언제까지나 양으로 남아 있을 것이요"라는 뜻이다.

"하지만 어떤 죄나 실패, 연약함, 믿음의 과실이 반복해서 일어난다면요?" 얼마나 반복적인가? 구원을 잃어버리기 위해 과연 얼마의 죄가 필요한가? 선한 목자라면 길을 잃고 방황하는 양을 어떻게 할까? 이들을 되찾지 않는 목자는 선한 목자가 아닐 것이다. 우리의 안전이 궁극적으로 의존하는 것은 우리의 인격이 아닌 하나님의 성품이다. 어떤 이들은 "우리가 바뀌면 구원도 잃어버린다"라고 말한다. 아니다. 우리는 구원을 잃어버릴 수 없다. 우리가 변할 수 없기 때문이 아니라 하나님이 변하실 수 없기 때문이다.

하나님이 택하신 자 중 누구라도 최종적인 구원에 도달하지 못한다면 성경이 의롭다고 증거하는 하나님 자신은 거짓말쟁이나 협잡꾼으로 드러날 것이다. 내가 이렇게 말하는 것은 다음과 같은 하나님의 선언 때문이다. "내가 결코 너희를 버리지 아니하고 너희를 떠나지 아니하리라"(히 13:5). 또한 하나님은 신실하지 못한 분으로 드러날 것이다. 왜냐하면 고린도인들과 우리에게 "주께서 너희를 우리 주 예수 그리스도의 날에 책망할 것이 없는 자로 끝까지 견고하게 하시리라"(고전 1:8)고 약속하셨는데 이를 지키지 못하시기 때문이다. 우리에게는 다음의 약속이 있다. "오직 하나님은 미쁘사 너희가 감당하지 못할 시험 당함을 허락하지 아니하시고 시험 당할 즈음에 또한 피할 길을 내사 너희로 능히 감당하게 하시느니라"(고전 10:13). 일부는 신자가 유혹에 굴복할 가능성이 있고 그것의 궁극적 결과는 영생의 상실이기 때문에 구원은 미약하다고 주장한다. 하지만 이 본문 속 바울의 핵심은 선택받은 자가 끝까지 인내한다는 것인데, 그것은 하나님이 이들의 저항의 능력을 벗어나는 시험과 이들의 인내의 능력을 압도하는 시험을 허락하지 않으실 것이기 때문이다.

성자 하나님에 대해 갖는 의미

구원의 상실이 성부 하나님에 대해 갖는 의미를 설명하기 위해 이제껏 상당한 지면을 할애했으니, 성자와 성령 하나님에 대해 갖는 영향에 대해서는 몇 가지만 간단하게 나열할 생각이다.

먼저 성부가 성자에게 주신 이들 중 어느 한 사람이라도 구원받지 못한다면, 그리스도는 자신이 죽으신 목적을 이루시지 못한 것이 된다(요 6:37-40; 10:14-18, 27-30). 또한 죽은 자들 가운데서 살아나신 목적도 이루시지 못한 것이다(롬 4:24-25). 지금 성부의 옆에서 간구하고 계신 목적 역시 마찬가지다(롬 8:31-34; 히 7:25; 요일 2:1-2). 이 땅에 돌아오실 때 이루시려는 목적도 성취될 수 없다(요 6:40b). 그리고 그분의 말씀과 약속이 실제로 성취되지 않았기 때문에 예수님은 거짓말쟁이로 드러날 것이다 (요 6:37; 10:27-28).

성령 하나님에 대해 갖는 의미

마지막으로 우리는 성령의 위격과 관련해 이것이 갖는 몇 가지 영향을 짚고 넘어가야 한다.

먼저 성령은 성도를 인 치시는 자신의 사역에서 실패하신 바 된다(고후 1:21-22; 엡 1:13-14; 4:30). "인"(印)이라는 용어의 문자적 용례는 소유와 보호를 명시하기 위해 밀랍을 부어 도장 자국을 새기는 것이다. "에베소서 1:13과 4:30이 확실하게 일러주듯이 '인'은 '영'[성령]이다. 하나님은 이 '영'[성령]이라는 인을 통해 신자들이 당신의 소유임을 표시하고 천명하셨다."[3] 마찬가지로 성령은 우리 구속의 미래적 완성을 약속하신 사역에서도 실패하신 것이 된다(고후 1:21-22; 5:5). 성령 하나님은 아직은 도래하지 않은 온전하고 완성된 선물을 약속하는 일종의 계약금으로 자신을 선언하셨지만, 그런 약속을 지키고 따르지 못하시는 것이다. 온전하고 완성된 선물이 임하지 않는다면, 성령은 자신의 말씀을 저버리신 것이

---

3 Gordon Fee, *God's Empowering Presence: The Holy Spirit in the Letters of Paul* (Peabody, MA: Hendrickson, 1994), 807. 『성령: 하나님의 능력 주시는 임재』(새물결플러스 역간).

된다. 주디스 건드리-볼프(Judith Gundry-Volf)는 다음과 같이 설명했다.

> 성령은 신자들에게…구속의 과정이 완성될 것이라는 하나님의 약속
> 과 보증으로 주어졌다. 형법상 계약금은 완납으로 이어져야 하듯이, 성
> 령의 선물은 최종적 구원으로 반드시 이어질 것이다. 바울은 구원의 역
> 사 속 하나님의 신실하심에 대한 메시지를 법적 구속력을 띤 익숙한 상
> 거래 용어를 사용해 설명했는데, 이는 당시 사람들이 즐겨 건네던 "아라
> 본"(arrabōn)으로서 여기에는 재정적 의무가 수반되었다. 신자들에게는
> 내주하시는 성령이 계시고, 이것은 하나님이 이들의 온전한 구속에 헌신
> 되어 계시다는 증거였다. 비유가 암시하는 대로 이런 결과는 하나님의
> 신실하심을 전적으로 의지한다.[4]

고든 피(Gordon Fee)는 "보증", "서약", "계약금" 등으로 다양하게 번역
된 단어인 "아라본"(arrabōn)이 지불해야 할 전체 금액의 첫 할부금을 가
리키는 상거래 용어임을 지적하면서 이에 의견을 같이했다. 계약금은 계
약상의 의무가 무엇이든 그것이 실제로 이행될 것을 보증한다. 피는 다
음과 같이 말했다. "따라서 '영'[성령]은 우리가 지금 살아가는 삶 속에서
하나님이 주신 보증금 역할을 한다. 이 영은 미래가 현재 속으로 이미 뚫
고 들어왔음을 일러주는 확실한 증거이자, 장차 그 미래가 완전하게 실
현되리라는 것을 확실히 담보해주는 보증이다."[5]

---

4 Judith M. Gundry-Volf, *Paul and Perseverance: Staying In and Falling Away*
  (Louisville: Westminster / John Knox, 1990), 30.
5 Fee, *God's Empowering Presence*, 807.

마지막으로 하나님의 참된 자녀가 신앙으로부터 온전하고 최종적으로 배교하는 것이 가능하다면 성령은 처음 익은 열매로서의 사역에서도 실패한 것이 된다(롬 8:23). 이 비유는 우리의 부활을 보증하는 그리스도의 부활에서도 사용된 바 있다(고전 15:20, 23). 계약금이나 보증금 개념과 비슷하게 성령은 "이 첫 다발(열매)이 하나님이 우리에게 마지막 날 이루어질 수확을 확약해주시는 담보물이다. 결국⋯'영'[성령]은 현재 우리의 실존 속에서 필수 불가결한 역할을 수행하면서, 미래가 이미 임하였으나 아직 완성되지 않았다는 것을 일러주고 보장해주는 증거와 보증 역할을 한다."[6]

결론

우리의 구원이 안전한 근거는 궁극적으로 우리의 의나 순종이 아닌 하나님의 약속과 능력, 목적, 그리고 무엇보다 그리스도 안에서 우리를 향한 하나님의 열정적인 사랑에 있다. 하나님은 믿음 안에서 우리를 보존하시는 일에 헌신되어 계신데, 우리가 만일 완전하고 최종적으로 떨어지기까지 흔들릴 수 있다면, 우리보다도 하나님의 상실이 더 클 것이기 때문이다.

당신은 구원이 당신 자신의 의지력과 의를 향한 헌신과 같은 연약한 줄에 달려 있다고 생각하는가? 나는 내 자신의 영혼을 너무 잘 안다. 하나님의 보존하시는 은혜가 아니었다면 나는 거듭난 바로 다음날 내 구원

---

6 같은 책.

을 잃어버렸을 것이다. 그리스도 안에서 당신의 영혼이 안전하다는 사실을 확신하지 못한다면 당신의 앞날에는 두려움과 비참함, 아마도 절망만이 가득할 것이다. 당신이 분명 구세주의 사랑에서 당신을 영원히 끊어낼 만한 죄를 범할 것이기 때문이다. 내가 내일은 물론 그 뒤의 모든 날들을 자신 있게 마주할 수 있는 이유는 "내가 결코 너희를 버리지 아니하고 너희를 떠나지 아니하리라"고 하신 그분의 약속을 알기 때문이다(히 13:5).

추천 도서

Peterson, Robert A. *Our Secure Salvation: Preservation and Apostasy*. Phillipsburg, NJ: P&R, 2009.

Pinson, J. Matthew, ed. *Four Views on Eternal Security*. Grand Rapids: Zondervan, 2002. 『한 번 받은 구원 영원한가?: 견인에 대한 네 가지 관점』(부흥과개혁사 역간).

Schreiner, Thomas R., and Ardel B. Caneday. *The Race Set before Us: A Biblical Theology of Perseverance and Assurance*. Downers Grove, IL: InterVarsity, 2001.

16장
히브리서는 그리스도인이
배교할 수 있다고 가르칠까?

모든 성경을 통틀어 가장 큰 논란을 일으키고 또 빈번하게 논쟁이 되는 본문은 의심할 바 없이 히브리서 6장과 10장이다. 이는 참된 신자라도 그의 구원을 빼앗길(혹은 잃어버릴) 수 있다고 믿는 사람들이 가장 즐겨 호소하는 본문이기도 하다. 구체적인 내용은 다음과 같다.

한 번 빛을 받고 하늘의 은사를 맛보고 성령에 참여한 바 되고 하나님의 선한 말씀과 내세의 능력을 맛보고도 타락한 자들은 다시 새롭게 하여 회개하게 할 수 없나니 이는 그들이 하나님의 아들을 다시 십자가에 못 박아 드러내 놓고 욕되게 함이라. 땅이 그 위에 자주 내리는 비를 흡수하여 밭 가는 자들이 쓰기에 합당한 채소를 내면 하나님께 복을 받고 만일 가시와 엉겅퀴를 내면 버림을 당하고 저주함에 가까워 그 마지막은 불사름이 되리라. 사랑하는 자들아, 우리가 이같이 말하나 너희에게는 이보다 더 좋은 것 곧 구원에 속한 것이 있음을 확신하노라. 하나님은 불의하지 아니하사 너희 행위와 그의 이름을 위하여 나타낸 사랑으로 이미

성도를 섬긴 것과 이제도 섬기고 있는 것을 잊어버리지 아니하시느니라
(히 6:4-10).

우리가 진리를 아는 지식을 받은 후 짐짓 죄를 범한즉 다시 속죄하는 제
사가 없고 오직 무서운 마음으로 심판을 기다리는 것과 대적하는 자를
태울 맹렬한 불만 있으리라. 모세의 법을 폐한 자도 두세 증인으로 말미
암아 불쌍히 여김을 받지 못하고 죽었거든 하물며 하나님의 아들을 짓밟
고 자기를 거룩하게 한 언약의 피를 부정한 것으로 여기고 은혜의 성령
을 욕되게 하는 자가 당연히 받을 형벌은 얼마나 더 무겁겠느냐? 너희는
생각하라(히 10:26-29).

이제 각각의 본문을 살펴보자.

히브리서 6:4-10

"한 번 빛을 받고 하늘의 은사를 맛보고 성령에 참여한 바 되고 하나님
의 선한 말씀과 내세의 능력을 맛보고도 타락한 자들"(히 6:4-6)은 누구
인가? 이들이 누구인지를 파악하는 것은 중요한데, 그 이유는 이들에 대
한 다음의 선언 때문이다. "다시 새롭게 하여 회개하게 할 수 없나니 이
는 그들이 하나님의 아들을 다시 십자가에 못 박아 드러내 놓고 욕되게
함이라." 이 본문에 대한 해석이 수십 가지임을 주석과 학술지에서 찾아
볼 수 있다. 나의 목적은 이것들을 논하는 것이 아니다. 내 유일한 관심은
4-5절에 기록된 용어를 통해 우리가 이들을 거듭나고 의롭다 하심을 받

은 신자로 결론 내릴 수 있는지의 여부다.[1]

이들은 거듭난 그리스도인일까? 그렇다면 영원한 보증의 교리는 산산조각나고 만다. 아니면 우리가 영적으로 "빛을 받고", 하늘의 은사를 "맛보고", 성령에 "참여"하고도 구원하시는 예수님을 모르는 것이 가능할까? 두 번째 질문에 대한 나의 답은 "그렇다"이다. 이들이 왜 배교한 거듭난 신자가 아닌지 히브리서로부터 여섯 가지 이유를 찾아보았다.

먼저 4-6절에서 묘사된 상황은 7-8절이 설명한다.

> 땅이 그 위에 자주 내리는 비를 흡수하여["자주 내리는 비를 흡수하는 것"은 4-5절의 축복, 곧 빛을 받고 성령에 참여하고 영적 은사를 맛보는 등을 가리킨다] 밭 가는 자들이 쓰기에 합당한 채소를 내면 하나님께 복을 받고 만일 가시와 엉겅퀴[이것은 6a절의 "타락한 자들"에 상응하는 내용]를 내면 버림을 당하고 저주함에 가까워 그 마지막은 불사름이 되리라.

비는 온갖 종류의 땅에 내리지만 그것만으로는 무슨 채소가 나올지 장담할 수 없다. 이 본문은 자주 내리는 비를 흡수하고 생명과 채소를 맺다가 그것을 잃어버리는 땅에 대한 묘사가 아니다. 대신 두 가지 전혀 다른 종류의 땅을 설명한다. 하나는 풍성한 채소를 맺어 생산함으로써 비,

---

1 내가 이번 장을 집필하는 데에는 웨인 그루뎀이 쓴 다음의 글이 큰 도움이 되었다. "Perseverance of the Saints: A Case Study from Hebrews 6:4-6 and the Other Warning Passages in Hebrews." 이 글은 다음 책에 실려 있다. *The Grace of God, the Bondage of the Will: Biblical and Practical Perspectives on Calvinism*, ed. Thomas R. Schreiner and Bruce A. Ware (Grand Rapids: Baker, 1995).

곧 영적 은사와 영적 기회에 반응하는 반면, 다른 하나는 척박하고 황량하여 저주를 받는다. 마찬가지로 복음을 듣고 이에 구원하는 믿음으로 반응하는 사람들은 생명을 낳는다. 하지만 교회에 앉아 진리를 듣고 성령의 사역을 경험하고도 끝끝내 등을 돌리는 사람들은 채소를 내지 못해 저주받는 땅과 같다. 웨인 그루뎀은 다음과 같이 썼다.

> 이 본문이 묘사하는 것은 한때는 좋은 열매를 맺었지만 지금은 가시를 맺는 땅이 아니다. 본문이 암시하는 바는 다음과 같다. 4-6절이 나열하는 긍정적 경험들은 이들이 정말로 구원받았는지의 여부를 판단할 만큼 충분한 정보를 제공하지 못하나, 배교와 그리스도를 욕되게 하는 행동들은 타락한 자들의 참된 본질을 드러내준다. 이들은 처음부터 나쁜 열매를 맺을 수밖에 없는 나쁜 땅이었다. 가시 맺는 땅의 비유로 4-6절을 설명할 때(이는 적절한 설명이다) 이들의 타락은 이들이 애초에 구원받지 못했음을 증거한다.[2]

두 번째로 6:9에 기록된 중요한 대조다. "사랑하는 자들아, 우리가 이같이 말하나 너희에게는 이보다 더 좋은 것 곧 구원에 속한 것이 있음을 확신하노라." 여기 등장한 "더 좋은 것"은 10-12절에서 자세히 언급되는데 "행위", "사랑", "섬김", "부지런함", "소망의 풍성함", "믿음", "오래 참음", "약속을 기업으로 받음" 등이다. 이것들이 4-6절의 경험보다 더 나은 이유는 이것이 구원에 속하거나 구원을 수반하는 것들이기 때문이다. 그루

---

2 같은 책, 156-57.

뎀은 다음과 같이 설명했다. "저자는 독자들 대부분이 4-6절에서 묘사된 이들보다 더 나은 것들을 가졌다고 확신했는데, 이것들이 더 나은 것은 그의 독자들에게도 구원에 속한 것이 있었기 때문이다. 이는 4-6절에 등장한 복들이 구원에 속한 것이 아니었음을 암시한다."[3] 그루뎀은 7-12절을 다음과 같이 요약했다.

> 7-8절은 4-6절에 등장한 사람들이 가시와 엉겅퀴만을 내는 불모지로, 이들이 처음부터 구원받지 못했음을 설명한다. 9-12절은 대부분의 독자들이 4-6절에 나열된 일시적 경험보다 더 나은 것을 가졌고, 이것이 구원을 포함했음을 언급한다. 따라서 7-8절과 9절은 4-6절 속 타락한 이들이 애초에 구원받지 못했음을 시사한다.[4]

세 번째는 "우리가 시작할 때에 확신한 것을 끝까지 견고히 잡고 있으면 그리스도와 함께 참여한 자가 되리라"는 히브리서 3:14의 내용이다 (3:6도 보라). 주목해야 할 사실은, 우리가 믿음 안에서 인내한다면 앞으로 그리스도와 함께 참여할 것(will come)이 아니라 우리가 이미 참여한 것 (have come)으로 표현되었다는 점이다. 다른 말로 하면, 믿음을 굳게 유지하는 것, 곧 믿음 안에서 인내하는 것은 우리가 과거에 그리스도와 함께 "참여했다"는 사실을 증명한다. 반면 굳게 유지하지 못하는 것, 곧 배교하는 것은 우리가 그리스도와 함께 처음부터 참여하지 못했다는 사실을 증명한다. 배교 혹은 타락은(6:6a) 당신이 한때 그리스도와 함께 참여

---

3 같은 책, 159.
4 같은 책, 160.

했었지만 지금은 떨어져 나갔음을 의미하지 않고, 오히려 처음부터 그렇지 못했음을 의미한다.

네 번째로 히브리서 10:14은 "그가 거룩하게 된 자들을 한 번의 제사로 영원히 온전하게 하셨느니라"고 이야기한다. 존 파이퍼는 이렇게 썼다.

> 십자가상의 그리스도의 제사는 [지금 거룩하게 된 자들, 곧 성령이 내주하시고 믿음으로 거룩하게 성장하고 있는 자들을] **영원히 온전하게 하셨다.** 영원히! 다른 말로, 십자가상의 그리스도의 온전하고 거룩하게 하시는 사역의 수혜자가 된다는 것은 곧 하나님이 보실 때 영원히 온전해지는 것이다. 이것이 시사하는 바, 히브리서 6:6은 그리스도를 십자가에 다시 못 박는 이들이 이전에는 예수의 피로 의롭다 하심을 받았으며 내적 · 영적 의미에서 거룩해지고 있었음을 뜻하지 않는다.[5]

다섯 번째로 저자는 우리 안에서 새 언약의 축복이 성취되도록 기도하며 편지를 마무리한다. "모든 선한 일에 너희를 온전하게 하사 자기 뜻을 행하게 하시고 그 앞에 즐거운 것을 예수 그리스도로 말미암아 우리 가운데서 이루시기를 원하노라"(13:21). 이 새 언약, 영원한 언약의 내용은 하나님이 자기 백성에게 새 마음을 주시고, 그분의 길을 걷게 하시며, 선한 일로부터 돌이키지 않도록 하신다는 것이다(렘 24:7; 32:40; 겔 11:19; 36:27을 보라). 따라서 파이퍼는 다음과 같이 결론 내린다.

---

5 John Piper, "When Is Saving Repentance Impossible?," accessed October 13, 1996, http://www.desiringgod.org(스톰스 강조).

[히 13장] 21절에서 저자는 우리가 믿음 안에서 인내하고 열매 맺는 것이 최종적으로 우리에게 달려 있지 않음을 이야기한다. 이것은 최종적으로 하나님께 달려 있다. 하나님은 그 앞에 즐거운 것을 우리 가운데서 이루고 계신다. 우리를 보존하신다는 새 언약을 성취하고 계신다. 히브리서 6:6이 의미하는 바가 참으로 의롭다 하심을 받은 새 언약의 구성원들이 결국에는 배교하여 내쫓김을 당하는 것이면, 이는 새 언약과 반대된다. 하나님은 자신 앞에 즐거운 것을 우리 가운데서 이루신다는 약속을 성취하지 못하실 것이다. 곧 새 언약을 지키지 못하시는 것이다.[6]

여섯 번째로 6:4-6에 등장한 표현들 말고도, 그리스도인을 즐겨 묘사하지만 여기에는 등장하지 않은 표현들 역시 고려해야 한다. 중생, 회심, 칭의, 양자 됨, 선택, 예수님을 믿는 믿음과 같이 빈번히 신자를 묘사하는 단어들이 이곳에는 누락되어 있다. 히브리서 자체 안에서 그리스도인이 묘사된 방식을 감안한다면, 이것은 단순한 침묵 논법 그 이상이다. 다음은 참된 신자를 묘사하는 표현의 목록으로, 이 모두는 6:4-6에 등장한 배교한 이들에 대해서는 사용되지 않았다.

1. 하나님이 그의 죄를 용서하셨다(8:12; 10:17).
2. 하나님이 그의 양심을 깨끗하게 하셨다(9:14; 10:22).
3. 하나님이 그의 마음에 율법을 새겨주셨다(8:10; 10:16).
4. 하나님이 그의 안에 삶의 거룩을 이루어가신다(2:11; 10:14; 13:21).

---

6 같은 곳.

5. 하나님은 그에게 흔들리지 않는 나라를 주셨다(12:28).

6. 하나님은 그를 기뻐하신다(11:5-6; 13:16, 21).

7. 그에게는 믿음이 있다(4:3; 6:12; 10:22, 38-39; 12:2; 13:7 등).

8. 그에게는 소망이 있다(6:11, 18; 7:19; 10:23).

9. 그에게는 사랑이 있다(6:10; 10:33-34; 13:1).

10. 그는 예배하고 기도한다(4:16; 10:22; 12:28; 13:15).

11. 그는 하나님께 순종한다(5:9; 10:36; 12:10, 11, 14).

12. 그는 인내한다(3:6, 14; 6:11; 10:23).

13. 그는 하나님의 안식에 들어간다(4:3, 11).

14. 그는 하나님을 안다(8:11).

15. 그는 하나님의 집, 하나님의 자녀, 하나님의 백성이다(2:10, 13; 3:6; 8:10).

16. 그는 그리스도와 함께 참여한 자다(3:14).

17. 그는 미래의 구원을 받을 것이다(1:14; 5:9; 7:25; 9:28).

다음과 같이 이의를 제기하는 사람도 있을 것이다. "좋습니다. 6:4-6에 일반적으로 구원받은 사람을 묘사하는 내용이 빠져 있다고 합시다. 하지만 구원받지 못한 사람을 묘사하는 내용도 빠져 있지 않습니까?" 다음은 이에 대한 그루뎀의 대답이다.

[6:4-6 의] 구문이 구원받지 못한 사람들에 대한 저자의 묘사와도 일치하지 않고, 이들이 (배교하기 전) 구원받지 못했음을 보여주지도 않는다는 지적에 나 역시 동의한다. 사실 핵심은 이들이 배교하기 전, 이들의 영

적 상태가 어떠했는지 확신할 수 없다는 데 있다. 이들이 구원을 받았는지의 여부는 정확하지 않다. 어느 쪽으로도 결정적인 증거는 없다. 저자가 이들에게 돌아서지 말라고 경고한 이유도 이 때문이다. 구원받은 자와 구원받지 못한 자 중 어느 방향을 향할 것인지 여전히 결정을 내려야 할 시점에 서 있는 것이다.[7]

6:4-6에서 사용된 "빛을 받고", "맛보고", "참여한 바 되고" 등의 용어는 어떤가? 분명한 사실은 모든 그리스도인이 이런 실재를 경험한다는 것이다. 하지만 이것은 오직 그리스도인만의 경험일까? 그리스도를 자신의 주님과 구세주로 받아들이지는 않았지만 복음과 복음이 가져오는 유익에 지속적으로 노출된 사람들 역시 이것을 경험할 수 있을까? 하나씩 살펴보자.

이들은 "한 번 빛을 받았다." 참된 그리스도인들은 "빛을 받은"(enlightened, "~을 깨우친"으로도 번역 가능하다―역자 주) 사람들인가? 그렇다. 하지만 이 용어는 복음을 듣고 배우고 이해했다는 의미에 불과하다. "복음의 사실을 지성적으로 이해하는 것은 구원받는 믿음을 향한 중요한 과정이지만, 그 자체로 신앙에 필수적인 구성 요소, 곧 그리스도를 개인적으로 신뢰하는 것은 아니다."[8] 우리 모두는 복음의 진리를 반복적으로 들었고, 그 의미를 이해했으며, 그리스도의 주장을 믿기 어려울 정도로 정확히 설명할 수 있지만, 예수님을 주님과 구세주로 신뢰하기를 거부하는 이들을 알고 있다. 어쩌면 가족 중에 그런 사람이 있을 수도 있

---

7 Grudem, "Perseverance of the Saints," 171.
8 같은 책, 142-43.

다. 결론적으로, 모든 참된 그리스도인이 빛을 받은 것은 사실이지만 그렇다고 빛을 받은 모든 사람이 참된 그리스도인인 것은 아니다.

이들은 "하늘의 은사와 하나님의 선한 말씀과 내세의 능력을 맛보았다." 이것은 분명 참된 영적 경험이다. 하지만 이것을 참된 "구원의" 경험으로 결론 내리는 것은 정당할까? 이들은 복음과 교회에 익숙했다. 죄를 깨닫게 하시는 성령을 알았고, 일반은혜는 물론 참된 신자들과의 가깝고 친밀한 관계를 통해 어느 정도의 축복도 경험했다. 치유를 받았을 수도, 귀신의 나감을 경험했을 수도 있다. 하나님의 말씀을 듣고, 그 말씀의 능력과 아름다움과 진리의 일부를 맛보고 느끼고 즐거워했을 수도 있다. 이들은 구애하시는 성령을 느꼈고, 그리스도의 몸을 통해 위대하고 놀라운 일들을 목도했다. 마태복음 7:22-23에는 그리스도의 이름으로 설교하고 예언하고 기적을 행하고 귀신을 내쫓았던 사람들이 등장하는데, 이들은 구원받지 못한 사람들이었다. 예수님은 이들에게 "내가 너희를 도무지 알지 못하니, 불법을 행하는 자들아, 내게서 떠나가라"고 말씀하셨다 (23절). 이들은 새 언약의 능력과 축복을 맛보았음에도, 예수님의 속죄의 죽음을 영생을 위한 자신의 유일한 소망으로 소중하고 존귀하게 여기고, 받아들이고, 사랑하고, 신뢰하고, 보물 삼고, 온전히 즐거워하지 않았다.

이들은 "성령에 참여한 바 되었다." "참여한"(shared, partaker)으로 번역된 단어는, 그리스도 안에 있는 구원에 참여한 것을 의미할 수도 있고 (히 3:14을 보라), 아니면 더 느슨한 관계나 참여를 의미할 수도 있다(참조. 눅 5:7의 "동무"나 히 1:9의 "동류"). 이들은 성령과 그의 사역에 부분적으로나마 참여했다. 하지만 어떤 방식으로 그렇게 했을까? "구원의" 방식으로 그렇게 했을까? 저자는 왜 이들의 영적 상태에 대한 의심을 단번에 잠재울 만한, 예를 들어 "성령충만"이나 "성령세례", "성령의 내주"와 같은 용어를 사용하지 않았을까?

어떤 의미에서 이들은 "회개했다." 죄를 슬퍼하고 그것으로부터 돌아서는 것은 불신자들도 경험할 수 있다. 이것은 히브리서 12:17과 에서에 대한 언급, 마태복음 27:3에 기록된 가룟 유다의 회개로부터도 분명히 알 수 있다. 바울은 "구원에 이르게 할" 회개를 언급했는데(고후 7:10), 이 말은 구원에 이르지 못할 회개도 있다는 뜻이다. "믿음"이나 "신앙"과 마찬가지로 "회개"에 대해서도 우리는 실제적이고 구원하는 것과 거짓된 것을 구분할 필요가 있다. 그루뎀의 다음과 같은 요약은 유익하다.

이들에게 어떤 일이 일어났는가? 이들은 적어도 교회라는 공동체와 긴밀하게 연계된 사람들이었다. 이들에게는 죄에 대한 어느 정도의 슬픔과 그 죄를 멀리하겠다는 결단이 있었다(회개). 이들은 복음을 분명히 이해했고 어느 정도는 동의했다(이들은 빛을 받았다). 이들은 그리스도인의 삶이 갖는 매력과 그리스도인이 됨으로써 삶에 찾아오는 변화들을 환영했고, 기도 응답을 받는 것은 물론 영적 은사 중 일부를 사용하기도 했으며, 역사하시는 성령의 능력을 경험하기도 했다(이들은 성령의 역사에 관여했고, 성령에 참여한 바 되었으며, 하늘의 은사와 내세의 능력을 맛보았다). 이들은 말씀의 참된 전파에 노출되었고, 그 가르침 중 상당 부분을 인정했다(이들은 하나님의 선한 말씀을 맛보았다). 이는 모두 긍정적 요인들로, 이를 경험한 사람이라면 참된 그리스도인일 수 있다. 하지만 그리스도인으로서의 삶이 분명히 시작되었다는 결정적인 증거(중생, 구원하는 믿음과 생명을 얻는 회개, 칭의, 양자 됨, 초기 성화)로 인정하기에는 역

부족이다. 사실 **이들은 그리스도인으로서의 삶이 분명히 시작되기 전에 선행되는 예비적 경험들이라고 할 수 있다.** 따라서 이들의 실질적인 영적 상태는 여전히 불분명하다.[9]

결론짓자면, 히브리서 6:4-5에 묘사된 사람들, 곧 6절에서 타락한 사람들은 현재도, 애초에도 거듭난 신자들이 아니었다. 이들은 자신의 구원을 "잃어버린" 그리스도인들이 아니다. 내가 생각할 때 4-6절에 묘사된 이들의 영적 상태와 경험은 씨 뿌리는 비유에 등장한 처음 세 종류의 땅과 사실상 동일하다(마 13:3-23; 막 4:1-9; 눅 8:4-15을 보라). 이 비유에서 오직 네 번째의 땅만이 "좋은 땅"으로 불렸고 결과적으로 열매를 맺었다. 다른 세 종류의 땅은 복음을 듣고 이해와 관심, 기쁨과 같은 다양한 반응을 보였지만, 그중 어느 누구도 참된 영적 생명을 증거하는 열매를 맺지는 못했다. 즉 이들은 빛을 받았고 역사하시는 성령의 선하심과 능력, 그 나라의 축복을 맛보았지만 시험과 환난과 유혹이 찾아왔을 때 진리로부터 등을 돌렸다. 이들의 배교는 처음 "신앙"이 거짓이었음을 증거한다(특히 요 8:31; 히 3:6, 14; 요일 2:19을 보라).

히브리서 10:26-31

하지만 히브리서 10:26-31 역시 유념해야 한다. 여기서 저자는 "진리를 아는 지식을 받고도" 고의적인 죄를 지속하는 사람을 묘사한다. 이 구문

---

9 같은 책, 153(그루뎀 강조).

의 의미는, 그가 복음을 듣고 이해하고 정신적으로 승인 혹은 동의했다는 것에 불과하다. 비극적이지만 많은 사람이 복음을 듣고 예수님의 윤리와 지역 교회의 기준과 생명에 합당한 생활을 꾸리는 일에는 몰두하면서도, 중생을 경험하거나 구원을 위해 그리스도를 신뢰하지는 않는다. 결국에는 자신이 듣고 이해한 것으로부터 돌이켜 공공연하고 교만한 태도로 그것을 거짓이라고 부인하기에 이른다. 구원받지 못한 신학자들과 성경 주석가들이 실제로 있고, 이들의 "진리를 아는 지식"은 적어도 객관적인 자료로 따질 때, 일부 참된 신자들의 지식보다 더 광범위하고 통찰력 있다(벧후 2:20-21을 보라).

하지만 이 본문에서 정말로 곤란한 구문은 히브리서 10:29로, 문제의 인물은 "자기를 거룩하게 한 언약의 피"를 부정한 것으로 여겼다고 기록되었다. 이것은 그가 참된 그리스도인이었다는 뜻일까? 영원한 보증을 지지하는 사람들은 다음 두 가지 해석 중 하나를 지목한다.

먼저 거룩하게 된 "그"가 사실은 배교자가 아니라 예수 그리스도라고 주장하는 이들이다. 이것은 문법적으로 가능하다. 요한복음 17:19은 자신을 "거룩하게 하신" 예수님을 언급하므로 이 해석은 신학적으로도 가능하다. "거룩하게 하다"는 말이 굳이 죄의 개념을 끌어들이지 않고도 "특별한 목적이나 사용을 위해 구분하다"는 의미로 사용될 수 있음을 기억해야 한다(히 2:10; 5:7, 9; 9:11-12에 비슷한 용례와 사상이 등장한다). 따라서 이 견해에 따르면 제물의 피로 아론을 대제사장으로 성별한 것과(출 29장을 보라), 직접 흘리신 피로 예수님을 대제사장으로 성별하신 것에는 유사성이 존재한다.

두 번째는 웨인 그루뎀을 비롯한 다른 이들의 주장으로서 첫 번째 해석보다 더 설득력이 있다. "'거룩하게 하다'라는 단어가 꼭 구원에 수반되는 내면적이고 도덕적인 성결을 지칭한다고 볼 필요는 없는데, '하기아조'(hagiazo)라는 원어가 히브리서는 물론 신약 전반에 걸쳐 더 넓은 범위로 사용되었기 때문이다."[10] 그루뎀은 히브리서 9:13을 예로 들어 이 단어가 가리키는 것이 꼭 영적으로(혹은 구원의 의미로) 깨끗하게 하는 것이 아니라, 예식적으로 깨끗하게 하는 것임을 지적했다(마 23:17, 19; 고전 7:14; 딤전 4:5도 보라). 히브리서 10장의 문맥은 이런 견해를 지지하는 듯한데, 저자가 구약 레위기의 제사와 이보다 더 나은 그리스도의 새 언약의 제사 사이의 유사성을 염두에 두었기 때문이다. 그루뎀은 다음과 같이 썼다.

> 히브리서 저자는 **신자들의 무리와 함께 모여** 하나님 앞에 나아올 위대한 특권에 참여함에도 불구하고, 어떤 이들은 타락할 수 있다는 사실을 알았다(히 10:19-22을 보라). 그는 "모이기를 폐하는 어떤 사람들의 습관과 같이 하지 말고 오직 권하여"라고 말했다(10:25). 서로 권해야 하는 이유는 10:26에 등장한 경고와 관련이 있다. "우리가 진리를 아는 지식을 받은 후 짐짓 죄를 범한즉." 이 문맥에서 문제의 인물이 부정하게 여긴 "자기를 **거룩하게 한**" 언약의 피는 "**하나님의 백성과 함께 하나님 앞으로 나아오도록 그에게 특권을 부여해준**" 언약의 피로 이해하는 것이 적절하다. 그리스도의 피는 회중이 하나님께로 나아올 수 있는 새로운 길을 열어주었는데, 곧 구약의 예식과 유사한 의미에서 이들을 "거룩하게" 했고, 이런 회중과 함께 어울린 그 사람 역시 함께 "거룩해진" 것이다. 그는 예

---

10 같은 책, 177.

배 가운데 하나님 앞에 나아올 수 있는 특권을 누렸다.[11]

이런 놀라운 기회와 특권을 경험하고도 이것을 가능케 하신 그리스도의 인격과 사역을 고의적으로 거부하는 사람에게는 오직 심판만이 임한다. 저자는 10:39에서 두 개의 그룹을 구분 짓는데 이 역시도 위와 같은 맥락이다. 먼저 구원하는 믿음이 없어 결국에는 멸망으로 미끄러지는 ("뒤로 물러가") 사람들이 있다. 반면 구원하는 믿음이 있어 영혼을 구원하기까지 인내하는 사람들이 있다. 히브리서의 저자는 세 번째 그룹, 곧 구원하는 믿음이 있지만 후일에 타락하는 사람들을 상상하지 않는다. 그는 오직 자기 백성이 미끄러지지 않도록 보존하시는 하나님의 은혜에 감사와 찬송을 올려드릴 뿐이다.

결론

이전 장과 이번 장을 통해 우리는 성경 속에서 마주하는 쟁점이자 난제를 살펴보았다. 참된 그리스도인이 완전하고 최종적으로 신앙을 떠나 배교할 수 있는가의 질문에 나는 내 입장을 분명히 표명했지만(나의 입장은 "그럴 수 없다"는 것이다), 그렇다고 이 문제에 대한 신약 본문들이 전혀 모호하지 않다는 뜻은 아니다. 이 구절들은 정말로 해석하기 어려운 본문들이다. 나는 다만 겸손하고 건강한 방식으로 내가 그리스도인의 배교의 가능성을 주장하는 이들에게 도전이 되었기를 바랄 뿐이다. 또한 우리를

---

11 같은 책, 178(그루뎀 강조).

지키고 보호하시는 놀라운 은혜로 인해 하나님께 감사할 때, 내 글이 독자들에게 격려와 찬양의 이유를 선사해주었기를 기도한다.

추천 도서 _____

Bateman, Herbert W., IV, ed. *Four Views on the Warning Passages in Hebrews*. Grand Rapids: Kregel, 2007.

Grudem, Wayne. "Perseverance of the Saints: A Case Study from Hebrews. 6:4-6 and the Other Warning Passages in Hebrews." In *The Grace of God, the Bondage of the Will: Biblical and Practical Perspectives on Calvinism*, edited by Thomas R. Schreiner and Bruce A. Ware, 133-82. Grand Rapids: Baker, 1995.

17장
천국에도 섹스가 있을까?

처음 이 책을 손에 든 당신은 내가 어떤 난제들을 다루고 있는지를 살펴
보고자 가장 먼저 목차를 훑어보았을 것이고, 이번 장의 제목을 발견하
고는 성령모독죄와 십일조와 같은 다른 주제들을 모두 제쳐둔 채, 이 장
을 가장 먼저 펼쳐들었을 것이다. 나는 내 자신의 본성을 포함해 인간의
본성을 너무나도 잘 알므로, 천국에도 섹스가 있을 것인가 하는 질문이
이 책이 검토하는 다른 어떤 주제보다 당신에게 흥미로웠을 거라고 생각
한다. 그러므로 이번 장이 당신이 읽고자 선택한 첫 번째 장이라 해도 상
심이나 죄책감을 느낄 필요가 없다. 장담하건대 당신은 그런 수많은 사
람 중 하나에 불과하다.

질문의 문맥

조금이라도 정확하게 이 질문에 대답하고 싶다면(이것이 답변 가능한 질
문이라는 전제하에), 마가복음 12:18-23에 기록된 예수님과 사두개인들

의 대화 내용과 이들이 예수님께 던진 질문의 문맥을 고려해야 한다. 곧 살펴보겠지만, 예수님 당시의 사두개인들은 내세를 믿지 않았고, 이것은 오늘날 절대 다수의 미국인들과 크게 대치된다. 최근 바나 그룹(Barna Institute)이 시행한 여론조사에 따르면 우리 사회에서 점차 확산되어가는 물질주의적·자연주의적 분위기에도 불구하고, 대부분의 사람들은 여전히 어떤 형태든 간에 죽음 이후의 삶을 믿고 있다. 통계의 내용은 꽤나 충격적이다. 80퍼센트 이상의 미국인들은 일종의 내세(부활이든 환생이든 아니면 다른 것이든)를 믿는다. 9퍼센트는 죽음 이후의 삶이 있을 수도 있지만 확신할 수는 없다고 이야기했다. 다른 말로 하면, 대략 열 명 중 한 명만이 죽음 이후의 삶이 없다고 주장한 것이다. 응답자들 중 76퍼센트는 천국이 존재한다고, 71퍼센트는 지옥이 존재한다고 대답했다.

의심할 바 없이 가장 괄목할 만한 통계는 오직 0.5퍼센트만이 자신이 죽고 난 이후 지옥에 갈 것을 예상했다는 점이다. 바꾸어 말하면, 죽음 이후의 삶을 믿는 절대 다수가, 이들이 정의하는 천국이 무엇이든지 간에 스스로 천국에 갈 것을 확신했다는 뜻이다.

고대는 여론조사가 불가능한 시대였지만, 만일 가능했다면 모든 문화에 걸쳐 거의 모든 사람에게 무덤 이후의 삶에 대한 모종의 개념이 있었음을 밝혀줄 것이다. 이집트인들 역시 그랬다. 고고학자들은 약 오천 년 전 사망한 파라오 쿠푸의 무덤에서, 내세에 하늘을 운항하기 위해 만들어진 "태양의 배"를 발견했다. 그리스인들은 죽은 사람의 치아 사이로 동전을 끼워 묻었는데, 이것은 하데스(죽은 자들의 나라—역자 주)로 향하는 길목에 있던 스틱스 강을 건널 때 필요한 운임이었다. 미국의 인디언들은 용사가 죽었을 때 말과 활 및 화살을 함께 넣어 묻었는데, 이는 그가 행복한 사냥터에서 말을 타고 사냥을 즐길 수 있도록 하기 위해서였다.

물론 바나 조사가 드러내듯, 오늘날 모든 사람이 죽음 이후의 삶을 믿는 것은 아니다. 이는 고대에서도 마찬가지였다. 이미 언급한 대로 몸의 불멸이나 부활의 개념을 절대적으로 부인한 한 그룹이 있었는데 바로 사두개인들이었다. 사두개인과 바리새인은 말하자면 고대판 민주당과 공화당이었다. 이 둘은 모두 굉장히 종교적인 사람들이었지만, 생활 방식과 교리 문제에 있어 상당한 의견 차이를 보였다. 사두개인들은 비록 수에 있어서는 열세였지만, 부유층으로서 지배계급을 구성했다. 대제사장 대부분은 사두개인이었다. 이들은 자신의 목적을 위해서는 로마 정부와의 협력도 불사했다. 또한 자신의 목적을 위해서라면 자신이 대표하는 주와 정당을 무시한 채 다른 편과 몰래 타협하기도 하는 워싱턴의 정치인들과 비슷했다.

사두개인들은 구약에 대해 흥미로운 견해를 보였다. 이들은 바리새인들의 구전을 받아들이지 않았고, 오직 구약의 첫 다섯 권에 해당하는 모세 오경 곧 창세기, 출애굽기, 레위기, 민수기, 신명기만을 영감된 말씀으로 인정했다. 이들은 역사서와 예언서, 시편과 같은 시문학을 전부 거절했다. 하지만 이들을 가장 크게 구분 지은 것은 죽음 이후의 삶을 단호하게 부인한 점이다. 이에 대해서는 곧 더 자세히 살펴보도록 하자.

주님의 예루살렘 입성 이전까지 사두개인들은 예수님과 그분의 메시지에 대해 별 관심을 보이지 않았다. 사실 예수님이 자신들의 라이벌인 바리새인들을 향해 반복적으로 퍼부으시는 맹렬한 비난을 고소하게 생각했을 것이다. 그런 장면을 멀리서 지켜보고 들으면서 아마도 다음과 같이 킥킥거렸을 것이다. "세상에! 나사렛에서 왔다는 저 사람한테 또 한 방맞고 있네."

하지만 예수님이 성전에 들어오셔서 매대를 엎으시고 제사에 필요한
동물들을 팔아 수익을 내는 사람들에게 하나님의 심판을 선언하심으로
써 상인들을 방해하기 시작하셨을 때 모든 것은 달라졌다. 이유는 간단
했다. 성전 영업의 주인이 사두개인들이었기 때문이다. 이것은 이들의 잔
치였으며 이들의 일이었다. 그런데 예수님이 이들의 수익 사업에 끼어드
신 것이다. 이들의 부의 상당한 출처가 유월절과 관련된 동물과 품목의
판매로부터 오는 수수료였다. 그런데 예수님이 이들의 영토를 침범하신
것이다. 이들에게 가장 중요한 것, 즉 은행 계좌를 치시기 전까지 예수님
은 이들의 레이더 망에 들어온 작은 깜빡거림에 불과했다. 이들은 예수
님과 바리새인들 간의 일촉즉발의 대치를 참을, 아니 심지어 즐길 수 있
었다. 하지만 유월절 대목 사업이 방해받자 이들은 반격하기 시작했다.

물론 이들은 예수님 때문에 바리새인들이 반복적으로 비웃음을 산
것을 보고 또 들었다. 따라서 자신의 종교 라이벌이 실패한 곳에서 승리
하겠다고 굳게 마음을 먹었다. 이들은 예수님을 공개적으로 망신 주고
또 영원히 없애버리기 위한 교묘한 질문을 생각해냈다.

마가복음 12:18-23

기록을 자세히 살펴보자.

부활이 없다 하는 사두개인들이 예수께 와서 물어 이르되 "선생님이여,
모세가 우리에게 써주기를 어떤 사람의 형이 자식이 없이 아내를 두고

죽으면 그 동생이 그 아내를 취하여 형을 위하여 상속자를 세울지니라 하였나이다. 칠 형제가 있었는데 맏이가 아내를 취하였다가 상속자가 없이 죽고 둘째도 그 여자를 취하였다가 상속자가 없이 죽고 셋째도 그렇게 하여 일곱이 다 상속자가 없었고 최후에 여자도 죽었나이다. 일곱 사람이 다 그를 아내로 취하였으니 부활 때 곧 그들이 살아날 때에 그중의 누구의 아내가 되리이까?"(막 12:18-23)

이들의 질문은 수혼법으로 알려진 구약의 관습을 근거로 한다. 수혼법에 따르면 어떤 남자가 자녀를 낳지 못하고 죽을 경우, 남자의 형제는 과부, 곧 형수나 제수와 결혼하여 죽은 형제의 이름으로 자녀를 출산할 의무를 갖는다.

형제들이 함께 사는데 그중 하나가 죽고 아들이 없거든 그 죽은 자의 아내는 나가서 타인에게 시집가지 말 것이요. 그의 남편의 형제가 그에게로 들어가서 그를 맞이하여 아내로 삼아 그의 남편의 형제 된 의무를 그에게 다 행할 것이요. 그 여인이 낳은 첫 아들이 그 죽은 형제의 이름을 잇게 하여 그 이름이 이스라엘 중에서 끊어지지 않게 할 것이니라.

그러나 그 사람이 만일 그 형제의 아내 맞이하기를 즐겨하지 아니하면 그 형제의 아내는 그 성문으로 장로들에게로 나아가서 말하기를 "내 남편의 형제가 그의 형제의 이름을 이스라엘 중에 잇기를 싫어하여 남편의 형제 된 의무를 내게 행하지 아니하나이다" 할 것이요. 그 성읍 장로들은 그를 불러다가 말할 것이며 그가 이미 정한 뜻대로 말하기를 "내가 그 여자를 맞이하기를 즐겨하지 아니하노라" 하면, 그의 형제의 아내가 장로들 앞에서 그에게 나아가서 그의 발에서 신을 벗기고 그의 얼굴에 침을 뱉으며 이르기를 "그의 형제의 집을 세우기를 즐겨 아니하는 자에게는 이같이 할 것이라" 하고 이스라엘 중에서 그의 이름을 신 벗김 받은 자의 집이라 부를 것이니라(신 25:5-10).

사두개인들이 만들어낸 상황은 명백하게 가설적인 것으로, 여기서 수혼법은 여섯 번이나 적용되었다. 다음의 질문을 던지는 이들의 입가는 실실 터져나오는 웃음을 참느라 파르르 떨렸을 것이고, 이들의 눈에는 복수의 빛이 서렸을 것이다. "일곱 사람이 다 그를 아내로 취하였으니 부활 때, 곧 그들이 살아날 때에 그중의 누구의 아내가 되리이까?"(막 12:23) 상상하건대 이들은 다음과 같이 중얼거렸을 수도 있다. "바리새인들이 그의 권위에 대해 물었을 때 예수는 이들을 당혹하게 만들었고, 가이사에게 바치는 세금에 대해 물었을 때는 이들을 곤경에 빠뜨렸을 뿐 아니라 아예 입막음을 해버렸지만, 지금 우리는 이긴 거나 다름없어."

이들은 분명 다음과 같이 생각했을 것이다. "모두 여덟 명의 사람들이 이 땅에서와 똑같은 상태나 환경으로 내세에 등장한다면, 이들의 혼인 관계는 어떻게 화목할 수 있을 것인가?" 달리 말해 여자가 동시에 일곱 명 모두의 아내여야 한다면, 그것은 성경의 수많은 율법들, 특히 근친상간을 금하는 법을 어기는 것이 된다. 반면 이들 중 한 사람만이 임의로 천국에서 남편으로 결정된다면, 그것은 누가 될 것이고 또 그 이유는 무엇인가? 사두개인들이 말하고자 한 핵심은 부활과 내세의 개념 자체가 터무니없다는 것이었다.

우리 주님의 대답은 통절하리만큼 날카롭다. "예수께서 이르시되 '너회가 성경도, 하나님의 능력도 알지 못하므로 오해함이 아니냐?'"(24절). 다른 말로 하면 "어리석은 자들아! 너희는 바보로구나. 먼저 너희는 부활에 관한 성경의 분명한 가르침을 부인했다. 너희는 말씀의 전문가임을 자청하면서도 말씀이 말하는 바를 전혀 알지 못하는도다. 너희가 성경을 제대로 이해했다면 너희는 하나님의 능력이 무한하시며 그분이 죽은 자들을 지금의 존재와는 전혀 다른 존재로 충분히 일으키실 수 있음을 알았을 것이다. 너희는 만일 내세가 있다면 그것이 지금 여기서의 삶과 동일해야 한다고 생각하지만, 그렇지 않다. 전능하신 하나님이 내세에 우리 존재의 상태를 근본적으로 변화·변형시키실 것을 깨닫지 못하였느냐?"

예수님은 다음과 같이 말씀하시며 이들에게 모든 인류가 그렇게 될 것을 확인시켜주셨다. "사람이 죽은 자 가운데서 살아날 때에는 장가도 아니 가고 시집도 아니 가고 하늘에 있는 천사들과 같으니라"(25절). 여기서 예수님이 말씀하시지 않은 바를 분명히 하고 넘어갈 필요가 있다. 예수님은 이 땅에서의 우리의 존재와 관계의 기억이 없어질 것이라고 말씀하시지 않았다. 하나님은 우리가 자신의 은혜로우신 구속 사역의 아름다움을 보도록 하시기 때문에, 천상에서의 삶은 상당 부분 우리가 지금 살고 있는 삶을 되돌아보는 삶일 것이다.

하늘에서는 몸이 없을 거라고 추호도 생각지 말라. 많은 그리스도인이 내세에 대해 갖는 크고 오래된 오해 중 하나가 하나님의 구원받은 백성이 몸 없이 유령 같은 존재로 영원히 살 것이라는 생각이다(롬 8:11; 고전 15:35-49; 빌 3:20-21을 보라. 맞다! 우리가 받게 될 몸은 변화되고 영광스러울 것이나 여전히 몸이다). 예수님이 우리가 "하늘에 있는 천사들과 같[이 되리라]"고 말씀하셨을 때 의미하신 바는 우리가 몸 없이 부유하는 영이 된다는 말이 아니라, 죽음이나 결혼을 경험하지 않게 된다는 뜻이었다. 천사들은 죽지도 않고 결혼도 하지 않는다. 천국에 이를 때 우리 역시 그렇게 될 것이다(눅 20:36을 보라).

또한 천국에서는 남성과 여성으로서의 성 정체성도 없어질 것이라고 말씀하시지 않는다. 당신이 지금 남성이라면 당신은 영원히 남성일 것이다. 당신이 지금 여성이라면 당신은 영원히 여성일 것이다. 우리가 부활의 몸을 받게 될 때 우리는 무성화되지도 중성화되지도 않는다. 예수님은 부활하신 이후에도 여전히 남성이셨다. 우리는 이것을 명심해야 한다. 부활절 아침에 그를 발견한 사람들은 그를 동산지기나 관리인으로 오해했고, 1세기에 그것은 분명 남성의 직업이었다. 그리고 모세와 엘리야가 예수님과 함께 변화산에 나타났을 때도 이들은 여전히 남성이었다.

일부에서는 바울이 우리가 그리스도의 형상을 본받는 것을 언급한 로마서 8:29을 지적하면서 모든 사람이 천국에서는 남성이 될 것이라고 주장한다. 하지만 숙녀분들이여, 걱정하지 마시길! 여기서 그리스도의 형상을 본받는다는 것은 생리학적 의미가 아니라 도덕적인 의미로, 우리의 본성과 인격이 그분의 것과 같이 되어 죄와 부패가 결여된다는 뜻이다.

남성과 여성으로서의 성 정체성은 하나님의 형상으로 창조된 우리 인격의 토대가 된다(창 1:27). "중성적" 인간이라는 것은 없다. "천국에도 섹스가 있나요?"라는 질문을 마주할 때, 먼저 "섹스"의 정의가 필요하다. 이 단어가 정체성을 의미하는 섹스라면 대답은 "그렇다"가 된다. 나는 언제나 남자일 것이고 남성성과 관련된 인격적 특징들을 모두 유지할 것이며, 내 아내 앤(Ann)은 언제나 여성일 것이고 자신의 여성성과 관련된 인격적 특징 모두를 영원토록 유지할 것이다.

예수님이 의미하신 것

그렇다면 이 질문에 대한 답변을 통해 예수님이 의미하신 것은 무엇일까? 대답을 찾아가면서 결혼의 두 가지 주된 목적, 곧 출산과 동반, 결실과 사귐, 자녀와 우정을 기억할 필요가 있다. 이것들이 예수님이 말씀하신 바 천국에서 중단될 것들이다. 다른 말로 하면, 인간 삶의 중심이 되는 제도로서의 결혼은 천국에서 더 이상 존재하지 않는다. 사회구조 혹은 사회 기초 조직으로서의 결혼도 없다. 출산과 인간 종의 보급을 위한 수단으로서의 결혼도 마찬가지다. 천국에서 우리는 천사와 같아질 것이고, 이것은 우리가 불멸하여 죽지 않게 된다는 말이다. 거기서는 출산할 필요가 없다. 사귐과 친밀함, 사랑의 주된 장으로서의 결혼 역시 더 이상 존재하지 않을 것이다. 지금 이 땅에서 우리가 상호 간의 사귐과 사랑, 나눔, 성장, 양육, 영적 사귐의 기쁨을 가장 크게 경험하는 것은 결혼을 통해서다.

천국에서 이 모든 것은 지속될 것인데, 기실 우리의 모든 상상을 뛰어넘도록 확장되고 강화될 것이다. 예수님은 천국에서 사랑이 더 이상 존재하지 않을 것이라고 말씀하시지 않는다. 사실은 그 반대다. 이 땅에서의 사랑은 남편과 아내 사이의 결혼관계를 통해 가장 탁월하게 성취되지만, 천국에서는 그것이 놀라울 만큼 확장되어 하나님의 모든 백성이 공동으로 그것을 경험할 것이다. 사두개인들이 제시한 가설 속의 여성은 일곱 명의 남편들을 온전하게 사랑할 수 있을 것이고, 이들 역시 그녀를 온전하게 사랑할 수 있을 것이나, 그중 어느 누구도 결혼의 상태에서 살거나 사랑하지는 않을 것이다.

예수님의 말씀은, 당신이 천국에 이를 때 이 땅에서의 배우자를 덜 사랑하게 된다거나 지금 당신이 맺고 있는 관계들이 사라지고 취소된다는 것이 아니라, 지금 한 사람과 더불어 경험하는 것을 그때에는 하나님의 전체 백성과 더불어 무한히 경험하게 된다는 것이다.

"알겠어요! 샘, 그런데 이제 본론으로 들어가죠. 천국에는 섹스가 있을까요?"

독자들 중에는 이런 질문 자체가 부적절하고 천박하다고 생각하는 사람도 있을 것이다. 오로지 재미를 선사하기 위해 내가 이 질문을 던졌다고 의심하는 독자들도 있을 것이다. 하지만 그렇지 않다. 당신에게 이 질문이 껄끄럽다면 이 주제에 대한 당신의 견해는 충분히 성경적이지 못하다고 볼 수 있다. 이것이 사두개인들이 질문한 본질임을 잊어서는 안 된다. 하지만 앞서 말한 대로 이 질문에 대답하기 위해서는 "섹스"라는 단어를 통해 우리가 무엇을 의미하는지를 먼저 정의해야 한다.

"섹스"의 의미

먼저 내가 앞에서 분명히 했듯이 성 정체성(identity)이나 성별(gender)로서의 섹스는 언제까지나 영원토록 유지될 것이다. 두 번째로 태도(attitude)나 성적 관심(sexuality)으로서의 섹스도 영원히 유지될 것이다. 우리는 남성과 여성 간의 아름다운 차이를 언제까지나 인정하고 환영하고 즐거워할 것이다. 성욕 그 자체는 죄악된 것이 아니다. 아담과 하와는 죄로 타락하기 전에 성적 욕망과 갈망을 경험했다. 성적 매력이 천국에서 사라질 것이라고 생각할 이유는 없지만, 분명한 것은 음욕이나 도착,

부정한 행위에 대한 갈망의 특징은 없을 것이다. 그러나 성관계는 오직 이생에서의 경험을 위한 것이다.

더 구체적으로 살펴보자.

우리 대부분, 아마도 우리 모두는 우리가 지금 인간 됨의 일부로—물론 죄악된 경우도 있지만—평범하게 경험하는 이런 성적 충동이 결여된 삶을 상상하지 못할 것이다. 내가 확실히 아는 바는 새 하늘과 새 땅에서 우리가 해부학적으로 남성과 여성의 정체성을 그대로 유지할 것이라는 사실이다. 적나라한 설명을 굳이 덧붙일 필요는 없겠지만, 남성을 예로 들자면, 이들의 몸의 부활과 영화가 일종의 하늘 거세를 수반하지 않는다는 말이다. 남성은 해부학적·생식기적으로 영원히 남성으로 남을 것이다. 여성 역시 해부학적·생식기적으로 영원히 여성으로 남을 것이다. 그리고 남성과 여성 모두는 이것을 자기 몸에서는 물론 다른 사람의 몸에서도 인지할 것이다. 구속받은 사람들이 천국에서 성이 없는 존재로 산다는 것은 하나님의 원래의 창조 계획에 대한 터무니없고 비성경적인 역설이다.

이는 영원한 상태에서 이런 외부 생식기가 갖는 기능에 대한 질문을 불러일으킨다. 신체적 구조에서 이런 범주가 아예 사라지거나, 존재하더라도 더 이상 기능하지 않을 것이라는 주장은 오직 인간 본성에 대한 영지주의적이고 지나치게 영적인 견해 안에서만 가능하다.

영화로워진 우리의 몸이 영원히 해부학적 남성과 여성으로 유지된다면 그 목적은 무엇일까? 우리는 여전히 성적 흥분에 연약한 존재일까? 그렇다면 왜일까? 성적 관계가 아니라면 이런 성적 감각의 목적은 무엇일까? 이미 언급한 대로 지금 우리의 능력으로는 이해할 수 없지만, 확실한 사실은 이런 흥분이 결코 죄악되거나 불경건한 음욕과 도착 때문에 일어나거나, 구속된 모든 자들 가운데 존재하는 순결한 사랑에 어긋나는 부적절한 공상과 행동으로 이어지지는 않을 것이라는 점이다.

일부 독자들이 어떤 생각을 할지 짐작이 된다. "천국에 섹스가 없다면 저는 가지 않을래요." "천국에 섹스가 없다니 제게는 지옥처럼 들리는데요?" 다음의 소식은 이런 두려움과 실망을 잠재워줄 것이다. 내가 확신하건대 성적 친밀감을 통해 이생에서 경험하는 육신적·감각적 쾌락이 무엇이든, 그것은 성적 관계 없이도 내세에서 더욱 확대되고 강화될 것이다. 하나님이 이것을 어떻게 행하실지는 알 수 없지만 천국의 기쁨과 행복과 쾌락은 이 땅의 것보다 무한히 클 것이다.

이것을 누구보다 잘, 그리고 도발적으로 표현한 사람은 조나단 에드워즈(Jonathan Edwards, 1703-1758)다. 이런 표현이 가장 저명한 미국 청교도 목사의 펜으로 기록되었다는 사실에 놀라는 이들도 있을 것이다. 하지만 그가 이야기한 내용의 의미를 깊이 생각할 때 그 유익은 크다. 그는 "천국의 행복"(Happiness of Heaven)이라는 짧은 묵상을 통해 다음과 같이 기록했다.

> [천국에서] 영화로워진 성도의 영적인 몸은 그런 고상한 몸에게 가능한 가장 강렬한 형태의 쾌락으로 채워질 것이다.…마음 안에 존재하는 달콤함과 쾌락은 몸에 달콤한 감각을 일으키며, 그 몸의 영을 이런 움직임 속으로 데리고 들어갈 것인데, 이것은 이곳에서의 어떤 감각적 쾌락보다도 무한히 클 것이다.[1]

---

1 Jonathan Edwards, *The Works of Jonathan Edwards*, vol. 13, The "Miscellanies": Entry Nos. a-z, aa-zz, 1-500, ed. Thomas A. Schafer (New Haven, CT: Yale

에드워즈가 말한 "달콤한 감각"은 무엇이었을까? 그것이 무엇이든지 천국에 다다랐을 때 실망하지 않을 것을 확신해도 좋다. 당신이 최고의 행복을 누리기 위해 꼭 필요한 것이 무엇이든지 간에 그것은 천국에서 부족하지 않을 것이다. 문제는 당신과 내가 사두개인들을 상당히 닮았다는 데 있다. 우리는 천국이 이 땅과 같을 거라고, 내세가 이생과 똑같을 것이라고 생각한다. 우리가 지금 육신적·영적 쾌락을 경험하는 방식이 그때도 쾌락을 경험하게 될 범주로 오해한다. 이런 당신과 내게 예수님은 말씀하신다. "무지한 자여, 너희는 성경도, 하나님의 능력도 알지 못하는구나."

진짜 질문

하지만 이 논쟁을 마무리하기 전에 사두개인들의 진짜 질문이 무엇이었는지를 상기할 필요가 있다. 그들의 진짜 질문은 죽음 이후 섹스의 유무가 아니라 생명의 유무였다. 생명으로의 부활이 있는가? 예수님은 "그렇다"라고 대답하시고 다음의 증거를 제시하신다. "죽은 자가 살아난다는 것을 말할진대 너희가 모세의 책 중 가시나무 떨기에 관한 글에 하나님께서 모세에게 이르시되 '나는 아브라함의 하나님이요, 이삭의 하나님이요, 야곱의 하나님이로라' 하신 말씀을 읽어보지 못하였느냐? 하나님은 죽은 자의 하나님이 아니요, 산 자의 하나님이시라. 너희가 크게 오해하였도다 하시니라"(막 12:26-27). 예수님은 출애굽기 3:6과 가시나무 떨

University Press, 1994), 351.

기에 대한 기록을 직접 인용하셨다. 예수님이 증빙 자료로 사용하신 본문이 사두개인들이 영감 받아 권위 있다고 인정한 구약의 일부, 곧 모세 오경임을 유념할 필요가 있다. 많은 이들은 강조점이 현재 시제의 동사에 있어야 한다고 믿는다. "나는 아브라함의 하나님이요." 핵심은 아브라함과 이삭과 야곱이 죽고 수백 년이 지나 하나님이 모세에게 말씀하셨을 당시에도 하나님이 여전히 이들의 하나님이셨다면, 이들은 당시 하나님에 대해 살아 있어야만 했다는 점이다. 다른 말로 하면, 살아 계신 하나님은 살아 있는 이들의 하나님이다.

하지만 여기서의 핵심은 그런 동사 "이요"(is)가 아니라 "의"라는 조사일 수도 있다. "나는 아브라함과 이삭과 야곱의 하나님이요." 다른 말로 하나님이 자신을 이들에게 약속하셨고, 이들이 하나님의 소유라는 뜻이다. 이 말씀의 진의는 "나는 아브라함과 이삭과 야곱과 관계를 맺었고, 나자신을 서약하여 이들과 언약을 세웠다. 나는 이들과 이들의 믿는 후손에게 영원한 복을 약속했다. 나는 영원토록 이들을 사랑하고 돌보고 이들의 필요를 공급할 것이다. 그러므로 모세에게 선언했던 바로 그 순간에도 나는 여전히 아브라함과 이삭과 야곱의 하나님이었다." 이들(과 모든 신자들)을 향한 하나님의 언약의 사실성은, 이들이 약속된 것을 받기 위해 죽음을 넘어 부활의 능력 안에 살 것을 요구한다. 살아 계시고 구원하시며 언약을 지키시는 하나님이 이들과 언약을 맺으시는데 이들의 죽음으로 그 언약이 깨질 수 있는가? 그럴 수 없다.

하나님이 이들의 하나님이 되신 것은 이들과 지속적이고, 돌보고, 보호하고, 돕고, 구원하는 관계를 맺으신다는 것을 의미하는데, 이 관계는 그것을 맺으시는 사랑의 하나님만큼이나 영속적이다. 만일 아브라함이나 이삭이나 야곱이 이 땅에서의 삶이 다한 후 지속적으로 존재하지 않았다면, 이들을 향한 하나님의 약속은 공허하고 의미 없는 것이 되며, 하나님은 거짓말쟁이가 된다. 언약을 지키시는 하나님의 신의는 죽은 자를 일으키심을 요구한다. 하나님은 자신의 약속, 곧 자신이 이들의 하나님이 되시고 이들이 자기 백성이 된다는 약속을 어기실 수 없으므로 죽은 자를 일으키실 것이다.

결론

문제는 천국에 섹스가 있을 것인지가 아니라 천국에 "당신"이 있을 것인지다. 모든 인류는 영원히 살기 위해 죽은 자들 가운데서 일어날 것이다 (요 5:25-29). 오직 한 가지 질문은, 이 영원한 삶이 천국에서 하나님의 임재 가운데 이어질 것인지, 아니면 지옥에서 홀로 완전히 분리되어 모든 사람과 모든 것으로부터 떨어져 이어질 것인지다.

사두개인들은 내세를 믿지 않는 사람들로서 종교에 열심이었는데, 나는 이 점을 도대체 이해할 수가 없다. 내가 이들에게 묻고 싶은 질문은 간단하다. 내세가 없다면 왜 종교에 열심인가? 내세가 없다면 왜 찰리 쉰 (Charlie Sheen)이나 레이디 가가(Lady Gaga), 타이거 우즈(Tiger Woods)처럼 살지 않는가? 사두개인들이 옳고 부활이 없다면, 왜 할 수 있는 만큼 간통하고, 마약하고, 처벌받지 않을 만큼 도둑질하고, 자기만족을 실현하고 권력 추구를 야망으로 삼지 않는가? 사두개인들이 옳다면, 죽은 이후에는 아무것도 없기에 그저 먹고 마시고 즐거워하는 편이 나을 것이다. 무덤 저편에 아무것도 없다면, 이생의 삶에서 어떤 것도 궁극적으로는 중요하지 않다. 무덤 저편에 아무것도 없다면, 선과 악은 완전히 자율적인 정신의 개인적 선호도나 호불호에 불과하다. 내세가 없다면, 내가 무엇이든 좋다고 느끼는 것만이 중요하다. 따라서 사두개인들이 옳다면, 최대한 많은 사람과 잠자리를 하고, 할 수 있는 만큼 도둑질하고, 내 재정적 유익과 영광을 위해 모든 사람을 이용하고, 이익이 될 때마다 거짓말하고, 자신만을 위해 살고, 상상할 수 있는 모든 죄악된 행위에 탐닉하라. 죽으면 모든 것이 끝이다. 더 이상은 없을 테니 마음껏 즐겨라.

하지만 예수님이 옳고, 무한한 아름다움과 지복과 기쁨이 가득한 천국이 있다면, 당신을 그곳으로 인도하시도록 그분을 신뢰하라. 예수님이 옳고 사두개인들이 틀렸다면, 당신의 소망을 죄인을 위한 그분의 죽으심과 죽은 자들로부터의 부활에 두어라. 이 장의 제목에 명시된 질문을 염려하지 말고, 무한히 더 중요한 질문을 자신에게 던져라. 나는 죽을 준비가 되었는가? 믿음으로 나는 예수 그리스도와 나의 죄를 위해 죽으신 그분의 십자가 사역을 나의 영원한 용서와 기쁨을 위한 유일한 소망으로 붙들었는가?

추천 도서

Alcorn, Randy C. *Heaven*. Wheaton, IL: Tyndale, 2004. 『헤븐』(요단출판사 역간).
Tada, Joni Eareckson. *Heaven*. Grand Rapids: Zondervan, 1995.
Wright, N. T. *Surprised by Hope: Rethinking Heaven, the Resurrection, and the Mission of the Church*. New York: Harper One, 2008. 『마침내 드러난 하나님 나라』(IVP 역간).

18장
기적의 은사는 오늘날에도 있을까?

이번 장에서 다룰 질문은 사실 한 권의 책만큼이나 긴 답이 필요한 문제
다. 여기서 그렇게 할 수는 없지만 그렇게 한 다른 책들이 있고, 나는 독
자들이 이 책들을 읽고 내가 간략하게 제공한 것 이상의 상세한 내용을
살펴보도록 권하고 싶다.[1]

　이 거대한 주제를 다루기 쉬운 크기로 나누기 위해, 내가 믿기로 은사
중지론자가 되는 것이 왜 나쁜지에 대해 열두 가지 이유를 제시한 후, 은
사지속론자가 되는 것이 왜 좋은지에 대해서도 열두 가지 이유를 제시할
것이다. 하지만 먼저 이 용어들을 정의할 필요가 있다.

　은사중지론자는 특정한 영적 은사들, 일반적으로 초자연적 본질을
더 분명하게 띠는 은사들이 1세기 후반 교회에서 "중지"되었다고 믿는다.

1　이 주제에 대한 많은 책 중에서 내가 추천하고 싶은 책은 단 두 권이다. 첫 번째로 내가
　진심으로 최고로 꼽는 책은 잭 디어의 『놀라운 성령의 능력』(*Surprised by the Power of
　the Spirit*)이다. 다음으로 유익한 책은 내가 저자로 참여한 『기적의 은사는 오늘날에도
　있는가』(*Are Miraculous Gifts for Today? Four Views*)다. 이번 장은 두 번째 책에 더
　욱 자세히 기록되어 있는 나의 논의를 개작해 썼다.

반면 은사지속론자는 성령의 모든 은사가 하나님으로부터 "지속"적으로 오기 때문에 오늘날도 교회 안에서 유효하며, 우리가 이것을 위해 기도하고 구해야 한다고 믿는다. 아직 눈치채지 못한 독자들이 있을지 몰라 덧붙이자면, 나는 은사지속론자다. 그 이유는 다음과 같다.

은사중지론자가 되는 것이 좋지 못한 열두 가지 이유

1. 은사중지론자가 되는 것이 나쁜 첫 번째 이유는 그 주장이 고린도전서 13:8-12에 호소하며 다음과 같은 추정을 하는 경우다. 곧 온전한 것이 오면 예언과 방언과 지식이 폐한다고 했는데, 이 온전한 것을 예수 그리스도가 다시 오심으로 이루시는 영원한 상태의 충만과는 다른, 혹은 보다 못한 것으로 추측하는 것이다. 심지어 대부분의 은사중지론자들도 이 온전한 것이 정경이나, 이른바 1세기 교회의 성숙을 지칭할 수 없다는 사실에는 동의를 한다. 온전한 것은 최종적 완성의 영광스러운 상태로, 바울이 말한 바와 같이 이때 우리는 "얼굴과 얼굴을 대해" 보고 "온전히 알"게 될 것인데(12절), 지금 우리 삶에 존재하는 여러 제한 때문에 "거울로 본 것같이 희미하"고 "부분적으로" 아는 것과는 대조된다(12절).

사도들이 죽은 후에 성경이 "정경"화 될 것을 바울이 예상했다는 증거는 전혀 없다. 사실 바울은 자신이 주님이 다시오실 때까지 살아 있을 것이라고 기대했던 것 같다(고전 15:51; 살전 4:15-16). 더욱이 자신이 사용한 "토 텔레이온"(*to teleion*; 온전한 것)이라는 용어를 고린도인들이 "정경"이라는 의도로 해석할 줄은 추호도 몰랐을 것이다. 막스 터너(Max Turner)는 이렇게 썼다.

여하튼 정경의 완성이 고린도 교인들에게 (예언 및 방언과 함께) "부분적인" 지식이 지나갔고 "온전한 지식"이 이르렀다는 것을 의미했다고 볼 수 없다. 왜냐하면 고린도 교인들은 이미 구약성경을 갖고 있었으며, (아마도) 복음서 전승, 그리고 (거의 확실히) 상당량의 바울의 교훈들을 갖고 있었지만, 그것들이 완벽하게 정경의 형태를 갖춘 것은 아니었기 때문이다.[2]

12b절 역시 주목해야 하는데, 여기서 바울은 온전한 것이 오면 우리가 부분적으로 아는 것이 하나님께서 우리를 아신 것에 비견될 만한 깊은 지식으로 대체될 것이라 말한다. 즉 온전한 것이 올 때 우리는 얼굴과 얼굴을 대해 볼 뿐 아니라, 심지어 하나님이 지금 우리를 아신 것같이 알게 될 것이다. 이런 표현이 그리스도의 다시 오심으로 가능해질 영원한 상태에서의 경험을 묘사한다는 사실에는 누구도 이견이 없을 것이다. 터너는 이렇게 말했다. "우리가 아무리 신약 정경을 존중해도, 만약 여기서 바울이 의미하고자 하는 것이 정경의 완성이었다면, 우리로서는 바울이 12절에서 터무니없는 과장을 하고 있다고 원망하는 수밖에 없을 것이다."[3] 이 견해가 기초하는 것은 예언이 신적 계시의 일종으로서 정경이 완성되기까지 잠시 동안만 교회를 섬기도록 주어졌다는 추측이다. 하지만 신약을 자세히 살펴보면 예언에는 더 넓은 목적이 있고, 이것은 정경의 완성으로도 영향 받을 수 없다.

2 Max Turner, *The Holy Spirit and Spiritual Gifts, Then and Now* (Carlisle, UK: Paternoster, 1996), 294.
3 같은 책, 295.

2. 은사중지론자가 되는 것이 불합리한 또 다른 이유는 표적과 기사는 물론 특정한 영적 은사들의 유일한 목적이 최초의 사도들을 확인하고 인증하는 것이며, 사도들이 죽었을 때 그 은사도 사라졌다는 믿음이다. 사실 성경 본문 어디에도(심지어 히 2:4에도) 표적과 기사, 혹은 특정 종류의 영적 은사가 사도들을 인증했다는 기록은 없다. 표적과 기사가 인증한 것은 예수님과 그분에 대한 사도들의 메시지였다. 표적과 기사의 목적이 오로지 사도들을 인증하기 위함이었다면, 왜 빌립이나 스데반과 같이 사도가 아닌 신자들이 표적과 기사를 행할 능력을 받았는지에 대한 설명이 필요하다.

따라서 사도적 메시지의 인증과 증거가 그런 신적 능력이 나타난 유일하고 배타적인 목적이었음을 증명할 수만 있다면, 이것은 은사중지론자가 되는 것이 좋은 이유에 속할 것이다. 하지만 신약 어디에도 기적과 은사의 목적이나 기능을 증거로 제한한 경우는 없다. 어떤 형태로 나타났든지 기적은 몇 가지 다른 분명한 목적을 성취했는데, 예를 들면 하나님을 영화롭게 하는 찬가의 목적(마 15:29-31; 요 2:11; 9:3; 11:4, 40), 복음이 알려질 길을 예비하는 복음전도의 목적(행 9:32-43), 양들을 위한 긍휼과 사랑과 돌봄을 표현하는 목회적 목적(마 14:14; 막 1:40-41), 그리고 공동의 선을 위해 신자를 세우고 강하게 하는 세움의 목적이다(고전 12:7; 고전 14:3-5, 26).

내가 말하고자 하는 바는 이것이다. 방언이나 가르침, 예언이나 긍휼, 병 고침이나 도움, 그것이 무엇이든 간에 성령의 "모든" 은사는 무엇보다 그리스도의 몸을 세우고, 격려하고, 가르치고, 위로하고, 거룩하게 하기 위해 주어졌다. 따라서 증거와 인증을 목적으로 하는 기적의 은사들이 중단되었다는 주장을 백번 받아들인다고 해도, 위의 은사들은 앞서 언급된 다른 이유 때문에라도 교회 안에서 지속적으로 기능할 것이다.

기적의 은사들은 "사도의 표"로 사도직이 중단되었을 때 이 표 역시 중단되었다고 반문하는 이들도 있을 것이다. 그렇지 않다. 사실 이것은 고후 12:12의 내용이 아니다. 바울은 표적과 기사와 능력이 사도의 표시와 특징이라고 이야기하지 않는다. 오히려 NASB가 정확히 번역한 대로 "참된 사도의 표가 된 것은 내가 너희 가운데서 모든 참음과 표적과 기사와 능력으로(by; 더 나은 번역은 "~을 수반하여"[accompanied by], 혹은 ESV의 "~과 함께"[with])다) 행한 것이라"고 이야기한다. 바울의 논지의 핵심은 기적 현상이 그의 고린도에서의 사역을 따랐다는 데 있었다. 표적과 기사와 능력은 바울의 사도적 사역의 수반 요소였다. 그러나 이 자체가 "사도의 표"는 아니다.

3. 은사중지론자가 되는 것이 좋지 못한 또 다른 이유는 지금 우리에게는 완성된 정경이 있기 때문에 (이른바) 기적의 은사들이 더 이상 역사할 필요가 없다는 믿음이다. 하지만 단도직입적으로 성경은 그렇게 말한 적이 없다. 아래에서 살펴보겠지만 사실은 정반대다. 하나님이 현재 교회들을 위해 모든 영적 은사를 주신다는 사실을 믿도록 보증하는 것은 다름 아닌 성경이다.

기록된 성경이 표적과 기사 등의 필요를 대체했거나 어떤 점에서 대신했다고 주장한 성경의 저자는 없다. 정경이 완성되었다는 사실이 왜 기적 현상을 배제해야 하는가? 그 당시 복음의 진리를 증거할 때 성령의 표적과 기사와 능력이 필수적이었다면, 왜 지금은 아닌가? 바꾸어 말하면, 1세기에 복음이 전파될 때마다 복음을 확증해준 기적들은 이후의 시대, 곧 우리 시대에도 그런 역할을 담당해줄 것으로 기대할 수 있다.

성자 하나님이 육신의 몸을 입고 계실 동안에도 표적과 기사와 기적이 필요했다면, 그분이 부재하시는 지금은 얼마나 더 그런가? 성경은 영광스러운 책이지만 그것이 예수님이 하실 수 없었던 일까지 충분히 할 수 있다고 주장하기는 어렵다. 예수님은 자신의 사역을 증거하고 확증하기 위해 성령의 기적 현상들을 사용해야 한다고 생각하셨다. 그분에게 이것이 필수적이었다면, 우리에게는 얼마나 더 그런가? 다른 말로 성자 하나님 자신의 영광스러운 임재가 기적 현상의 필요를 배제하지 않았다면, 우리에게 성경이 있다는 사실 때문에 우리는 그렇게 할 수 있는가?

4. 은사중지론자들의 주장이 부적절한 네 번째 이유는 모든 영적 은사가 오늘날에도 유효하다고 인정하기 위해서는, 전통적 오순절주의와 이들이 믿는 성령세례, 곧 회심과 분리되고 후속적으로 이어지는 성령세례는 물론, 방언이 이런 세례 경험의 최초 증거라는 교리를 인정해야 한다는 생각이다. 하지만 내 경우처럼 그리스도를 믿고 회심하는 순간 모든 신자에게 성령세례가 일어나고, 방언의 은사가 모든 신자들이 아니라 일부를 위한 것임을 인정하면서도 얼마든지 은사지속론자가 될 수 있다.

5. 은사중지론자가 되는 것이 나쁜 또 다른 이유는, 예를 들어 사도직처럼 한 가지의 영적 은사가 교회 안에서 더 이상 역사하지 않기 때문에 다른, 어쩌면 모든 기적의 은사 역시 그렇게 되었을 것이라는 생각이다. 하

지만 "사도직"이 영적 은사인가? 나는 그렇게 생각하지 않는다. 설사 그렇다고 해도, 한 가지 은사가 중단된 것과는 무관하게 다른 은사들은 여전히 지속될 수 있다. 사도직의 중단에 대한 성경적 주장을 제시할 수 있다면 괜찮다. 하지만 다른 은사들의 중지에 대해서도 동일하게 설득력 있는 주장을 제시해야 할 것이다. 내 생각에 이것은 불가능하다. 이에 대한 성경적 증거만 있다면, 나는 얼마든지 "모든" 영적 은사가 중지되었고 더 이상 역사하지 않는다는 사실을 인정할 용의가 있다. 하지만 한 가지 혹은 그 이상의 은사들이 중지되었을 가능성만으로 다른 은사들이 확실히 그렇게 되었다고 주장하는 것에는 무리가 있다.

6. 은사중지론의 또 다른 논쟁은 예언이나 지식의 말씀과 같은 계시적 은사들이 오늘날에도 유효하다고 인정할 경우, 성경의 최종성과 충분성이 약화된다는 두려움이다. 하지만 이런 논쟁은 예언이나 지식의 말씀 같은 계시적 은사들이 성경의 본문들이 갖는 권위에 버금가는 무오한 진리를 제공한다는 가정에 기초하는데, 이것은 잘못된 생각이다.

7. 은사중지론에 도움이 되지 않는 논쟁으로는 에베소서 2:20에 대한 다음의 호소도 있다. 예언과 같은 계시적 은사들이 사도들의 전유물로 초기 교회의 토대적 시기에 제한되었다는 추측이다.

하지만 성경을 자세히 들여다보면, 예언이 꼭 사도들의 전유물만은 아니며 또한 교회의 토대로 사용되지 않은 경우도 많다. 예언을 했던 사람 모두가 사도였던 것은 아니다. 다른 말로 하면, 에베소서 2:20은 모든 예언 사역을 고려하지는 않는다. 예를 들어 남자와 여자, 젊은이와 노인, 모든 계층의 사람이 새 언약 시대에 예언할 것을 예측한 사도행전 2장과 빌립의 네 딸이 예언한 사도행전 21:9, 아가보의 사역이 기록된 사도행전 21:10-11, 로마서 12장과 고린도전서 12:7-10, 모든 신자에게 예언하기를 특별히 사모하라고 권면한 고린도전서 14:1, 39의 두 본문, 그리고 고린도전서 14:26, 데살로니가전서 5:19이하 본문들을 생각해보라.

요약하자면, 예언적 은사의 본질과 이것이 그리스도인들에게 널리 분배되었다는 사실은 이 은사가 교회의 토대를 닦았던 사도들의 전유물이 아니었음을 증명한다. 따라서 사도들의 죽음도, 토대적 시기 이후의 교회 운동도, 오늘날 은사의 유효성과는 아무런 연관이 없다.

8. 은사중지론이 범하는 또 다른 잘못은 오늘날 우리가 보통 발견하는 기적이나 은사들이 예수님이나 사도들의 것에는 질과 정도에 있어 미치지 못하므로, 하나님이 교회, 곧 평범한 그리스도인들 가운데 이렇게 질적으로나 정도에 있어 더 못한 기적의 은사를 하나라도 허락하실 리가 없다는 것이다(하지만 롬 12장; 고전 12-14장; 살전 5:19-22; 약 5장을 보라).

예수님과 사도들이 누구보다도 초자연적으로 우월한 수준에서 성령의 은사를 행했다는 사실을 부인할 사람은 없다. 하지만 그것이 왜 고린도전서 12장에 나열된 영적 은사들의 유효성에 반하는 논쟁이어야 하는가? 사도들이 세워 놓은 수준에 준하여 고린도전서 12장과 로마서 12장에 기록된 모든 영적 은사를 판단해야 한다면, 오늘날 어떤 영적 은사도 유효하지 않다고 결론지어야 할 것이다. 어느 누가 자신이 바울과 같이 가르치고 또 전도한다고 주장할 수 있겠는가? 어떤 방법으로도 사도들의 수준에 닿을 만한 사람은 없다.

우리가 사도적 치유와 기적을 보지 못하는 것으로부터 내릴 수 있는 최선의 결론은, 사도들의 사역을 통해 나타났던 수준과 빈도에 준하는 치유와 기적을 볼 수 없다는 것뿐이다. 이것은 하나님이 치유의 은사나 기적의 은사를 교회로부터 아예 거두어가셨다는 뜻은 아니다.

9. 이른바 "무리"(cluster) 논쟁 역시 은사중지론자가 되는 것이 부적절한 이유가 된다. 이 논쟁에 따르면, 기적과 초자연적 현상은 성경의 역사중 특정 시점에 집중되어 있거나 무리 지어 있기 때문에, 이것들이 다른 시기에도 주기적이고 평범한 현상으로 나타날 것을 기대해서는 안 된다는 주장이다. 앞서 각주로 언급했던 잭 디어(Jack Deere)의 『놀라운 성령의 능력』은 이 논쟁에 대해 광범위하고 상세한 논박을 제공한다. 그가 발견한 내용들을 여기서 세세히 언급하고 싶지만 제한된 지면으로 그럴 수없음이 아쉽다.

설령 이것이 사실이라고 해도 무리 논쟁은 능력과 표적과 기사들이 일부 시기에만 특별하게 편만했음을 보여줄 뿐, 이것이 다른 시기에는 존재하지 않는다거나, 우리가 오늘날 이것을 위해 기도할 필요가 없음을 가르치지는 않는다. 기적 현상이 왜 이 세 시기에만 특별하게 편만했는지에 대해서는 물론(정말로 그랬다는 가정하에), 그 외 다른 시기에는 그렇지 못하고 드물었는지에 대해서도 설명이 필요하다(시 74:9-11; 77:7-14; 막 6:5을 보라).

구약 시대에는 은사중지론자들이 없었다는 점 역시 유념해야 한다. 옛 언약의 시대 동안 어느 누구도 이른바 초자연적 현상의 무리 지음을 근거로 이것의 중단을 주장하지 않았다. 위에서 암시한 대로, 무리 논쟁은 단순히 말해 비성경적이며 거짓이다. 구약 전체를 통해 능력과 표적과 기사들은 지속적으로 일어났다(이것은 구약을 광범위하게 살펴보고 디어가 이미 제시한 바다. 특히 렘 32:20과 다니엘서에 기록된 바벨론 포로 생활 동안 일어난 기적적이고 초자연적인 사건들을 보라). 특별히 예언은 구약 전반에 걸쳐 흔하게 나타나는데, 예언이 나타나지 않거나 비교적 덜 나타난 것은 이스라엘의 우상숭배 때문이었다.

10. 은사중지론의 비논리적 논쟁으로는 1세기 이후 교회사에 기적적 은사가 없었다는 주장도 있다. 여기에 대해서는 아래에서 자세히 설명할 생각이다.

11. 은사중지론자가 되는 것이 나쁜 또 다른 이유는 영적 은사에 대한 긍정적인 경험이 없는 것과 특정 TV 복음전도자들과 "믿음의 말씀" 혹은 "번영 복음"에 관계된 사람들의 도를 넘는 광신, 그리고 종종 이것에 수반되는 반지성주의를 핑계 대는 경우다.

12. 은사중지론자가 되는 것이 좋지 못한 마지막 이유는 은사지속론을 받아들이는 것이 자신의 개인적인 삶과 교회 공동체의 안녕에 미칠 영향을 두려워하기 때문인 경우다. 오늘날 이 은사들의 실재를 받아들이는 것은 당신의 기도 생활이나 사역에의 접근, 하나님이 당신의 삶에서 행하실 일들에 대한 기대를 분명 변화시킬 것이다. 하지만 이것들이 성경의 인도를 받고 하나님의 말씀의 권위로 설명될 수 있다면, 우리는 이런

변화들을 피하지 말고 환영해야 한다.

은사지속론자가 되는 것이 좋은 열두 가지 이유

1. 이상하게 들릴 수도 있겠지만 은사지속론자가 되는 것이 좋은 첫 번째 이유는 은사중지론자가 되는 것이 나쁜 열두 가지 이유에 있다. 다른 말로 하면, 하나님이 1세기에 행하신 일들을 21세기에 행하시지 않을 것이라는 사실을 홀로, 아니면 다른 논쟁들과 더불어 성경적·신학적·역사적·경험적으로 설득력 있게 증명하는 논쟁이 없기 때문이다.

2. 은사지속론자가 되는 것이 좋은 또 다른 이유는 신약에서 모든 영적 은사가 지속적으로, 정말로 편만하고 확실하게 나타나기 때문이다.[4] 오순절을 시작으로 사도행전 전반에서 성령이 새 신자들에게 부어질 때마다, 이들은 성령의 은사(charismata, spiritual gifts와 charisma는 모두 영적 은사로 번역되었다. 다만 charismata의 경우는 영문 표기를 덧붙여놓았다—역자주)가 나타남을 경험했다. 이런 현상이 이들과 그 당시로만 제한되었다는 증거는 없다. 신약 교회에서 은사는 광범위했고 일반적이었다. 로마(롬 12장), 고린도(고전 12-14장), 사마리아(행 8장), 가이사랴(행 10장), 안디옥(행 13장), 에베소(행 19장; 딤전 1장), 데살로니가(살전 5장), 갈라디아의 그

---

4 고린도 교회에서 불거진 문제는 영적 은사 때문이 아니라, 영적이지 못한 사람들 때문이었다. 바울이 이들을 교정하기 위해 편지한 것은 하나님의 은사 때문이 아니라, 이들 중 일부가 그것을 비성숙하고 야심적이고 교만한 방식으로 왜곡했기 때문이다. 영적 은사에 대해 무엇을 생각하고 말하든, 우리는 영적 은사가 하나님의 생각이었음을 잊지 말아야 한다.

리스도인들은(갈 3장) 기적적이고 계시적인 은사들을 경험했다. 신약 저자들이 새 언약의 기독교의 모습을 이보다 더 분명하게 묘사할 수는 없었을 것이다. 따라서 입증의 책임은 은사중지론자들에게 있다. 특별한 종류의 특정 은사들이 중단되었다면 이들이 그것을 증명해내야만 한다.

3. 신약에는 사도가 아닌 평범한 그리스도인들이 이른바 기적의 은사들을 행했다는 사실이 기록되어 있고, 이것은 은사지속론을 지지한다. 남녀노소를 불문하고 수많은 사람이 사도가 아님에도 불구하고 로마 제국 곳곳에서 지속적으로 이런 성령의 은사들을 행했고, 스데반과 빌립은 표적과 기적의 능력으로 사역했다.

사도들을 제외하고 기적의 은사를 행한 사람들은 (1) 누가복음 10:9, 19-20에서 보냄을 받은 70인과, (2) 오순절 다락방에 모인 120명의 사람들 중 적어도 108명의 사람들, (3) 스데반(행 6-7장), (4) 빌립(행 8장), (5) 아나니아(행 9장), (6) 안디옥의 교인들(행 13:1), (7) 에베소에서 새로 회심한 사람들(행 19:6), (8) 가이사랴의 처녀들(행 21:8-9), (9) 갈라디아서 3:5의 익명의 형제들, (10) 로마의 신자들(롬 12:6-8), (11) 고린도의 신자들(고전 12-14장), 그리고 (12) 데살로니가의 그리스도인들이다(살전 5:19-20). 고린도전서 12:7-10도 참조하라.

4. 은사지속론을 지지하는 네 번째 요인은 영적 은사(charismata)의 명백하고 거듭 반복되는 목적, 곧 그리스도의 몸을 세우는 것이다(고전 12:7; 14:3, 26). 신약의 기록과 과거와 현재를 불문하고 모든 시대의 교회의 상태를 통해 내가 발견하는 바, 우리는 세움 곧 영적 은사(charismata)가 더

이상 필요하지 않을 만큼 결코 진보하지 못했다. 나는 영적 은사가 교회의 탄생을 위해 꼭 필요했다는 사실은 기꺼이 인정하지만, 그렇다고 해서 교회의 지속적인 성장과 성숙을 위해 그 중요성과 필요성이 덜해졌다고 생각하지는 않는다.

5. 은사지속론자가 되는 것이 좋은 다섯 번째 이유는 사도행전의 교회와 그 이후의 교회들 사이에 존재하는 근본적 지속성 혹은 영적 유기성 때문이다. 어느 누구도 초기 교회가 "사도적" 시대로 불릴 만한 이유가 있었음을 부인하지 않는다. 우리는 초기 교회의 토대를 놓는 일에 사도들의 개인적·물리적 존재와 이들의 독특한 역할이 중요했음을 인정해야 한다. 하지만 신약은 어디에서도 특정한 영적 은사들이 오로지 이들과 배타적으로 연결되어 있다거나, 이들의 죽음으로 이 은사들 역시 멈추었다고 이야기하지 않는다. 사도들의 사역을 통해 세워지고 선물로 주어진 보편적 교회 혹은 그리스도의 몸은 오늘날 존재하는 보편적 교회 혹은 그리스도의 몸과 동일하다(극단적인 세대주의자들만이 이런 사실을 부인한다). 우리는 바울, 베드로, 실라, 루디아, 브리스길라, 누가와 더불어 같은 그리스도의 한 몸을 구성한다.

6. 여섯 번째로 은사지속론은 베드로가 사도행전 2장에서 (누가를 통해) 언급한 내용, 곧 이른바 기적의 은사들을 새 언약 시대의 특징으로 설명한 부분에서 그 증거를 찾는다. D. A. 카슨은 다음과 같이 썼다. "성령의 오심은 단순히 새로운 시대의 도래만이 아니라 새로운 시대의 존재, 단순히 오순절만이 아니라 오순절부터 메시아 예수의 재림까지 이어지는

전 기간과 연결된다."[5] 다시 말하면, 예언과 방언의 은사는(행 2장) 단순히 새로운 언약의 시대가 열렸음을 선언하기보다, 그것에 특징을 부여한다. 우리는 현재 교회 시대가 후자에 속함을 잊지 말아야 한다.

7. 은사지속론자가 되는 것이 좋은 이유는 바울이 고린도전서 13:8-12에서 말한 내용에서도 찾을 수 있다. 위에서 언급된 대로 바울은 영적 은사들이 "온전한 것"이 오기까지 "폐하지" 않을 것이라고 말했다(8-10절). "온전한 것"은 그리스도의 재림에 이어 새 하늘과 새 땅에서 하나님의 구속 목적이 완성되는 것을 말하고, 우리는 그때가 이르기까지 하나님이 지속적으로 자신의 교회를 은사들로 축복하시고 능력 주실 것을 확신할 수 있다.

8. 은사지속론자가 되는 것이 좋은 또 다른 이유는 바울이 에베소서 4:11-13에서 말한 내용에 있다. 여기서 바울은 사도의 직분과 더불어 영적 은사가 임하는 것은(구체적으로는 예언, 복음전도, 목회, 가르침의 은사들) 이를 통해 교회를 세우도록 하기 위함인데, 이것은 "우리가 다 하나님의 아들을 믿는 것과 아는 일에 하나가 되어 온전한 사람을 이루어 그리스도의 장성한 분량이 충만한 데까지 이르도록" 계속되리라고 말한다(13절). 교회가 이런 장성함을 아직 성취하지 못한 것은 분명한 사실이므로, 우리는 그날이 이르기까지 이런 은사의 임재와 능력이 있을 것을 확신해도 좋다.

---

5 D. A. Carson, *Showing the Spirit: A Theological Exposition of 1 Corinthians 12-14* (Grand Rapids: Baker, 1987), 155.

9. 은사지속론을 지지하는 아홉 번째 논점은 그리스도 안에 있는 성령이 그리스도인들 안에 있는 성령과 동일하다는 사실이다. 똑같은 성령이 우리 안에 거하시고, 우리에게 기름 부으시고, 우리를 채우시고, 능력도 주신다. 예수님의 사역은 (분명한 한계를 동반하지만) 우리의 사역의 모델이 된다(행 10:38을 보라).

10. 은사지속론에 있어 매우 중요한 논쟁으로, 영적 은사들을 교회의 생명과 안녕에 필수적인 것으로 묘사하는 신약의 다른 실천과 사역과는 구별해서 바라봐야 한다는 분명한 언급이나 암시가 없다는 점이다. 몇 가지만 예를 들자면, 신약을 읽을 때 우리는, 권징이 오늘날의 교회에서도 실천되어야 한다는 것과 성찬과 세례를 기념해야 한다는 것, 목회서신에 명시된 장로직의 조건들을 우리가 교회 안에서 생명을 추구할 때 지침으로 삼아야 한다는 것 등을 당연하게 받아들인다. 영적 은사의 존재와 역사는 이와 달라야 한다는 성경적·신학적 근거는 무엇인가? 내가 볼 때는 없다.

11. 은사지속론의 손을 들어주는 것은 성령의 기적적 은사들에 관해 대부분의 교회사가 증거하는 바다. 많은 은사중지론자들의 주장과는 달리, 영적 은사들은 마지막 사도의 죽음과 함께 초기 교회의 생명으로부터 중단되거나 자취를 감추지 않았다.[6] 사실 동방의 크리소스토모스(347-407)

---

6 이 은사들의 존재를 주장한 기록들을 연구한 후 D. A. 카슨은 다음과 같이 결론 내렸다. "수세기 교회사를 통해 '영적 은사들'(charismatic gifts)의 일부 형태가 산발적이지만 지속적으로 존재해왔다는 증거는 충분하고, 따라서 교조적인 이유로 이 모든 기록이 거짓

와 서방의 아우구스티누스(354-430) 이전에는 어떤 교회 교부도 영적 은사들(charismata) 일부 혹은 전체가 1세기를 끝으로 중단되었다고 주장한 바가 없었다. 심지어 아우구스티누스도 나중에 이르러서는 자신의 은사중지론을 철회했다(아래 참조). 많은 초기 교회 교부 중 당시 영적 은사(charismata)의 존재를 분명하게 증거한 이들의 목록은 다음과 같다.

「바나바의 서신」(The Epistle of Barnabas, 70-132년 사이에 기록)과 「헤르마스의 목자」(The Shepherd of Hermas, 2세기 중반), 순교자 유스티누스(Justin Martyr, 100-165년경), 이레나이우스(Irenaeus, 120-202년경), 테르툴리아누스(Tertullian, 225년 사망, "삼위일체"라는 단어를 처음 고안해낸 인물) 모두는 은사에 대해 분명한 기록을 제공한다. 순교자 페르페투아(Perpetua)와 그녀의 시녀 펠리치타스(Felicitas, 202년)의 삶에 나타난 계시적 환

이라거나, 귀신들의 행위의 열매라거나, 심리적인 착란에 불과하다고 고집하는 것은 무의미하다"(같은 책, 166). 교회사를 통해 은사들이 존재해왔다는 기록 중 특별히 유익한 자료로는 다음을 참조하라. Ronald Kydd, *Charismatic Gifts in the Early Church* (Peabody, MA: Hendrickson, 1984); Richard Riss, "Tongues and Other Miraculous Gifts in the Second Through Nineteenth Centuries," *Basileia* (1985); Kilian McDonnell and George T. Montague, *Christian Initiation and Baptism in the Holy Spirit: Evidence from the First Eight Centuries* (Collegeville, MN: Liturgical Press, 1991); Cecil Robuck, *Prophecy in Carthage: Perpetua, Tertullian, and Cyprian* (Cleveland: Pilgrim, 1992); Stanley M. Burgess, "Proclaiming the Gospel with Miraculous Gifts in the Postbiblical Early Church," in *The Kingdom and the Power*, ed. Gary S. Greig and Kevin N. Springer (Ventura, CA: Regal, 1993), 277-88; Greig and Springer, *The Spirit and the Church: Antiquity* (Peabody, MA: Hendrickson, 1984); Greig and Springer, *The Holy Spirit: Eastern Christian Traditions* (Peabody, MA: Hendrickson, 1989); Greig and Springer, *The Holy Spirit: Medieval Roman Catholic and Reformation Traditions (Sixth-Sixteenth Centuries)* (Peabody, MA: Hendrickson, 1997); and Paul Thigpen, "Did the Power of the Spirit Ever Leave the Church?" *Charisma* (September 1992): 20-29.

상에 대한 광범위한 증거도 있다. 또한 은사의 역사를 증거한 인물로는 테오도투스(Theodotus, 2세기 후반), 알렉산드리아의 클레멘스(Clement of Alexandria, 215년 사망), 오리게네스(Origen, 254년 사망), 히폴리투스(Hippolytus, 236년 사망), 노바티아누스(Novatian, 245년경), 키프리아누스(Cyprian, 248-258, 카르타고의 주교), 그레고리 타우마투르구스(Gregory Thaumaturgus, 213-270), 카이사레아의 유세비오스(Eusebius of Caesarea, 260-339), 예루살렘의 키릴로스(Cyril of Jerusalem, 386년 사망), 푸아티에의 힐라리우스(Hilary of Poitiers, 356년)와 카파도키아 교부들, 카이사레아의 바실리오스(Basil of Caesarea, 330년 출생), 니사의 그레고리오스(Gregory of Nyssa, 336년 출생, 바실리오스의 남동생이기도 하다), 그리고 나지안주스의 그레고리오스(Gregory of Nazianzen, 330년 출생) 등이 있다.

4세기 후반 성령의 은사들은 금욕주의자들과 수도원 운동에 관여한 사람들의 전유물이 되었다. 콘스탄티누스 치하 국교화된 교회로 스며든 보다 광범위한 문화와의 다양한 타협과 순응이 이뤄졌고, 이것은 영적인 것에 관심을 둔 지도자들을 광야로 몰아냈다.

아우구스티누스(354-430)는 일찌기 그의 사역을 통해 은사중지론을 지지했기에 그를 언급하고 넘어갈 필요가 있다. 그러나 이후의 글을 통해 그는 이전에 자신이 기적적 사건의 지속적인 실재를 부인한 것을 철회했고, 2년 동안 자신의 교구에서 70번 이상 일어난 신적 치유들을 세밀하게 기록으로 남겼다(『하나님의 도성』, 22.8-10을 보라). 수많은 치유의 기적과 심지어 죽은 자로부터의 부활을 묘사하고 난 후 아우구스티누스는 이렇게 말했다.

나는 어떻게 하면 좋을까? 이 책을 끝맺겠다는 약속에 쫓겨서 내가 아는 기적들을 모두 기록할 수 없고, 우리의 친구 중 몇몇은 내가 한 이야기들을 읽을 때, 나와 그들이 확실히 알고 있는 기적들이 많이 빠진 것을 유감스럽게 생각할 것이다. 이 책을 끝맺기 위해서 부득이 생략하는 이야기들을 생략하지 않는다면 얼마나 많은 시간이 걸릴까를 생각해서 독자들은 나를 용서하기 바란다(22.8).

중세 시대에도 영적 은사들(*charismata*)이 존재했다는 증거를 찾을 수 있는데 바로 다음의 인물들을 통해서다. 440-461년 사이 로마의 주교로 섬긴 레오(Leo the Great, 400-461), 파리의 주느비에브(Geneviéve of Paris, 422-500), 교황 그레고리우스 1세(Gregory the Great, 540-604), 투르의 그레고리우스(Gregory of Tours, 538-594), 성 비드(the Venerable Bede, 673-735)가 있다. 비드가 731년에 쓴 『영국인의 교회사』(*Ecclesiastical History of the English People*)에는 수많은 기적의 은사들이 기록되어 있다. 그리고 린디스판(Lindisfarne)의 주교 에이든(Aidan, 651년 사망)과 그의 후임이었던 거스버트(Cuthbert, 687년 사망)도 있는데, 이 두 사람은 영국의 선교사이기도 했다. 클레르보의 베르나르두스(Bernard of Clairvaux, 1090-1153)와 그가 쓴 논문 『아일랜드인 성 말라키의 생애와 죽음』(*Life and Death of Saint Malachy the Irishman*[1094-1148]), 성 빅토르의 리샤르(Richard of St. Victor, 1173년 사망), 파두아의 안토니(Anthony of Padua, 1195-1231), 보나벤투라(Bonaventure, 1217-1274), 아시시의 프란체스코(Francis of Assisi, 1182-1226)도 해당되며, 특히 그의 삶은 보나벤투라가 쓴 『성 프란체스코의 생애』(*Life of St. Francis*)에서 찾아볼 수 있다. 토마스 아퀴나스(Thomas

Aquinas, 1225-1274)와 더불어 사실상 중세의 모든 신비주의자도 여기에 포함되는데, 이들 중 일부는 여성들로서 힐데가르트 빙엔(Hildegard of Bingen, 1098-1179), 헬프타의 게르트루다(Gertrude of Helfta, 1256-1301), 스웨덴의 베르기타(Bergitta of Sweden, 1302-1373), 몬테팔코의 키아라(St. Clare of Montefalco, 1308년 사망), 시에나의 카타리나(Catherine of Siena, 1347-1380), 노리치의 줄리안(Julian of Norwich, 1342-1416), 마저리 켐프(Margery Kempe, 1373-1433), 도미니크 수도회 설교자였던 빈센트 페러(Vincent Ferrer, 1350-1419), 아빌라의 테레사(Teresa of Avila, 1515-1582) 등이다.

예언과 영 분별, 지식의 말씀과 같은 영적 은사들이 1세기로 중단되었다고 주장하는 사람들은 이런 은사들이 스코틀랜드 종교개혁에 관여했던 많은 이들과 그 이후에 사역했던 몇몇 이들의 삶에서 역사했다는 사실 역시 설명하지 못한다. 잭 디어는 『놀라운 하나님의 음성』[7]에서 다음 인물들에게 예언의 은사가 일어난 경우를 광범위하게 나열했다. 존 녹스의 멘토였던 조지 위샤트(George Wishart, 1513-1546), 존 녹스(John Knox, 1514-1572), 존 웰쉬(John Welsh, 1570-1622), 로버트 브루스(Robert Bruce, 1554-1631), 그리고 알렉산더 페든(Alexander Peden, 1626-1686)이 그들이다. 또한 디어는 17세기 역사가 중 하나인 로버트 플레밍(Robert Fleming, 1630-1694)에게로 우리의 시선을 돌리는데, 플레밍은 웨스트민스터 신앙고백의 주요 입안자 중 하나였던 사무엘 러더포드(Samuel Rutherford, 1600-1661)와 함께 당시의 영적 은사의 역사를 인정했다.

---

7 Jack Deere, *Surprised by the Voice of God* (Grand Rapids: Zondervan, 1996), 64-93.

교회사에 대해 우리는 방대한 양의 지식을 가지고 있지만, 실제로 일어난 일들에 비하면 이것은 극히 일부분에 불과하다. 어떤 이들에게 이것은 놀라운 소식일 수 있다. 성령의 은사가 어떤 사람들의 삶에 전혀 존재하지 않았다고 단정 짓는 것은 주제넘는 일일 수 있는데, 우리가 이 사람들에 대해 아는 바가 없기 때문이다. 다른 말로 하면 "증거의 결여(absence)"가 반드시 "부재(absence)의 증거"는 아니다. 그리스도인들이 가정에서 모인 경우들까지 포함해 지난 수세기 동안 존재해온 수백만 개의 교회 가운데 과연 어떤 일이 일어났는지 우리는 알 수 없다. 신자들이 병자를 위해 정기적으로 기도했고 이들이 나음을 입었다고 내가 확신할 수 없는 것처럼, 어느 누구도 그렇지 않았다고 확신할 수도 없다. 반대로 어느 누구도 교회의 덕을 세우고 권면하고 위로하기 위해(고전 14:3) 예언하지 않았다고 말할 수 없는 것처럼, 나 역시 예언했다고도 말할 수 없다. 온 땅에 거하는 수많은 그리스도인이 개인 기도 시간에 방언으로 기도하는가의 문제도 마찬가지다. 이것은 우리가 광범위한 기록을 기대할 수 있는 종류의 문제가 아니다. 우리는 가동 활자를 지닌 인쇄술이 요하네스 구텐베르크(Johannes Gutenberg, 1398-1468년경) 이전에는 존재하지 않았다는 사실을 명심해야 한다. 그 이전은 교회 생활 대부분에 대해 기록된 증거가 드물고, 영적 은사에 대해 기록된 증거가 부족하다는 이유로 이들이 존재하지 않았다고 결론 내리는 것은 어리석은 일이다.

만일 은사들이 산발적으로 나타났다면, 이것들이 1세기로 제한되었기 때문이라는 것 말고 또 다른 설명이 있을 것이다. 우리가 유념해야 할 것은 16세기 종교개혁 전까지 평범한 그리스도인들에게는 이들의 언어로 된 성경이 없었다는 사실이다. 그 당시 성경에 대한 무지는 만연했다.

사람들이 영적 은사(은사의 이름, 본질, 기능, 그리고 이들을 추구해야 할 신자의 책임)들을 모른 것은 당연한 일로, 우리는 이들이 이런 현상을 구하고, 이를 위해 기도하고, 설사 은사들이 나타났다고 해도 그것을 인식했으리라고 기대할 수 없다. 이번 장에 나열된 이름을 고려했을 때—다시 한 번 논쟁의 여지가 있는 발언이겠지만—만일 은사가 드물게 나타났다면, 이것은 사도 시대로 그 은사들이 제한되었기 때문이라는 신학적 주장만큼이나 무지와 그 무지가 가져온 영적 무기력 때문이었을 수 있다.

이와 관련해 특별히 중요한 것은 영적 권위와 사역이 신생 로마 교회의 직분, 곧 주교와 신부에게 집중되어 있었다는 사실이다. 4세기 초반(일부는 훨씬 이전으로 주장한다)에 이미 교회 생활에서의 설교와 봉사, 섬김의 기회를 임명된 성직자들에게로 제한하려는 움직임이 있었다. 평신도들은 침묵했고 소외됐으며 그 지역의 신부나 군주적 주교의 역할을 전적으로 의지했다.

키프리아누스(Cyprian, 카르타고의 주교, 248-258)는 은사지속론자였지만, 이런 영적 은사(charismata)가 교회 생활로부터 자취를 감추는 일에 기여한 바 있다. 그는 다른 사람들과 함께 오로지 교회의 주교와 신부만이 계시적 은사들을 사용하도록 해야 한다고 주장했다. 제임스 애쉬(James Ash)에 따르면 "예언의 은사는 군주적 주교단의 손에 붙들려 이들의 변호를 위해 사용되었고, 이후 주교단이 참으로 안정되어 더 이상 이것을 필요로 하지 않게 되자, 버려져서 외로운 죽음을 맞이했다."[8]

백번 양보해 어떤 영적 은사들이 다른 기간에 비해 어느 특정 기간보

---

8 James Ash, "The Decline of Ecstatic Prophecy in the Early Church," *Theological Studies* 36 (June 1976): 252.

다 덜 나타났다고 해도, 이 부재는 불신과 배교, 성령을 소멸하고 근심케 하는 다른 죄들 때문일 수 있다. 이스라엘이 반복된 반역으로 이런 능력을 상실했고 예수님 자신도 사람들의 "믿지 않음"을 인하여 "아무 권능도 행하실 수 없어 다만 소수의 병자에게 안수하여 고치실 뿐이었"다면(막 6:5-6), 신학적 무지와 신자들과 성직자들의 부도덕으로 점철된 교회사에 기적이 드물게 일어난 것은 그다지 놀라운 일이 아니다.

또한 우리는 하나님이 긍휼로 우리를 축복하시되, 우리에게 합당하지 않은 것과 우리가 거절한 것, 심지어 인식하지도 못하는 것으로 우리를 축복하신다는 사실을 기억해야 한다. 오늘날 은사중지론을 주장하는 수많은 교회는 이런 은사들을 경험할 것이지만, 이것들을 성령의 기적적인 나타나심보다 못한 다른 무엇으로 치부한다고 나는 확신한다.

예를 들면, 영 분별의 은사가 있는 사람은 놀라울 만큼의 세심함과 통찰을 지닌 것으로 묘사될 수 있다. 지식의 말씀이 있는 사람은 영적 진리에 대한 깊은 이해를 가진 것으로, 예언하는 사람은 회중의 필요에 맞춰 적절한 격려를 던지는 것으로 이야기된다. 병든 자에게 손을 얹어 기도하고 병이 낫는 경우, 하나님이 여전히 우리의 기도에 응답하신다고 말하면서도 치유의 은사가 나타났다고는 설명하지 않는다. 일부 교회가 이런 현상에 고린도전서 12:7-10에 기록된 이름을 붙이기 꺼려하는 이유는, 이 현상들이 존재하지 않는다는 이론을 신봉하기 때문이다.

신약의 은사들에 대한 이런 경험이 다만 다른 용어로 표현되었을 뿐 오늘날에도 여전히 나타난다면(내가 수년 동안 사역했던 교회에서처럼 이것들은 실제로 나타난다), 1세기 이후 역사를 통해서도 반복적으로 나타났을 것이라고 충분히 생각할 수 있다.

가설적인 예를 하나 들어보자. 845년 어떤 사람에게, 지금으로 말하면 프랑스 남부 지역에 위치한 한 교회의 생활을 묘사하라는 명령이 떨어졌다. 이 사람은 자신이 보고 듣는 것에 어떤 꼬리표들을 달았을까? 그가 영적 은사들을 전혀 모르거나 이에 대해 배운 바가 없거나 아니면 잘 교육받은 은사중지론자라고 한다면, 그의 기록은 예언, 치유, 기적, 지식의 말씀 등을 전혀 언급하지 않을 것이다. 이런 현상이 존재했을, 아니 왕성했을 수도 있지만, 이 가설 속의 역사가는 이것을 다른 용어들을 사용해 정의하고 설명했을 것이다.

수백 년이 지나 우리가 그의 원고를 발견해서, 그의 기록으로부터 특정한 은사들이 사도 시대 이후 중단되었다고 결론짓는 것은 공정한 처사일까? 물론 아니다. 내가 말하려는 핵심은 성령께서 먼 과거는 물론 현재에도 은사를 통해 하나님의 백성에게 사역을 위한 동력을 제공하시는데, 이들이 그런 은사들을 인지하지 못하든지, 아니면 고린도전서 12:7-10의 용어들을 사용하지 않고 이를 설명한다는 것이다. 특정한 영적 은사들(charismata)에 대한 명백한 언급의 부재는, 은사가 교회 생활로부터 영구적으로 사라졌다는 주장의 근거로는 빈약하다.

아니면 다음의 예화를 생각해보라. 이는 찰스 스펄전(Charles Spurgeon, 1834-1892)에게 있었던 일로, 그가 설교를 하다 말고 다른 날도 아닌 주일에 부당한 이익을 취한 한 사람을 지목하여 책망한 사건이다. 이 사건에 대해 범인은 나중에 자신의 친구에게 다음과 같이 이야기했다.

스펄전 목사님이 나를 쳐다보셨는데 마치 나를 아시는 것 같았어. 설교를 하시다 말고는 나를 가리키시면서 회중에게 내가 신발을 만드는 사람이고 주일에도 가게를 연다고 말씀하시는 거야. 그건 사실이었어. 여기까지는 괜찮아. 그런데 내가 지난 주일에 9펜스를 벌었고 그중에 4펜스를 남겼다고 이야기하시는 거야. 그날 나는 정말로 9펜스를 벌었고 그중에 4펜스가 순수익이었거든. 목사님이 어떻게 그걸 아셨는지 나도 잘 모르겠어. 그런데 그분을 통해 내 영혼에 말씀하시는 분이 하나님이시라는 생각이 들더군. 그래서 그다음 주일에는 가게 문을 닫았지. 처음에는 다시 그분의 설교를 들으러 가기가 두려웠는데, 나에 대해 더 많은 이야기를 하실까 두려워 일단은 갔어. 그때 주님은 나를 만나주셨고 내 영혼을 구원해주셨어.[9]

스펄전은 덧붙여 이렇게 말했다.

수십 가지 비슷한 예가 있는데, 전혀 알지 못하던 어떤 사람을 복도에서 만나, 그에 대해 말하려는 바가 정확한지도 알지 못한 채, 오직 성령의 감동으로 그에게 어떤 말을 건네는 경우다. 나의 묘사에 놀란 그는 그 자리를 떠나 자기 친구들에게 다음과 같이 이야기했다. "내가 했던 모든 일을 그대로 이야기한 사람이 있어. 한 번 와서 만나봐. 그는 하나님이 나의 영혼에 보내신 사람이 틀림없어. 그렇지 않고서는 나를 그렇게 정확히 묘사할 수는 없었을 거야." 이것뿐이 아니다. 어떤 사람의 생각이 강단에서 드러난 경우도 많다. 내 말이 명중했는지 옆에 앉은 사람의 옆구리를 쿡쿡 찌르는 이도 있었다. 이들은 예배당을 떠나면서 서로에게 다음과 같

---

9 Charles H. Spurgeon, *The Autobiography of Charles H. Spurgeon*, vol. 2 (Cincinnati: Curtis & Jennings, 1899), 226-27.

이 말한다. "저 설교자는 우리가 이 문을 들어서면서 했던 이야기를 정확하게 알고 있었어."[10]

스펄전이 설교를 멈추고 한 청년을 지목해 이렇게 말한 경우도 있다. "젊은이여, 자네가 끼고 있는 장갑은 자네가 돈을 지불하고 산 것이 아니네. 자네는 그것을 직장 상사로부터 훔쳤어."[11] 예배가 끝나고 그 청년은 장갑을 들고 스펄전을 찾아와 자기 어머니가 아들이 도둑인 것을 알면 상심할 것이라며 비밀에 부쳐달라는 부탁을 했다.

내 의견에 이것은 사도 바울이 고린도전서 14:24-25에서 묘사한 내용의 흔한 예다. 스펄전은 예언의 은사(혹은 일부의 주장대로 지식의 말씀; 고전 12:8)를 사용했다. 스펄전이 이것을 그렇게 칭하지는 않았다고 해도, 그 점이 성령이 그를 통해 성취하신 일의 실재를 바꾸지는 못한다. 누군가가 스펄전의 신학과 사역, 그리고 동시대 혹은 이후의 전기 작가들이 그것을 설명한 기록을 살펴본다면, 예언과 지식의 말씀 같은 기적의 은사들(charismata)이 명백히 언급되지 않은 것을 발견하고서는, 대부분의 경우 이런 은사가 교회 생활에서 사라졌다고 결론을 내릴 것이다. 그러나 스펄전 자신의 간증은 무심코 다르게 이야기한다!

우리가 고심하는 문제는 이것이다. 성령께서 교회가 기적의 은사들(charismata)을 경험하기를 원했다면, 이 은사들은 교회사를 통해 더욱 가시적이고 편만하게 일어나야 하지 않았을까?(논쟁을 위해 잠시 그렇다고

---

10 같은 책(스톰스 강조).

11 Charles H. Spurgeon, *Autobiography: The Full Harvest, 1860-1892*, vol. 2 (Edinburgh: Banner of Truth, 1973), 60.

가정해보는 것이다) 이제 이런 주장의 저변에 깔려 있는 원리를 다른 문제에 적용시켜보자.

우리 모두는 성령이 교회의 선생(teacher)이신 것을 믿는다. 또한 신약이 성령의 사역을 우리가 성경의 진리를 이해할 수 있도록 우리 마음을 깨우치고(enlightening), 정신을 비추는(illuminating) 것으로 묘사함을 믿는다(딤후 2:7; 요일 2:20, 27 등을 보라).

하지만 사도들이 죽은 후 첫 번째 세대가 지나기도 전에 이신칭의 교리는 위협을 받았다. 믿음과 행함으로 구원을 받는다는 교리가 곧 표준이 되었고, 소수의 중요한 사건을 제외한다면, 16세기 마르틴 루터의 용감한 저항이 있기 전까지 누구도 이 그릇된 교리에 성공적으로 도전하지 못했다. 그렇다면 다음과 같은 질문이 가능해진다. 하나님께서 사도들이 사망한 이후에도 성령이 성경의 필수 진리를 그리스도인들에게 계속해서 가르치고 깨우치기를 원하셨다면, 교회는 왜 이처럼 가장 근본적인 진리에 무지하여 1,300년이 넘는 기간 동안 고통 받았던 것일까? 이신칭의 진리는 교회 생활에 경험적 축복을 가져다주는데, 왜 그리스도인들은 이런 축복으로부터 제외되어 고통 받았던 걸까?

당신은 분명 그중 무엇도 성령의 가르치고 깨우치시는 사역이 중단되었다는 증거는 될 수 없다고 대답할 것이다. 그중 무엇도 하나님이 자기 백성이 이런 필수 교리의 원리를 이해하는 것을 더 이상 원하지 않으신다는 증거가 될 수 없다. 백번 옳은 말이다. 마찬가지로 같은 시기의 교회사에서 영적 은사들이 상대적으로 덜 빈번하게 혹은 아예 나타나지 않았다고 해서, 하나님이 현대에 와서 이것들의 사용을 반대하셨다거나, 그 유효성을 부정하셨다고는 볼 수 없다.

특정한 성경 진리에 대한 신학적 무지와 영적 은사들이 제공하는 경험적 축복의 상실은, 하나님이 이런 지식과 능력을 초기 교회 신자들에게만 허락하셨다는 주장이 아닌 다른 데서 요인을 찾을 수 있고, 또 그래야만 한다.

마지막으로 가장 중요한 것은 교회사에서 어떤 일이 일어났는지의 여부가 우리가 무엇을 추구하고, 위하여 기도하고, 오늘날 교회 생활에서 기대해야 하는지와 궁극적으로는 무관하다는 사실이다. 하나님이 오늘날 자기 백성에게 특정한 영적 은사를 붓고자 하시는지를 결정짓는 최종적인 기준은 하나님의 말씀이다. 과거 교회에서 존경받았던 성인의 삶에 특정한 경험이 없었다는 이유로 그것의 현재적 유효성까지 의심하는 사람들의 주장은 다소 실망스럽다. 나는 종교개혁과 교회사를 통해 만나는 다른 시대의 거장들을 존경하는 반면, 성령의 영감을 받아 신약을 기록한 거장들은 모방해 닮고 싶다. 나는 장 칼뱅을 존경하지만 사도 바울에게는 순종한다.

요약하자면, 과거 그리스도인들의 실패나 성공이 하나님께서 오늘날 우리에게 원하시는 바를 결정짓는 궁극적 기준이 될 수는 없다는 것이다. 우리가 이들의 성취와 실수로부터 배울 수는 있다. 하지만 이 문제에 궁극적으로 연관된 유일한 질문은 "성경은 무엇을 말하는가?"다.

12. 마지막으로 엄밀히 말해, 앞서 언급한 열한 가지처럼 은사지속론자가 되는 것의 이유나 논쟁은 될 수 없지만 무시해서는 안 될 개인적 경험이 있다. 나는 온갖 종류의 영적 은사의 나타남을 보고, 이것들을 시험하고 확인했을 뿐 아니라, 내가 직접 경험한 경우도 셀 수 없이 많다. 앞서

말한 대로 이것은 은사지속론자가 되는 것의 이유라기보다는, 그런 결정의 유효성을 확인해준다(물론 절대적으로 확실한 확인은 아니다). 성경 본문으로부터 분리된 경험은 아무것도 증명할 수 없다. 하지만 경험이 우리가 성경 본문에서 읽는 바를 예시하고 구현할 경우에는 특별히 주목할 필요가 있다.[12]

결론

최대한 간략하게 요약하자면 "기적의 은사는 오늘날에도 있을까?"에 대한 나의 대답은 "나는 그렇다고 믿는다"이다. 하지만 이 문제에 관해 성경을 계속해서 살필 때 한 가지 유념해야 할 사실이 있다. 내 생각에 이것은 그리스도인들이 서로 길을 달리하여 헤어질 만한 문제는 아니다. 의견의 일치가 없는가? 좋다. 따라서 분열할 것인가? 아니다. 이 문제를 지속적으로 논할 때 우리는 "평안의 매는 줄로 성령이 하나 되게 하신 것을 힘써 지켜야" 한다(엡 4:3).

추천 도서 _____

Deere, Jack. *Surprised by the Power of the Spirit.* Grand Rapids: Zondervan, 1996. 『놀라운 성령의 능력』(은성 역간).

---

12 나는 다음의 책에서 이런 개인적 경험 몇몇을 상세히 묘사했다. 독자들에게 이를 읽기를 권하고 싶다. *Convergence: Spiritual Journeys of a Charismatic Calvinist* (Kansas City: Enjoying God Ministries, 2005).

Grudem, Wayne, ed. *Are Miraculous Gifts for Today? Four Views.* Grand Rapids: Zondervan, 1996. 『기적의 은사는 오늘날에도 있는가?』(부흥과개혁사 역간).

Storms, Sam. *The Beginner's Guide to Spiritual Gifts.* 2nd ed. Ventura, CA: Gospel Light, 2013.

Turner, Max. *The Holy Spirit and Spiritual Gifts, Then and Now.* Carlisle, UK: Paternoster, 1996. 『성령과 은사』(새물결플러스 역간).

19장

성령세례는 무엇이고 언제 일어날까?

폴라는 교회 출석이 당연한 기독교 가정에서 자랐다. 하지만 예수님이 어떤 분이신지에 대해 제대로 관심을 갖기 시작한 것은 폴라가 열한 살이 되어서였다. 그해 여름 폴라는 교회 캠프에 참석했고, 처음으로 자신의 죄를 의식적으로 회개했으며, 예수님의 속죄 죽음을 영생을 위한 유일한 소망으로 믿었다. 이 놀라운 경험은 폴라에게 기쁨과 안도감을 선사해주었다. 폴라는 그 순간부터 한 번도 자신이 하나님의 자녀임을 의심한 적이 없었다.

그런데 다음 몇 년 동안 어려운 시기가 이어졌다. 폴라에게는 특별한 매력이 없었고, 남자아이들은 폴라에게 무관심했다. 성적은 기껏해야 평균이었고, 친구들도 거의 없었다. 열여섯 살이 되었을 때 폴라는 한 저녁 파티에 초대를 받아 처음으로 맥주를 마셨다. 이전에는 인사도 하지 않던 같은 반 친구들로부터 즉각 반응이 왔다. 폴라는 이들이 무슨 짓을 하든 자신이 거기에 동참하는 한 이들이 자신을 받아들이고 인정해준다는 사실을 알게 되었다. 자신의 행동이 교회에서 배워온 사실과 대치될 때 종종 마음이 괴롭긴 했지만, 거절의 두려움을 극복하기에는 그것이 너무 컸다.

상황이 바뀌기 시작한 것은 폴라가 대학 2학년 때였다. 한 여자친구로부터 초대를 받아 매주 수요일 밤에 열리는 성경 공부에 참석하게 된 것이다. 여기서 폴라는 자신이 주님으로부터 얼마나 멀어졌는지를 깨달았다. 첫사랑을 회복하라는 주님의 신실한 호소에 자신이 그토록 무관심했다는 사실을 깨닫고 폴라는 비탄과 슬픔을 느꼈다.

어느 수요일 밤, 폴라는 성경 공부 그룹의 자매들에게 자신을 위해 기도해달라고 부탁했다. 폴라는 이 자매들은 영적 은사를 믿지만, 자신이 자라온 교회는 이것을 경계한다는 사실을 잘 알았다. 자매들이 폴라에게 손을 얹고 기도했고, 폴라는 자신이 수년 동안 지은 영적 냉담함의 죄를 용서해달라고 울며 간구했다. 자매들 중 하나가 폴라를 위해 기도했다. "오, 주 예수님, 폴라에게 당신의 성령을 부어주시고 폴라에게 능력을 주셔서, 이제 이전과는 다르게 주님을 위해 살고 주님을 증거하게 해주시옵소서."

폴라는 갑자가 기이한 따스함이 자신을 감싸는 것을 느꼈는데 마치 담요를 덮는 것과도 같았다. 자신의 영혼 깊은 곳으로부터 온천이 터져 나오는 것 같기도 했다. 무슨 일이 일어나고 있는지 모른 채, 폴라는 예수님께 찬송과 감사를 올려드렸다. 이 경험은 생소했지만, 그 생소함을 초월하는 기쁨과 평강을 불러왔다. 그날부터 지금까지 폴라는 (성부) 하나님의 은혜로 성자 하나님을 위한 열정적인 삶을 살고 있다.

폴라에게 어떤 일이 일어난 걸까? 폴라가 성경을 펼쳐 당신에게 자신의 경험을 설명해주기를 부탁한다면 당신은 어떤 본문을 이용할 것인가? 여기에 어떤 이름을 붙이겠는가? 성령세례? 성령충만? 성령의 기름 부으심? 아니면 단순하게 믿음의 새로워짐이나 사도 바울이 로마서 8:16에서 "성령이 친히 우리의 영과 더불어 우리가 하나님의 자녀인 것을 증언하시나니"라고 했을 때 염두에 두었던 구원의 깊은 확신을 경험한 것일까? 아니면 자기들의 이상한 기독교로 폴라를 끌어들이고자 했던 친구들의 술수가 감정적 열매를 맺은 것일까?

이번 장에서 나는 이런 질문에 답하고 싶다. 오늘날에는 폴라의 것과 같은 "영적 경험들"에 대해 많은 혼란이 있다. 이것 때문에 그리스도인들과 교회들이 분열한다. 하지만 폴라는 자신에게 이런 일이 일어난 것을 다만 기쁘게 여길 뿐이다.

다양한 견해들

성령세례에 대한 논쟁은 다음과 같이 요약될 수 있다. "그리스도인의 삶은 몇 단계로 특징지어지는가, 한 가지인가 두 가지인가?" 혹은 "성령세례는 모든 그리스도인을 위한 최초의 경험인가, 아니면 오직 일부의 그리스도인만이 갖는 후속적 경험인가?"[1] 이런 용어가 다소 단순할지는 몰라도 문제는 여전히 다음과 같다. "모든 그리스도인이 구원을 위해 그리스도를 처음 믿을 때 자동적으로 성령세례를 받는가? 아니면 일부만이 (대부분이 아니라면) 초기 회심 후 어느 다른 시점에서 성령세례를 받는

---

1 이 문제를 가장 철저히 다룬 자료로는 H. I. Lederle, *Treasures Old and New: Interpretations of "Spirit-Baptism" in the Charismatic Renewal Movement* (Peabody, MA: Hendrickson, 1988).

가? 폴라는 교회 캠프를 통해 예수님을 믿었던 열한 살에 성령세례를 받았는가, 아니면 이때로부터 9년이 지난 성경 공부 모임에서 성령세례를 받았는가?"

복음주의 그리스도인들에게 있어 가장 보편적인 견해는 성령세례가 중생과 회심과 동시적으로 일어나며 본질상 동일하다는 견해다. 이들은 성령세례를 거듭남의 순간에 모든 그리스도인에게 임하는 현상으로 이해한다. 이런 견해를 지지하는 사람들이 유일하게 의견을 달리하는 부분은 이것이 우리에게 "느껴지는" 경험인지, 아니면 우리의 의식 저변에서 일어나는 경험인지 하는 것이다.

성령세례를 중생이나 회심에 뒤따르는 사건으로 보고 둘을 구분하려는 사람들도 있다. 그런데 이 견해 안에도 다양한 변형이 있다. 먼저 런던 웨스트민스터 채플에서 여러 해 동안 목회한 고(故) 마틴 로이드 존스(Martyn Lloyd-Jones)를 포함한 일부 사람들은 성령세례를 에베소서 1:13이 묘사하는 성령의 "인 치심"으로 규정 한다.[2] 이것은 중생에 뒤따르는 경험적 사건으로(따라서 추구해야 한다), 우리에게 구원의 깊고 내면적이며 직접적인 확신을 제공한다. 또한 사역을 위한 능력과 증거, 기쁨, 하나님의 영광스러운 임재 의식을 낳기도 한다. 이 입장을 지지하는 이들은 일반적으로 성령세례와 영적 은사들(charismatic gifts)을 서로 연결짓지 않는다.

감리교 복음전도자인 존 웨슬리(John Wesley)는 거듭남과 구분되어 후속적으로 나타나는 변화시키는 은혜의 두 번째 역사를 가르쳤는데, 이

---

2 Martyn Lloyd-Jones, *Joy Unspeakable: Power and Renewal in the Holy Spirit* (Wheaton, IL: Shaw, 1984).

것을 통해 성령이 그리스도인의 마음으로부터 모든 죄악된 동기를 제거하신다고 주장했다. 그것의 결과는 다음과 같다. "그[그리스도인]의 지성과 감정의 에너지 전부가 하나님과 이웃을 향한 사랑으로 뻗어나가게 하신다. 그 사랑은 그리스도를 닮았고, 초자연적이고, 강력하고, 지속적이고, 분명한 목적이 있고, 열정이 넘치고, 이것과 상반되거나 경쟁할 만한 다른 어떤 애정은 없다."[3] 웨슬리에 따르면 이 "온전함"의 상태는 칭의의 은혜를 받는 것과 마찬가지로 지속적인 믿음, 기대하는 믿음, 그리고 빈손의 믿음을 통해 즉각적으로 이루어진다. 우리는 여전히 지식이 부족하고 어리석게 행동할 수 있다. 하지만 이런 "실수"는 "도덕적 범죄"로 간주될 수 없다고 웨슬리는 이야기한다. 이 온전함은 무엇보다도 우리 삶의 지속적인 원동력이 하나님과 다른 사람들을 향한 사랑의 문제다. 웨슬리와 그의 제자들은 이런 경험을 종종 "성령세례"로 지칭했다.

케직 운동(Keswick movement) 및 이것의 가르침과 연관된 다음의 인물들 역시 언급할 필요가 있다. 해너 휘톨 스미스(Hannah Whithall Smith), F. B. 마이어(F. B. Meyer), 앤드류 머레이(Andrew Murray), R. A. 토레이(R. A. Torrey), A. J. 고든(A. J. Gordon), A. B. 심슨(A. B. Simpson)이 그들이다. H. I. 레덜리(H. I. Lederle)에 따르면, 케직의 견해는 "웨슬리주의자들의 두 단계 관점은 유지하면서도 신자들의 마음이 사랑 안에서 온전해진다는 견해는 거부한다. 은혜의 두 번째 역사는 태생적 죄를 제거하는 것이라기보다, 행위의 온전함이 성취되는 승리의 삶을 사는 것이다."[4] 이들은 은혜의 두 번째 역사를 죄로부터의 성결보다는 능력의 전가

---

3 J. I. Packer, *Keep in Step with the Spirit* (Old Tappan, NJ: Revell, 1984), 132.
4 Lederle, *Treasures Old and New*, 11.

로 이해한다.

케직 신학의 핵심은 믿음에 대한 "수동적" 견해로, 여기서 인간은 자신의 무능을 자백하고, 자신이 죄에 대해 죽었음을 인정하며(롬 6:1-14에서 강조한 내용), 예수님 안에서 "안식"한다. 이것은 위기 사건을 통해 일어나는데, "보다 높은 차원의 생활" 곧 신자가 모든 알려진 죄를 이기고 승리하는 생활로 이어진다. 이것의 강조점은 마음으로부터 죄가 제거되는 것이 아니라, 순종과 사역을 위해 능력이 전가되는 데 있다.[5]

두 단계 견해를 받아들인 이들 중 가장 널리 알려진 이는 아마도 "하나님의 성회"의 교인과 같은 전통 오순절주의자일 것이다. 하나님의 성회가 작성한 "근본진리문" 7항과 8항은 전통 오순절주의의 견해를 다음과 같이 명시한다.

7. 성부 하나님의 약속: 모든 신자에게는 우리 주 예수 그리스도의 명령을 따라 성부 하나님의 약속, 곧 성령과 불 세례를 열렬히 기대하고 진정으로 추구할 권리와 의무가 있다. 이것은 모든 초기 기독교회의 일반적인 경험이었다. 이것과 함께 삶과 섬김을 위한 능력이 부여되고, 사역을 위한 은사와 은사 사용이 수여된다(눅 24:49; 행 1:4, 8; 고전 12:1-31). 이것은 중생의 경험과는 구별되고 그것에 후속하는 놀라운 경험이다(행 10:44-46; 11:14-16; 15:7-9).

8. 성령세례의 증거: 신자가 성령세례를 받았다는 최초의 물리적 증거는

---

5 케직 신학에 대한 가장 탁월한 비평은 Andy Naselli, *Let Go and Let God? A Survey and Analysis of Keswick Theology* (Logos Research Systems, 2010)에서 찾을 수 있다.

성령 하나님의 말하게 하심을 따라 다른 언어로 말하는 것이다(행 2:4).
이것은 본질적으로 방언의 은사와 동일하지만(고전 12:4-10, 28) 목적과
사용에서 서로 다르다.

오순절주의의 전통적 견해를 구성하는 것은 세 가지 주요 요소들이
다. 먼저는 후속의 교리다. 성령세례는 언제나 회심에 후속하는 사건으로
서 이 둘은 서로 다르다. 두 사건 사이의 시간은 순간일 수도 있고 여러
해가 될 수도 있다(폴라의 경우에는 9년이 걸렸다). 두 번째로는 조건에 대
한 강조다. 저자에 따라 다를 수 있지만 성령세례가 지연되는 것은 회개
나 자백, 믿음, 기도, 기다림("지체"), 간구, 항복 등과 연관된다. 그리스도
인의 삶을 이렇게 분리하는 것에는 명백한 위험이 도사리고 있는데, 죄
인에게 구원은 선물인 반면, 성자에게 성령충만은 보상이 되기 때문이다.
세 번째로 가장 논란이 되는 것은 이들이 강조하는 최초의 증거 교리다.
이들의 주장에 따르면 성령세례를 받았다는 최초의 물리적 증거는 방언
이다. 방언을 하지 못한다는 것은 아직 성령세례를 받지 못했다는 증거
다. 하나님의 성회 사람들은 방언을 못한다고 해도 구원받았을 수 있다
는 사실을 부인하지 않는다. 하지만 방언은 그 자체로 성령세례를 받았
다는 증거다.[6]

성례적 견해로 불리는 것 역시 살펴봐야 하는데 이것은 로마 가톨릭

---

6 모든 "전통 오순절주의자들"이 초기 증거의 교리를 주장한 것은 아니다. 유명한 신약학자
  인 고든 피는 성령세례와 관련하여 위의 세 가지 교리를 전부 거절하면서도 여전히 하나
  님의 성회 교단에 남았다. 그가 쓴 다음 논문을 참조하라. "Baptism in the Holy Spirit:
  The Issue of Separability and Subsequence," *Pneuma: The Journal of the Society
  for Pentecostal Studies* 7, no. 2 (Fall 1985): 87-99.

에서 가장 빈번히 발견된다. 성령세례에 대한 가톨릭의 원래 견해에 따르면 이것은 "성령의 '표출', 곧 그리스도인이 처음 되었을 때 받은 성례적 은혜가 활성화되거나 꽃피우는 것으로 신자의 개인적·의식적 경험으로 돌파해 들어오는 것이다."[7] 가톨릭 신학자 킬리언 맥도넬(Kilian McDonnell)은 물세례의 성례를 받은 교회의 모든 일원들이 같은 시간 성령의 세례를 받는다고 주장했다. 이 "은혜"는 "잠자고 있다가 어느 특정한 순간, 아니면 좀 더 긴 기간에 걸쳐 개인의 인식을 돌파해 들어온다. 이것은 의식적 경험으로서 오순절 계통에서는 이것을 '성령세례'로 부른다."[8]

이제는 오순절주의의 현대적 견해를 살펴보도록 하자. 일반적으로 말하자면, 대부분의 오순절주의자들은 후속의 두 단계 교리를 지지한다. (이에 대한 의구심이 증가하는 추세이기는 하다.) 하지만 많은 사람이 성령세례가 지연되는 조건들을 부인하고, 성령세례를 받았다면 필히 방언을 해야 한다는 사실을 거부한다.

"제3의 물결"은 성령의 은사들을 믿을 뿐 아니라 이를 계속해서 전방위적으로 실천하고 사용하는 복음주의자들을 가리키는 용어다. 이 견해에 따르면 성령세례는 누군가 그리스도인이 될 때 일어나는 사건이다. 따라서 모든 그리스도인은 그 정의상 성령 성례를 받았다. 그러나 성령의 역사를 여러 차례에 걸쳐 후속적으로 경험할 수 있다. 회심 이후 성령은 다양한 강도로 "임할" 수 있고 이를 통해 그리스도인은 압도되고, 능력과 기름 부으심을 받고, 어떤 면에서는 은사를 받는다. 이런 새로운 능

---

7 Lederle, *Treasures Old and New*, 105-6.
8 같은 책, 108.

력의 "표출", 성령의 친밀한 임재의 "나타남"은 신약이 성령"충만"으로 지칭한 것에 가장 근접해 있다. 나는 이 견해가 성경적이라고 믿고 다음의 내용을 통해 그 이유를 밝히려 한다.[9]

성령세례에 대한 사도 바울의 견해

이 문제에 있어 주된 본문은 고린도전서 12:13의 바울의 언급이다. "우리가 유대인이나 헬라인이나 종이나 자유인이나 다 한 성령으로 세례를 받아 한 몸이 되었고 또 다 한 성령을 마시게 하셨느니라." 모든 사람이 사도 바울의 가르침에 동의하는 것은 아니다. 일부는 바울이 성령세례라고 묘사한 것이 성령이 구원을 위해 그리스도에게로(into Christ) 주시는 세례라고 주장하는 반면(모든 그리스도인이 회심 때 이것을 경험한다), 신약의 다른 곳에서는 능력을 주시려고 성령 안에서 세례를 베푸시는 분은 예수님이라고 이야기한다(모든 사람에게 가능하지만 실제로는 일부 그리스도인만이 받는다). 이를 다음의 표로 요약해보자.

---

9 독자들이 읽게 될 내용의 일부는 내가 저자로 참여한 *Are Miraculous Gifts for Today? Four Views*, ed. Wayne A. Grudem (Grand Rapids: Zondervan, 1996)의 내용을 개작한 것인데, 특히 이 문제에 대해 서로 다른 다양한 견해를 살핀 3장(176-85)이 그렇다. 회심 이후 성령을 만나고 경험하는 것을 기대하도록 우리를 격려하는 본문들은 눅 11:13; 롬 5:5; 8:15-17; 갈 3:1-5; 엡 1:15-23; 3:16-19; 5:18, 빌 1:19; 살전 4:8; 벧전 1:8과 신자들이 사역과 삶을 위해 성령충만해진 것을 언급하는 사도행전의 여러 본문이다. 이 본문들은 성령의 일회적이고 단 한 번으로 완전한 보증의 개념을 반대하는데, 이 경우 회심 후 후속적 기름 부으심이 불필요해지기 때문이다. 신자에게 어느 순간 임하셔서 지금은 각 사람 안에 거하시는 성령의 지속적 주어짐은 우리와 그리스도의 관계를 진작 및 강화하고 사역을 위해 더 큰 능력을 주시기 위함이다. 하지만 이런 경험 중 하나를 성령세례로 부를 수는 없다.

회심 때	성령	모든 사람에게 세례를 주심	예수 그리스도 "에게로"	구원
회심 이후	예수 그리스도	일부에게 세례를 주심	성령 "안에서"	능력

이런 견해에 동기를 부여하는 것은 "한 성령 안에서 한 몸이 되었고" 라는 짐짓 곤란해 보이는 구문이다(다른 번역은 "한 성령으로 한 몸이 되었고"이다; 개역개정은 이 번역을 채택한다─역자 주). 하지만 이는 영어로 들었을 때 거슬릴 뿐이지, 그리스어로는 전혀 그렇지 않다. 사실 D. A. 카슨이 지적하듯이 "그리스어 구문의 결합은 바울이 전하려고 했던 핵심을 정확하게 강조한다. 곧 '모든' 그리스도인이 '한' 성령 안에서 세례를 받았다는 것과 '모든' 그리스도인이 '한' 몸으로 세례를 받았다는 것이다."[10]

웨인 그루뎀은 고린도전서 10:2에 기록된 동일한 용어를 지목한다. "모세에게 속하여 다 구름과 바다에서 세례를 받고." 여기서 구름과 바다는 백성을 둘러싼 혹은 압도한 "요소들"이며, 모세가 가리키는 것은 모세의 언약과 모세가 지도자로 활동하는 하나님의 백성의 공동체에 참여하는 새로운 생명이다. 그루뎀은 다음과 같이 설명한다.

여기서도 같은 세례를 위한 두 개의 다른 장소를 강조하는 것이 아니라, 하나는 그들이 세례를 받은 요소를 가리키고, 다른 하나는 그들이 세례를 받은 후에 발견된 장소를 가리킨다. 이는 고린도전서 12:13과도 매우 흡사하다. 성령은 그들이 세례를 받은 요소였고, 그리스도의 몸 곧 교회

---

10 D. A. Carson, *Showing the Spirit: A Theological Exposition of 1 Corinthians 12-14* (Grand Rapids: Baker, 1987), 47.

는 그들이 세례 후에 있게 된 장소였다.[11]

성령세례를 언급한 다른 모든 본문에 등장하는 전치사 "엔"(en)은 "안에서"라는 뜻인데, 말하자면 우리를 잠기게 하는 요소를 묘사한다. 어떤 본문에서도 성령이 세례를 베푸는 대리인으로 언급된 경우는 없다. 세례를 주시는 분은 예수님이다. 성령은 우리를 에워싸는 분, 혹은 우리를 흠뻑 적시는 요소다.[12]

또 다른 주장은 13a절이 회심을 가리키는 반면, 13b절은 성령의 두 번째 역사 곧 회심 후의 역사를 묘사한다는 주장이다. 하지만 13절의 대구법은 성경 저자들이 즐겨 사용한 문학 장치다. 여기서 바울은 동일한 실재를 묘사하기 위해 두 가지 다른 비유를 사용한다. 더욱이 전반부에 언급된 사람들에게 일어나는 일이 무엇이든지, 그 일은 후반부에 등장한 사람들에게도 동일하게 일어난다. 다른 말로 하면, 한 성령으로 한 몸이 된 "우리 모두"는 또한 같은 성령을 마시게 된 것이다. 두 구문의 행위는 동일 선상에 있다.

어쩌면 바울은 두 가지 생생한 비유를 통해 회심의 때, 곧 우리가 그

---

11 Wayne Grudem, *Systematic Theology: An Introduction to Biblical Doctrine* (Grand Rapids: Zondervan, 2000), 768.
12 한 가지 짚고 넘어가야 할 사실은 신약에서 누군가"에게" 세례를 받는 것은 언제나 "휘포"(hypo)라는 전치사를 통해 표현되었고, 그 뒤를 소유격 명사가 따랐다는 점이다. 예를 들어보자. 요단 강에서 사람들은 세례 요한"에게" 세례를 받았다(마 3:6; 막 1:5; 눅 3:7). 예수님도 요한"에게" 세례를 받으셨다(마 3:13; 막 1:9). 바리새인들은 요한"에게" 세례를 받지 않았다(눅 7:30). 따라서 바울이 모든 고린도 교인이 성령"에게" 세례 받았음을 말하고 싶었다면, 그는 en과 함께 여격을 사용하지 않고 hypo와 함께 소유격을 사용했을 것이다.

리스도의 몸 된 교회의 일원이 될 때, 다음과 같이 경험하는 성령을 묘사했을 수도 있다.

우리 모두를 한 몸으로 연합시키고자 하는 목적과 목표를 가지고
세례, 곧 성령 안에서 잠기는 것과
성령으로 충만하기까지 마시는 것.

따라서 우리가 성령으로 채워지고, 둘러 싸이고, 잠기고, 침수되는 것은 교회 곧 그리스도의 몸이라는 영적 유기체에 참여하는 결과를 낳는다. 13b절에서 바울은 온 땅과 그 백성 위로 성령이 부어지는 황금기가 도래할 것에 대한 구약의 심상을 염두에 두었을 수도 있다.

마침내 위에서부터 영을 우리에게 부어주시리니
광야가 아름다운 밭이 되며
아름다운 밭을 숲으로 여기게 되리라(사 32:15).

나는 목마른 자에게 물을 주며
마른 땅에 시내가 흐르게 하며
나의 영을 네 자손에게
나의 복을 네 후손에게 부어주리니(사 44:3).

내가 다시는 내 얼굴을 그들에게 가리지 아니하리니 이는 내가 내 영을 이스라엘 족속에게 쏟았음이라. 주 여호와의 말씀이니라(겔 39:29).

따라서 회심은 몹시 건조한 땅에 갑작스러운 홍수나 폭우가 내려, 메마르고 황량한 땅을 물 댄 동산같이 변화시키는 것과 유사한 성령의 경험이다(렘 31:12을 보라). 고든 피는 다음과 같이 지적한다.

바로 그런 분명한 은유들("영[성령]"에 푹 잠김과 "영"[성령]을 가득 마심)은 이후 교회에서 많은 사람이 체험하곤 했던 것보다 훨씬 더 큰 체험을 통해 더욱 선명하게 "영"[성령]을 받아들인 사건이 있었음을 암시한다.… 갈라디아서 3:2-5에서 말하는 것처럼, "영"[성령]은 사람들이 역동적으로 체험하는 실재였으며, 모든 신자가 그런 "영"[성령]을 체험했다. 바로 그런 이유 때문에 바울은 고린도 사람들이 공통으로 "영"[성령]을 체험한 일을 몸의 통일성을 주장하는 전제로 삼고 있는지도 모른다.[13]

고린도전서 12:13에 나오는 바울의 진술과 관련해 나는 다음의 결론에 다다랐다. 첫째로 성령세례는 비유이며, 우리가 회심할 때 경험하는 성령을 묘사한다. 우리는 성령 안에 잠기고 침수해 그분의 임재와 능력을 영원토록 즐거워한다. 두 번째로 모든 그리스도인은 거듭난 후가 아닌, 거듭날 때 성령세례를 받는다. 세 번째로 성경적 용례에 따르면, 우리는 "성령세례"라는 용어를 모든 신자의 회심 경험에 적용해야 한다. 그러나 이것은 성령의 사역을 회심에만 국한시키지 않는다! 신약은 성령의 능력과 임재를 여러 차례에 걸쳐 후속적으로 경험하는 것을 지지하고 격려한다. 따라서 복음주의자들이 주장하는 바, 모든 그리스도인이 회

---

13 Gordon D. Fee, *God's Empowering Presence: The Holy Spirit in the Letters of Paul* (Peabody, MA: Hendrickson, 1994), 181.

심을 통해 성령세례를 경험한다는 것은 옳다. 그러나 그리스도인으로 살아가는 여정에서 성령의 후속적이고 추가적인 경험의 실재를 축소(심지어 때로는 부인)하는 것은 옳지 않다. 오순절주의자들이 회심 이후 우리에게 능력과 깨우침을 주고, 우리를 변화시키는 성령을 만나는 것의 실재와 중요성을 강조하는 것은 옳다. 그러나 이런 경험을 "성령세례"로 칭하는 것은 옳지 않다.

성령세례와 성령충만의 차이

이제까지 살펴본 내용은 성령세례와 성령충만을 구분 짓는 데에도 도움이 된다. 성령세례는 비유이며, 우리가 믿음과 회개를 통해 예수님께로 회심하는 순간 성령을 받는 것을 묘사한다. 우리가 믿고 의롭다 여김 받는 그때, 우리는 성령에 잠기고 둘러싸이며, 성령은 우리를 적시고 덮는다. 그 결과로 우리는 그리스도의 몸의 일원이 되고, 교회라고 불리는 영적 유기체에 통합되며, 성령은 영원히 우리 안에 내주하신다.

따라서 성령세례는 즉각적이고(과정이 아니다), 시점상 회심과 일치하며, 보편적이고(모든 그리스도인이 이것을 받는다), 반복될 수 없으며 영구적이다. 성령충만 역시 비유이며, 우리가 반복적이고 지속적으로 성령을 경험하고 받아들이는 것을 묘사한다. 성령충만은 우리가 성령의 더 강렬하고 친밀한 영향력 아래로 계속해서 들어오는 것이다. 성령충만은 그리스도인의 삶에서 여러 차례에 걸쳐 박탈될 수도, 다시 경험될 수도 있다.

성령충만에는 두 가지 의미가 있다. 먼저 사람들이 "성령충만하다"라고 묘사된 성경 본문들인데, 여기서 성령충만은 그리스도인들의 상태나 한결같은 질적 특징, 그리스도 안에 있는 성숙을 소유하고 반영하는 사람들의 도덕적 경향성을 암시한다(눅 4:1; 행 6:3, 5; 7:55; 11:24; 13:52을 보라. 문자적으로는 "충만하기를 계속했다"를 뜻한다). 이것은 모든 그리스도인의 이상적인 상태로서 충만의 지속적인 상태를 강조한다. 두 번째로 사람들이 "성령충만함을 받는다"고 묘사된 본문들인데, 여기서 성령충만은 특별한 임무를 성취하고 수행할 수 있도록 능력을 부여하거나, 평생 섬기고 사역할 수 있도록 준비시키기 위함이다(눅 1:15-17; 행 9:17을 보라). 영적 위기의 순간과 같은 특정한 경우, 신자는 특별히 중요하고 위급한 임무를 위해 즉각적이고 특별한 능력으로 충만해질 수도 있다. 따라서 이미 성령충만한 사람이라도 추가적인 채우심을 경험하는 것이 가능하다. 얼마의 성령을 얼마나 받았든지 언제나 더 받을 수 있다는 말이다![14] 한 가지 짚고 넘어가야 할 사실은 신자들이 충만함과 능력을 구했다고 성경이 언급하지 않는다는 점이다. 이것은 하나님의 주권적 역사였다. 믿는 자들은 순종으로 자신을 내어드렸고, 하나님은 그들의 필요에 따라 충만하게 하셨다.[15]

요약하자면, 성령충만은 성령세례와 다르다. 세례는 하나지만 채우심은 여럿이다. 신약 본문 어디에도 성령세례를 받으라는 명령은 없다. 세례를 위해 무엇을 하라는 호소도, 권고나 명령도 없다. 반면 성령충만하라는 명령은 있다(엡 5:18). 따라서 성령세례를 받고 성령의 영원한 내주

---

14 눅 1:41, 67; 행 4:8, 31; 13:9도 보라. 또한 행 7:55에서 "성령이 충만"했던 스데반은 다시 한 번 성령으로 "충만"해졌는데, 이는 그가 박해와 궁극적으로는 순교를 견디도록 할 뿐 아니라 예수님의 환상을 "볼" 수 있도록 그를 준비시키기 위함이었다.

15 다음 구약의 예들을 생각해보라. 출 31:3; 35:31; 민 24:2(발람); 삿 6:34; 14:6, 19; 15:14; 삼상 10:6; 16:13.

하심을 경험하면서도 성령충만하지 않을 수 있다. 마지막으로 "성령충만"은 인격의 성숙을 반영하며, 모든 신자의 이상적인 상태다. 반면 "성령충만을 받는 것"은 능력, 순결, 선포, 찬양을 위해 기름 부으심을 경험하는 것이다.

후속의 교리

자주 등장하는 질문은 다음과 같다. "왜 오순절 전통과 은사주의 전통은 성령세례를 구원이나 회심과는 다른 후속적 사건으로 보는 걸까요? 이것을 어떻게 설명할 수 있죠?" 고든 피는 이런 전개를 설명하기 위해 다음의 각본을 제시한다.[16]

먼저 이것은 이들 자신은 물론 교회 전체의 기독교적 경험이 무기력하고 활기 없다는 사실에 대한 불만족으로 시작했을 것이다. 냉담하고 비겁하고 틀에 박힌 종교는 이들 안에 하나님과 신약성경을 통해 목격하는 기독교적 경험을 향한 열정과 목마름, 굶주림을 불러왔을 것이다. 두 번째로 이런 열정은 참되고 성경적이며 생명을 변화시키는 경험을 일으켰다. 부인할 수 없는 하나님의 임재가 이들에게 임한 것이다. 변화시키는 하나님과의 만남은 새로운 능력, 거듭난 헌신, 삶의 거룩을 향한 열성적인 재헌신, 그리고 더욱 깊은 사랑을 가져왔다. 세 번째로 분명 그런 경험은 이들의 회심에 후속하는 것이었다(구원받고 여러 해가 지난 경우도 있었다). 따라서 이것은 거듭남이나 칭의, 처음 그리스도를 만나 구

---

16 Fee, "Baptism in the Holy Spirit," 87-99.

원받은 것과 관련한 여느 경험과 달랐다. 네 번째로 종종 언급되는 것처럼, 이들은 신학을 찾는 경험의 사람들이었다. 이들이 자신에게 일어난 일을 확인하고 정당화하기 위해 성경으로 향했을 때, 이들은 자신에게 일어난 일에 삼중으로 선행한 사건들을 발견했다(아래를 보라). 마지막으로 이들은 자신에게 일어난 일을 "성령세례"로 정의했다.

후속의 교리에 대한 이른바 성경적 지지는 예수님의 경험과 첫 번째 제자들의 경험, 그리고 그리스도인들이 그리스도 안에서 구원하는 믿음을 처음 경험한 것과 구별되어 후속적으로 성령충만을 받은 것처럼 묘사한 사도행전의 몇몇 본문이다. 짧게나마 한 가지씩 살펴볼 필요가 있다.

예수님의 경험을 바탕으로 한 비유

예수님의 경험을 바탕으로 한 논쟁은 다음과 같다. 예수님은 성령으로 잉태되셨고 동정녀 마리아를 통해 나셨다. 예수님의 탄생은 성령에 의한 우리의 중생이나 거듭남에 상응하는 사건이다. 30여 년이 지나 예수님은 공생애를 위해 성령의 능력으로 기름 부음을 받으셨다(행 10:38). 이 사건은 예수님의 "성령세례"로 해석 가능하다. 따라서 성자 하나님께 이런 특별한 능력의 부여가 필요했다면, 그분의 제자 된 우리에게는 얼마나 더 필요하겠는가?

예수님이 요단 강에서 세례 받으셨을 때 성령의 기름 부으심을 받으신 것과, 이 모든 것의 목적이 예수님의 공생애 사역을 위한 능력 주심에 있었다는 사실을 나는 분명히 믿지만(행 10:38), 이 경험이 우리가 받는 성령세례의 합당한 대구나 양식이 될 수 있다고는 생각하지 않는다.

본문은 예수님이 성령으로 "세례" 받으셨다고 이야기하지 않고, "기름 부으심" 받으셨다고 말한다(행 10:38; 눅 4:18도 보라). 사실 예수님은 성령으로 세례 받으시기는커녕 자신이 세례를 베푸신다. 세례 요한은 예수님에 대해 다음과 같이 단언했다. "그는 성령과 불로 너희에게 세례를 베푸실 것이요"(마 3:11; 막 1:8; 눅 3:16; 요 1:33도 보라). 또한 예수님께 구원이 필요 없었다는 사실을 감안할 때 이 비유는 설득력을 잃는다. 우리 모두와는 달리 예수님은 회개할 필요가 없는 분이다. 예수님이 불신자인 시점은 전혀 없었으며 따라서 회심을 경험하신 시점 역시 없다. 따라서 예수님의 생애의 어떤 사건을 회심과 구별된 후속적인 사건으로 보는 것에는 무리가 있다. 성령이 서른 살의 예수님께 기름 부으신 것은 단순히 그때 하나님의 메시아로서 공생애를 시작하셨기 때문이다. 이 사건이 예수님의 삶에서든, 제자들의 삶에서든, "후속"에 대한 규범과 하나님의 정하신 뜻을 반영한다는 주장에는 성경적 증거가 없다. 예수님의 경험과 그리스도인의 경험 사이에는 분명 유사점이 있다. 우리 역시 예수님의 일을 행하기 위해 성령의 능력이 필요하다는 것이다. 하지만 이것을 성령세례와 동일시할 수 있는 성경적 타당성은 없다. 사도행전에서는 이를 성령충만으로 적절히 표현했다.

첫 제자들의 경험을 바탕으로 한 비유

후속에 대한 논쟁은 첫 제자들의 "두 단계"적 경험에도 호소한다. 제자들은 요한복음 20:22에서 중생하고 회심했으며 이때 성령을 받았지만, 오순절이 되기까지 성령세례를 경험하지 못했다. 따라서 제자들의 성령세례는 회심과 분명히 구별되는 후속적인 사건이다(요 20:22을 제자들의 회심으로 인정하지 않는다고 해도 마찬가지다).

하지만 요한복음 20:22은 제자들의 중생이나 거듭남을 묘사하지 않는다. 제자들은 이미 깨끗했고(요 13:10), 이들의 이름 역시 이미 하늘에 기록되어 있었다(눅 10:20). 베드로는 예수님이 그리스도이신 것을 공개적으로 증거했다(마 16:16-17; 요 16:30; 예수님이 제자들을 아버지에게 이미 속한 것으로 언급한 요 17:8-19도 보라). 더욱이 이런 성령 부어주심은 제자들의 회심이 아닌 "보내심"과 관련되어 있다("나도 너희를 보내노라", 요 20:21).

그렇다면 요한복음 20:22에서는 어떤 일이 일어난 걸까? 일부는 22절이 오순절에 주어질 완전한 선물을 기대하도록 예비적으로 주어진 성령을 묘사한다고 주장한다. 누가복음 24:29은 오순절에 예수님의 제자들이 하나님의 능력(곧 성령)을 온전히 받게 될 것을 분명히 가르치는데, 20:22에 일어난 일이 무엇이든 간에 그것은 "제대로 된 식사"가 아니라 오순절의 맛보기에 불과했음을 암시한다. 이것은 제자들을 부활절에서 오순절로 인도하기 위한 과도기적인 능력 주심이었다. 반면 성령을 실제적으로 주신 것이 아니라고 주장하는 사람들도 있다. 오히려 요한복음 20:22은 행동으로 표현된 비유, 곧 앞으로 임할 성령의 능력에 대한 상징적 약속이며, 이 약속은 오순절이 이르기까지 성취되지 않았다.

마지막으로 요한복음 20:22에서의 성령 주심이 오순절을 내다보고 주신 부분적 능력이든, 아니면 오순절을 가리키는 상징적 행위 혹은 예언적 비유이든 이는 중요하지 않다. 중요한 것은 부활하신 후 성자의 주된 관심이, 자신이 시작하신 하늘 사명의 영속을 위해 교회에 성령을 선물로 주시는 것이었다는 사실이다.

성령세례와 관련해 제자들의 이런 경험은 우리에게 일종의 모형을 제공하는가? 나는 그렇게 생각하지 않는다. 제자들의 경험이 그럴 수밖에 없었다는 사실을 감안할 때, 그들이 겪은 것을 우리 자신의 경험을 위한 모형으로 주장할 수는 없다. 제자들이 믿었을 때는 성령세례를 받는 것이 불가능했기 때문이다. 제자들이 믿은 시점은 세례가 가능하기 훨씬 이전이었다. 레덜리는 다음과 같이 설명했다.

> 이런 결론은…사도들이 성령이 교회 위로 부어진 오순절 이전부터(적어도 어떤 형태로든) 예수님을 믿기 시작했다는 사실로 더욱 강화된다. 제자들이 처했던 상황은 오순절 이후를 사는 다른 모든 그리스도인이 처한 상황과는 다르다. 사도들은 오순절과 함께 임한 성령 안에서의 새로운 자유와 생명을 독특한 방식으로 경험해야 했는데, 성령이 임하시기 전(행 22장 이전)에는 이것을 경험할 수 없었기 때문이다.[17]

오순절의 결과(성령의 임재와 능력)는 교회 전체로 확장되었지만, 오순절이라는 날은 실제적인 의미에서 독특했으며, 구속사에서 반복될 수 없었다. 성령은 그날 오직 단 한 번 일어날 수 있는 방식으로 "임하셨다." 따라서 성령은 오순절 이전과는 다른 방식으로 지금 "여기에" 계신다. 오순절은 하나님의 구속 계획에서 새로운 단계 혹은 새로운 시대의 도래였다. 따라서 당시 살아 있던 신자들이 경험한 순서를 그때 살지 않았던 신

---

17 Lederle, *Treasures Old and New*, 60.

자들의 경험을 위한 규범으로 취하는 것은 지혜롭지 못한 일이다. 웨인
그루뎀은 다음과 같이 설명한다.

> 첫 제자들은 **성령의 옛 언약에서의 사역과 새 언약에서의 사역의 전환 시**
> **대에 살고 있었기 때문에** 성령의 새로운 능력 주심을 체험할 수 있었다.
> 비록 이 사건이 제자들이 회심한 후 한참 뒤에 일어난 성령의 "제2체험"이
> 기는 하지만, 우리는 성령 역사의 전환시대에 살고 있지 않기 때문에, 제
> 자들의 체험이 우리를 위한 모형이 될 수는 없다. 제자들의 경우, 옛 언약
> 으로 성령의 능력을 받은 사람들이 새 언약으로 성령의 능력을 받은 사람
> 들로 변화되었다. 그러나 오늘날 우리는 미약한 옛 언약으로 성령의 능력
> 주심을 먼저 받지 않고, 오히려 새 언약으로 성령의 능력 주심을 받기까지
> 기다린다. 우리는 고린도 교인들과 같은 처지에 있다. 그리스도인이 되었
> 을 때 우리는 모두 **"한 성령 안에서 한 몸으로 세례를 받았다"**(고전 12:13).
> 고린도 교회의 교인들이 그러했던 것처럼, 그리고 바울의 선교 여행 중 많
> 은 교회에서 회심한 새 신자들이 그랬던 것처럼 말이다.[18]

사도행전 속 개인들의 경험을 바탕으로 한 논쟁

후속의 교리가 모든 시대 모든 그리스도인을 위한 규범이라고 설득력 있
는 논쟁을 펼치고 싶다면, 그 증거는 사도행전에 기록된 신자들의 경험
으로부터 나와야 한다. 보통 언급되는 것은 세 무리의 사람들이다.

---

18 Grudem, *Systematic Theology*, 772-73(그루뎀 강조).

사도행전 8:4-24에 기록된 사마리아인들로부터 시작해보자. 복음전도자 빌립이 사마리아에 가서 복음을 전하고 놀라운 열매를 거둔 일은 잘 알려져 있다. 표적과 능력이 나타났고 많은 사람이 예수님을 믿었다. 베드로와 요한이 이 소식을 듣고 이들 역시 사마리아로 와서 다음과 같이 기도했다. "그들을 위하여 성령 받기를 기도하니 이는 아직 한 사람에게도 성령 내리신 일이 없고 오직 주 예수의 이름으로 세례만 받을 뿐이더라"(15-16절).

사도행전 8:16은 사도행전 전체에서 가장 놀라운 진술 중 하나다. 신약을 통틀어 예수 그리스도를 믿고 물세례를 받고도 성령을 받지 못한 사람들에 대한 유일한 기록이기 때문이다. 사마리아인들의 이런 경험은 다른 모든 시대의 모든 그리스도인을 위한 규범이 될 수 있을까? 여기서는 무슨 일이 일어난 것일까?

전통 오순절주의의 견해는 사마리아인들이 성령의 "두 번째" 오심, 곧 예수님 안에서 신자가 된 최초의 역사와는 구별된 후속적인 은혜의 사역을 경험했다는 것이다. 전통 오순절주의자들은 이 두 번째의 경험을 성령세례로 보았다. 하지만 누가가 분명하게 말하기를 사마리아인들에게는 이전에 성령이 내리신 일이 없었다(16절을 보라). 16절 이하에서 일어난 사건은 사마리아인들이 두 번째가 아니라 처음으로 성령을 받은 사건이다. 다시 말하면, 사마리아인들에게는 성령이 이전에 처음으로 오신 일이 없기 때문에, 성령의 오심은 후속적인 두 번째 오심이 될 수 없다.

한 가지 대중적인 견해에 따르면, 사마리아인들은 이미 성령을 받았지만 성령의 영적 은사가 나타나는 것을 경험하지 못했다. 다른 말로 하면, 이들에게 부족했던 것은 성령 그분 자체가 아니라, 성령의 초자연적 은사들이었다. 이 견해를 지지하는 사람들은 이 이야기에 등장하는 성령에 정관사가 붙어 있지 않다는 점을 지적하며, 사마리아인들에게 오신 성령은 성령 그 자체가 아니라, 성령의 능력이나 역사 곧 성령의 은사들이라고 주장한다. 하지만 증명된 바에 의하면, 우리는 정관사의 유무를 통해 중요한 신학적 결론을 도출할 수 없다.[19] 또한 15-19절에 의하면 사도들이 손을 얹었을 때 임한 것은 은사들이 아니라 성령이었다. 성령은 성령이 베푸시는 은사들과 분명하게 구분되는 반면, 그가 임하실 때는 언제나 은사들도 따라온다.

반면 이 본문을 보고, 성령이 오직 안수를 통해서만 임하신다는 원리를 주장하는 사람들도 있다. 만일 그렇다면 "손"이 전혀 언급되지 않은 사도행전 2:38은 어떻게 설명해야 할까? 또한 이 사건이 오직 안수의 문제였다면 빌립은 왜 그렇게 하지 않았던 걸까? 사도 바울이 회심했을 때, 그는 안수 없이도 성령을 받았다(행 9장). 빌립이 에디오피아 내시를 주님께 인도했을 때, 그 역시 안수하지 않았다(행 8:26-40). 마지막으로 사도행전 19장을 제외한 사도행전 어디에서도 성령이 안수와 연관된 곳은 없다. 순순히 물러나고 싶지 않은 사람들은 "사도들의" 손이 핵심이라고 주장하기도 한다. 하지만 성령 부으심이 모든 경우에 사도들의 안수를 의지했으며 급속하게 퍼져나가는 복음과 속도를 맞추고자 사도들이 바쁘게 나라를 돌아다녔다는 기록은 없다.

또 다른 견해는 사마리아인들이 성령을 받지 못한 것은 아직 구원받

---

19 James D. G. Dunn, *Baptism in the Holy Spirit: A Re-examination of the New Testament Teaching on the Gift of the Spirit in Relation to Pentecostalism Today* (Philadelphia: Westminster, 1970), 68-70을 보라.

지 못했기 때문이라는 것이다. 사마리아인들의 반응은 구원하는 믿음의 반응이 아니라, 대중적 감정과 집단적 흥분의 반응이었다. 기껏해야 지성적 동의였을 뿐, 그리스도를 향한 진심어린 헌신은 아니었다.

하지만 8:14에 따르면 이들은 "하나님의 말씀을 받았"는데, 이는 참된 회심을 다룬 2:41과 11:1에서 사용된 것과 동일한 표현이다. 사도행전 8:12은 사마리아인들의 믿음의 본질과 대상을 분명하게 제시한다. "빌립이 하나님 나라와 및 예수 그리스도의 이름에 관하여 전도함을 그들이 믿고." 여기서 누가가 사용한 용어는 사도행전 16:34과 18:8에서도 하나님을 믿는 참된 믿음을 묘사하기 위해 다시 한 번 사용되었다. 더욱이 베드로와 요한이 거기 도착했을 때 그들은 복음을 전파하지 않았다. 사마리아인들이 성령받도록 기도했을 뿐이다. 만일 사마리아인들이 구원받지 못했다고 한다면, 그들의 기도는 참으로 이상한 처사다. 사마리아인들이 정말로 빌립의 가르침을 이해하지 못했다면, 사도들은 추가적인 가르침을 제공해 먼저 문제를 해결해야 하지 않았을까?(행 18:26에서 브리스길라와 아굴라가 아볼로에게 했던 것처럼 말이다) 마지막으로 이들은 문자 그대로 "예수의 이름으로" 세례를 받았는데(8:16), 이것은 통상 어떤 재산을 다른 사람의 "이름으로" 이전하거나 지불할 때 사용되던 상거래의 표현이었다. 따라서 어떤 사람이 "예수의 이름으로" 세례를 받는 것은 다음을 의미했다. "나는 그분의 소유가 되었습니다. 이제 예수님이 나의 전부를 소유하십니다. 그분이 나의 주님이십니다."

하나님이 이들에게 곧 "오로지" 사마리아인들에게만 성령을 주지 않으신 이유에 대한 가장 적절한 대답은 유대인과 사마리아인의 독특한 관계에서 찾을 수 있다. 명심해야 할 중요한 사실은, 이 사건이 예루살렘을 벗어나서뿐 아니라 사마리아 안에서도 복음이 전파된 최초의 경우였다는 것이다. 몇 가지 이유에서 이것은 중요하다.

오늘을 사는 우리가 유대인과 사마리아인 간의 증오의 깊이를 가늠하기란 쉽지 않다. 유대인들은 하나님 백성의 하나 됨이 부서지고, 기원전 922년 솔로몬 사망 이후 자신들의 단일 왕조가 무너진 것을 두고 사마리아인을 원망했다. 사마리아인은 이방인과 결혼했기에 잡종으로 취급되기도 했다. 유대인들이 포로 생활을 마치고 예루살렘으로 돌아왔을 때, 사마리아인들은 성전을 세우려는 유대인의 노력을 방해했고, 그리심 산에 자신들의 성전을 세우기도 했다. 기원후 6년 유월절 기간에는 일부 사마리아인이 죽은 사람의 뼈를 예루살렘 성전 뜰에 뿌렸는데, 이런 더 럽힘의 행위로 유대인들은 분노했고, 둘 사이의 적대감은 증폭되었다. 실제로 유대인들은 공개적으로 사마리아인들을 저주했으며, 하나님이 이들 중 하나도 구원하지 않으시기를 열심으로 간구했다. 선한 사마리아인 비유가 유대인들의 귀에 충격적이었던 것도 이런 이유에서다. 유대인들이 생각할 때 "선한 사마리아인"이라는 용어 자체가 모순이었다. 이런 적대감은 예수님이 야곱의 우물에서 사마리아 여인과 이야기를 나누셨을 때 모든 사람이 그토록 놀랐던 이유를 잘 설명한다(요 4:9). 요한복음 8:48에서 유대 지도자들은 예수님께 다음과 같이 묻기도 했다. "우리가 너를 사마리아 사람이라 또는 귀신이 들렸다 하는 말이 옳지 아니하냐?" 추측건대 만일 선택의 여지가 있었다면, 유대인들은 사마리아인이 되느니 차라리 귀신 들리는 편을 선택했을 것이다.

마지막으로 다음의 사실 역시 도움이 될 것이다. 지리적으로 사마리아는 북쪽으로는 갈릴리와 남쪽으로는 유대 중간에 위치해 있었다. 사마리아에 대한 유대인들의 혐오가 얼마나 대단했던지, 갈릴리와 유대를 오가야 할 경우, 유대인들은 먼저 정동쪽으로 움직인 다음, 남쪽 혹은 북쪽으로 이동했다. 사마리아의 흙이 자신의 발에 묻는 것조차 싫었기 때문이다.

이 모든 것을 감안하면, 사마리아인들이 예루살렘 교회와 상관없이 복음을 받아들였다면 어떤 일이 일어났을지 상상할 수 있다. 하나 됨을 보장하기 위해서는 무언가가 필요했다. 그렇지 않으면 대립과 분열이 일어났을 것이다. 프레드릭 브루너(Frederick Bruner)는 다음과 같이 설명한다.

> 사마리아인들은 예루살렘의 사도적 교회와 연합의 끈으로 연결되지 않은 채 고립된 종파로 남을 수 없었다. 사마리아 교회와 유대 교회가 둘 사이의 오래되고 철옹성 같은 편견의 장벽을 극적으로 제거하지 않은 채 나란히 독립적으로 탄생했다면, 특히 궁극적 권위의 문제에 있어 하나님의 어린 교회는 그 사명을 시작하는 순간부터 분열에 처했을 것이다. 사도행전 8장에 기록된 사마리아 사건에는 여러 가지 목적이 있었겠지만, 무엇보다 유대인과 사마리아인 사이의 적대적 장벽을 가시적으로 선명히 제거하고 하나님의 교회의 귀중한 연합을 보존하는 데 있었다.[20]

따라서 전례가 없는 성령의 지체는 예루살렘 교회의 지도자들, 곧 베드로와 요한이 사마리아에서 일어나고 있는 복음 운동을 분명하고 직접적으로 허가하고 승인하도록 하기 위함이었다(참조. 행 1:8). 이런 인종적·종교적 적대감의 역사적 배경을 감안할 때, 하나님은 그 사건을 초기 교회

---

20 Frederick Dale Bruner, *A Theology of the Holy Spirit: The Pentecostal Experience and the New Testament Witness* (Grand Rapids: Eerdmans, 1970), 176.

의 끔찍한 분열을 예방하기 위해 필요한 절차로 생각하신 것이다. 따라서 임시적으로 성령의 부어주심을 지체하신 것인데, 이것은 전혀 평범하지 않은 사건이었다. 전례 없는 상황이 꽤나 이례적인 방법을 요구한 것이다.

그렇지만 솔직하게 인정하는 바, 이 사건은 우리가 성령을 받고 경험하는 것에 대해 대답할 수 없는 질문을 남긴다. 사마리아인들의 경우 왜 하나님이 성령의 은사를 지체하셨는지는 대답할 수 있다고 해도, 어떻게 이들이 성령을 받지 않고도 중생하고 회심하여 신자들, 곧 그리스도의 몸의 일원이 되었는지에 대해서는 신학적으로 설명할 수 없기 때문이다. 하지만 사마리아인들은 이 모든 일을 경험했다.

사도행전에서 인용되는 두 번째 예는 고넬료와 이방인들이다(행 10:1-48; 11:12-18). 이것은 복음이 유대인들의 배타주의라는 경계를 넘어 기념비적으로 확장된 두 번째 사건이다. 문제는 고넬료가 베드로가 도착하기 전에 이미 구원받았는가 하는 것이다(10:2, 35). 구원받았다면 44-48절에서 그가 성령을 받은 것은 두 번째 축복, 곧 회심 후의 "성령세례"가 된다. 하지만 고넬료가 베드로의 도착 이전에 구원받았다고 볼 수 없는 몇 가지 이유가 있다.

사도행전 11:14은 베드로의 "말씀"을 고넬료가 "구원받을"(will be saved) 방법으로 설명한다. (구원에 있어) 말씀이나 복음은 필수적이다. 복음만이 고넬료의 구원을 이룰 하나님의 능력이다(롬 1:16-17). 또한 동사의 시제가 미래라는 사실도 주목할 필요가 있다. 고넬료가 베드로의 복음의 말씀을 믿는다면 구원받을(will be saved) 것이다(그가 아직은 구원받지 못했다는 뜻이다). 반대로 말씀을 거절한다면 구원받지 못할 것이다. 사도행전 10:43은 구원의 본질이 죄의 용서와 오직 그리스도의 이름을 믿

음으로 오는 축복이라고 설명한다. 따라서 그리스도의 이름을 믿기 전에
는 혹은 믿지 않고는 누구도 구원받을 수 없다. 사도행전의 다른 곳을 보
면 하나님을 누구보다 두려워하고 아무리 도덕적인 사람이라도(즉 유대
인들) 구원받기 위해서는 회개하고 복음을 믿어야 한다고 기록되어 있다
(참조. 2:5; 3:19). 사도행전 11:18은 베드로가 복음을 전하고 고넬료와 이
방인들이 그리스도를 믿었을 때, 하나님으로부터 "생명 얻는 회개"를 받
았다고 기록한다.[21]

결론적으로 고넬료와 다른 이방인들은 그리스도를 처음 믿고 난 후
가 아니라 구원받았을 때 성령을 받았다. 고넬료와 이방인들은 회심한
순간 "성령세례"를 받았다.

마지막으로는 에베소의 제자들이 있다(행 19:1-10). 이 본문의 쟁점
은 이들이 성령을 받지 않은 그리스도인이었다는 주장에 있다. 바울이

---

21 만일 베드로가 고넬료에게 복음을 전하기 전 고넬료가 참으로 회심하지 않았다면, 고넬
료가 복음을 듣고 반응하기 전 하나님이 그를 받으셨다고 말하는 것은 무슨 뜻일까?(행
10:35) 존 파이퍼의 설명이 가장 적절하다. "내가 제시하는 바는 고넬료가 어떤 미전도
종족 집단 중 특별하게 하나님을 찾고 있는 구원받지 못한 사람을 대표한다는 것이다.
그리고 베드로는 하나님이 이런 찾는 행위를 진실한 것으로 받으며(그러므로 35절에
'받으신다'가 나온다), 지붕 위 베드로와 기도하던 고넬료에게 환상을 통해 행하신 것처
럼 기적을 행하셔서, 예수 그리스도의 복음을 그 사람에게 가져다주신다고 말하고 있
다.…그러므로 35절에서 하나님이 받으시는 그분에 대한 경외는, 거룩하신 하나님이 계
시며 우리는 절박한 죄인으로서 언젠가 그분을 만나야 하며, 우리는 우리 자신을 구원
할 수 없고 하나님의 구원의 길을 알 필요가 있으며, 밤낮으로 그 구원의 길을 위해 기
도해야 하며, 우리가 가진 빛을 따라 행동하려고 힘써야 한다는 것을 진정으로 깨닫는
것이다. 이것이 고넬료가 하고 있던 것이다. 그리고 하나님은 그의 기도와 그가 인생에
서 진리를 찾으려고 애쓰는 것을 받아들이셨으며(행 17:27), 기적을 행하셔서 구원하는
복음의 말씀을 그에게 가져다주셨다. 만일 아무도 복음을 가져다주지 않았다면, 고넬료
는 구원받지 못했을 것이다." John Piper, *Let the Nations Be Glad: The Supremacy
of God in Missions* (Grand Rapids: Baker, 1993), 146, 148.

제자들을 위해 기도한 후에야(곧 이들의 믿음에 후속하여) "성령세례"를 받았다는 것이다. 내가 볼 때 이런 해석은 킹제임스역이 2절을 잘못 번역한 탓이 크다. "너희가 믿고 난 후에(since) 성령을 받았느냐?" 하지만 정확한 번역은 ESV, NASB, NIV의 번역으로 "너희가 믿을 때에(when) 성령을 받았느냐?"다(한국어 번역은 후자다 - 역자 주). 바울이 2절에서 질문하는 의도는 에베소의 제자들이 어떤 종류의 믿음과 신앙을 경험했는지를 알아보기 위해서다. 이들의 믿음이 구원하는 그리스도인의 믿음이라면 성령을 받았어야 했다(롬 8:9). 이들이 성령을 받지 못했다는 사실은, 바울에게 이들의 "믿음"이 그리스도인의 믿음이 아니었음을 증명했다. 던(Dunn)은 다음과 같이 썼다.

바울에게 그리스도인, 곧 예수님의 이름으로 세례를 받아 주님 되신 그분에게 자신을 헌신했다는 사람이 아직 성령을 받지 못했다는 사실은 상상할 수도 없었다. 이 열두 명이 절차를 처음부터 다시 밟아야만 하는 이유가 여기에 있었다. 바울은 이들을 온전한 경험이 없는 그리스도인들로 생각한 것이 아니다. 이들은 아예 그리스도인이 아니었다. 성령의 부재는 이들이 그리스도인의 삶을 시작하지도 못했음을 증명했다.[22]

"아니라 우리는 성령이 계심도 듣지 못하였노라"(행 19:2)고 한 이들의 반응은, 이들이 성령의 존재를 이전에는 단 한 번도 들어보지 못했다는 뜻이 아니다. 성령은 구약에서 빈번히 언급되었고 세례 요한 역시 자

---

22 Dunn, *Baptism in the Holy Spirit*, 86.

기 제자들에게(이들은 자신을 요한의 제자로 생각했다) 메시아가 와서 "성령"과 불로 세례를 베풀 것을 이야기했다. 핵심은 이들이 요한이 메시아의 "성령세례"에 대해 예언한 것을 들었지만, 이것의 성취에 대해서는 아직 듣지 못했다는 것이다. 다른 말로 이들은 오순절에 대해 무지했다.

하지만 이들이 그리스도의 제자가 아니었다면 어떤 종류의 제자였을까? 비슬리 머레이(Beasley-Murray)는 다음과 같이 설명한다.

요한의 제자들에게 세례를 받고 기독교 교회와 다양한 거리를 두고(혹은 가까이에) 서 있는 이런 무리는 얼마든지 존재했을 수 있다. 요한에게 직접 세례를 받고, 예수님과 그의 제자들의 설교를 듣고, 저만의 강렬함으로 죄를 깨우치고 믿어 복음을 받아들이고, 자신을 그분의 제자로 생각했으나, 오순절이나 그 후의 전개와는 전혀 상관이 없던 사람들은 분명 많았을 것이다.…바울의 눈에 이들은 그리스도인이 아니었다. 예수의 영이 없는 사람은 그리스도와 아무런 상관이 없기 때문이다(롬 8:9). 누가 자신도 이들을 그리스도인으로 간주하지 않았던 것 같다. 그가 사용한 용어인…제자라는 표현은 이들이 믿지 않는 유대인이나 이교도와 동등하지 않다는 사실을 인정하는 표식이었을 것이다. 이들은 여정을 다 마치지 못하고 도중에 정체해 있는 반쪽 그리스도인으로서, 이들이 차지하고 선 곳은 요한과 예수님의 사역 결과가 교차한 역사적 시점에만 존재할 수 있었던 영역이었다.[23]

---

23 G. R. Beasley-Murray, *Baptism in the New Testament* (Grand Rapids: Eerdmans, 1974), 109-11.

에베소의 제자들이 성령을 받지 못했다는 사실을 듣자마자 바울은 이들이 그리스도인이 아닌 것을 알았다. 그들이 다만 요한의 "제자들"이 었음을 깨달은 바울은 예수님을 선포했으며, 이들은 예수님를 믿고 그때 비로소 성령을 받았다.

결론

끝으로 우리가 회심 후에 경험하는 성령을 "세례"나 "충만" 중 무엇으로 부르는지가 그렇게 중요할까? 어떤 용어를 사용하고 정의할 때, 가능한 한 성경적으로 정확하게 하기 위해 늘 노력해야 한다는 사실을 제외한다면, 중요하지 않다고 생각한다. 다음 예화가 도움이 될 것이다.

두통이 심해 약장을 연 당신은 아스피린이라고 생각되는 약통을 집어들었다. 불행히도 그 약통에 붙어 있는 스티커는 이미 해진 지 오래다. 그래도 약효는 있었다. 두 알을 삼키고 15분이 지나자 두통이 완전히 사라진 것이다. 그런데 그것을 본 당신의 배우자가 당신이 삼킨 것이 사실은 타이레놀이었다고 이야기하는 게 아닌가! 이것 때문에 당신의 두통이 다시 되돌아올까? 아니다. 타이레놀의 약물적 가치는 단순히 당신이 그것을 틀리게 지칭했다는 이유로 감소될 수 없다. 그것을 아스피린으로 불렀다고 타이레놀 안에 들어 있는 물리적 성질이 변하는 것은 아니다.

회심 후 성령을 경험하는 것의 실재는 우리가 그 사건을 이제껏 잘못 지칭해왔음을 알게 된다고 해도 전혀 약화되지 않는다. 바꾸어 말하면, 영적 "약효"는 여전히 유효하다. 문제는 이 경험이 실재인가이지, 그것을 무엇으로 부르느냐가 아니다. 개인적으로는 성령세례라는 용어를 모든 사람이 회심할 때 경험하는 것으로 제한하고 싶지만, 오순절주의자들이 이것을 후속적이고 좀 더 제한적인 능력 주심으로 적용한다고 해서 이런 현상 자체가 무효화되는 것은 아니다. 중요한 문제는 신약이 우리의 중생과 우리를 그리스도의 몸으로 포함시키는 최초의 구원 역사와, 이것과는 신학적으로 구별된 (늘 후속적이지는 않은) 역사, 곧 증거와 섬김과 영적 은사들을 위해 기름 부으시는 역사 모두를 지지하느냐 하는 것이다. 나는 그렇다고 믿는다.

폴라에게는 어떤 일이 일어난 걸까? 나는 폴라가 열한 살 때 교회 캠프에서 그리스도를 믿는 구원의 믿음으로 회심했다고 생각한다. 그 순간 폴라는 성령세례를 받았다. 성령은 폴라 안에 영원히 거하시기 위해 임하셨다. 9년이 지난 그날 밤 폴라는 자신이 새롭게 헌신하고 주님의 영광을 위해 평생 수고할 수 있도록 능력 주시기를 울며 간구했고, 바로 그때 성령충만을 받았다.

추천 도서 _____

Brand, Chad Owen, ed. *Perspectives on Spirit Baptism: Five Views*. Nashville: B&H, 2004.

Bruner, Frederick Dale. *A Theology of the Holy Spirit: The Pentecostal Experience and the New Testament Witness*. Grand Rapids: Eerdmans, 1970.

Fee, Gordon. "Baptism in the Holy Spirit: The Issue of Separability and Subsequence." *Pneuma* 7, no. 2 (Fall 1985): 87-99.

Lederle, H. I. *Treasures Old and New: Interpretations of "Spirit-Baptism" in the Charismatic Renewal Movement*. Peabody, MA: Hendrickson, 1988.

Menzies, William W., and Robert P. Menzies. *Spirit and Power: Foundations of Pentecostal Experience.* Grand Rapids: Zondervan, 2000. 『성령과 능력』(한세대학교출판부 역간).

Stott, John R. W. *Baptism and Fullness: The Work of the Holy Spirit Today.* Downers Grove, IL: InterVarsity, 1976. 『성령세례와 충만』(IVP 역간).

20장
모든 그리스도인이 방언해야 할까?

위의 제목이 제기한 질문에 대한 나의 짧은 대답은 "아니오"다. 하지만 독자들은 보다 폭넓은 대답을 기대할 것이므로 좀 더 자세히 살펴보도록 하자.

끊이지 않는 논쟁

많은 독자들이 남침례회연맹(Southern Baptist Convention)의 국제선교이 사회(IMB라고 알려진 Internaltional Mission Board)가 최근 "사적인 기도의 언어"를 사용하는 남침례 선교사들을 더 이상 임명하지 않겠다고 투표한 사실을 이미 듣거나 읽었을 것이다. 참고로 "사적인 기도의 언어"는 방언을 가리키는 표현이다.

텍사스 침례교 뉴스저널인 「침례교 표준」(Baptist Standard)의 한 온라인 기사에 따르면 "남침례회연맹의 대행인은 공적 예배에서 방언을 사용하는 선교사들을 이미 선교 사역에서 제외시켰다. 하지만 11월 15일, 선교이사회 이사들은 선교사의 자격 조건을 개정하여 이 '기도의 언어'를 사적으로 사용하는 선교사들까지 제외시키기로 합의했다."[1] 기사는 다음과 같이 이어진다. "이 '기도의 언어' 곧 방언으로 오순절주의식 예배를 사적으로 실천하는 것에 대한 규제는 찬성 25표와 반대 18표를 얻어 통과되었다.…대행인의 보고에 따르면, 앨라배마 주 헌츠빌 회의에서 자신의 표를 행사하지 않은 일부 이사들도 있었다고 한다."

내가 위의 예를 든 것은 단순히 방언 은사를 둘러싼 논쟁이 사라질 기미가 전혀 없다는 사실을 증명하기 위해서였다. 오늘날에도 은사가 유효하다고 믿는 그리스도인과 그렇지 않다고 주장하는 그리스도인이 존재하는 한 이 문제는 계속해서 논의되고 토의될 것이다. 나는 이미 하나님이 방언과 같은 은사들을 사도들의 생애와 사역 이후에도 교회 생활을 통해 기능하도록 의도하셨는가의 문제를 다루었고, 이 질문에 대한 내 대답은 명백하게 "그렇다"였다. 따라서 이번 장의 내용은 방언의 은사가 오늘날 교회 안에서 성령이 역사하시는 유효한 표현임을 전제로 할 것이다. 만일 당신이 은사중지론자이고 나타나는 모든 방언을 거짓으로 믿는다면, 아마도 이번 장을 건너뛰고 다음 내용으로 향하고 싶을 것이다. 하지만 이런 논쟁에 대한 당신의 이해를 확대시키기 위해서라도, 이번 장의 내용을 읽어보기를 강권하고 싶다.

하나님이 은혜 가운데 교회에 베푸신 많은 영적 은사 중에서 방언의 은사만큼 많은 논쟁과 혼란을 불러온 은사도 없을 것이다. 하지만 일부 왜곡된 주장과는 달리, 사도 바울은 어디에서도 방언의 은사를 폄하한

---

1 "International Mission Board Seeks to Tie Tongues," posted December 2, 2005, www.baptiststandard.com.

적이 없다. 그는 모든 그리스도인이 방언을 말하기를 원했다(고전 14:5). 신자를 세우는 방언의 능력에 갈채를 보내기도 했다(4절). 자신의 기도 생활에서 방언을 하게 하시는 하나님께 감사했고(18-19절), 이 귀중한 은사를 금하려는 유혹에 대해서는 분명하게 경고했다(39절).

하지만 여전히 방언을 말하는 것과 관련해 가장 큰 논쟁을 불러일으키는 문제가 남아 있다. 고린도전서 14:5에서 바울이 언급한 내용은 모든 그리스도인들이 방언을 말해야 한다거나 혹은 말할 것이라는 뜻일까? 이 본문에서 바울은 다음과 같이 이야기한다. "나는 너희가 다 방언 말하기를 원하나 특별히 예언하기를 원하노라." 바울이 방언보다 예언을 선호한 이유는 방언이 예언보다 영적으로 못하거나 심지어 위험하기 때문이 아니다. 교회의 공적인 모임에서 예언이 통역되지 않은 방언보다 선호되어야 하는 것은, 예언은 하나님의 백성이 이해할 수 있고 이들을 세우고 격려하는 일에서 이해할 수 없는 방언보다 더 유익하기 때문이다. 바울은 방언이 통역되지 않는 경우에만 그렇다는 사실을 덧붙여 자신이 예언을 방언보다 높인 까닭을 제시했다. 누군가 방언을 통역한다면(5절) 방언 역시 하나님의 백성을 강건하게 하고 또 가르칠 것이다. 하지만 우리의 주된 관심은 바울이 이 본문에서 "원하노라"고 말했다고 해서, 하나님이 모든 신자에게 이 은사를 내려주실 것을 우리가 기대해야 하는가의 문제다.

"아니오"라는 대답의 이유

"아니오"라고 대답하는 사람들이 인용하는 몇 가지 중요한 사실은 다음과 같다. 먼저 이들은 바울이 고린도전서 14:5과 동일한 언어를 사용한 7:7에 호소한다. 바울은 독신인 자신의 상태와 관련해 다음과 같이 기록했다. "나는 모든 사람이 나와 같기를 원하노라. 그러나 각각 하나님께 받은 자기의 은사가 있으니 이 사람은 이러하고 저 사람은 저러하니라." 이에 대해 어느 누구도 바울이 모든 그리스도인이 그와 같은 독신으로 남기를 의도했다고 주장하지는 않을 것이다. 따라서 그의 "원함"을 전폭적이고 일반적인 바람의 표현으로 해석해서는 안 된다. 마찬가지로 모든 사람이 방언을 말하도록 기대해서는 안 된다.

둘째로 고린도전서 12:7-11에 따르면, 언급된 다른 은사들과 마찬가지로 방언 역시 성령이 그의 뜻대로 각 사람에게 나누어주시는 것이다. 바울이 뜻한 바가 "모든 사람"이 방언의 은사를 경험해야 한다는 것이었다면, 그는 왜 "어떤 사람에게는…다른 사람에게는…어떤 사람에게는…" 등의 표현을 사용했겠는가? 다른 말로 하면, 바울은 성령이 그리스도인들을 주권적으로 구별하셔서, 이 사람에게는 한 가지 혹은 그 이상의 은사를, 저 사람에게는 또 다른 은사를, 그다음 사람에게도 다른 은사를 주신다는 사실을 주장하는 것으로 보인다.

이 견해를 지지하는 마지막이자 가장 자주 인용되는 본문은 고린도전서 12:28-30로, 여기서 바울은 모두가 사도나 교사가 아니고 병 고치는 은사가 있지 않은 것처럼 "모든 사람이 방언을 말하지는 않는다"는 사실을 명확하게 선언한다. 바울의 질문은 다음과 같다. "다 사도이겠느냐, 다 선지자이겠느냐, 다 교사이겠느냐, 다 능력을 행하는 자이겠느냐, 다 병 고치는 은사를 가진 자이겠느냐, 다 방언을 말하는 자이겠느냐, 다 통역하는 자이겠느냐? 너희는 더욱 큰 은사를 사모하라. 내가 또한 가장 좋은 길을 너희에게 보이리라"(29-31절). 영어에는 답이 뻔히 보이는 방식으로 질문을 던지는 방법이 있다. 질문을 듣는 사람이 답이 "아니오"임을 분명히 알 수 있도록 특정한 단어를 강조하고 목소리를 높이고 심지어 표정까지 동원해 질문하는 방식을 잠시 떠올려보라.

그리스어에는 질문에 대한 부정적인 답변을 이끌어내기 위해 사용하는 특정한 문법적 구조가 있다. 바울이 고린도전서 12장에서 사용한 것이 바로 그것이다. NASB의 번역이 그런 면에서 ESV의 번역보다 조금 더 분명하다. "다 사도는 아니다. 그렇겠느냐? 다 선지자는 아니다. 그렇겠느냐? 다 교사는 아니다. 그렇겠느냐? 다 능력을 행하는 자는 아니다. 그렇겠느냐? 다 병고치는 은사를 가진 자는 아니다. 그렇겠느냐? 다 방언을 말하는 자는 아니다. 그렇겠느냐? 다 통역하는 자는 아니다. 그렇겠느냐?" 질문이 짜인 방식으로부터 우리는 저자가 "아니오, 물론 그렇지 않습니다"라는 반응을 이끌어내고자 의도한 것을 분명히 알 수 있다.

반론

많은 사람은 이것으로 영원히 논쟁이 종식될 것을 기대한다. 하지만 논쟁은 여기서 끝나지 않는다. 우리의 주된 질문에 "그렇다"고 대답하는 사람들은 바울이 "원하다"라는 용어를 사용한 곳이 고린도전서 7:7만은 아니라는 사실을 지목한다. 다음과 같은 본문들 역시 살펴야 한다는 것이다.

형제들아, 나는 너희가 알지 못하기를 원하지 아니하노니 우리 조상들이 다 구름 아래에 있고 바다 가운데로 지나며(고전 10:1).

그러나 나는 너희가 알기를 원하노니 각 남자의 머리는 그리스도요, 여자의 머리는 남자요, 그리스도의 머리는 하나님이시라(고전 11:3).

형제들아, 신령한 것에 대해 나는 너희가 알지 못하기를 원하지 아니하노니(고전 12:1).

위 세 본문 모두 고린도전서 14:5과 동일한 그리스어 동사("원한다")를 사용했고, 이 모두에서 사도가 원하는 바는 모든 신자에게 똑같이 보편적으로 적용된다. 더욱이 고린도전서 7장에서 바울은 보편적 독신을 위한 자신의 "원함"이 왜 성취될 수 없고, 또 성취되어서도 안 되는지를 분명하게 밝혔다. "각각 하나님께 받은 자기의 은사가 있"기 때문이다(7:7). 하지만 고린도전서 14장에는 모든 사람이 방언을 말하기 원한 바울의 "원함" 혹은 "갈망"이 성취될 수 없는 이유에 대한 문맥적 단서가 없다.

우리의 질문에 대한 대답을 "그렇다"로 믿는 사람들은 왜 하나님이 각 신자가 이 특정한 은사를 사용하는 것을 원하지 "않으시는가"에 대해 의문을 느낀다. 다시 말하면, 왜 하나님은 자신의 자녀 모두에게 이토록 효과적으로 기도하고 찬양할 수 있도록 할 뿐 아니라, 믿음 안에서 이들을 세워주기까지 하는 이 은사를 주시지 않는 걸까?

바울이 다음과 같이 말한 고린도전서 14:23에 대한 호소도 있다. "그러므로 온 교회가 함께 모여 다 방언으로 말하면 알지 못하는 자들이나 믿지 아니하는 자들이 들어와서 너희를 미쳤다 하지 아니하겠느냐?" 아마도 바울은 1세기 고린도에서 드물지만은 않았을 어떤 장면, 곧 교회에 모인 (거의) 모든 사람이 동시에 혹은 적어도 연이어 통역 없이 방언을 말하는 장면을 떠올렸을 것이다. 교회를 방문한 불신자들은 신자들의 말(방언)을 알아들을 수 없으므로 이들에게는 아무런 유익이 되지 않았다. 불신자들에게는 신자들이 모두 실성한 것으로 보였을 것이다. 이런 이유에서 바울은 이 장 후반부에 이르러 오직 두세 사람만 방언을 하고, 그 내용을 언제나 통역하라고 당부한 것이다. 하지만 이 문제를 제외하고, 여기서 바울은 비록 교회의 공적 모임에서는 방언을 사용하지 말라고 당부했지만, 적어도 고린도의 모든 그리스도인이 방언을 말했을 가설적 가능성을 상상했던 것일까? 아니면 "다 방언으로 말하면"이라고 한 그의 말은 의도적으로 과장된 표현에 불과했던 것일까?

일부에서는 고린도전서 14:5이 사적인 예배를 위한 방언의 은사를 묘사하는 반면, 12:7-11과 12:28-30은 공적인 사역을 위한 은사를 가리킨다고 주장한다. 12:28에서 바울은 자신이 "교회"나 "모임"에서 일어나는 바를 묘사하고 있다고 구체적으로 이야기하기도 했다(참조. 11:18; 14:19, 23, 28, 33, 35). 모든 사람이 교회의 공적 모임에서 방언을 말하도록 성령의 은사를 받는 것은 아니다. 하지만 사적인 자리에서 방언으로 기도할 수 있는 잠재력은 모든 신자에게 있다. 하지만 이것은 두 가지 다른 은사들이 아니라, 한 가지 은사가 두 가지의 다른 문맥 안에서 사용되는 것이다. 교회 전체를 방언으로 섬기는 사람은 사적인 기도 생활에서 이미 방언을 사용하고 있는 사람이다.

널리 알려진 오순절교회의 목사 잭 헤이포드(Jack Hayford)는 이와 동일한 방식의 논쟁을 단지 다른 용어를 사용해 펼친 바 있다. 그는 (1) 방언의 은사는 그 분배에 있어 제한적이고(고전 12:11, 30), (2) 이것의 공적 사용은 면밀하게 통제되어야 하지만(고전 14:27-28), 방언의 은혜는 널리 유효하여 바울이 모든 사람이 이것의 축복을 누리기를 원했다고(고전 14:5a) 주장했다. 그가 언급한 방언의 축복은 (1) 하나님과의 특별한 소통(고전 14:2), (2) 신자의 개인 생활의 세워짐(고전 14:4), (3) 아름답고 적절한 예배와 감사(고전 14:15-17)다.[2] 성령의 역사들 사이의 이런 차이는 모든 그리스도인이 반드시 공적인 은사를 사용할 것을 기대할 이유가 없지만, 누구라도 기도를 통한 하나님과의 개인적인 교제의 시간(고전 14:2)과 하나님 앞에 올려드리는 찬양의 예배(고전 14:15-17), 그리고 하나님을 향한 도고의 기도(롬 8:26-27)를 위해서는 이 영적 언어의 사적인 은혜를 기대하고 환영해도 좋다는 사실을 설명한다.

고린도전서 12장 말미에서의 바울의 핵심은 모든 신자가 동일한 방식으로 그리스도의 몸에 기여하지 않는다는 것이다. 일례로 모든 사람이 예언의 말을 하고 모든 사람이 가르치는 것은 아니다. 하지만 모든 사람이 사적으로 방언하는가는 다른 문제로, 이것은 14장에 이르기까지 바울이 논하는 바가 아니다.

바울이 예언에 대해 말한 내용을 생각해보라. "다 선지자는 아니다. 그렇겠느냐?"(고전 12:29) 물론 그렇지 않다. 하지만 바울은 곧이어 덧붙이기를 모든 사람에게 예언의 잠재력이 있다고 했다(14:1, 31). 방언이라고 왜 다르겠는가? 바울이 말하고자 하는 바는 모두가 다 공동의, 공적인 사역의 표현으로서 방언을 말하는 것은 아니나, 사적인 찬양과 기도의 표현으로서는 모두가 다 그럴 수 있음을 뜻한 것이 아닐까? 바울이 12:29에서 던진 수사적 질문의 의도는 모든 사람이 예언의 말을 할 수도

---

2 Jack Hayford, *The Beauty of Spiritual Language* (Dallas: Word, 1992), 102-6.

있다는 가능성을 배제하기 위함이 아니었고, 따라서 12:30에서의 수사적 질문 역시 사적인 예배에서 방언을 사용하는 것을 배제하기 위함이라고 볼 수 없다.

결론

독자들이 살펴본 대로 이번 장의 질문에 대한 대답에 있어서는 양쪽 모두에 타당한 논쟁이 있다. 내가 볼 때 하나님이 자신의 자녀가 방언의 은사를 열성과 진심으로 원함에도 그것을 주시지 않는 것은 있음 직하지 않은 일이다. 다른 특별한 변수들이 없다는 전제하에 당신이 이 은사를 깊이 갈망한다면, 그것은 아마도(분명히는 아니다) 성령이 당신의 마음을 감동해 그것을 구하도록 하셨기 때문일 것이다. 그리고 성령이 당신의 마음을 감동해 그것을 구하도록 하셨다면, 그 은사를 당신에게 베푸시는 것이 그분의 뜻일 것이다. 따라서 당신이 방언의 은사를 갈망한다면, 멈추지 말고 계속해서 구하라. 보장할 수는 없지만, 내 생각에 하나님은 그분의 때에 만족할 만한 대답으로 당신에게 응답하실 것이다.

반면 명심해야 할 사실은, 신약에서 우리가 아는 대로 말한다면, 다른 영적 은사에 대해서는 하나님이 그것을 모든 그리스도인에게 실제로 베푸신다거나 혹은 베풀기 원하신다고 묘사·정의·설명하지 않는다는 점이다. 다른 말로 하면, 하나님이 모든 사람이 가르침의 은사나 긍휼의 은사, 리더십의 은사, 혹은 복음전도의 은사를 갖기 원하신다고 주장하는 사람은 없다. 그렇다면 왜 방언만이 하나님이 모든 신자가 사용하기를 의도하신 유일한 영적 은사가 되어야 할까?

모든 것을 감안할 때 "모든 그리스도인들이 방언해야 할까?"의 문제에 대해 나는 내가 앞서 제시한 "아니오"라는 결론을 고수해야 할 것같다. 하지만 나는 얼마든지 설득당할 용의가 있다.[3]

추천 도서 _____

Cartledge, Mark J. *Charismatic Glossolalia: An Empirical-Theological Study*. Burlington, VT: Ashgate, 2002.

Hayford, Jack. *The Beauty of Spiritual Language*. Dallas: Word, 1992. 『영적 언어의 아름다움』(엘맨 역간).

Storms, Sam. *The Beginner's Guide to Spiritual Gifts*. 2nd ed. Ventura, CA: Gospel Light, 2013.

_____

3 이 문제를 더욱 깊이 살피고 싶은 독자들은 최근 발표된 학문적이고 유익이 될 만한 논의로 *Asian Journal of Pentecostal Studies* (*AJPS*)에 실린 다음 자료를 찾아볼 수 있다. Max Turner, "Tongues: An Experience for All in the Pauline Churches?" *AJPS* 1, no. 2 (1998): 231-53; Simon K. H. Chan, "A Response to Max Turner," *AJPS* 2, no. 2 (1999): 279-81; Robert P. Menzies, "Paul and the Universality of Tongues: A Response to Max Turner," *AJPS* 2, no. 2 (1999): 283-95; Max Turner, "A Response to the Responses of Menzies and Chan," *AJPS* 2, no. 2 (1999): 297-308.

21장
바울의 육체의 가시는 무엇이었을까?

나는 바울이 고린도후서 12장 서두에서 묘사한 것과 조금이라도 비슷한 것을 경험해본 적이 없다.

> 내가 그리스도 안에 있는 한 사람을 아노니 그는 십사 년 전에 셋째 하늘에 이끌려 간 자라(그가 몸 안에 있었는지 몸 밖에 있었는지 나는 모르거니와 하나님은 아시느니라). 내가 이런 사람을 아노니(그가 몸 안에 있었는지 몸 밖에 있었는지 나는 모르거니와 하나님은 아시느니라) 그가 낙원으로 이끌려 가서 말로 표현할 수 없는 말을 들었으니 사람이 가히 이르지 못할 말이로다(2-4절).[1]

셋째 하늘에 "이끌려 간"(2절) 것과 "말로 표현할 수 없는 말"(4절)을

---

[1] 이번 장의 상당 부분은 내가 쓴 다음의 책을 개작한 것이다. *A Sincere and Pure Devotion to Christ: 100 Daily Meditations on 2 Corinthians*, 2 vols. (Wheaton, IL: Crossway, 2010), 2:214-31.

듣는 것은 나의 이해를 넘어서는 일이다. 그렇다고 해서 천상의 영역으로 비슷한 여행을 다녀올 기회를 거절하겠다는 뜻은 아니다. 누가 거절하겠는가? 하지만 우리가 상상하는 이런 경험의 결과는 다소 과장된 것 같다. 우리가 볼 때 바울이 1-4절에서 묘사한 규모의 경험이라면, 이것은 그의 영혼으로부터 죄악된 충동을 진압, 심지어 근절해야 할 것이다. 그렇지 않은가? 이런 것을 보고 들은 사람의 마음에 어떻게 죄가 침입해 그 영향력을 행사할 수 있겠는가? 이런 놀라운 특권을 받은 사람이라면 영원히 죄를 짓지 않을 것이 분명하다. 그런 대단히 영광스러운 것을 들은 사람이라면 죄악된 야망과 자기 확대로부터 자유로워질 것이 분명하다. 그러나 사실은 그렇지 않았다.

낙원에 다녀온 후 온전히 거룩해지기는커녕 즉시 그 안에 교만이 일어났다는 사실은 매우 충격적이다. 자신의 경험을 생각할 때, 바울은 자연스럽게 다음과 같은 결론에 다다랐을 것이다. "나는 특별한 사람인 것이 분명해. 내가 아는 그 누구도 셋째 하늘에 들어갔다 온 사람은 없어. 내게는 분명 독특한 것이 있고, 바로 그것이 하나님의 관심을 끌어서 그분의 은혜를 보장한 거야." 그러나 사실은 그렇지 않았다.

그가 경험한 "환상과 계시"의 결과는 겸손이 아니라 자만, 감사가 아니라 주제넘음, 거룩이 아니라 오만이었다. 물론 계시적 경험이 죄악되다는 말은 아니다. 다만 바울이 그랬다는 말이다.

당신은 다음과 같이 기도한 적이 있는가? "하늘에 계신 아버지여, 아버지께서 저를 당신의 영광스러운 임재로 데려가 주신다면, 저는 제가 매일같이 씨름하는 이 죄악된 중독을 이겨낼 수 있을 것이라고 확신합니다. 바울이 보고 들은 놀라운 계시의 진리들을 제게도 드러내 주신다면,

저는 모든 죄를 거부할 힘을 얻을 것입니다. 바울의 것과 같은 경험을 제게도 허락해 주신다면, 저는 말로 표현할 수 없을 만큼 겸손해질 것이며, 죄를 언급하는 것만으로도 역겨움을 느낄 만큼 감사로 충만해질 것입니다." 당신은 이렇게 기도해본 적이 있는가? 나는 다음의 이유로 당신이 이렇게 기도하지 않았기를 바란다.

> 여러 계시를 받은 것이 지극히 크므로 너무 자만하지 않게 하시려고 내 육체에 가시 곧 사탄의 사자를 주셨으니 이는 나를 쳐서 너무 자만하지 않게 하려 하심이라. 이것이 내게서 떠나가게 하기 위하여 내가 세 번 주께 간구하였더니 나에게 이르시기를 "내 은혜가 네게 족하도다. 이는 내 능력이 약한 데서 온전하여짐이라" 하신지라. 그러므로 도리어 크게 기뻐함으로 나의 여러 약한 것들에 대해 자랑하리니 이는 그리스도의 능력이 내게 머물게 하려 함이라. 그러므로 내가 그리스도를 위하여 약한 것들과 능욕과 궁핍과 박해와 곤고를 기뻐하노니 이는 내가 약한 그때에 강함이라(고후 12:7-10).

이는 바울이 교만에 빠지지 않도록 하기 위함이었다. 어떤 이들의 표현에 따르면 "거만해지지 않도록 하기 위한 굴레"를 쓰게 된 것이다. 바울의 가시가 무엇이었든지 간에 "너무 자만하지 않게 하시려고"(7절)라는 목적에는 착오가 없었다. 이 가시는 우연이 아니다. 하나님의 손길은 매 순간 분명히 드러났다. 폴 바넷(Paul Barnett)이 기록했듯이, "이 구절[7절]은 매우 의도적이다. 모든 요소 하나하나의 목적이 분명하다. 바울에게 가시가 주어진 것은 지나친 만족감이나 높아짐으로 그가 집어삼킨바

되지 않도록 하기 위함이었다. 이것은 바울을 위한 하나님의 뜻이었다."[2]

여러 질문과 견해로부터 시작해보자.

먼저 이 "가시"는 어디서 왔을까? 이것의 출처는 무엇일까? 주목해야 할 사실은 여기서 주어가 생략되었다는 점이다. "내게…주셨으니"(7절). 대부분의 주석가들은 이것을 하나님이 인간이 경험하는 특정 사건을 설명하는 정체불명의 이유나 숨은 주체가 되시는 "신적 수동태"의 예라고 이야기한다. 신의 이름을 언급하지 않기 위해 수동태를 관습적으로 사용한 경우라는 것이다.

바울이 사탄을 가시의 궁극적인 근원으로 이야기하고자 했다면, 그는 하나님이 어떤 은혜를 베푸셨다는 사실을 표현하기 위해 주로 사용되는 그리스어 동사 "디도미"(didōmi)를 사용하지 않았을 것이다(참조. 갈 3:21; 엡 3:8; 6:19; 딤전 4:14). 사탄이 가시의 궁극적인 근원이었다면, 그런 생각을 표현하는 보다 적절한 단어들이 있었다(예. 눅 10:30; 23:26; 행 16:23에서 "지우다"의 의미로 사용된 epitithēmi나 계 2:24에서 같은 의미로 사용된 ballō, 또는 고전 7:35에서 "놓다"의 의미로 사용된 epiballō).[3]

하나님이 이 가시의 궁극적 근원이시라는 사실은 가시의 목적, 곧 바울이 교만하여 자랑하지 못하도록 한다는 것에서 더욱 분명해진다. 사탄은 바울이 그의 경험으로 인해 행복감과 엘리트 의식, 오만함을 느끼기를 무엇보다 원했을 것이다. 이 가시를 통한 사탄의 역할이 무엇이든, 우리가

---

2 Paul Barnett, *The Second Epistle to the Corinthians* (Grand Rapids: Eerdmans, 1997), 567.

3 Ralph Martin, *2 Corinthians*, Word Biblical Commentary (Waco, TX: Word, 1986), 412을 보라.

확신할 수 있는 것은 바울이 겸손을 유지하는 것이 그의 의도는 아니었다는 사실이다.

하지만 이 가시가 하나님으로부터 왔다면, 바울은 왜 이것을 "사탄의 사자[문자적으로는 천사]"라고 부른 것일까? 우리는 하나님이 자신의 목적을 성취하시기 위하여 종종 마귀를 사용하신다는 사실을 기억해야 한다(참조. 욥기; 고전 5:5). 사탄의 목적과 하나님의 목적은 서로 다르지만, 하나님과 사탄은 서로 반대되는 결과를 기대하며 같은 사건이 일어나길 바랄 수 있다. 사탄은 예수님이 십자가에 달려 죽기를 원했고, 이것은 성부 하나님도 마찬가지셨지만(사 53:10; 행 2:23; 4:27-28), 서로 목적은 달랐다. 욥의 경우도 마찬가지다. 사탄이 욥의 멸망을 위해 (적어도 그를 충동질해 하나님을 모독하도록) 바란 것을 하나님은 그를 강하게 하시기 위해 사용하셨다.

여기서도 마찬가지다. 확신할 수는 없지만, 귀신이 의식적으로 하나님을 섬기지는 않았을 것이다. 하나님의 비밀스럽고 주권적인 섭리로 이 귀신은 바울에게로 보냄을 받았고, 그의 의도는 바울의 사역을 방해하여 억압하거나 심지어 멸망시키는 것이었다. 하지만 하나님의 계획은 바울을 죄악된 교만으로부터 지키시는 것이었고, 하나님은 보다 높은 영적 선을 성취하시기 위해 이 고통을 사용하셨다(참조. 고후 12:9-10).

우리의 두 번째 관심은 이 "가시"의 본질에 있다. 이것은 정확하게 무엇이었을까? "가시"로 번역된 단어가 신약에서 사용된 경우는 유일하게 이곳뿐이다. 고대 그리스어에서 이것은 참수된 원수의 머리를 꽂아두기 위한 날카로운 막대기나, 포위해오는 군대를 막기 위한 커다란 못을 가리켰다. 하지만 보통은 사람 몸에 박힌 가시 조각을 가리키기 위해 사용되었다. 바울은 자신이 이런 고통에 찔려 완전히 꼼짝 못하게 된 장면을 상상했고, 이것에 무력감을 느낀 것이 분명하다. 가시가 무엇이든 간에 몹시 고통스러운 것이어야만 하는데, 고린도후서 11장에 나열된 고통과 괴로움과 부족함 등을 기꺼이 인내한 사람이라면, 쉽게 인내할 수 있는 사소한 자극을 두고 그토록 열심히 주님께 간구했을 리가 없기 때문이다.

이 가시의 목적이 "나를 쳐서 너무 자만하지 않게 하려 하심이라"고 기록되었다는 사실 역시 유념하라(고후 12:7). "괴롭히다"(harass)는 단어는 "치다"(buffet)라고도 번역되는데 "주먹으로 치거나 때리는 것"을 의미한다(참조. 마 26:67). 이 동사의 현재 시제를 통해, 이 고통이 바울의 생애에서 주기적으로 반복되었다는 것과, 가시에 대해 말한 그 순간에도 무겁고 고통스럽게 그를 짓눌렀을 것이라 짐작할 수 있다. 8절에서 바울은 그것이 자신에게서 떠나도록 세 번이나 주께 간구했다고 이야기하는데, 이는 위의 추측을 확증시켜주는 묘사다. 세 번 간구했다는 것은 고통이 세 번에 걸쳐 갑작스레 재발하여 바울을 겸손케 한 효과가 극대화된 것일 수 있다. 아니면 세 번에 걸친 바울의 기도는 단순히 자신의 고통을 겟세마네에서 당하신 그리스도의 고통에 견준 것이었을 수도 있다. 이때 그리스도 역시 하나님께 세 번 간구하셨으나, 여전히 고통 당하셨다.

"세 번"을 다르게 설명하는 사람들도 있다. 바넷에 따르면 "세 번은 반복적인 기도에 대한 관습적인 상징이었을 수도 있다.···경건에 관한 문제에서 삼중적 행위는 관례였던 것으로 보인다(참조. 요 21:17; 행 10:16). 사람들은 하루에 세 번 기도를 올려드렸다(시 55:16-17; 단 6:10, 13)."[4]

---

4 Barnett, *The Second Epistle to the Corinthians*, 571.

보다 더 중요한 것은 가시가 "육체에"(in the flesh) 있었다는 사실이다(고후 12:7). 여기서 바울이 사용한 "육체"를 어떻게 해석하느냐에 따라, 이 그리스어는 두 가지 다른 방식으로 번역될 수 있다. "육체"가 바울의 육신 혹은 그의 "인간적 존재"를 지칭한다면 육체 "안에"(in)라는 번역이 적절하다. 다른 말로 하면, 가시가 그의 몸 안에 새겨져 있다는 것인데, 육체적 질병이나 경험이 그의 몸을 몹시 고통스러운 방식으로 때린 것이다. 하지만 "육체"가 타락한 본성을 지칭한다면, 육체를 "위한"(for) 혹은 육체와 "관련해"(with regard to)라는 번역이 더욱 정확하다. 두 번째 견해를 받아들인다고 할 때, 바울은 본질상 관계적인 가시를 묘사했을 가능성이 크다(아래 참조). 장 칼뱅도 거의 같은 뉘앙스로 다음과 같이 주장했다.

나로서는 이 구문이 바울이 경험한 모든 다른 종류의 시험을 포괄한다고 생각한다. 나의 견해로는, 여기서 육체는 몸을 의미하지 않고 오히려 거듭나지 못한 영혼의 일부이며, 따라서 이 구문의 의미는 다음과 같다. "육체를 따라 유혹을 받지 않을 만큼 아직 영적이지 못한 나의 육체를 찌를 막대기가 나에게 주어졌으니."[5]

바울의 육체의 가시에 대한 네 가지 이해

이제 우리는 모든 사람들이 궁금해하는 다음의 질문에 도달했다. 이 가시는 정확히 무엇일까? 다양한 해석들을 분류하기 위해 크게 네 가지 범

---

5 John Calvin, *The Second Epistle of Paul the Apostle to the Corinthians,* trans. T. A. Smail (Grand Rapids: Eerdmans, 1973), 159.

주가 있다.

성적 음욕으로서의 가시

로마 가톨릭 해석자들의 의견은 대체로 불가타(라틴어 번역)의 *"stimulus carnis"*, 곧 육체를 자극하는 "자극제"를 그 기초로 한다. 따라서 이들은 가시가 과도한 성적 욕망이나 음욕을 지칭한다고 생각한다.

하지만 하나님이 음욕이 떠나가기를 원한 바울의 기도를 만류하셨 겠는가? 나는 그렇게 생각하지 않는다. 바울이 성적 연약함에 대해 자랑 했겠는가?(고후 12:9) 이것 역시 그렇지 않다. 또한 바울이 자신의 삶에서 이것의 능력을 기쁘게 환대했을 것인가?(9-10절) 절대로 그렇지 않다. 더 욱이 이 견해는 바울이 자신이 독신의 은사를 받았다고 언급한 고린도전 서 7:1-9과도 일치하지 않는데, 독신의 은사를 받았다면 최소한 성적 충 동이 상당 부분 감소되었거나 아니면 적어도 통제가 가능했을 것이기 때 문이다.

감정적·심리적 문제로서의 가시

두 번째 대안은 이 "가시"가 바울이 떨쳐낼 수 없었던, 아마도 히스테리 나 우울증의 주기적 발병 혹은 그의 심신을 쇠약하게 만든 불안과 같은 감정적·심리적 문제라고 보는 견해다. 바울이 디도가 오기 전, 자신이 낙 심했었음을 언급한 부분이(고후 7:6) 있기는 하지만 그에게 이런 문제가 반복적으로 일어났다는 증거는 없다(특히 고후 4:8; 6:10을 보라).

바울의 원수로서의 가시

많은 사람이 4세기의 유명한 설교가였던 크리소스토모스의 견해를 지지한다. 그는 이 "가시"가 바울이 복음전도와 신학의 영역에서 수고하는 동안, 그를 억압하고 박해한 모든 복음의 원수를 가리킨다고 처음 주장했던 인물이다. 가장 먼저 떠올릴 수 있는 사람은 구리 세공업자 알렉산더와 후메내오, 그리고 빌레도(딤후 2:17; 4:14을 보라)다. "사탄"이라는 용어를 "원수"라는 히브리어 개념으로 받아들인다면, "육체의 가시"는 바울의 모든 대적자에 대한 집합적이고 비유적인 표현이 된다. 이들은 바울과 씨름했고 싸웠으며, 그를 감옥에 가두고 때리고 심지어 죽음으로 몰아갔다. 사실 이 "가시"는 그가 고린도후서 11:23-33에서 묘사한 고통에 책임이 있는 모든 사람을 가리키는 집합적 칭호다. R. V. G. 태스커(R. V. G. Tasker)는 이런 견해를 받아들여 다음과 같이 설명했다.

> 기독교 복음전도자에게 영적 경험의 기쁨만큼 그를 고무시키는 일이 없고, 반면 이에 따르는 영적 교만의 기를 꺾기에는 그가 말씀을 전파하며 부딪히는 반대만 한 것이 없으므로, 크리소스토모스의 해석이 다른 것보다 진리에 더 가깝다고 보는 데는 무리가 없다.[6]

고린도후서 11:14-15은 바울의 대적자들을 "광명의 천사로 가장한 사탄의 "일꾼"(servants, 문자적으로는 "사역자"[ministers])으로 묘사하는데, 이 본문에 호소하는 이들도 있다"(하지만 12:7에서 이 단어는 "일꾼"이 아

---

6 R. V. G. Tasker, *The Second Epistle of Paul to the Corinthians* (Grand Rapids: Eerdmans, 1977), 176.

니라 "사자"임을 염두에 두라). 70인역에서 "가시"로 번역된 이 단어는 누군 가의 원수를 은유적으로 일컬어 두 번 사용된 바 있다(민 33:55; 겔 28:24). 따라서 이 견해에서 바울이 자신의 "가시"를 말할 때 그가 의미한 것은 현대인들이 사용하는 관용구 "a pain in the neck"(직역하면 "목에 있는 통증"이지만 관용구로 "골칫거리"를 의미한다―역자 주)과 흡사하다.

이것이 정확한 해석이라면 "가시"라는 단어는 바울의 육신이나 그의 타락한 본성을 지칭하는 비유적 표현이 아니라, 단순히 바울 자신, 곧 그가 누구이고 복음 사역자로서 어떤 일을 하는지, 곧 지상에서의 그의 삶을 가리킨다고 볼 수 있다. 바울의 말은 실제로 다음과 같다. "이 원수들은 나에게 지속적인 고통과 불편을 준다. 이들은 내 옆구리에 박힌 짜증스러운 가시다."

이와 관련된 견해로는 바넷의 견해가 있는데, 그는 이 가시가 바울의 원수들을 일반적으로 가리킨다기보다, 고린도에 존재하고 활동했던 것이 명백한 유대주의적 반(anti) 바울 운동이라고 주장한다. 크레이그 키너(Craig Keener) 역시 이 견해의 가능성을 주장한다. "사탄의 사자가 바울을 박해하도록 군중을 부추긴 사실을 상상하기란 어렵지 않다. 또한 이 대적은 바울을 격분케 한 사탄의 대리인들 역시 포함했을 것이다(고후 11:13-15)."[7]

반면 바울이 하나님이 자신에게 유대주의 운동과 같이 악한 것을 주셨다고 말했을 리 없다며 위의 견해를 거절하는 이들이 있다(내 생각에 이것은 정당한 주장이다). 더욱이 이 가시가 바울에게 주어진 시점은 그가 하늘

---

7 Craig S. Keener, *1-2 Corinthians* (Cambridge: Cambridge University Press, 2005), 240.

로 이끌린 직후로 보는 것이 맞다. 바울은 기원후 41-42년경 하늘로 이끌렸고 그로부터 8-9년이 지나서야 고린도에 들어가 반대에 부딪혔다.

이 견해에는 다른 심각한 문제들도 있다.

1. 어떤 무리의 사람을 가리킨다고 보기에는 7절의 "사탄의 사자"와 8절의 "이것" 혹은 "he" 등의 단수 단어는 매우 불분명하고 불확실한 표현법이다. 바울이 자신의 대적자들을 유념했다면, 자기 논지를 표현하기 위해 매우 모호한 방식을 선택한 것이 분명하다.

2. 바울은 이미 고린도후서 4:7-15, 6:9-10과 11:23-28을 통해 억압과 박해가 모든 사역자의 평범한 일상임을 이야기한 바 있다. 모든 그리스도의 종은 이런 저항으로부터 자유로울 수 없다. 하지만 바울은 이 가시를 특정한 이유로 자신에게만 주어진 것으로 묘사한다. 바울이 모든 신자들과 평범하고 당연한 경험이라고 나눈 것을, 자신만은 피할 수 있도록 기도했을까? 나는 그렇게 생각하지 않는다.

3. 이 견해에 반대하는 가장 결정적인 증거는, 바울이 이 가시를 "십사 년 전에" 받았다(12:2)고 말한 사실이다. 우리가 알기로 고린도후서는 55년 후반 혹은 56년 초반에 쓰였고, 따라서 바울이 이 가시를 받은 것은 41-42년 이전이 될 수 없다. 당시 바울은 고향인 수리아 길리기아 지방에 머물렀을 것이고(행 9:29-30; 11:25; 갈 1:18, 21, 2:1), (대부분의 학자들이 추측하듯 바울이 33년에 회심했다고 볼 때), 이것은 그가 회심하고 꼬박 8년이 지난 후였다. 하지만 사도행전 9:23-30 등으로부터 우리가 알 수 있는

사실은, 바울이 그의 사역에서 사탄의 억압을 경험한 것은 그가 회심한 순간부터라는 것이다.

4. 마지막으로 랄프 마틴(Ralph Martin)이 표현했듯이, "사도가 자신은 박해를 모면하고자 기도했을까? 이는 의구심이 드는 질문인데, 바울에게 박해는 그가 발전하는 동력이었기 때문이다. 박해를 받으면 받을수록 그는 자신의 사도적 주장을 더욱 강조하기로 결단했던 것 같다."[8] 또한 바울은 복음의 성공이 자신의 통제력에 있지 않고 하나님의 섭리적 감독에 의존한다는 사실을 누구보다 더 잘 알았다(고후 2:12-17을 보라).

오히려 바울은 그의 원수들로부터의 보호를 위한 기도를 부탁했다(롬 15:30-31; 살후 3:1-2을 보라; 참조. 딤후 3:10-11; 4:16-18). 바울은 자신이 어디를 가든 박해받을 것을 예상했고, 이것이 그의 부르심의 불가피한 일부임을 알았지만, 박해가 그의 목소리를 잠잠케 하거나 그의 생명을 앗아가지 않도록 다른 사람들에게 기도를 부탁한 것이다.

한 가지 더 언급할 것이 있다. 내 생각에 많은 사람이 이런 견해를 지지하는 주된 이유는, 하나님이 그분의 자녀 중 누구에게라도(바울과 같이 순종적이고 신실한 사도에게는 더더욱) 질병을 주시고 또 치유를 구하는 기도를 거절하신다는 생각이 불편하기 때문이다. 또한 이들은 질병이나 만성적이고 고통스러운 육체적 질환이 하나님의 섭리에서 구속과 성화의 목적을 수행할 수 있다는 생각과도 씨름한다.

---

8 Martin, *2 Corinthians*, 415.

육체적 고통으로서의 가시

하지만 신학적 추정이 성경 본문이 의미할 수 있는 것과 없는 것을 지시하도록 해서는 안 된다. 즉 본문에 담긴 자료 자체가 가장 가능성 있는 해석을 결정지어야 한다. 모든 것을 감안했을 때, 나는 이 "가시"가 일종의 육체적 고통을 지칭한다고 생각한다.

몇몇 사람은 이것이 언어 장애, 아마도 심각하게 말 더듬는 현상이었을 것이라고 주장한다(고후 10:10; 11:6). 하지만 바울은 자신이 수사적 웅변을 의지하지 않는다고 분명하게 이야기한 바 있다. 더욱이 바울이 말을 더듬었거나 혹은 좀 더 심각한 형태의 언어 장애를 앓았다면 유년기부터 그랬을 가능성이 높다. 하지만 여기서 그는 이 가시가 14년 전 천상의 경험으로 주어졌다고 이야기한다.

수세기에 걸쳐 여러 주장이 있었다. 예를 들어 간질, 말라리아, 담석, 신장결석, 통풍, 청각 장애, 치아 감염, 류머티즘, 귓병, 두통, 좌골 신경통, 관절염, 나병 등이다(혹시 누락된 것이 있는가?).

많은 사람은 바울이 심각한 형태의 안염이나 결막염을 앓았다는 견해를 받아들였다. 갈라디아서 4:13-15에서 그는 다음과 같이 말했다.

내가 처음에 육체의 약함으로 말미암아 너희에게 복음을 전한 것을 너희가 아는 바라. 너희를 시험하는 것이 내 육체에 있으되 이것을 너희가 업신여기지도 아니하며 버리지도 아니하고 오직 나를 하나님의 천사와 같이 또는 그리스도 예수와 같이 영접하였도다. 너희의 복이 지금 어디 있느냐? 내가 너희에게 증언하노니 너희가 할 수만 있었더라면 너희의 눈이라도 빼어 나에게 주었으리라.

바울은 분명 안질환 때문에 고통을 받았고, 이것이 다른 사람들에게
는 혐오스럽고 역겹게 보인 탓에 그를 더더욱 겸손하게 만들었다. 15절
에 기록된 내용이 단순히 바울을 향한 갈라디아 교인들의 희생적인 사랑
을 강조하기 위한 비유였을 수도 있지만, 이는 그가 고통 받은 질병이 그
의 눈과 관계되었음을 충분히 시사한다. 또한 바울이 갈라디아 교인들을
향한 자신의 편지를 마무리하면서 다음과 같이 말한 사실 역시 유념해야
하는데, 이는 그가 일종의 안질환으로 고통 받았다는 사실을 뒷받침하기
때문이다. "내 손으로 너희에게 이렇게 큰 글자로 쓴 것을 보라"(6:11).

바울이 이런 안질환을 얻은 것은 그가 경험했던 환상 때문일까? 그
경험의 밝음, 곧 그가 본 것의 영향으로 그의 눈이 손상을 입은 것일까?
일부는 그가 일광망막염, 곧 식(일식, 월식의 식─역자 주)을 잘못 바라볼
때 생기는 질병과 비슷한 것으로 고통 받았다고 주장하기도 한다.

또 다른 견해

바울의 가시에 대해 언급하고 싶은 또 다른 견해가 있는데, 이것은 오
로지 일부 사람들이 성경 본문을 통해 자신이 하고 싶은 말을 하기 위
해 얼마만큼의 극단을 취하는지를 증명하기 위함이다. 예컨대 찰스 캡스
(Charles Capps)는 이 가시의 목적에 대해 오로지 상상 속에서나 가능한
해석을 제시한다.

캡스에 따르면, 바울이 "여러 계시를 받은 것이 지극히 크므로 너무
자만하지 않게 하시려고"라고 말했을 때 그가 의미한 것은 다음과 같다.

바울이 복음을 전파할 때마다 사탄의 사자가 곤란을 일으키고 문제를 야기하도록 보냄 받지 않았다면, 바울의 계시는 온 나라에 그 영향력을 발휘하기까지 높아졌을 것이다. 하지만 사탄이 모든 곳에서 그를 방해했기 때문에 바울은 그 계시를 자유롭게 전파할 수 없었다.[9]

하지만 자기 높아짐의 위험에 노출된 것은 그가 받은 "계시"가 아니라 바울 자신이었다. 아마도 캡스가 의도한 것은 사탄의 방해만 없었다면, 모든 사람이 그의 복음을 듣고 그것을 진리로 받아들이게 됨으로써 바울 자신이 지극히 높아진다는 것이다. 하지만 이것은 바울이 받은 이 "계시"가 다른 이들에게 선포되도록 주어진 것이 아니라는 사실과도 대치된다. 그가 들은 것은 "말로 표현할 수 없는 말…사람이 가히 이르지 못할 말"이었다(고후 12:4).

캡스는 이 본문의 힘을 회피하려다가 오히려 전복시킨 셈이다. 다른 말로 하면, 바울의 육체의 가시가 나쁜 일(교만하여 자랑하는 것)을 하지 못하도록 하는 좋은 것이 아니라, 좋은 일(그가 낙원에서 받은 "계시"를 선포하는 것)을 하지 못하도록 하는 나쁜 것이라고 주장한 것이다. 물론 이 가시가 좋다고 할 때 이것이 내재적으로 그렇다는 뜻은 아니다. 다만 바울의 영적 성장에 유익이 되도록 하나님이 이것을 의도하셨다는 뜻이다.

---

9 Charles Capps, *Paul's Thorn in the Flesh* (Dallas: Word of Faith, 1983), 14.

결론

많은 사람이 지적한 대로(나 역시 동의하는 바), 바울이 이 가시의 본질을 드러내지 않기로 한 결정에는 위대한 목회적 지혜가 담겨 있다. 그가 이 가시의 본질에 대해 보다 더 구체적으로 언급했다면, 똑같은 고통을 당해보지 않은 사람들은 쉽게 그 본문이 자기 삶과는 무관하다고 결론 내렸을 것이다. 하지만 바울이 이 가시의 본질에 대한 가능성을 열어두었기 때문에 우리 각자는 바울의 씨름에 동질감을 느낄 뿐 아니라, 그가 하나님의 은혜의 주권과 충분성에 자신을 복종시킨 방식을 통해 배우고 성장할 수 있게 되었다.

추천 도서 _____

Schreiner, Thomas R. *Paul: Apostle of God's Glory in Christ, A Pauline Theology*. Downers Grove, IL: InterVarsity, 2001. 『바울 신학』(은성 역간).

Storms, Sam. *A Sincere and Pure Devotion to Christ: 100 Daily Meditations on 2 Corinthians*. 2 vols. Wheaton, IL: Crossway, 2010.

Warrington, Keith. *Healing and Suffering: Biblical and Pastoral Reflections*. Waynesboro, GA: Paternoster, 2005.

22장
속죄에는 치유가 포함되는가?

내가 그리스도의 몸 안에서 정기적으로 마주치는 다른 어떤 문제보다 분열을 초래하는 문제 하나는 병든 자를 낫게 하는 것이 언제나 하나님의 뜻이냐 하는 것이다. 일부에서는 그리스도가 십자가 위에서 우리 몸의 치유를 위해 필요한 모든 것을 이미 이루셨다고 꽤나 열정적으로 주장한다. 간단하게 말해, 하나님은 이미 당신이 육신적인 치유를 경험하기 위해 행해야 할 모든 것을 행하셨다는 것이다. 당신이 치유를 받지 못하는 것은 하나님이 그것을 원하시지 않기 때문이 아니라, 당신이 그것을 믿지 않기 때문이다. 예수님의 속죄를 통해 우리를 위한 치유는 확보되었고, 그것을 무시하든지 아니면 믿음 안에서 붙잡는지는 우리의 몫이라는 주장이다.

이사야 53:4-5로부터의 주장

이 문제와 관련하여 주로 인용되는 본문은 이사야의 예언, 곧 이사야가 메시아를 자기 백성을 위해 고통 당하신 분으로 묘사한 부분이다.

> 그는 실로 우리의 질고를 지고 우리의 슬픔을 당하였거늘, 우리는 생각하기를 그는 징벌을 받아 하나님께 맞으며 고난을 당한다 하였노라. 그가 찔림은 우리의 허물 때문이요, 그가 상함은 우리의 죄악 때문이라. 그가 징계를 받으므로 우리는 평화를 누리고 그가 채찍에 맞으므로 우리는 나음을 받았도다(사 53:4-5).

우리의 질문에 단순하지만 매우 큰 목소리로 "그렇다"라고 대답하는 이는, "믿음의 말씀"(Word of Faith)과 오순절 은사주의 부흥운동에서 "부와 건강"을 주장하는 진영에 깊이 관여된 사람들만이 아니다. 이 본문에 대한 몇몇 견해를 살피며 이번 장을 열어보자. A. J. 고든(A. J. Gordon)은 다음과 같이 썼다.

> 우리의 죄악을 해결하신 그분의 십자가 멍에는 우리의 질병 역시 장악하시는데, 이것은 어떤 의미에서 하나님이 "죄를 알지도 못하신 이를 우리를 대신하여 죄로 삼으신 것"과 마찬가지로, 질병을 알지도 못하신 이를 **우리를 대신하여 병들도록 하신 것**이다. 죄의 열매인 우리의 고통을 신비한 방식으로 동정하시는 그분은 또한 죄의 형벌인 우리의 고통 아래에 자신을 두셨다. 다른 말로 하면, 이 본문은 **그리스도가 우리의 죄악은 물론 우리의 질병까지 대신하여 담당하셨다**는 사실을 가르친다. 우리의 구속자와 대리인께서 우리의 질병을 담당하셨다면 다음과 같은 결론에 즉시 도달하는 것은 자연스럽다. 그가 우리의 질병을 담당하심은 우리가

그것을 담당하지 않도록 하기 위함이다.[1]

글로리아 코플랜드(Gloria Copeland)도 고든과 의견을 같이한다. "예수님은 당신의 죄를 담당하신 바로 그때, **동일한 방식으로** 당신의 질병을 담당하셨으며 당신의 질환 역시 가져가셨다. 당신은 죄로부터 자유한 것과 같이 질병과 질환으로부터도 자유하다. 당신은 죄를 끊어내듯 당신의 몸에서 질병과 질환을 속히 끊어내야 한다."[2]

콜린 어크하트(Colin Urquhart) 역시 여기에 동의한다.

> 예수께서 로마 병정들에게 채찍을 맞을 때, 우리의 모든 신체적인 고통과 질병은 그의 위에 쌓아 올려졌다.… 그것은 마치 한 번의 채찍은 암을 위해서, 또 한 번의 채찍은 뼈의 질병을 위해서, 그리고 또 다른 채찍은 마음의 병을 위해서인 것과도 같다. 신체적 고통을 유발하는 모든 것이 예수 그리스도 위에 쌓여 그의 손과 발을 십자가에 못 박게 하였다.[3]

이들의 주장은 그리스도가 우리의 죄를 담당하신 것과 동일한 방식으로 우리의 질병 역시 담당하셨다는 것이다. 곧 하나님이 예수님을 우리를 대신하여 죄로 삼으신 것처럼, 우리를 위해 병들도록 하셨다는 것이다. 아마 좀처럼 설명할 수 없는 방식으로 예수님은 우리의 죄악은 물

---

1 Henry W. Frost, *Miraculous Healing* (Grand Rapids: Zondervan, 1972), 42에서 인용(스톰스 강조).
2 Gloria Copeland, *And Jesus Healed Them All* (Fort Worth: KCP, 1984), 2(스톰스 강조).
3 Colin Urquhart, *Receive Your Healing* (London: Hodder and Stoughton, 1986), 38.

론 우리의 질병까지 대신해 당하신 것이다.

죄와 질병의 차이점

우리는 바울이 고린도후서 5:21에서 "하나님이 죄를 알지도 못하신 이 [예수님]를 우리를 대신하여 죄로 삼으"셨다고 했을 때 그가 의미한 바를 안다. 바울은 우리의 죄의 책임이 그리스도에게로 전가되었고, 바로 그 책임 때문에 그리스도가 우리를 대신하여 형벌을 받으셨다는 사실을 선언하고 있다. 하지만 하나님이 우리를 대신하여 예수님이 "병들도록" 하셨다는 말은 무슨 뜻일까? 케네스 해긴(Kenneth Hagin)은 하나님이 "[예수님을] 당신의 질병으로 인해 병들게 하신 것은 그리스도 안에서 당신이 온전히 건강을 누리도록 하시기 위함이다"라고 이야기했다.[4]

하지만 질병이나 질환에는 죄책이 없다. 당뇨나 코감기를 앓는 것은 죄가 아니다. 성경은 우리에게 "우리 죄를 사하여 주옵시고"라고 기도할 것과 우리의 죄를 자백할 것을 강권하지만, 어디에서도 "우리의 관절염을 사하여 주옵시고" 혹은 "주님 제가 독감을 앓게 된 것을 자백합니다"라고 기도해야 한다고 말하지 않는다. 질병은 죄가 아니다. 성경은 다음과 같이 명령하지 않는다. "암에 걸리지 말지니라." "독감으로부터 도망하라." 하지만 많은 사람들이 예수님이 우리의 죄와 질병의 형벌을 담당해 주셨다고 주장한다. 하지만 질병이 죄가 아니라면 어떻게 이것이 형벌을 초래할 수 있는가?

---

4 Kenneth E. Hagin, *Healing Belongs to Us* (Tulsa: Faith Library, 1969), 16.

물론 궁극적으로 모든 질병은 죄의 결과인데, 인류에게 부패와 죽음을 불러온 것이 바로 아담의 타락이기 때문이다. 하지만 우리의 모든 질병이 우리가 범한 특정한 죄 때문에 발병하는 것은 아니다. 아담이 죄를 짓지 않았다면 질병은 없었을 것이다. 질병은 토네이도, 가라지, 슬픔과 마찬가지로 죄의 영향이다. 하지만 이것은 질병이 죄라고 말하는 것과는 전혀 다른 문제다. 우리는 신장 결석이 생겼다고 회개하지 않으며 홍역에 걸렸다고 죄를 깨닫지 않는다. 내 딸 아이가 수두에 걸렸을 때 나는 딸을 나무라지 않았고, 수두가 동생에게 옮았을 때도 용서를 구하라며 수두에 감염된 아이를 채근하지 않았다. 예수님은 우리의 질병을 위해 형벌받지 않으셨다. 대신 진리에 대한 우리의 의도적 불순종이 일으킨 하나님의 진노를 당하셨다.

이사야의 의미

그렇다면 그가 우리의 질병을 지고 우리의 고통을 당하셨으며, 그가 맞음으로 우리가 나음을 받았다고 이야기한 이사야 53장의 의미는 무엇일까? 나는 이 본문이 우리가 성경과 일상 대화에서 자주 발견하는 일종의 비유적 표현, 즉 환유법을 사용했다고 본다. 일례로 우리는 누가복음 16:29에서 다음의 내용을 접한다. "아브라함이 이르되 '그들에게 모세와 예언자들이 있으니 그들에게 들을지니라.'" 이 말의 뜻은 이들에게 모세와 예언자들이 기록한 성경이 있다는 것이다. 당시 모세와 예언자들은 이미 오래전에 죽은 인물이었다. 저자는 결과(성경) 대신 원인(모세와 예언자들)을 사용했고 이것은 원인과 결과의 환유다. 비유법이 사용되지 않왔다면 이 본문은 다음과 같이 기록되었을 것이다. "아브라함이 이르되 '그들에게 구약성경(이것의 원인 혹은 저자가 모세와 예언자들이다)이 있으니 이것에게 들을지니라.'"

베드로전서 2:24에서 사도는 이렇게 기록했다. "친히 나무에 달려 그 몸으로 우리 죄를 담당하셨으니." 이것은 환유의 또 다른 예로, 여기서도 원인(우리의 죄)이 결과(형벌의 심판)를 대신했다. 그리스도가 우리의 죄를 담당하신 것은 우리의 죄가 야기한 하나님의 진노를 담당하셨다는 뜻이다. 우리는 부지불식간에 이런 비유를 늘 사용한다. 당신은 누군가에게 "입술도 움직이지마"라고 말해본 적이 있는가? 당신이 정말로 의미한 바는 말대꾸를 하기 위해 입술(혹은 입)을 사용하지 말라는 뜻이다. 성경은 물론 일상 표현으로부터도 수십 가지 비슷한 예를 인용할 수 있다(특히 골 3:5; 살전 5:19을 보라).

여기에는 반대적 측면, 곧 결과가 원인을 대신하는 경우도 있다. 아기 예수를 본 시몬은 "내 눈이 주의 구원을 보았사오니"(눅 2:30)라고 이야기했다. 그는 구원의 원인(예수님)을 봄으로써 결과(구원)를 본 것이다. 다른 예로는 예수님이 마르다에게 "나는 부활이요 생명이니"라고 말씀하신 경우다(요 11:25). 여기서도 결과(부활과 생명)가 원인(예수님의 역사와 사역)을 대신했다.

이사야 53장은 환유법의 후자의 형태, 곧 결과가 원인을 대신한 경우다. 죄는 궁극적 원인으로서 그것의 많은 결과 중 하나가 질병이다. 예수님이 우리의 질병을 담당하신 것은 그 질병을 야기한 죄의 형벌을 담당하셨다는 뜻이다. 그분은 우리의 고통을 가져가셨는데, 이것은 그분이 갈보리 나무에 달리셨을 때 우리의 위내 바이러스, 궤양, 귓병, 담석 등을 직접 경험하셨다는 의미가 아니라 고통과 연약함 등이 존재하는 궁극적인 이유, 곧 인간의 의도적인 악행에 대한 하나님의 진노를 견디셨다는 뜻이다. 예수님이 처음 이 땅에 오셨을 때, 그분은 죽음으로 우리의 모든 육체적 질병을 궁극적으로 타도하고 제거하기 위한 기초를 놓으셨고, 이것은 그분이 다시 오실 때 우리 몸의 부활과 더불어 성취될 것이다. 따라서 예수님이 우리의 죄를 담당하신 것과 동일한 방식으로 우리의 질병을 담당하셨다는 말에는 신학적 어폐가 있다. 그분은 우리의 죗값을 지불하셨고 이것은 언젠가, 곧 그분이 자기 백성을 영화롭게 하시기 위해 다시 오실 때 우리의 질병을 완전히 도말하시기 위함이었다.

속죄와 치유

그렇다면 속죄에 치유가 포함되어 있다는 결론을 내려도 될까? 물론이다. 예수님이 죄의 속량을 이루지 않으셨다면 우리는 지금이든 나중이든 어떤 형태로도 치유의 소망을 품을 수 없다. 갈보리에서 예수님이 당하신 구속의 고통은 영적으로나 육신적으로 모든 축복의 기초이자 근원이다.

더 정확하게 표현한다면, 치유가 속죄 "안에" 포함되었다기보다 속죄하시는 예수님의 죽으심이 치유의 기초가 된다는 의미에서 치유가 속죄를 "통해" 온다는 것이다. 이렇게 우리는 예수님의 죽음으로 이생에서의 치유가 보장되었다는 식의 발언을 피할 수 있다. 따라서 "속죄 안에 치유가 포함되어 있는가?"라는 질문은 곧 "속죄 안에 죄 용서가 포함되어 있는가?" 또는 "속죄 안에 하나님과의 사귐이 포함되어 있는가?" 등의 질문과 맥락을 같이한다. 심지어 어떤 의미에서 우리는 속죄 안에는 성령도 포함되어 있다고 말할 수 있다. 요한복음 14:16-17, 26, 15:26, 특히 16:7-15이 가르치는 바, 성령의 현재적 사역은 예수님의 죽으심과 부활과 높아지심의 결과이기 때문이다.

우리가 하나님으로부터 받는 모든 것의 궁극적인 원인은 그리스도가 십자가상에서 우리를 위해 행하신 일이다. 따라서 문제는 우리의 몸이 그리스도의 속죄로 말미암아 치유를 받느냐가 아니라 "언제" 받느냐다. 우리의 죄가 지금 용서받는 것은 그리스도의 속죄 죽음 때문이지만, 우리는 그리스도가 재림하실 때 죄의 존재로부터 완전히 구원받게 될 것을 고대한다. 또한 우리가 지금 하나님과의 교제를 경험하는 것도 그리스도의 속죄 죽음 때문이지만 그리스도의 재림 때 그 복된 관계가 완성될 것을 고대한다. 우리는 마음속 성령의 사역으로부터 큰 유익을 누리지만, 누가 감히 성령이 지금 이 시대에 행하고 계시는 바가 그가 행하실 일의 전부라고 주장할 수 있겠는가? 천국에는 우리를 위한 영광스러운 추수가 예비되어 있고, 그것에 비하면 현재 성령의 사역은 다만 첫 열매에 불과하다.

다시 말하면, 그리스도가 그분의 구속의 고통을 통해 확보하신 모든 축복이 지금 완성된 형태로 우리의 것이 될 수 있다는 생각은 심각한 실수다. 이런 모든 축복이 분명 우리의 소유가 될 것을 확신해도 좋다. 하지만 우리는 하나님이 내세의 천국을 위해 분명히 예비하신 것을 지금 온전하게 경험할 것을 기대하거나 요구해서는 안 된다.

현세에서의 신자의 삶은 "이미"와 "아직 아닌" 사이의 긴장이다. 우리는 이미 너무 많은 것을 받았다. 하지만 아직 임하지 않은 것 역시 많다. 그리스도인이 아직 경험하지 못한 것 중 하나가 완전한 구속과 몸의 영화다. 바울은 이렇게 말했다. "그러나 우리의 시민권은 하늘에 있는지라. 거기로부터 구원하는 자 곧 주 예수 그리스도를 기다리노니, 그는 만물을 자기에게 복종하게 하실 수 있는 자의 역사로 우리의 낮은 몸을 자기 영광의 몸의 형체와 같이 변하게 하시리라"(빌 3:20-21).

바울은 로마서 8:18-25에서 하나님이 우리를 그분의 자녀로 양자 삼으시는 일의 완성, 곧 그의 정의에 따르면 우리 몸의 구속을 열망하고 애태워 기다리는 것이다. 우리는 이것을 미래에 경험할 것이기에 지금 거룩한 기대감을 가지고 이것을 위해 "탄식"한다(롬 8:23). 이 육신적 축복을 미래의 것으로 주장하는 것은 그리스도의 속죄 사역의 효능이나 가치를 손상시키거나, 하나님이 현재에도 (부분적으로나마 온전하게) 치유하신다는 사실을 부인하기 위함이 아니다. 다만 성경이 말하는 대로 하나님의 타이밍이 우리의 것과 종종 다르다는 사실을 인정하는 것이다.

이즈음에서 우리는 마태복음 8:16-17에 주목해야 한다. 이 본문은 예수님이 "병든 자들을 다 고치시니 이는 선지자 이사야를 통하여 하신 말씀에 우리의 연약한 것을 친히 담당하시고 병을 짊어지셨도다 함을 이루려 하심이더라"고 이야기한다. 예수님은 이 치유를 "속죄 안에서" 행하셨는가? 그렇다. 우리가 현재의 삶에서 어떤 정도의 치유를 경험하든, 그것은 그리스도의 속죄 죽음의 열매다. 하지만 속죄가 있는 곳에는 언제나 즉각적인 치유가 따라야 한다고 결론 내릴 수는 없다. 마태복음의 이 본문은 일어나는 모든 치유가 그리스도의 구속 사역의 결과로 온다는 사실을 분명히 한다. 하지만 그 사역의 결과로 치유가 지금 그리고 언제나 일어난다는 의미는 아니다.

베드로전서 2:24의 경우는 조금 다르다. 앞서 살펴보았듯이, 성경은 자주 우리 영혼의 죄악된 상태를 여러 상처를 입고 고통스러워하는 몸에 비유한다. 이런 맥락에서 용서와 회복 역시 몸의 치유라는 용어를 통해 묘사되는 것이다. 사도는 죄에 빠진 우리를 육신적인 치유가 필요한 상처 입은 몸인 것처럼 묘사한다. 그리고 위대한 의사는 자신의 속죄 죽음을 통해 우리의 마음을 진실로 "치유하셨다." 우리가 전에는 양과 같이 길을 잃었으나, 예수님의 구속의 은혜로 우리 영혼의 목자와 감독 되신 이에게 돌아올 수 있게 된 것이다(벧전 2:25). 따라서 베드로전서 2:24의 전후 문맥을 볼 때, 사도가 유념했던 것은 몸의 육신적인 회복이 아니라 죄의 질병으로부터의 영적인 치유였다. 아픔과 고통이 온 것은 우리가 길을 잃었기 때문이다. 질병과 질환이 온 것도 우리가 하나님을 떠났기 때문이다. 따라서 그리스도가 주시는 치유는 우리를 하나님께로 다시 인도하고 우리와 그분과의 관계를 회복시키는 것이다.[5]

결론

우리는 병든 자의 치유를 위한 기도를 멈춰서는 안 된다. 예수 그리스도의 속죄 안에 우리를 위한 육신적인 치유가 포함되어 있음을 끊임없이 감사해야 한다. 또한 지금 우리가 경험하는 치유와 건강이 무엇이든, 그것이 갈보리의 나무 십자가로부터 흘러나오는 축복임을 늘 인정해야 한다. 하지만 하나님이 주 예수님의 재림 때 완성될 온전함으로 베푸시기

---

5 이것이 우리가 25절을 시작하는 단어 "~더니"(for)에 주목했을 때 위의 본문에서 주장한 바다. "~때문에"를 의미하는 "for" 혹은 "because"는 24절의 "나음"(치유)이 25절에서 하나님을 떠나 길을 잃은 우리에게 합당한 형벌로부터의 "나음"임을 말한다.

를 원하는 특정한 축복이 있음을 또한 기억하자. 그때가 이르기까지 우리는 울고 아파하고 죽음을 맞이할 것이다. 구세주가 나타나시는 그 영광스러운 날, 요한계시록 21:3-4의 말씀은 성취될 것이다.

내가 들으니 보좌에서 큰 음성이 나서 이르되 "보라! 하나님의 장막이 사람들과 함께 있으매 하나님이 그들과 함께 계시리니, 그들은 하나님의 백성이 되고 하나님은 친히 그들과 함께 계셔서 모든 눈물을 그 눈에서 닦아주시니, 다시는 사망이 없고 애통하는 것이나 곡하는 것이나 아픈 것이 다시 있지 아니하리니, 처음 것들이 다 지나갔음이러라."

추천 도서 _____

Brown, Michael L. *Israel's Divine Healer*. Grand Rapids: Zondervan, 1995. 『구약의 치유신학』(대서 역간).

Carson, D. A. *How Long, O Lord? Reflections on Suffering and Evil*. Grand Rapids: Baker, 2006.

Wimber, John, with Kevin Springer. *Power Healing*. San Francisco: Harper & Row, 1987. 『능력 치유』(나단 역간).

23장
하나님은 왜 모든 병자를 치유하지 않으실까?

하나님은 사도 바울을 사랑하셨다. 하지만 그분의 주권적 계획 안에서 바울에게 고통스러운 육체의 가시를 허락하셨고, 치유를 구하는 그의 열정적인 기도에도 불구하고 그 가시를 제거해주지 않으셨다. 우리는 사도가 아니다. 그러나 하나님은 자녀인 우리를 사도 바울 못지않게 사랑하신다. 바울이 가진 가시의 본질이 무엇이었는지는 알 수 없지만(하지만 21장에서 우리는 그것을 밝히려고 했다), 우리 각자는 비슷한 방식으로나마 고통을 경험해보았고 보다 더한 고통을 경험한 이들도 있을 것이다. 바울과 같이 우리도 치유를 위해 끊임없이 기도했다. 혹은 사랑하는 어떤 사람의 "가시"를 알게 되어 그를 위해 기도했을 수도 있다. 하지만 바울처럼 하나님은 그 가시를 제거해주지 않으셨다. 왜일까?

하나님이 왜 자기 백성이 올려드리는 간청에도 불구하고 치유하지 않기로 선택하시는지 이보다 더 어렵고 혼란스럽고 논란이 되는 문제는 없을 것이다. 내게 모든 대답이 있다고 주장할 수는 없겠지만, 몇 가지 대답은 제공할 수 있을 것이다. 이번 장이 어떤 이들에게는 분노와 불만을 안겨주겠지만, 어느 정도의 위안을 발견하는 이들도 있기를 기도해본다.

결국 치유에 대한 모든 것은 신비다. 치유를 어떤 공식이나 통제 가능한 인과 현상, 곧 왜 누구는 치유를 받고 누구는 받지 못하는지의 이유를 확실히 알 수 있는 문제로 축소시키는 사람들이 있는데, 솔직히 이들의 주장은 나를 지치게 만든다. 이번 장에서 나는 이런 덫에 빠지지 않기 위해 부단히 애를 썼다. 많은 사람이 치유받지 못하는 이유에 대해 내가 제시하고 싶은 대답은 다음과 같은 일곱 가지다.

가능한 일곱 가지 대답

1. 믿음의 역할에 대해 신약보다 더한 무게를 실어서는 안 되겠지만, 종종 치유가 일어나지 않는 이유는 하나님이 높이기를 기뻐하시는 종류의 믿음이 없기 때문임을 우리는 기꺼이 인정해야 한다. 이것은 어떤 사람이 치유받지 못하는 것이 언제나 그의 믿음의 결함 때문이라는 뜻이 아니다. 마치 치유가 건강하고 의심하지 않는 믿음을 따라 반드시 일어나야만 하는 것처럼 말이다. 하지만 믿음은 매우 중요하다. 치유와 믿음을 가깝게 연결짓는 많은 본문을 대할 때 어떻게 다른 결론을 내릴 수 있겠는가? 나는 독자들이 잠시 시간을 내어 다음의 본문들을 살펴보기를 바란다. 마태복음 9:22, 28-29, 15:28, 마가복음 2:5, 11, 5:34, 9:17-24, 10:52, 누가복음 17:19, 사도행전 3:16, 14:8-10, 야고보서 5:14-16.

영적 은사에 대한 책에서[1] 나는 "예수님은 왜 믿음을 강조하셨을까?"

---

[1] Sam Storms, *The Beginner's Guide to Spiritual Gifts*, 2nd ed. (Ventura, CA: Gospel Light, 2013).

라는 질문을 던졌다. 그분에게도, 성부에게도 믿음은 필요하지 않다. 그분은 얼마든지 믿음 외에 다른 무엇을 치유의 조건으로 삼으실 수 있다. 병든 자나 그를 위해 기도하는 다른 이들의 믿음의 부재와 기도의 실종도 그분을 방해할 수 없다. 예수님이 믿음을 강조하신 이유는 그것이 하나님을 영화롭게 하기 때문이다. 믿음은 우리의 눈을 우리 자신으로부터 돌려 그분에게로 향하게 한다. 믿음은 우리 눈을 우리 자신의 능력과 자원으로부터 돌려 그분의 능력과 자원을 향하게 한다. 믿음은 말한다. "주님, 저는 아무것도 아닙니다. 그러나 당신은 모든 것이 되십니다. 저 자신을 주님의 돌보심에 의탁합니다. 당신만을 붙들겠습니다. 무슨 일이 일어나든지 저의 확신은 당신의 말씀과 인격 안에 있습니다."

믿음은 우리가 하나님으로부터 무엇을 요구하거나, 그분을 우리에게 복종시키는 무기가 아니다. 믿음은 자기 부인의 행위다. 믿음은 무엇을 행할 수 있다는 우리의 능력에 대한 포기이자, 하나님이 모든 것을 행하실 수 있다는 인정이다. 믿음이 그 능력을 끌어오는 것은 믿는 자의 영적 에너지로부터가 아니라, 그가 믿는 대상, 곧 하나님의 영적 효력으로부터다. 기적을 설명하는 것은 믿음의 행위가 아니라 대상이다.

2. 때로 치유가 일어나지 않는 것은 고백하고 회개하지 않은 죄가 있기 때문이다. 야고보서 5:15-16은 우리에게 우리 죄를 서로 고백하고 병 낫기를 위해 서로 기도하라고 분명하게 지시한다. 그렇다고 어떤 사람이 치유를 받지 못하는 이유가 꼭 그가 특정한 죄를 범하고 회개하지 않았기 때문이라고 결론 내려선 안 된다. 하지만 일부의 경우(반드시 모든 경우가 그런 것은 아니다) 이것은 의심할 수 없는 사실이다. 우리는 우리 마음속에

있는 지속적인 비통과 분노, 분개, 질투, 용서하지 않음 때문에 하나님이 몸의 치유를 주시지 않을 수도 있다는 가능성을 간과해서는 안 된다.

3. 이상하게 들릴 수도 있겠지만 병자가 원하지 않기 때문에 치유가 일어나지 않는 경우도 있다. 요한복음 5:6에서 예수님은 몸을 움직이지 못하던 병자에게 "네가 낫고자 하느냐?"고 물으셨다. 표면적으로는 터무니없는 질문 같아 보일 수도 있겠지만 좀 더 깊이 들여다보면 여기에는 상당한 통찰이 담겨 있다.

만성적 고통에 시달리는 사람 중에는 질병과 그것이 요구하는 생활 방식에 익숙해진 사람들도 있다. 이들의 정체성은 많은 부분 자신의 몸의 장애에 달려 있다. 이 말이 혈기 왕성한 건강을 즐거워하는 우리 같은 사람에게는 이상하게 들릴 수도 있다. 계속 아프고 싶은 사람이 있다고? 치유를 받을 수 있는 기회를 냉큼 잡지 않을 사람이? 하지만 나는 다른 사람들을 의존하는 것과 이들로부터 특별한 관심을 받는 것을 실제로 좋아하는 몇몇 사람을 만나보았다. 이들은 다른 사람들이 자신을 알아봐주고, 자신에게 친절과 연민을 보이는 유일한 이유가 자신의 고통 때문이라고 확신한다. 만일 병이 낫는다면 자신이 의존하게 된 다른 사람들의 사랑을 잃어버릴까 두려워하는 것이다. 이들에게 병자로 남는 것은, 병이 없었다면 쉽게 자신을 무시했을 사람들의 친절을 계속 받고 관계를 유지하기 위해 치러야 할 작은 대가에 불과하다.

어떤 경우에는 건강에 동반되는 책임을 원하지 않을 수도 있다. 이들의 생각에는 건강해져서 직업을 갖고 매일 아침 아홉 시부터 오후 다섯 시까지 근무를 하느니, 다른 사람들의 자선과 호의의 대상으로 남는 것이 더 쉽고, 어쩌면 더 이득이 될 수도 있다. 일반적인 현상은 아니지만 충분히 일어날 수 있는 일이다.

4. 우리는 야고보서 4:2이 설명한 다음의 원리 역시 유념해야 한다. "너희가 얻지 못함은 구하지 아니하기 때문이요." 어떤 사람들이 치유를 받지 못하는 것은 단순히 기도하지 않았기 때문이다. 한두 번은 기도했을 수 있지만 낙심이 자신의 간구를 집어삼키도록 한 것이다. 치유를 위한 기도는 장기적·지속적으로 인내심을 가지고 이루어져야 하며 종종 금식이 동반되어야 한다.

5. 고통의 원인이 귀신임을 발견하지 못해서 나음 받지 못하는 경우도 있다. 성급하고 부적절한 결론을 내리지는 말아달라. 내 말은 귀신이 모든 육신적 질병을 유발한다는 뜻이 아니기 때문이다. 물론 바울의 경우, 그의 육체에 가시를 주시기 위해 "사탄의 사자"를 사용하신 분이 하나님이셨다는 사실은 흥미롭다. 그렇지 않은가? 또한 누가복음 13장에 등장하는 "열여덟 해 동안이나 귀신 들려 앓으며(a disabling spirit 혹은 a spirit of infirmity로 "아프게 하는 영" 혹은 "질병의 영"을 가진으로 해석될 수 있다—역자 주), 꼬부라져 조금도 펴지 못하는 한 여자"의 사례도 있다(눅 13:11). 예수님에 따르면 이 여자를 묶은 것은 사탄이었다(눅 13:16; 행 10:38도 보라). 어떤 질병의 원인이 귀신인지를 판단하기 위해서는 상당한 분별력과 시간, 인내가 필요하다. 여기에는 질병 들린 사람을 위해 기도하고, 그 사람이 자신의 영적 억압의 이유를 발견할 수 있도록 인도하겠다는 보다 큰 헌신이 동반되어야 한다. 이런 요인들이 간과될 때 치유는 임하지 않

을 수도 있다.

6. 신적 섭리의 신비 역시 생각해야 한다. 하나님이 치유하시는 능력을 거두시거나 적어도 상당 부분 감소시키시는 때와 시기가 분명히 존재한다. 여기에는 우리가 알 수 없는 여러 이유가 있다. 예를 들면, 거역하고 불순종하는 교회를 훈계하시거나, 우리 안에 자신의 능력을 향한 더 큰 간절함을 창조하시거나, 혹은 우리가 몸의 편안과 편리에 지나치게 의존하지 않도록 하시기 위해서다. 이런 섭리가 당신을 혼란스럽게 하는가? 그런 이유로 이것이 신비라고 불리는 것이다.

하지만 문제가 믿음의 결여도, 귀신의 존재도, 회개에 대한 거부도, 기도의 실패도, 갈망의 결여도 아닐 때 우리는 무엇을 이야기해야 할까? 바울의 경우와 같은 지속적인 몸의 고통을 어떻게 설명해야 할까? 나는 독자들이 다음의 내용을 주의 깊게 읽어보기를 권면하고 싶다.

7. 때로는 하나님이 우리 몸의 건강보다 영적 성장과 도덕적 진보, 하나님을 향한 지식의 증가를 원하시는데, 이런 것들은 하나님이 그분의 지혜로 판단하실 때 온전치 못한 건강을 통해서나, 그런 환경 속에서나, 그런 상태에 대한 반응을 통해서만 성취된다고 정하신 경험이다. 다른 말로 하면, 병든 자를 치유하는 것은 "좋은" 일이고 우리는 이를 위한 기도를 멈춰서는 안 되지만, 육신적 연약함을 통해서만 성취될 수 있는 이보다 더 나은 무엇이 있을 때도 있다는 것이다.

하나님께 우리 몸의 건강보다 더욱 중요한 것은 영적 거룩함이다. 그렇다고 우리 몸이 중요하지 않다는 뜻은 아니다. 하나님은 영지주의자가 아니시다. 그분은 우리 몸을 소중히 여기고 구원하셨으며, 지금은 우리 몸을 영원한 성전으로 삼아 거하기까지 하신다. 하지만 우리가 이 타락하고 부패한 세상에 사는 한, 그리스도의 형상을 내면적·영적으로 닮아가는 것은 육신의 연약해짐과 고통을 대가로 하거나 적어도 이와 동시에 이루어진다(고후 4:16-18을 보라).

이 원리를 개인적으로 적용해보자. 만일 내가 로마서 8:28의 내용, 곧 하나님이 내 삶의 모든 사건을 배치하실 때 궁극적으로 나의 영적인 유익(특별히 그분의 궁극적인 영광)을 위해 주권적으로 하신다는 사실을 믿는다면, 모든 조건이 동일하다고 할 때, 가능한 유일한 결론은 이것이다. 내가 치유를 받지 못하는 것은 하나님이 내 안에서 나의 육신의 편안과 건강보다 더 중요하게 여기시는 무엇이 있고, 그것이 오직 나의 육신적인 고통과 그것을 통해 내가 배우는 하나님에 대한 복종과 의존과 신뢰를 통해서만 성취될 수 있음을 무한한 지혜와 다정함 속에서 아시기 때문이다.

결론

결론적으로 말해 우리는 누군가가 치유받지 못하는 이유를 절대로 확신할 수 없다. 그렇다면 우리는 어떻게 반응해야 할까? 먼저 기도를 멈추지 말라. 이것을 받아들이기 힘들어하는 이들도 있다. 많은 경우 내가 받는 질문은 "바울은 왜 하나님이 의도하신 것으로부터 놓임 받고자 기도했을까?"다. 그 대답은 하나님이 이 특정한 사례를 통해 자신이 의도하신 바를 바울에게 알게 하실 때까지 바울이 하나님의 의도를 알지 못했다는 데 있다. 우리가 고통 당하는 특정한 질병에 있어 당신과 나도 마찬가지다.

주님이 바울의 기도에 "아니다, 네가 이 가시로부터 놓임 받는 것은 내 뜻이 아니다"라고 응답하시지 않았다면 바울은 당연히 계속해서 낫고자 기도했어야 했다. 내 친구 잭 테일러(Jack Taylor)는 다음과 같이 표현했다. "하나님의 계시나 죽음을 보기 전까지는 치유를 위한 기도를 멈추지 말라!" 바울의 경우와 같이 예언적으로 드러나거나, 합당한 성경적 수단을 통해 당신을 지금이나 영원히 치유하지 않으시는 것이 하나님의 뜻임을 분별하게 된다면, 치유를 위한 기도를 멈춰도 좋다. 하지만 그렇지 않다면 죽음을 맞이하지 않는 한 당신은 지속적으로 기도해야 한다. 당신의 거룩을 위한 단기적인 목적을 성취하신 후, 당신을 온전히 치유하시는 것이 하나님의 장기적인 뜻일지 우리는 절대 알 수 없다.

바울이 구원을 위한 간구를 멈춘 유일한 이유는 하나님이 그에게 입을 다물라고 말씀하셨기 때문이다. "아니다, 바울. 나는 너를 치유하지 않을 것이다. 이번 경우에 있어 네가 이 고통으로부터 놓임을 받는 것은 나의 뜻이 아니다. 내게는 더 높은 목적이 있다. 곧 네가 더욱 겸손해지는 것이며 또한 너의 지속적인 연약함을 통해 내 아들의 영광이 드러나는 것이다." 이에 대해 바울은 다음과 같이 대답했다. "네, 주님. 이제 저의 입을 다물고 제 삶 속에 드러난 주님의 긍휼하신 목적에 복종하겠습니다. 제가 알고 있는 바, 주님은 저를 사랑하시며 저의 영적 성장을 위해 궁극적으로 가장 유익한 것을 원하십니다. 이제 저의 기도는 주님이 제 안에서 이 고통의 유익한 효과들을 극대화하시는 것입니다. 이 질병을 통해 찾아오는 영적 유익 중 아무것도 놓치지 않게 해주시옵소서. 제가 알아야 할 모든 것을 가르쳐주시고, 제가 그리스도의 영광을 위한 도약의 발판과 다른 고통 받는 성도에게 위안의 근원이 될 수 있도록 저를 붙들어주시옵소서."

하나님이 치유하지 않기로 선택하시는 이유에 대해 다른 설명도 가능하겠지만, 위의 이유들이 도움이 되었으리라고 생각한다. 이 문제에 대해 내가 알지 못하는 바가 많지만, 이것만은 확실하다. 하나님의 은혜가 모든 상황에서 족한 것은 우리가 약할 때 하나님의 능력이 온전하여진다는 사실을, "그리스도를 위해"(고후 12:10) 배울 수 있기 때문이다.

추천 도서

Lawrence, Peter. *The Spirit Who Heals*. Eastbourne, UK: Kingsway, 2006.

Storms, Sam. *The Beginner's Guide to Spiritual Gifts*. 2nd ed. Ventura, CA: Gospel Light, 2013.

Tada, Joni Eareckson. *A Step Further*. Grand Rapids: Zondervan, 1978. 『한 걸음 더』(기독교문서선교회 역간).

24장
율법주의란 무엇일까?

"자유"라는 단어는 다양한 사람에게 다양한 의미를 지닌다. 무장 강도죄로 감옥에 있는 사람에게 자유는 조기 석방을 의미할 것이다. 자영업자에게는 순전히 경제 용어로 정의될 수 있다. 이전에 공산권에 있던 사람에게는 사회·정치적 억압의 부재를 의미할 것이다. 하지만 그리스도인에게 자유는 무슨 의미일까? 당신에게 이것은 무슨 의미인가?

갈라디아서 5:13에서 바울은 말한다. "형제들아, 너희가 자유를 위하여 부르심을 입었으나 그러나 그 자유로 육체의 기회를 삼지 말고 오직 사랑으로 서로 종 노릇 하라" 성부 하나님은 왜 당신에게 자신의 구원하시는 사랑을 부으셨는가? 성자 하나님은 왜 당신을 위해 죽으셨는가? 성령 하나님은 왜 그 희생 안에서 당신을 믿음으로 부르셨는가? 자유 때문이다!

그리스도인에게 자유는 다음 세 가지 중 하나를 의미한다. 가장 먼저 하나님의 진노의 정죄로부터의 자유다. 이것은 바울이 로마서 8:1에서 다음과 같이 선언했을 때 유념한 것이기도 하다. "그러므로 이제 그리스도 예수 안에 있는 자에게는 결코 정죄함이 없나니." 두 번째로는 죄의 충동으로부터의 자유가 있다. 로마서 6:14은 "죄가 [우리를] 주장하지 못하리니 이는 [우리가] 법 아래에 있지 아니하고 은혜 아래에" 있기 때문이라고 못 박아 말한다. 세 번째로 자유는 다른 사람들의 생각으로부터의 자유인데 이는 로마서 14장의 주제이기도 하다. 그리스도인의 이런 자유 중 나는 세 번째에 집중하고 싶다.

율법주의의 위협

당신을 자신의 종교적인 힘 아래에 두고자 결단한 사람들, 곧 자칭 그리스도인들이 있다. 이들은 당신을 자기 생각의 노예로 만들고자 단단히 마음을 먹었다. 성경적 타당성은 없이 다만 잘 정돈된 종교라는 상자를 만들고는, 당신을 그 안으로 구겨 넣으며 당신이 그 규격에 잘 들어맞기를 강요한다. 이들은 율법주의자로, 이들의 도구는 죄책과 두려움, 위협 그리고 자기 의다. 이들은 당신을 향한 하나님의 무조건적 사랑을 선언하면서도, 당신을 하나님이 편애하시는 소수, 곧 하나님의 인정과 승인을 받은 엘리트에 포함시키기에 앞서 특정한 조건들을 강요한다.

이것은 구원받기 위해 특정 율법이나 도덕률에 순종할 것을 강요하는 사람들에 대한 이야기가 아니다. 이들은 율법주의자가 아니다. 구원받지 못한 사람일 뿐이다. 이들은 쉽게 구분될뿐더러 거절하기도 쉽다. 내가 이야기하는 것은 기독교의 율법주의자로, 자신의 개인적 선호도에 맞추어 모든 그리스도인 간의 일치를 강요하는 것을 목표하는 사람이다. 말하자면 생활 방식에서의 율법주의자다. 이들은 당신으로부터 기쁨을 앗아갈 뿐 아니라 예수님과의 관계로부터 친밀함 역시 거두어버린다. 심지어 당신의 구원을 의심하게 만들 수도 있다. 이들은 당신의 머리 위로 정죄와 경멸을 쌓아 당신의 삶이 하나님 안에서의 자유와 기쁨보다 두려움으로 조정되고 움직이도록 한다.

이 사람들은 그중 아무것도 인정하지 않을 것이다. 이들은 자신을 율법주의자로 인식하거나 묘사하지 않는다. 지금 이 부분을 읽고 있다면 아마도 내가 다른 사람에 대해 이야기하고 있다고 확신할 것이다. 이들은 자신을 다음과 같이 소개하는 법이 없다. "안녕하세요. 제 이름은 조(Joe)예요. 저는 율법주의자이고 제 목표는 당신의 기쁨을 빼앗고 당신을 저의 종교적 편견에 가두는 것이지요. 오늘 예배를 마치고 저와 점심을 같이하실래요? 당신이 무엇을 잘못하고 있는지 제가 조목조목 짚어드릴게요."

독자들 중에는 율법주의자도 있겠지만 아마도 더 많은 수가 율법주의의 피해자일 것이다. 정작 성경은 그 주제에 대해 침묵함에도 불구하고, 다른 사람들이 불경건하게 여기는 무엇을 행하면 어쩌나 하는 두려움 속에서 산다. 다른 사람들의 반감과 혐오, 궁극적인 거절을 불러오는 것 역시 무서워한다. 보다 더 심각한 것은 율법주의자들이 소중히 여기는, 그러나 정작 성경적 근거가 없는 종교적 전통이나 문화적 규범을 어겨 하나님으로부터 거절당하면 어쩌나 두려워하는 것이다. 당신은 현혹되어 아주 작은 실책이나 실수라도 하나님의 반감과 혐오를 불러올 수 있다고 믿게 된다.

교회에서든 가정 모임에서든 아니면 단순한 교제에서든, 다른 그리스도인들과 함께 있을 때 당신은 자유로움을 느끼는가? 당신의 영혼은 편안함을 느끼는가, 아니면 압박감을 느끼는가? 당신이 느끼는 것은 이들의 용납인가, 아니면 정죄인가? 오로지 다른 사람이 "거룩하다"고 여기는 것에 자신이 부합하지 못하다고 생각하기 때문에 판단받고 부족하고 열등하고 죄책이 있고 미성숙하다고 느끼는가? 예수님은 이런 구속으로부터 당신을 자유롭게 하기를 원하신다. 바울이 말한 것처럼 "당신은 자유를 위해 부르심을 받았다."

율법주의의 정의

율법주의는 많은 방식으로 정의되었지만 나는 다음과 같이 정의하고 싶다. 율법주의는 하나님이 성경을 통해 요구하시거나 금지하시지 않은 것들을 하나님의 율법으로 삼고자 하는 경향성으로, 여기에는 이것에 순응하지 못하거나 거절하는 사람들을 의심의 눈초리로 바라보는 성향이 동반된다. 이것을 종교심으로 부르는 사람도 있는데, 인간이 만든 종교와 율법주의가 서로 협력한다는 의미에서 가능한 표현이다. 이 모든 사실은 다음과 같이 요약될 수 있다. 성경에 없는 규칙과 기대치를 만들고 난 후, 이것에 순종할 때 나 자신은 물론 하나님과의 관계에 대해 만족감을 느끼고, 동시에 경건에 대한 이런 거짓된 기준에 부응하지 못하는 다른 사람들을 판단하는 것이다.

내가 율법주의자인지 어떻게 알 수 있을까? 여기 다섯 가지 질문을 포함한 간단한 테스트가 있다.

1. 당신은 성경적 원리보다 교회의 관습에 더 높은 가치를 부여하는가?

교회 생활에서 경험하는 많은 수의 이른바 옳고 그름은 성경의 산물이 아니라 가족 배경과 문화, 사회·경제적 요인, 지리적 위치, 늘 그렇게 해온 방식을 유지하고자 하는 오래된 제도에 대한 헌신의 산물이다. 다시 한 번 말하자면, 성경이 금하지 않는 한 자유롭게 이것들을 추구해도 좋다. 하지만 다른 사람들에게도 그렇게 할 것을 강요해서는 안 된다.

2. 당신은 성경이 요구하지 않은 것을 도덕법의 신분으로까지 격상시키는가? 몇 가지 예를 들어보자.

성경에서 술 취함은 분명하게 금지된 반면 금주는 요구하지 않는다. 오해하지는 말라. 알코올을 금하는 것은 훌륭한 일이다. 그리스도인으로서 당신은 금주를 당신의 생활양식으로 얼마든지 자유롭게 받아들일 수 있다. 하지만 적당하게 술을 마시려는 이들을 정죄해서는 안 된다. 이런 선택의 타당성과 실질적 영향에 대해 이들과 토의를 할 수는 있지만, 이들을 영적으로 부족하다거나 하나님의 최선에 미치지 못하는 사람으로 정죄해서는 안 된다.

성경은 단정한 옷차림을 권장한다. 남자나 여자 모두 자신의 관능미를 과시하는 옷차림이나 불필요하게 호사스럽고 유혹적인 옷차림은 주의해야 한다. 하지만 우리에게 화사한 옷차림이나 화장술, 특정한 헤어스타일을 두고 다른 사람들을 정죄할 권리는 없다.

성경은 음욕을 분명한 방식으로 정죄한다. 하지만 율법주의자들은 이것을 텔레비전에서 인터넷, 영화(심지어 어린이 관람 영화까지), 남녀가 같은 수영장을 이용하는 것에 이르기까지 모든 것을 거룩하지 못한 것으로 정죄하는 데 사용한다. 오해는 하지 말라. 당신은 TV와 인터넷 사용을 상당 부분 절제하여 커다란 유익을 누릴 수도 있다. 또한 나는 당신이 종종 "예술"이라는 이름으로 허용되는 힐리우드의 쓰레기에 대해 어느 때보다 더 분별력을 발휘해줄 것을 강력하게 부탁한다. 하지만 이런 형태의 미디어는 지혜롭게 사용될 경우 하나님 나라의 진리를 표현하는 강력한 도구가 될 수도 있다.

부모는 자기 자녀들을 주의 교훈과 훈계로 양육해야 한다. 이것에 대해서는 오해의 여지가 없다. 부모로서 당신은 모든 공립학교가 마귀의 도구이자 세속적 인본주의의 소굴이라고 얼마든지 믿을 수 있다. 당신이 어떤 의견을 갖고 그것에 따라 어떻게 자녀를 교육할지 결정짓는 것은 분명 당신의 권리다. 하지만 당신에게는 당신과 견해를 달리하는 다른 그리스도인 부모들의 영성을 의심할 성경적 권리가 없다. 당신이 당신 자녀를 집에서 가르치든, 사립학교 혹은 공립학교를 보내든, 이것은 성경이 침묵하는 문제다. 당신의 신념을 열정과 열성으로 붙들라. 하지만 당신과 의견을 달리하는 사람들의 생각을 당신의 노예로 삼으려 하지는 말라.

성경은 기도, 성경 공부, 예배, 성례의 기념을 위해 매주 모일 것을 명령한다. 하지만 율법주의자들은 모든 이유를 막론하고 한 번이라도 주일 예배를 빠진다거나, 감히 주일 오후에 미식축구 경기를 관람한다거나, 예배를 마친 후 잔디를 깍는 사람들을 육신적이라며 비난한다. 당신이 주일에는 일도 하지 않고, 스포츠 행사도 관람하지 않고, 집안 일도 하지 않는 것을 선호한다면 좋다. 그렇게 하라. 하지만 그렇게 하지 않는 사람들을 정죄하지는 말라. 왜냐하면 하나님도 이들을 정죄하시지 않기 때문이다.

잠시 멈추어 안식일 문제를 좀 더 자세히 살펴보도록 하자. 어느 안식일에 예수님이 제자들과 함께 밀밭 사이로 지나가실 때, 제자들이 이삭을 잘랐던 사건을 기억하는가?(막 2:23-28, 특히 23절) 이에 대해 바리새인들은 분통을 터뜨렸다. "보시오! 저들이 어찌하여 안식일에 하지 못할 일을 하나이까?"

구약의 안식일법은 그다지 복잡하지 않았다. 엿새는 일을 위해 구별되었지만, 일곱째 날 곧 안식일에는 일을 할 수 없었다. 이스라엘 백성은 안식해야 했다. 하지만 구약은 안식일에 금지된 일이 실제로 어떤 종류의 일인지에 대해 거의 언급하지 않는다. 유대교 랍비들이 수년 동안 성경 본문이 열어둔 것을 메우겠다고 자처하고 나선 것은 이 때문이다. 이들은 자칭 안식일에 금지된 일의 39가지 다른 표현을 찾아냈다.

시간이 지나감에 따라 다양한 유대교 랍비 학파들은 원래의 명령 위로 규율에 규율과, 율법에 율법을 덧붙였고, 이것은 성경의 요구를 한참이나 넘어 이스라엘 백성에게 안식일과 안식일의 준수를 끔찍한 짐으로 만들어버렸다. 하나님은 안식일이 안식하는 날이 되기를 의도하셨다. 안식일은 자기 백성이 인생의 짐으로부터 놓임 받고, 그들을 위한 자신의 선하심과 공급하심을 기념하기를 원하신 날이었다. 하지만 이스라엘 종교 지도자들은 이것을 믿기 어려울 만큼의 스트레스와 괴로움, 잇따른 무거운 짐의 날로 바꾸어버렸다. 말 그대로 인간이 만든 수백 가지의 제약이 원래의 명령에 덧붙여졌다. 너무 많은 표준 밖의 규칙과 규정이 원래의 명령에 덧붙여져 사실상 주중 육일보다 안식일에 쉬는 것이 더 어려워졌다!

안식일의 규정은 기하급수적으로 늘었다. 어떤 법에서는 유대인은 말린 무화과 나무 열매 한 개보다 무거운 짐을 들 수 없다고 명시했는데, 다만 물건의 무게가 그것의 절반이라면 두 번에 걸쳐 옮기는 것은 가능했다. 당신이 음식을 향해 손을 뻗은 순간에 안식일이 시작됐다면 당신은 그 팔을 거두어들이지 말고 음식을 내려놓아야 했다. 그렇지 않을 경우에는 짐을 지는 죄를 범하는 것이었다. 무엇을 사거나 팔 수도 없었고 빨래를 할 수도 없었다. 목욕도 할 수 없었는데, 혹여나 물이 바닥으로 튀어 규칙들이 금하는 바닥 "청소하는" 죄를 범할까 두려웠기 때문이다. 의자를 끌면 고랑을 만들 수도 있기 때문에 의자를 옮길 수도 없었다. 여성의 경우 혹시라도 새치를 발견한다면 뽑고 싶은 유혹을 느낄 수도 있기 때문에 거울을 볼 수도 없었다.

예수님이 이 땅에 계신 동안이 그 이후보다 나았다고 해도 안식일 규정은 유대인들에게 하나님이 결코 의도하신 적이 없는 종교적 짐을 지웠다. 이것이 안식일에 예수님과 제자들이 밀밭 사이로 지날 때 제자들이 이삭을 자른 사건의 배경이다. 이삭을 잘라 먹는 것 자체는 율법의 위반이 아니다(신 23:25). 하지만 바리새인들은 이것을 "추수", 곧 이들이 정한 바 유대교 전통을 위반하는 39가지 일 중 하나라고 주장했다.

마가복음 3:1-6에서도 거의 동일한 각본을 볼 수 있다. 예수님이 안식일에 한쪽 손이 마른 사람을 치유하신 것이다. 그리고 바리새인들은 다시 한 번 자신들의 소중한 전통을 망가뜨린 예수를 향해 분연히 일어났다. 예수님이 이들의 고소에 어떻게 반응하셨는지는 곧 살펴볼 것이다. 하지만 이들을 움직인 율법주의 정신에 먼저 주목해보자.

율법주의 정신의 분명한 징후는 다른 사람들의 삶에서 잘된 것을 찾아 이들을 격려하기보다 잘못된 것을 찾아 이들을 판단하려는 경향성이다. 우리 중 어느 누구도 모든 일에 능한 사람은 없다. 우리는 여러 면에서 모자란다. 가난한 사람들에 대한 반응이나 예배 스타일, 설교 방식, 비

그리스도인들에게 그리스도를 전하려는 노력 등이 그 예다. 우리는 절대로 이것들을 완벽하게 행할 수 없다.

예를 들어 95퍼센트 잘하는 매우 경건한 신자가 한 사람 있다고 가정해보자. 당신이 종교적 율법주의자라면 당신은 그가 잘하는 95퍼센트는 곧바로 간과한 채, 그가 잘 하지 못하는 5퍼센트에 대해 불평을 쏟아놓을 것이다. 율법주의자들은 다른 사람들의 부족한 부분을 곱씹기를 좋아하기 때문에, 당신은 그가 완벽에 대한 당신의 기대를 어떻게 충족시키지 못하는지를 강조할 것이다. 5퍼센트의 실패가 95퍼센트의 성공을 가리우는 것이다. 그 사람이 잘한 것이 무엇이든 그것은 아무 소용도 없다. 당신은 그것이 맺은 열매를 볼 수 없고 그 사람의 최선의 동기 역시 이해할 수 없다.

율법주의자들은 다른 사람의 실수를 찾아낼 때 만족을 느낀다. 이것은 이들의 우월감에 큰 힘을 실어준다. 이들은 실제로 자신이 더 영적이고 경건하며 하나님으로부터 더욱 큰 은혜와 사랑을 받는다고 생각한다.

율법주의 정신에는 양면이 있다. 다른 사람들의 작고 드문 잘못을 발견하는 것에는 재빠르고 독단적인 반면, 자신의 잘못과 실패는 절대로 인정하지 않는다는 점이다. 자기 죄와 판단 착오를 인정하고 자백하는 것에는 자신의 권력이나 체면, 위신을 잃어버릴 수 있는 위험이 뒤따르기 때문이다.

무엇이 이런 정신을 이끄는 것일까? 자신의 노력과 성취로 하나님의 용납과 사람의 인정을 얻을 수 있다는 믿음이다. 그리스도의 성취를 의존하고 우리를 위해 그분이 행하신 일을 확신하기보다, 율법주의자들은 자신의 행위를 배가하고 다른 사람들은 하지 않는 것을 자신은 행한다는 사실에 뿌듯함을 느낀다.

마가복음 2:24을 다시 한 번 보라. "바리새인들이 예수께 말하되 '보시오! 저들이 어찌하여 안식일에 하지 못할 일을 하나이까.'" 혹은 마가복음 3:2은 어떤가? "사람들이 예수를…주시하고 있거늘." 율법주의 정신은 언제나 다른 사람의 죄를 찾는다. 성경에는 없는, 자신만의 규칙에 다다르지 못하는 사람들이 있는지 언제나 주변을 살핀다. 자신의 전통에서 조금이라도 벗어나는 것은 모두 뿌리 뽑기 위해 다른 사람의 행위와 믿음을 호시탐탐 엿본다. 이들은 트집 잡고 판단하기를 끊임없이 반복한다.

"당신은 실제로 술을 마시는 군요. 영화도 보러 가시고요. 주일에 잔디를 깎으시다니. 그리고 주일에 교회를 오시면서 상의와 넥타이도 갖춰 입지 않으시더군요. 제가 당신을 지켜보고 있답니다. 또 우리가 승인한 것과 다른 버전의 성경을 읽으시던데요. 당신은 제가 믿는 것들을 믿지 않으신다고요? 이런, 문신도 있으시군요. 기도하실 때 두 눈을 꼭 감지도 않으시던데요. 십일조는 총소득으로 하시지 않고 순수입으로 하시고요. 이런, 하나님이 가만 있지 않으실 겁니다. 그러고도 자신을 그리스도인으로 부르시다니!" 율법주의 정신과 인간이 만든 종교를 움직이는 힘은 이런 에너지다.

3. 당신에게는 당신 삶에 주신 하나님의 뜻을 따르지 않는 사람들을 영적으로 경멸하려는 경향성이 있는가? 척 스윈돌(Chuck Swindoll)이 나누었던 한 선교사 가정의 이야기가 생각난다. 그 가정은 땅콩버터를 구하기 어려운 지역에서 선교 사역을 했고 미국에 있는 친구들에게 부탁해 식사에 필요한 땅콩버터를 공수받았다. 그러나 곧 거기서 사역하는 다른 선

교사들에게는 땅콩버터를 금하는 것이 영성의 증거가 된다는 사실을 알게 되었다. 말하자면 그것은 이들이 "져야 할 십자가"였다. 이 선교사 가정은 자신이 땅콩버터를 즐겨 먹는다는 사실을 자랑하지는 않았지만, 그것을 주시는 하나님께 감사하면서 집에서는 계속해서 땅콩버터를 즐겨 먹었다. 하지만 동료 선교사들로부터의 압력과 정죄가 어찌나 심했는지, 결국에는 환멸과 냉소를 품고 귀국해야 했다.

어떤 이는 이 선교사 부부가 동료 선교사들의 믿음을 존중하고, 그 나라에서의 복음 전파를 위해 땅콩버터를 먹지 않는 일에 동조하고 동의했어야 한다고 주장할 수 있다. 그럴 수도 있다. 하지만 그렇게 하는 것은 율법주의자들의 마음속에 있는 보다 더 큰 오류를 오히려 강화시키기만 했을 것이다. 우리는 이런 율법주의적 견해에 격려와 확신을 더해주는 것으로는 어느 누구에게도 유익을 끼칠 수 없다.

그리스도인이 된다는 것은 땅콩버터를 먹지 않는 자유를 포함한다. 하지만 땅콩버터를 먹는 다른 사람들을 정죄할 자유를 포함하지는 않는다. 당신은 얼마든지 당신의 자유를 행사할 수 있지만, 다른 사람들이 자유를 행사하지 못하도록 강요할 수는 없다.

4. 당신은 성경이 모든 윤리적 결정들을 분명하게 다루지 않고 모든 신학적 질문들에 대답하지 않는다는 것에 불편함을 느끼는가? 율법주의자들은 모호함을 두려워하는 경향이 있다. 이들이 가장 좋아하는 색은 흑과 백이다. 이들은 성경의 침묵에 불편함을 느끼고 하나님의 말씀이 함구할 때에도 굳이 이야기를 하겠다고 고집부린다. 성경의 침묵이 일부러 남겨둔 틈새를 메우고 하나님이 성경을 통해 일부러 열어두신 부분에 구

체적이고 세부적인 적용들을 만들어내는 일로 자신이 부름 받았다고 생각한다.

5. 당신은 관계보다 규칙에 더 편안함을 느끼는가? 여기서 내가 말하는 것은 성경의 명백한 규칙들이 아니다. 시편 119편에는 성경의 율법과 명령, 법도, 규칙들에 대한 그리스도인의 적절한 반응이 기록되어 있다. 우리는 하나님의 율법을 즐거워하고 기념해야 하며 거기에 기쁨으로 순종해야 한다. 하지만 다른 사람들과 나누는 대화의 초점이 당신이 만들어낸 규칙들에 있고, 당신은 오로지 이런 규칙들만 성경이 이야기하는 사실의 타당한 적용이라고 생각하는가? 하나님이 주신 규칙은 유익하고 의로운 것이지만, 그런 규칙의 목적은 그리스도인들의 관계를 억압하고 방해하고 망가뜨리는 것이 아니라 강화하고 성장시키는 것이다.

율법주의자가 되는 이유는 무엇일까?

율법주의의 매력은 무엇일까? 사람들이 율법주의를 받아들이는 데에는 다섯 가지 이유가 있다.

먼저 율법주의는 우리로 하여금 모든 도덕적 갈등 속에서 무엇을 해야 할지를 정확히 알도록 하고 그 가운데서 안도감을 느끼도록 만든다. 도덕적 완고함에는 일종의 심리적 안정감이 있다.

두 번째로 율법주의는 교만을 장려한다. "내가 무엇을 기꺼이 포기하려는지 한번 봐. 다른 사람들은 모두 자기 멋대로 살지만, 내게는 그들에게 없는 절제와 도덕적 기준이 있어. 내게는 하나님을 정말로 사랑하려는 의지가 있어. 따라서 하나님은 나를 정말로 사랑하셔."(여기에는 하나님이 자신과 다른 길을 선택하는 이들을 정말로 사랑하지 않으신다는, 혹은 적어도 자신만큼은 사랑하지 않으신다는 저의가 담겨 있다.)

세 번째로 이것은 통제를 지속할 핑계가 된다. 율법주의에는 모든 상황을 다스릴 규칙이나 율법이 언제나 존재하고(물론 내가 만들어낸 것이지만), 따라서 미지의 것을 두려워할 필요가 없다(율법주의자들의 생각에). 규칙이 없다면 결국 모든 것은 통제를 벗어나고 말 것이다.

네 번째로 일치가 주는 편안함이다. 다른 사람들이 우리와 같은 방식으로 산다면, 비록 이에 대한 명확한 성경적 근거가 없다고 해도, 이것은 언제나 확신을 준다.

다섯 번째로 다른 신자들을 향한 진실하고 진심 어린 염려 때문에 율법주의를 받아들이는 사람들도 있다. 이들의 동기는 실제로 사랑과 연민으로, 이들은 다른 사람들의 영적인 안녕이 위험에 처한 것을 걱정한다. 이들은 어떤 길을 향한다면 분명히 멸망할 것이라고 두려워하는데, 정작 성경은 그 길에 대해 아무런 언급도 하지 않는다(특히 롬 14:4을 보라).

그리스도인의 자유에 대한 끝맺음의 말

율법주의에 대한 해결책이 그리스도인의 자유라는 사실을 감안하여 참된 그리스도인의 자유에 대해 다음 세 가지로 간단하게 언급하면서 이번 장을 마치려 한다.

먼저 그리스도인에게는 성경이 금하는 것을 행할 자유가 없다. 그리스도인의 자유는 간음이나 도둑질, 거짓말을 행하는 것이나 용서하지 않으려는 태도를 지속하는 등, 성경이 분명하게 금한 것들을 행할 권리를 수반하지 않는다. 그리고 누가 당신에게 이것을 사랑으로 지적했다고 해서 그 사람이 율법주의자인 것은 아니다.

두 번째로 하나님은 그리스도인인 당신의 삶이 두려움과 죄책과 위협으로 특징지어지고 지배되기를 원하지 않으신다. 그분은 당신이 그분 안에서 최상의 기쁨과 자유, 친밀함과 즐거움을 경험하기를 원하신다. 또한 당신이 당신의 자유를 즐거워하고, 그것을 다른 사람들을 사랑하는 일에 사용하기를 원하신다. 이것은 다음 언급에 직접적으로 연결된다.

세 번째로 단순히 자유를 실천하는 것보다 더욱 중요한 것이 있는데 바로 사랑이다. 갈라디아서 5:13에서 바울이 권면한 내용을 다시 한 번 읽어보라. "오직 사랑으로 서로 종 노릇 하라." 어떤 사람의 자유도 보다 연약하고 아는 것이 적은 형제자매의 영적 안녕보다 더 중요하지는 않다. 당신의 자유를 기뻐하라. 하지만 그것의 노예가 되지는 말라.

추천 도서 _____

Bolton, Samuel. *The True Bounds of Christian Freedom*. Carlisle, PA: Banner of Truth, 1978. 『자유 자유 자유』(목회자료사 역간).

Mahaney, C. J., ed. *Worldliness: Resisting the Seduction of a Fallen World*. Wheaton, IL: Crossway, 2008. 『세속주의를 경계하라』(부흥과개혁사 역간).

Swindoll, Charles. *The Grace Awakening*. Nashville: Nelson, 2010.

25장
그리스도인에게는 십일조의 의무가 있을까?

먼저 내가 밝히고 싶은 것은, 내가 성장한 남침례교에서는 십일조가 그
리스도인의 삶에서 필수 요소였다는 사실이다.[1] 이 말이 수입의 10퍼센
트를 헌금으로 바치는 것이 구원에 필수적이었다는 뜻은 아니다. 하지만
십일조의 기본에 대해서는 누구도 의심하지 않았고, 모든 그리스도인이
이런 방식으로 헌금하는 것이 성경적 의무인가에 대한 공개적 토론도 이
루어지지 않았다. 나는 단순히 그럴 거라고 추측했으며, 남침례교를 떠나
고도 수년이 지나도록 이런 실천을 의심하지 않았다. 이야기를 더 진행
하기 전에 이 논쟁이 무엇에 관한 것이고 또 무엇에 관한 것이 아닌지를
정확히 짚고 넘어가도록 하자.

---

1 이번 장의 내용 대부분은 Crossway의 허락을 받아 내가 집필한 다음 책을 개작한
것이다. *A Sincere and Pure Devotion to Christ: 100 Daily Meditations on 2
Corinthians*, 2 vols. (Wheaton, IL: Crossway, 2010). 또한 강력히 추천하고 싶은
자료는 *Perspectives on Tithing: 4 Views*, ed. David A. Croteau (Nashville: B&H
Academic, 2011), 57-83에 수록된 데이비드 A. 크로토(David A. Croteau)가 쓴 "The
Post-Tithing View"다.

우리 앞에 놓인 문제는 그리스도인이 자신의 부에 대해 관대함의 책임을 지는가, 곧 자기 부의 일부를 사역을 돕기 위해 다시 헌금해야 하는가의 문제가 아니다. 고린도후서 8-9장과 그 외의 본문들은 우리에게 이런 책임이 있음을 분명하게 설명한다. 문제는 "새 언약"의 그리스도인들에게 "옛 언약"의 율법에 준해 헌금해야 할 성경적·도덕적 의무가 있는가 하는 것이다. 문제는 그리스도인에게 수입의 십분의 일을 헌금할 "자유"가 있느냐가 아니다. 이들에게는 그럴 자유가 있다. 문제는 그리스도인에게 수입의 십분의 일을 헌금할 "의무"가 있느냐다. 성경은 새로운 언약 아래 있는 신자들에게 수입의 특정한 비율을 헌금할 것을 법으로 정하여 명령하는가?

세속적이고 성경 외적인 십일조

고대 세계에서 십일조는 이스라엘과 같은 종교적 사람들에게만 해당되는 행위가 아니었다. 이교도의 신 혹은 통치 권력에게 자기 수입의 일부를 바치는 행위는 보편적 관습이었다. 창세기 47:24만 보아도 파라오에게 추수의 20퍼센트를 바쳐야 했던 이집트인들이 등장한다. 성경 외의 다른 자료 역시 십일조가 아람인과 루딤인, 갈대아인과 같은 고대 사회에서 일반적인 행위였음을 보여준다.[2]

십일조는 모세의 율법이 주어지기 이전에도 하나님의 백성에게 의무

---

2 여기에 대한 토의로는 다음 논문을 참조하라. "Tithe," in *The Zondervan Pictorial Encyclopedia of the Bible*, ed. Merrill C. Tenney, 5 vols. (Grand Rapids: Zondervan, 1976), 5:756.

적이거나 보편적인 실천이었을까? 모세 이전의 십일조로는 두 가지 예가 있다.

창세기 14:18-20에는 아브라함이 멜기세덱에게 "[그 얻은 것에서] 십분의 일"을 건넨 사건이 기록되어 있다. 하지만 나는 아브라함의 이런 예를 통해 우리가 현대적 십일조의 타당성을 찾는 것에 거리낌을 느끼는데 그 이유는 다음과 같다.

먼저 아브라함이 십일조를 한 것이 당시 모든 하나님의 백성에게 유효했던 그분의 명령 때문이었는지, 아니면 고대 근동의 일반적인 관습 때문이었는지 확신할 수 없기 때문이다. 구약 어디에도 아브라함이 십일조에 관해 하나님께 계시를 통해 지시받았다는 기록은 없다. 이 사건에 관련된 어떤 명령도 아브라함이 이 경우에 행한 것이 모든 시대의 모든 신자에게 동일하게 유효하다는 증거도 없다.

더욱이 아브라함의 십일조가 전리품으로부터 나왔다는 사실에 주목해야 한다(앞서 등장한 창 14:13-16을 보고 히 7:4도 참조하라). 아브라함이 자신의 연간 소득으로부터 십일조를 바쳤다는 기록은 없다. 그가 하나님이 아니라 멜기세덱이라는 사람에게 십일조를 바쳤다는 사실도 중요하다. 또한 내가 아는 바로는, 아브라함은 다시 십일조를 바친 적이 없다. 물론 바쳤을 수도 있겠지만 기록된 바가 없고, 따라서 이것이 일회적 사건이었는지, 아니면 일반적 실천의 한 예인지를 알 방법은 없다.

마지막으로 이 사건을 유일하게 언급한 다른 본문은 히브리서 7장이다. 여기서 저자가 분명히 증명하고자 하는 바는 예수 그리스도에게 있는 새 언약의 제사장 직분이 옛 언약의 제사장 직분보다 우월하다는 사실이다. 저자는 멜기세덱이 아브라함보다 우월함을 내세워 그것을 증명한다. 우리가 명심해야 할 사실은 아브라함이 멜기세덱에게 십일조를 바쳤다는 점이다. 그 반대가 아니다. 멜기세덱이 아브라함을 축복했다. 그 반대가 아니다. 그리고 히브리서 7:7이 선언하듯이 "낮은 자[보다 못한 자]가 높은 자[우월한 자]에게서 축복을 받"는다.

곧이어 히브리서의 저자는 창세기 14장에 이 사건이 기록되었을 때 레위가 그의 증조부의 허리에 있었기 때문에, 어떤 의미에서는 그 역시 멜기세덱에게 십일조를 바쳤다고 이야기한다. F. F. 브루스(F. F. Bruce)가 기록한 저자의 논지의 핵심은 다음과 같다. "아브라함은 참으로 위대한 사람이었다.…그러나 그가 멜기세덱을 만난 기사에서는 두 사람 중 멜기세덱이 더 위대한 인물로 나타나 있다. 그리고 만일 멜기세덱이 아브라함보다 위대했다면 그의 제사장직도 아브라함의 계통을 이은 제사장 직분보다 더 위대해야 한다."[3] 따라서 "멜기세덱의 반차를 따라"(히 6:20) 우리의 대제사장 되신 예수님은 아론과 레위를 이은 모든 제사장보다 위대하시다. 그러므로 이 본문에 호소해 현대적 십일조를 옹호하는 것은 해석학적으로 빈약한 주장이다.

모세 이전의 십일조가 기록된 또 다른 예는 창세기 28:22으로, 여기서 야곱은 모든 것에서 십분의 일을 하나님께 드리겠다고 약속한다. 이것이 우리 역시 그렇게 해야 한다는 견고한 성경적 이유가 될 수 있을까?

먼저 이것이 하나님이 야곱을 축복하신다는 "조건"에 기초한 "맹세"임을 염두해야 한다. 이것은 "당신이 십일조를 바친다면 하나님이 당신을 축복하실 겁니다"라는 말이 아니라 "하나님이 저를 먼저 축복해주신

---

3 F. F. Bruce, *The Epistle to the Hebrews* (Grand Rapids: Eerdmans, 1973), 139-40.

다면 제가 하나님께 십일조를 바치겠습니다"라는 말이다.

두 번째로 야곱의 행위가 모든 시대의 모든 신자에게 규범이 된다고 생각할 만한 타당한 이유가 있는가? 나는 성경의 다른 부분들이 재정적 청지기직에 대해 침묵한다면 우리가 야곱의 예를 따라야 한다는 주장을 기꺼이 받아들일 용의가 있다. 다시 말하면, 헌금이라는 주제에 대해 우리가 알고 있는 바가 단지 야곱의 이야기뿐이라면 그의 예를 따라 헌금하는 것이 지혜로운 선택일 것이다. 하지만 우리가 아래에서 살펴볼 고린도후서 8-9장의 내용대로 신약은 이 주제에 대해 결코 침묵하지 않는다.

모세 언약 안에서의 십일조

모세 언약 혹은 옛 언약 아래에서 십일조가 어떻게 이루어졌는지에 대한 간단한 설명이 필요하다. 먼저 이스라엘 사람들이 수입의 22퍼센트에 달하는 금액을 주님께 드렸다고 믿는 사람들이 있다.

레위기 27:30-33에 따르면 모든 곡식과 소와 열매 등에서 10퍼센트가 주님께 드릴 십일조로 구분되었다. 이 십일조는 회막에서 섬기며 사역하는 레위인들에게로 되돌아갔다. 레위인들은 이스라엘 부족 중 하나로서 제사장이 이들로부터 나왔다. 레위기 18:20-32의 설명에 따르면 이들이 십일조를 받은 것은 땅을 기업으로 받지 못했기 때문이다.

따라서 이스라엘 백성의 수입의 첫 10퍼센트는 레위인들에게 주어졌고, 레위인들은 다시 그것의 10퍼센트를 바쳤는데, 결과적으로는 1퍼센트가 대제사장에게로 돌아간 것이다(민 18:26-29). 분명 레위인이나 성막과 성전에서 사역했던 사람들은 다른 열한 개 지파 사람들이 바친 십일조로 생활했을 것이다.

고린도전서 9:13에서 바울은 구약의 경제적 상황에서 성전 일을 하던 레위인들이 성전에 바쳐진 십일조를 의지해 생활했다는 사실을 고린도 교회에게 상기시켰다. "성전의 일을 하는 이들은 성전에서 나는 것을 먹으며 제단에서 섬기는 이들은 제단과 함께 나누는 것을 너희가 알지 못하느냐?" 바울은 이어 14절에서 다음과 같이 말했다. "이와 같이 주께서도 복음 전하는 자들이 복음으로 말미암아 살리라 명하셨느니라."

바울의 주장의 핵심은 그리스도인이 하나님의 말씀을 전하는 데 자기 삶을 헌신하는 이들을 금전적으로 지원해야 한다는 것이다. 바울은 이 점을 뒷받침하기 위해 구약에서 이것이 어떻게 이루어졌는지를 언급했다. 적어도 그의 말은 이른바 전임 사역을 하고 있는 사역자들을 다른 신자들이 재정적으로 지원하라는 것이다. 하지만 이것을 정확히 10퍼센트의 헌금을 바치는 것으로 해야 하는지는 분명하지 않다.

신명기 14:22-27을 기초로 두 번째 십일조(곧 남은 90%의 10%로 전체의 9%)가 있었고, 일 년에 한 번 예루살렘을 방문하여 거기서 이것을 가족과 함께 거룩한 잔치나 식사를 위해 사용해야 했다고 주장하는 사람들도 있다. 예루살렘까지 자신의 십일조를 직접 들고 가기가 너무 멀다면 그 물건들을 돈으로 바꿀 수도 있었다. 예루살렘에 도착해서는 그 돈을 다시 소와 양, 포도주 등으로 바꾸었다(24-26절). 이것이 만일 정확한 해석이라면, 이스라엘 사람들은 수입의 19퍼센트를 십일조로 바친 것이 된다. 하지만 이것이 다가 아니다.

28-29절에 따르면 이들은 3년마다 십일조를 추가로 바쳐야 했다. 이 십일조는 레위인과 거류인, 고아, 과부에게로 돌아갔다. 다른 말로 하면,

이스라엘 사람들은 3년마다 남은 81퍼센트에서 10퍼센트를 추가적으로 더 드려야 했다. 따라서 내 계산이 맞다면 매년 수입의 대략 21.7퍼센트를 주님께 십일조로 드렸다는 말이 된다.

이 해석에 반대하는 사람들도 있는데, 이들의 주장은 구약의 이런 본문들이 모두 같은 십일조를 가리킨다는 것이다. 다른 방식으로 사용될 뿐, 같은 십일조, 곧 10퍼센트라는 것이다. 다른 말로 하면, 한 사람의 연간 생산 혹은 연간 소득의 10퍼센트는(레 27장) 예루살렘으로 가지고 가 그곳에서 사용되어야 하고(신 14:22-27), 거기서 남는 분량이 레위인들에게로 돌아간다는 것이다(민 18:20-32). 그러나 3년마다 온전한 10퍼센트를 레위인과 거류인, 고아와 과부에게로 돌려야 했다. 이 해석을 따르면 이스라엘 백성은 일 년에 10퍼센트만 지불하게 된다.

어떤 견해를 따르든지 핵심은 십일조가 이스라엘 백성에게 요구되었다는 점이다. 이것은 전 국민의 소득세에 준하는 금액이다. 이런 이유로 말라기 3:6-12은 십일조를 드리지 않은 사람들이 하나님의 것을 "도둑질"했다고 표현한 것이다. 모세의 언약 아래 거한 이스라엘에서는 정교분리 같은 것은 존재하지 않았다. 십일조는 하나님의 선택받은 백성이 신권정치를 유지하기 위해 의도된 종교세였다.

신약은 두 번에 걸쳐 십일조를 바치는 사람들, 곧 여전히 모세의 옛 언약 아래 살았고, 따라서 그 언약이 지시하는 것에 도덕적으로 순종할 의무가 있었던 사람들을 언급한다(마 23:23[눅 11:42]; 눅 18:12). 하지만 이들이 십일조를 바친 것은 제사를 위해 양을 가져와야 하고, 레위기 민법을 준수해야 하며, 죽은 사람의 몸을 건드리지 말아야 하고, 이스라엘과의 언약에서 하나님이 정하신 모든 법률에 순종해야 했던 것과 같은 이유에서다. 그렇다면 우리는 어떤 근거로 십일조에 관한 구약 율법이 새 언약의 신자들의 양심에 여전히 효력을 발휘하는 반면, 다른 문제에 관한 율법은 유효하지 않다고 이야기할 수 있는가?

새 언약의 그리스도인이 십일조, 곧 자기 수입의 10퍼센트를 교회 사역을 위해 헌금하는 것이 가한 일인가? 이것은 가할 뿐 아니라 나는 당신이 그렇게 하기를 강력히 추천하고 권면한다. 우리는 소득의 10퍼센트를 주님께 드리기로 결정함으로써 하나님이 주신 구약의 원리를 높일 수 있다. 신약에서 헌금에 대한 지정 백분율이 없다고 할 때 왜 구약의 양식을 받아들이지 않겠는가?

하지만 당신이 그렇게 하지 않는다고 해서 그것이 죄라는 뜻은 아니다. 8퍼센트만을 드린다거나 15퍼센트를 드리는 것 모두가 가능하다. 헌금을 전혀 하지 않는다거나 자기의 수입에 불균형하게 한다거나(오늘날 대부분 그리스도인들이 이렇게 한다) 억지로 하는 것이 정말로 죄다. 기쁘고 관대한 마음으로 헌금하자. 결국 우리가 가진 모든 것은 하나님께 속하지 않는가?

재정적 청지기직에 대한 신약의 가르침

신약은 세례를 받지 않은 그리스도인이나 교회를 출석하지 않는 그리스도인을 알지 못하는 것처럼, 하나님의 사역을 위해 충실하고 관대하게 헌금하지 않는 그리스도인 역시 알지 못한다. 지역 교회의 생명과 사역을 지원하기 위해 자신의 재정적 자원을 충실하고 관대하게 관리하는 것은 이웃을 향한 사랑과 불신자와 복음을 나누는 것만큼이나 그리스도인으로서의 중요한 표시다. 지역 교회를 지원하기 위해 헌금하는 것은 선택의 문제가 아니다. 그리스도인에게 성적 순결이나 진리의 말, 믿음의 나눔이 선택의 문제가 아닌 것과 마찬가지다. 당신은 그리스도인이라 자칭하는 사람이 다음과 같이 말하는 것을 상상할 수 있는가? "나는 예수님을 사랑하고 따르지만 성적 순결이나 배우자를 향한 충실함은 나와 맞지 않아." "거짓말과 도둑질은 세상과 어울리기 위한 최선의 방법이야." 다음과 같이 말하는 것 역시 우리 기독교 신앙에 똑같은 모순이다. "나는 지역 교회의 사역을 지원하기 위해 나의 자원을 사용하지는 않을 거야. 그것은 나답지 않은 일이고, 내가 생각할 때 하나님이 나를 인도하시는 방향도 아냐."

하나님은 언제나 우리 수고의 첫 열매를 받으셔야지, 쓰고 남은 것을 받으셔서는 안된다. 내 아내와 나는 이것을 위해 다음과 같은 약속을 했다. 가장 먼저 지역 교회에 헌금할 것을 따로 떼어놓고, 그다음 공과금을 지불하고, 그 다음에야 우리가 원하는 것을 구매하는 것이다. 대부분의 자칭 그리스도인들이 소비하고 저금하고 다른 많은 데다 돈을 사용하고 난 후, 남는 것이 있을 때 하나님께 드리는데, 이것은 매우 애석한 일이다.

오늘날 사역자들은 돈에 대해 지나치게 말을 아끼거나 혹은 지나치게 말을 많이 하는 것 같다. 전자는 자신이 탐욕스럽고 교활하게 비칠 것을 염려하고, 후자는 부가 모든 그리스도인의 영적 장자권인 것처럼 생각한다. 돈은 누군가에게는 원수이고 또 다른 누군가에게는 당연한 권리다.

사도 바울은 아마도 이 둘 모두에 대해 이의를 제기할 것이다. 그는 고린도 교인들을 향해 열정적이고 지속적인 호소, 곧 예루살렘의 가난한 교회를 위해 관대히 헌금하라고 말하기를 부끄러워하지 않는다. 그렇게 함으로써 바울은 하나님의 은혜의 본질에 대한 깊은 통찰과 우리의 헌금을 지배해야 할 원리, 교회 생활에서 이 둘이 통합될 때 나타나는 기쁨을 제시했다.

고린도후서 8-9장의 내용을 모두 살펴보기에는 지면이 부족하기 때문에 나는 다음 여덟 가지 원리를 사용해 바울이 지시한 내용을 요약하려 한다.

하나님을 더욱 영화롭게 하는 헌금은 언제나 하나님의 은혜의 열매로 이루어 지는 헌금이다(고후 8:1-5).

오직 인간적 견해로만 본다면 마게도냐인들의 상황은 처음부터 불리했다. 상식적으로 이들은 다른 사람의 고통을 경감시켜줄 것을 기대할 만한 종류의 사람이 아니었다. 이들은 자신의 "환난의 많은 시련"과 "극심한 가난"(2절)을 핑계로 자신의 측은한 상태를 개선하기 위한 모금운동 외에는 다른 어떤 것으로부터도 제외될 수 있었을 것이다.

하지만 은혜가 마게도냐 교회들에게 주어졌고 임했고 부어졌다. 예루살렘에 있는 형제들을 향한 이들의 놀라운 관대함에 대한 궁극적인 설명은 오로지 이런 사실뿐이다. 맞다! 바울은 마게도냐 신자들이 행한 일에 호소했다. 하지만 그는 곧 이들이 자기 형제들을 섬김은 하나님이 이들 안에서 이미 행하신 일의 열매에 불과함을 지적했다. 마게도냐인들이 "먼저 자신을 주께 드"린 것(5절)은 하나님께서 마게도냐 교회들에게 그분의 은혜를 "주신" 까닭이었다(1절). 이들이 칭송받는 성취가 무엇이든, 다른 사람들이 따르도록 보인 모범이 무엇이든, 궁극적으로 이것은 선행하는 하나님의 은혜의 행위 때문이었다(이것이 바울이 빌 2:12-13에서 설명한 원리이기도 하다).

　고린도후서의 이 부분에 등장하는 "카리스"(charis), 곧 "은혜"라는 단어를 짚고 넘어가야 할 것 같다. 이 단어는 8:1, 4, 6, 7, 9, 16, 19과 9:8, 14, 15에서 등장하는데, 하나님이 어떤 것을 가능케 하시는 것을 포함해 인간의 특권, 재정적 선물, 감사의 말, 하나님의 호의까지 다양한 범주의 의미로 사용된다. 이것은 은혜가 하나님의 본질에 해당하는 태도나 성향 그 이상을 의미한다는 사실을 상기시킨다. 물론 이것도 사실이지만, 은혜를 오로지 추상적이고 고정적인 원리로만 생각한다면 우리는 보다 깊은 의미를 놓치고 말 것이다.

　은혜는 하나님이 우리의 영적 생명을 시작하시는 신적 행위일 뿐 아니라, 우리가 그 생명으로 인해 계속해서 살고 자라고 움직이게 하는 능력이다. 내주하시는 성령의 힘 주시고 거룩하게 하시는 역사 또한 하나님의 은혜다. 따라서 은혜는 우리가 단순히 믿는 무엇이 아니라 우리가 경험하는 무엇이다. 은혜는 역동적이고 경험적인 실재로서 인간의 마음에 능력을 주어 한계를 넘어 바라보도록 하고, 합리적 설명을 거스르는 일들을 성취하도록 한다. 은혜는 가난하고 고통 받는 성자들, 곧 누가 보아도 받아 마땅한 사람들이 오히려 줄 수 있도록 만드는 능력이다. 마게도냐 신자들의 헌금에는 이런 은혜의 역사가 있었다. 그리고 이런 역사는 우리 안에서도 일어나야 한다.

　존 파이퍼는 이 본문의 영적 역동성을, 위로부터 은혜가 내려와 내면으로부터 기쁨이 솟아오르고, 바깥으로 관대함이 흘러나가는 것으로 표현했다. 이 순서는 매우 중요하다. 은혜가 하나님을 영화롭게 하는 모든 헌금의 시작이 되어야 한다. 그렇지 않으면 우리는 다른 이들을 지원하는 일에서 교만과 칭송을 취할 것이다. 이 은혜만이 참된 기쁨을 설명한다. 그렇지 않다면 상황이 나빠질 때 기쁨은 그 자리를 잃고 퇴화될 것이다. 마지막으로 은혜가 주는 기쁨은 언제나 다른 사람들을 향한다. 은혜의 땅에서 싹을 틔운 기쁨은 도움이 필요한 사람들을 향한 관대한 너그러움으로 그 꽃을 피운다. 이것이 참된 사랑의 본질이다.

하나님을 더욱 영화롭게 하는 헌금은 종종 가난과 고통 가운데서 가장 풍성하게 흘러나온다(고후 8:1-5).

헌금이 가난 속에서 풍성하게 흘러나온다는 말이 터무니없게 들린다는 사실을 나도 알고 있지만, 그렇지 않고서는 1-5절의 내용을 이해할 길이 없다. 이 구절들을 읽을 때 나는 고개를 가로젓는데, 본문의 내용이 믿기 어려워서라기보다, 현재와 미래의 삶에 대한 나 자신의 이기적이고 근시안적인 시야 때문이다. 내가 내 영혼을 지나치게 학대하고 있다는 말로 나를 위로하지는 말라. 성경은 내게 그렇게 말씀하셔야만 한다. 마게도냐인들의 예를 통해 내가 발견하는 이런 사실은 나를 책망하고 나무라는 동시에, 그리스도 예수 안에서 하나님의 전적인 충분성을 의지하도록 나를 가르치고 훈련시켜, 결국에는 무한한 즐거움과 충만한 기쁨으로 나를 일깨워주기 때문이다. 나는 가난을 잘 모르고, 이제껏 내가 노출되어온 고통도 미미한 것에 불과하다. 적어도 대부분의 그리스도인이 견뎌야 하는 것과 비교할 때는 말이다. 내가 재정적인 압박이나 비슷한 시험에 반응하는 방식은 사실 창피할 정도인데, 특히 나와 다른 사람들과의 관계에 미치는 영향을 볼 때 그렇다.

  고백하건대 나는 자신의 고통과 어려움을 핑계 삼아 내 도움이 필요한 사람들을 외면해왔다. 나의 괴로움은 다른 사람들이 내게 관대해야 할 완벽한 이유일 뿐, 내가 다른 사람들에게 관대할 수 있는 기회는 아니었다. 특별히 재정적인 압박은 대부분의 경우 자기연민을 낳는다. 우리의 관심을 자기 내면으로 돌리고 우리 자신의 안녕을 위한 지나친 염려를 하게 만든다. 또한 여기서 멈추지 않고 보통은 우리보다 문제가 없는 사람들을 향한 질투와 우리의 고통을 감해주시지 않는 하나님을 향한 비통으로 이어진다.

마게도냐인들이 마주했던 것과 같은 문제들은 우리 안에 권리 의식을 일깨울 수도 있다. 곧 왜 다른 사람들이 우리의 역경을 눈치채지 못하고, 우리가 믿기로는 하나님의 자녀 된 우리에게 당연한 "권리"를 충족시켜주지 않는지 의문하는 것이다.

이 본문이 내게 이런 영향을 끼친 이유를 알겠는가? 바울은 이들의 "환란의 많은 시련"과 "극심한 가난"을 묘사하면서 동시에 예루살렘의 신자들을 향한 이들의 "풍성한 연보"로 우리의 시선을 돌린다. 나의 방탕하고 죄악된 생각으로는 관대함의 수혜자가 되어야 할 이들이 여기서는 기부자로 묘사된 것이다. 어려움에 처할 때 나는 다른 사람들이 앞다투어 나를 도와줄 것을 기대한다. 하지만 마게도냐인들은 달랐다. 이들에 대한 바울의 언급이 매우 고통스러운 반면, 우리의 사고방식에 도전하고 가치체계를 변화시킬 만큼 강력한 이유가 여기에 있다.

이들의 마음에 모든 상식과 자기보존의 본능적 충동을 거스르는 어떤 일이 일어났다. 이들의 영혼을 가르던 급속한 물길은 단순히 우회한 것이 아니라 180도 전환을 했다. 무언가 초인적인 일이 이들의 가치체계와 사고방식, 행동방식들을 뒤집어버렸다. 하나님 안에 있는 이들의 기쁨이 돈 안에 있는 기쁨을 약화시키고 끊어낸 것이 분명하다. 하나님은 마게도냐인들이 받았고 고린도에서 가능했던 것과 똑같은 은혜가 오늘날 우리에게도 여전히 역사하며 가능하다는 것을 알기 원하신다.

좋다! 하나님의 은혜가 이들 안에 "기쁨"을 일으키고 유지했으며, 이 기쁨이 전에는 돈과 육신적인 편안함만이 성취할 수 있다고 믿던 것에 대한 이기적 의존으로부터 그들의 마음을 자유롭게 했다고 치자. 하지만 이것은 무엇 안에 있는 기쁨인가? 누구 안에 있는 것인가? 아마도 하나님은 마게도냐인들과 비밀 거래, 그러니까 이들이 다른 그리스도인들에게 이런 놀라운 관대함의 모범을 보인다면, 이들을 고통으로부터 구원하시고 이 세상의 부귀로 축복하시겠다는 은밀한 약속을 하신 것은 아닐까? 이처럼 터무니없고 비성경적인 이론을 제시하는 사람은 누구보다도 냉소적이고 무식한 사람이다. 이 본문의 핵심은 재정적 축복이 이들의 기쁨을 낳았다는 것이 아니라, 돈이 아닌 다른 무엇 안에 있던 이들의 기쁨이 다른 사람들을 위한 재정적 축복을 가능케 했다는 것이다.

따라서 무엇이 이 기쁨을 설명하는가? 하나님의 다른 말씀으로부터 추측할 수 있는 사실은 은혜가 이들을 영생의 우물, 곧 언제나 우리를 소생케 하고 우리의 영혼을 만족시키는 예수 그리스도의 물로 인도했다는 것이다. 시편 저자의 말을 인용한다면 다음과 같다.

주께서 내 마음에 두신 기쁨은
그들의 곡식과 새 포도주가 풍성할 때보다 더하니이다(시 4:7).

돈은 마게도냐인들에게 약속을 건넸고, 그것은 모두 합리적이고 올

바르게 들렸다. 만일 마게도냐인들이 돈이 줄 수 있는 것에 마음을 쏟았다면, 그리고 돈이 어떤 불편과 곤란과 근심으로부터 그들을 보호해줄지 심사숙고했다면, 그 행복은 깨지지 않고 계속되었을 것이다. 이것은 우리 사회를 움직이고 모든 상업 광고를 뒷받침하는 원리이기도 하다.

하지만 마게도냐인들은 거절했다. 이것은 가난에 내재된 미덕 때문도, 고통과 괴로움을 향한 왜곡된 이끌림 때문도 아니었다. 은혜가 이들의 눈을 열어 예수님의 영광을 보여주었기 때문이었다. 은혜 안에서 이들은 성자 하나님의 달콤함을 맛보았다. 돈과 안전의 매혹적인 냄새는 주님 되신 그리스도 예수를 아는, 보다 더 나은 향기로 대체되었다. 은혜는 그리스도 안에서 하나님을 보는 것의 비교할 수 없는 아름다움을 알도록 했고, 탐욕의 지배는 끊어졌다.

하지만 잠깐! 가난한 사람이 어떻게 관대할 수 있는가? 바울이 마게도냐인들로부터 가난에 시달리는 예루살렘 교회를 위한 "풍성한 연보"가 흘러나왔다고 했을 때, 이것은 단지 말장난에 불과했을까? 우리는 이것을 어떻게 이해해야 할까? 두말할 필요 없이 마게도냐인들의 헌금을 정량적으로 엄격히 계산한다면, 고린도 교회를 포함해 다른 교회들이 제공한 금액에 크게 미치지 못할 것이다. 수학적으로 말하자면 백 불이 언제나 십 불보다 많다. 바울은 이 분명한 사실을 부인할 만큼 흐릿하지 않았다. 마게도냐인들의 연보를 풍성하다고 불릴 만큼 관대하게 만든 것은 이것이 매우 가난한 사람들로부터 나왔다는 점이다. 이들에게 얼마의 여유가 있었는지를 감안해 비례적으로 생각할 때, 이것은 모든 사람의 기대를 훨씬 초과했다.

바울의 언어는 대단히 도발적이어서 추가적인 설명이 필요하다. 고린도후서 8:2에서 "가난"으로 번역된 단어는 "프토케이아"(ptōcheia) 인데, 그 자체로 극심한 결핍을 의미한다. 하지만 바울은 여기서 멈추지 않고 거기에 충격적인 조건 "카타 바토스"(kata bathos) 을 덧붙인다. 이는 "바닥을 치기까지"라는 뜻으로 결국 "뿌리 깊은 가난" 혹은 "최악의 가난"을 의미한다.[4] "환난의 많은 시련"은 박해를 가리킬 가능성이 가장 크고, 이 박해는 이들의 극심한 재정적 곤경을 크게 악화시킨 것이 분명하다. 이런 탄압의 괴로움은 이들의 마음을 으스러뜨리거나 이들의 마음에 절망을 낳거나 비통을 키우기는커녕, 단순한 "기쁨"도 아닌 "넘치는" 기쁨을 위한 기회를 제공했다. 이들이 긍휼의 사역에 동참하기로 결정한 것은 도덕적 의무에 대한 억지 굴복이 아니라 즉각적인 기쁨의 분출이었다. 바울이 "내가 증언하노니 그들이 힘대로 할 뿐 아니라 힘에 지나도록 자원하여"라고 했을 때(3절) 그가 의미한 바는, 이들이 자원할 수 있는 자신의 능력을 보았고 자신의 현재 상황은 물론 미래의 필요와 의무를 고심하고도 이 둘 모두를 괘념치 않기로 결심했다는 것이다!

이것은 그들이 어리석었기 때문이 아니다. 이들은 이런 결정이 자신에게 미칠 결과를 알았고 기꺼이 그것을 받아들였다. 아마도 그들은 자신에게 합리적으로 가능한 금액을 먼저 계산한 후 그것을 뛰어넘어 자원했을 것이다. 이들이 그렇게 할 수 있었던 것은 은혜가 그들의 마음속에서 역사했기 때문이었다. 이들의 연보가 어떤 재정적 결핍을 초래하든지, 이것은 은혜와 영적 기쁨의 충만함으로 대신 충족되고도 남았다. 이것을 물질적 결핍의 가혹한 현실을 무시하는 종교적 과장법으로 치부하고 싶

---

4 C. K. Barrett, *A Commentary on the Second Epistle to the Corinthians* (New York: Harper & Row, 1973), 216.

은 생각이 든다면, 감히 말하건대 당신은 아직 마게도냐인들이 경험한 구세주의 영원한 아름다움을 보지도, 그 달콤함을 맛보지도 못한 것이다.

다시 한 번 이 놀라운 자선의 행위를 하나님의 은혜의 공로로 돌린다고 해서 이 일의 도덕적 가치가 감소되는 것은 아니다. 바울은 이들이 강요나 강제 때문이 아니라 자원하여(3절), 곧 바울이나 예루살렘에 있던 이들의 강제 없이 자발적으로 그렇게 했음을 주장한다. 이들은 우리의 헌금에 몇 배의 수익이 따라온다는, 오늘날 일부 복음전도자들의 속임수에 넘어가 많은 사람이 그렇게 하는 것처럼 "탐욕"으로 헌금하지 않았다. 자신이 이전에 지은 어떤 죄를 재정적인 희생으로 무마하겠다는 "양심의 가책" 때문도 아니었다. 또한 바울이 이들을 "위협"했다거나 억압이나 두려움 같은 조종 전략을 사용했기 때문도 아니다. 사실 바울은 이런 주장을 더욱 분명히 하기 위해, 자신이 이들의 재정적 상황을 잘 알았고 따라서 돈을 요구하지 않았다고 언급한다. 연보는 그가 상상도 하지 못했던 일이었다.

상상력을 조금 발휘해본다면, 바울이 기도로 예배를 막 마치려 할 무렵, 급박하고 고집스런 외침이 이 그리스도인들로부터 터져 나왔을 것이다. "안 됩니다. 바울! 여기서 멈추시면 안 됩니다. 헌금 바구니를 돌려주세요. 제발 부탁드립니다. 상처 받고 있는 형제들을 도울 수 있는 이 측량할 수 없는 은혜와 기쁨을 저희에게서 빼앗아가지 말아주세요." "바울이여, 어떻게 헌금을 걷지 않으실 수 있습니까? 어떻게 하나님의 충분성과 그분의 공급하심을 보일 무엇에도 비할 수 없는 이런 특권을 우리에게 주시지 않을 수 있습니까?" 놀랍다. 대부분의 사람들은 돈을 받고자 사정하지만, 마게도냐인들은 돈을 주고자 그렇게 했다. 참으로 은혜의 헌금이었다.

하나님을 더욱 영화롭게 하는 헌금은 언제나 하나님의 복음에 그 뿌리를 둔다 (고후 8:9).

"탐욕은 좋은 거야, 잘 통하지." 이는 영화 "월 스트리트"에서 마이클 더글러스가 연기한 회사 중역 고든 게코가 한 말이다. 그가 노골적이고 뻔뻔한 말투로 차분히 연기한 이 오싹한 대사를 처음 들었을 때 나는 충격을 받았다. 지금도 이 충격으로부터 자유롭지 못하다. 이미 잘 알려진 대로 헐리우드는 기독교의 가치를 무시하거나 부인하거나 아니면 약화시키려 단단히 마음먹었고, 위의 충격적인 표현은 그것의 생생한 사례일 뿐이다.

탐욕은 어떻게 상대해야 할까? 이 음험한 힘에 맞서기 위한 가장 효과적인 반격은 무엇일까? 9절의 진리가 열쇠다. 여기서 바울은 우리의 관심을 어떤 진리로 돌리는데, 이 진리에는 우리의 마음을 탐욕의 손아귀로부터 놓임 받게 하고 우리 안에 관대한 헌금의 기쁨을 알려줄 능력이 담겨 있다. "우리 주 예수 그리스도의 은혜를 너희가 알거니와 부요하신 이로서 너희를 위하여 가난하게 되심은 그의 가난함으로 말미암아 너희를 부요하게 하려 하심이라"(9절). 세 가지 질문에 대한 답이 필요하다.

첫째로 그리스도는 어떤 의미에서 "부요"하셨는가? 가장 먼저 떠오르는 것은 헤아릴 수 없이 큰 그분의 영원한 영광의 부요다. 성자의 희생은 우리에 대해 거룩하게 하는 효력을 발휘할 것이지만, 이것은 어디까지나 성부와 성령 하나님과의 사귐 안에서 성자가 누리셨던 선재하는 (preexistent) 영광의 측량할 수 없는 광휘와 한없는 위엄을 우리가 경험하는 만큼이다(사 6:1-4를 보라). 이것은 예수님이 성부 하나님께 "창세 전에 내가 아버지와 함께 가졌던 영화"(요 17:5)를 언급했을 당시 유념하셨던 바이기도 하다. 바울은 이것을 그분이 "하나님의 본체"시며 하나님과 영원한 "동등됨"을 경험하신 것으로 설명하기도 했다(빌 2:6). 하지만 이것은 영광과 빛나는 아름다움, 수많은 천사들의 끝없는 경배 그 이상이었다. 바로 기쁨이었다! 그리스도가 크신 사랑 가운데 포기하신 "부요"는 성자 안에서의 성부, 성부 안에서의 성자, 성부 안에서의 성령, 성령 안에서의 성부, 성령 안에서의 성자, 성자 안에서의 성령의 상호적이고 측량할 수 없이 큰 기쁨을 포함했다. 서로의 아름다움을 바라보시는 삼위 하나님, 서로의 탁월함을 크게 기뻐하시는 삼위 하나님, 서로를 향한 삼위 하나님의 영원하고 열정적인 사랑은 우리의 이해를 초월한다.

둘째로 그리스도는 어떤 의미에서 "가난하게" 되셨는가? 다시 한 번 이사야의 말을 인용해보자. 그는 거룩한 이의 낮아지심을 다음과 같이 예언했다.

> 고운 모양도 없고 풍채도 없은즉
> 우리가 보기에 흠모할 만한 아름다운 것이 없도다.
> 그는 멸시를 받아 사람들에게 버림 받았으며
> 간고를 많이 겪었으며 질고를 아는 자라.
> 마치 사람들이 그에게서 얼굴을 가리는 것같이
> 멸시를 당하였고 우리도 그를 귀히 여기지 아니하였도다(사 53:2-3).

"뭔가 착오가 있는 것이 분명해"라고 의문을 갖는 독자들도 있을 것이다. 바울의 말은 스랍들이 감히 쳐다볼 수도 없었고(사 6:2) 그의 영광으로 온 땅이 충만했던(6:3) 분과, "우리의 질고를 지고 우리의 슬픔을 당하였"으며 "징벌을 받아 하나님께 맞으며 고난을 당"한(53:4) 이가 동일하다는 뜻인가? 곧 능력과 영광으로 높이 들린 보좌에 앉으신 분이 (6:1-2) 우리의 허물로 찔림을, 우리의 죄악으로 상함을 당하셨다는 뜻인가?(53:5) 어떻게 "만군의 여호와이신 왕"이(6:5) "도수장으로 끌려 가는 어린 양"과 같이 "곤욕"과 "괴로움"을 당하고 "털 깎는 자 앞에서 잠잠한 양같이 그의 입을 열지 아니"할 수 있었을까?(53:7)

우리의 세 번째 질문은 다음과 같다. "어떤 의미에서 우리는 그의 가난함으로 말미암아 부요하게 되었는가?" 여기서 우리는 물질적 이익을 지칭하는 번영 복음의 영적으로 병들고 왜곡된 주장을 용납해서는 안 된다. 우리의 부요와 풍부는 노력으로 얻을 수도, 돈으로 구매할 수도 없는 것들이다. 이는 주권적인 은혜의 선물이다. 어디에서부터 이것들을 열거할 수 있을까? 창세 전의 선택? 맞다. 죄의 용서? 맞다. 하나님의 식솔로 양자 됨? 맞다. 오직 믿음으로 의롭다 하심을 받음? 맞다. 그리스도와의 연합? 맞다. 성령의 영원한 내주하심? 맞다. 바울은 에베소 교인들에게 하나님이 "그리스도 안에서 하늘에 속한 모든 신령한 복을 우리에게 주"셨음을 확신하지 않았는가?(엡 1:3) 그렇다. 그러나 이 모든 것보다 부요하고 소중한 축복은 하나님 자신이다. 그분은 우리에게 측량할 수 없는 보물이 되신다. 그분의 아름다움을 바라보는 것이 우리의 기업이다. 그분의 탁월하심을 즐거워하는 것이 우리의 부요다.

하지만 바울이 무엇을 위해 이렇게 말했을까? 무슨 목적에서일까? 둔감하고 교만한 영혼들이 넘치는 관대함으로 헌금할 수 있도록 하기 위함이다. 탐욕은 좋지 않다. 잘 통하지도 않는다. 탐욕은 우리의 영혼을 해치고 마비시켜 다른 사람들의 필요에 공감하지 못하도록 한다. 설상가상으로 탐욕은 관대한 긍휼과 그리스도의 은혜, 그리고 자신의 가난을 통해 우리가 참으로 부요할 수 있게 하신 그리스도의 희생을 간과하게 만든다.

하나님을 더욱 영화롭게 하는 헌금은 백분율의 헌금이 아니라 비례의 헌금이다 (고후 8:12).

바울은 고린도인들에게 모든 헌금이 부에 비례하여 이루어져야 한다는 사실을 상기시킨다. 12절에서 그는 "할 마음만 있으면 있는 대로 받으실 터이요, 없는 것은 받지 아니하시리라"고 이야기한다("있는 대로 하라"고 한 11절도 참조하라). 하나님은 우리가 분수에 넘치도록 헌금할 것을 요구하시지 않지만 마게도냐인들의 경우와 같이 그렇게 하는 것도 물론 가능하다(3절을 보라). 사도는 고린도전서 16:2에서도 동일하게 기록한다. "너희 각 사람이 수입에 따라 모아두어서." 고린도후서 8:12의 기록을 감안할 때 바울은 고린도인들이 헌금을 내기 위해 돈을 빌릴 것을 말하지 않는다. 이 문제에 관한 한 다른 사람들도 마찬가지다. 그는 이들에게 "실소득"이 생겨서 이것으로부터 필요한 도움을 제공할 것을 기대했다. 우리는 누군가를 재정적으로 돕기 위해 빚을 지지 않도록 세심한 주의를 기울여야 한다.

하나님을 영화롭게 하는 헌금은 강요나 강제가 아닌 자의로 이뤄지는 헌금이다 (고후 9:1-5).

예루살렘 교회의 가난을 덜기 위해 노력하기로 한 고린도인의 앞선 약속에 대한 바울의 흥분은 다소 누그러졌다. 디도가 고린도로부터의 헌금이 연기되었다는 실망스런 소식을 들고 온 까닭이다. 3-5절을 통해 바울이

전하고자 한 핵심은, 자신이 앞서 고린도인들에 대해 자랑한 것이 이제는 자신과 고린도인 모두를 당황스럽게 할 수 있다는 점이었다.

5절이 헌금에 대한 두 가지 태도, 곧 관대함과 인색함을 묘사한다고 생각하는 사람들도 있겠지만, 여기서 나는 바울이 헌금에 대한 고린도인들의 참여를 확정 짓는 방식으로 생각한 두 가지, 곧 자의와 압력을 발견한다. 한편으로 바울은 고린도인들이 오로지 자신의 사도 됨과 그의 권위에 대한 복종을 이유로 헌금하지 않기를 원했다(여기에 내재적인 문제가 있는 것은 아니다). 그에 대한 두려움이나 죄에 대한 죄책감, 혹은 마게도냐인들을 넘어서고 싶은 교만과 경쟁심으로 드리는 헌금은 그가 나중에 설명한 하나님의 풍성한 공급하심으로 귀결되는 종류의 헌금이 아니었다. 바울은 사실상 다음과 같이 말했다. "나는 이 헌금이 너희의 마음으로부터, 곧 자의와 기쁨으로 드려지기를 원한다. 이것이 나의 생각이 아니라 너희의 생각이기를 바란다. 너희는 이미 이것에 대한 스스로의 의지를 보였고, 그것이 마게도냐인들을 분발하게 했다. 그러니 이제 열매를 맺어라. 약속을 지키지 못하여 너희 자신을 부끄럽게 하지 말고, 또 내가 나의 권위를 사용하여 너희에게 억지로 드리는 헌금을 강요하도록 하지 말라."

하나님을 영화롭게 하는 헌금은 풍성해야 하며 이것은 풍성한 축복을 보장한다 (고후 9:6).

바울은 우리에게 "적게 심는 자는 적게 거두고 많이 심는 자는 많이 거둔다"라는(6절) 사실을 기억하라고 이야기한다. 이는 번영 복음을 지지하는 사람들의 주장, 곧 풍성하게 바치고 풍성하게 받으라는 주장과 직결되는 것인가? 꼭 그런 것만은 아니다. 한편으로는 맞다. 풍성한 헌금은 풍성한 축복을 낳는다. 하지만 풍성한 축복은, 이어지는 구절에서 바울이 분명히 말하는 대로, 부를 축적하거나 은퇴 자금을 불리거나 혹은 뷰익에서 벤틀리로 자가용 등급을 올리기 위함이 아니다. 더 크고 더 풍성하게 헌금하기 위함이다. 이 내용은 뒤에서 다시 살펴볼 것이다.

우리가 바울이 설명한 6절의 핵심을 제대로 이해했는지 확인해보자. 농사에서 처음에는 손실(심는 것)로 보이는 것이 사실은 이득(거두는 것)이다. 심는 자는 거두기 마련이다. 하지만 무엇이 헌금의 적고 많음을 결정짓는가? 우리는 이미 고린도후서 8:1-2에 기록된 마게도냐인들의 예를 통해 이것이 추상적으로 생각되는 헌금의 양이 아님을 확인했다. 헌금은 상대적으로는 적지만 영적으로는 많을 수 있다. 헌금의 적고 많음은 다음의 두 가지 요인에 달려 있다. 먼저 헌금하는 사람의 "재력"을 감안해야 한다. 헌금의 많음은 그 사람의 부에 비례한다(8:3, 11-12; 참조. 고전 16:2). 이미 이것을 논했기 때문에 더 이상 덧붙일 내용은 없을 것 같다. 두 번째로 아마도 더욱 중요한 사실은 헌금의 많음이 헌금하는 사람의 "마음"으로 결정된다는 점이다. 이것은 많이 헌금하고도 적게 심는 것이 가능하다는 뜻이기도 하다. 그렇다면 여기서 바울은 어떤 종류의 정신이나 마음, 영혼, 태도가 양적으로는 적은 헌금이라고 할지라도 그것을 풍성하고 관대하게 심는 것으로 만든다고 생각했을까? 이에 대한 대답은 부분적으로나마 고린도후서 9:7에 등장하며, 다음의 원리로 이어진다.

하나님을 영화롭게 하는 헌금은 자유로이 즐겨 내는 헌금이다(고후 9:7).

당신이 출석하는 지역 교회에 헌금할 수표에 서명할 때, 어떤 생각이 당신의 마음을 채우는가? 당신은 억지로 헌금하는가?("어찌나 돈을 달라고 요구하는지 정말 지겨워. 이 사람들은 내가 백만장자인 줄 아나봐") 죄책감으로 하는가?("지난 번에는 헌금하지 않고 그 돈으로 새 차를 뽑았으니까") 아니면 즐거운 마음으로 하는가?("복음 전파에 참여할 기회를 주신 하나님께 감사드려")

일례로 당신이 아이티의 막대한 필요에 대해 듣게 되었다고 하자. 너무 많이 헌금한다면 당신 자신도 가난의 고통에 빠질 수 있지 않을까 두려운가? 이렇게 헌금한다면, 새 컴퓨터가 당신의 지급 능력을 벗어나고 휴가가 연기될지도 모른다는 생각밖에 없는가?

이것은 불편하지만 불가피한 질문이다. 돈에 대해서는 동기가 중요하고, 이런 사실을 피할 수 없다. 바울이 고린도후서 9:7에서 언급한 내용은 헌금과 그리스도인의 청지기직이라는 주제에 관한 한, 성경 전체를 통틀어 가장 유명한 구절일 것이다. 그러므로 다시 한 번 귀 기울여보자. "각각 그 마음에 정한 대로 할 것이요, 인색함으로나 억지로 하지 말지니 하나님은 즐겨내는 자를 사랑하시느니라"(7절).

일단 두 가지 사실을 기억할 필요가 있다. 먼저 헌금이 보편적 책임이라는 사실이다. 바울은 "각각", 곧 모든 사람이 이런 청지기적 행위에 열정적으로 참여할 것을 당부했다(고전 16:2도 보라). 어느 누구도 이 문제로부터 제외될 수 없다. 사실 누가 제외되기를 원할 것인가? 두 번째로 "그 마음에 정한 대로"라는 구절에서 사용된 동사인데, 이는 신약 전체를 통틀어 여기서만 유일하게 사용된 동사다. 이 단어의 핵심은 개인적 신중함과 선택의 자유다. 헌금은 결코 충동적이거나 경솔하거나 준비와 계획에 있어 부족해서는 안 된다. 당신이 무엇을 하고 있는지 생각하라. 더욱 중요하게는 그 이유를 생각하라. 그것을 두고 기도하라. 계획하라. 계산과 의도를 가지고 추구하라.

이제 모든 그리스도인의 헌금에 있어 대단히 중요한 세 가지 요소를 다룰 차례다. 그중 첫 두 가지는 상당 부분 부정적인 반면, 세 번째는 보다 긍정적이다.

첫 번째로 많이 심는 것, 곧 그에 상응하여 많은 추수를 거두도록 하는 헌금에는 "거리낌"이 없어야 한다. 이를 "후회", "인색함" 혹은 "슬픔으로"라고 번역한 이들도 있다. 바울의 핵심은 헌금이, 그것이 아니었으면 그 돈으로 대신 무엇을 할 수 있었을 것이라는 상실감이나 슬픔으로 이루어져서는 안 된다는 것이다. 헌금하지 않고 헌금을 아껴 대신 얻을 수 있는 것에 대한 아쉬움으로 헌금할 때, 하나님은 기뻐하시지 않는다. 대신 얻을 수 있는 육신적·물질적 편안함을 상상하는 헌금 역시 하나님은 기뻐하시지 않는다.

두 번째로 우리가 억압 때문에, 곧 바울의 표현을 따르자면 "억지로" 하는 헌금도 하나님은 기뻐하시지 않는다. 당신은 연말 헌금 정산을 발부하는 교회의 회계가 당신에 대해 어떤 생각을 할지 그것이 염려스러운가? 당신이 헌금하는 것은 교회의 목회자를 비롯한 여러 사람이 당신의 관대함에 깊은 인상을 받도록 하기 위함인가? 혹은 소득세를 지불하는 것과 같은 방식, 그러니까 법률적 의무나 범죄자로 기소될 것에 대한 두려움 때문인가? 아니면 다른 사람들도 다 하기 때문인가? 바울은 순간의 어색함이나 압력이 고린도인들의 결정에 영향을 미치지 않기를 바랐다. 자신의 사도적 권위의 무게 역시 이들의 선택에 과도한 영향력을 행사하지 않기를 원했다.

하지만 어떤 행위의 도덕적 가치가 마음의 의도로부터 영향을 받는다고 봐도 괜찮은 걸까? 이 질문에 대한 대답은 그리스도인의 헌금이 갖는 세 번째 특징을 살펴볼 때만 가능하다. 우리는 헌금할 때 물질에 대한 후회로 하거나 억지로 하지 않도록 애써야 하는데, 이것은 하나님이 "즐겨 내는" 자를 사랑하시기 때문이다. "즐겨"로 번역된 단어는 수많은 설교와 과장된 예화의 자료로 사용됐다. 당신도 틀림없이 들어보았을 것이다. 이는 그리스어 "힐라론"(hilaron)인데, 이 단어로부터 영어 "hilarious"("몹시 재미있는", "유쾌한")가 유래했다. 이 영어 단어의 뜻을 사용해 그리스어 "힐라론"을 해석할 수는 없다. 그렇게 하는 것은 의미상 시대착오적 오류를 범하는 것이다. 이 오류는 한 단어가 후대에 사용된 방식을 앞선 시대에 적용해서 읽을 때 일어난다. 당신과 내가 이해하는 21세기 영어 파생어의 의미를 바울의 1세기 그리스어 해석에 사용하는 것은 의미상 시대착오적 오류다.

하나님이 즐겨 내는 자를 사랑하신다면, 비록 양적으로는 관대하다고 해도 즐겨 드리지 않는 헌금으로는 하나님을 기쁘시게 할 수 없다는 사실은 두말할 필요도 없다. 파이퍼는 우리에게 다음의 내용을 상기시킨다. "우리가 우리 자신의 섬김의 행위 안에서 기쁨(바울의 표현으로는 '즐거움')을 찾지 않는다면, 하나님 역시 우리 안에서 기쁨을 찾지 않으실 것이다."[5] 이것은 우리에게 기쁨이 없다면 아예 헌금을 하지 말아야 한다는 뜻일까? 돌아오는 주일에 나의 기분이 언짢거나 우울하거나, 특히 지은 죄에 대해 죄책감을 느낀다면, 이것을 핑계 삼아 헌금을 하지 않아도 되는 걸까? 누가 하나님을 불쾌하게 만들고 싶을 것인가? 하지만 그렇지 않다. 기쁨이 없는 헌금도 이상적이지는 않지만, 아예 헌금하지 않는 것

---

5 John Piper, *Desiring God: Meditations of a Christian Hedonist* (Sisters, OR: Multnomah, 1996), 104.

보다는 낫다.

"즐겨 내는" 자는 경솔한 자도, 어리석은 자도, 헌금 바구니가 지나갈 때 유쾌하게 웃음을 터뜨리는 자도 아니다. 즐겨 내는 자는 그의 마음이 하나님의 선하심과 위대하심으로 황홀하게 가득 찬 사람, 그의 정신이 그리스도의 아름다움에 사로잡힌 사람, 그의 영혼이 우리가 그분 안에서 갖는 모든 것으로 만족하는 사람, 곧 모든 역경과 상황의 저항 속에서도 말할 수 없는 영광스러운 즐거움으로 기뻐하는 사람이다(벧전 1:8). 이렇게 드리는 자를 주님은 사랑하신다.

하나님을 영화롭게 하는 헌금은 다시 헌금하기 위해 받는 헌금이다(고후 9:8-11).

"하지만, 샘, 많이 심는다면 저는 어떻게 되죠? 심고 남은 것으로도 저의 필요를 충분히 채울 수 있을까요? 저희 가족에게 필요한 것을 공급해줄 수 있을까요? 또 다음에 드려야 할 헌금은 어떻게 하죠? 이전 것보다 더욱 중요한 필요가 생겼는데, 그것을 위해 헌금할 돈이 남아 있지 않다면요? 설상가상으로 제 관대함이 저 자신의 재정적 위기를 야기한다면요? 예상치 못한 시장의 침체가 저 또한 생존을 위해 교회를 의지해야 하는 사람으로 만들어버릴 수도 있으니까요." 아! 헌금에 있어 인간의 마음을 근심하게 하는 두려움들이여. 하지만 은혜는 이 모든 것을 이긴다.

바울은 이 두려움을 6절에서 다음과 같이 선언적으로 언급한다. "적게 심는 자는 적게 거두고 많이 심는 자는 많이 거둔다." 대부분의 사람들은 이것과 반대, 곧 더 많이 원한다면 더 적게 헌금해야 한다고 믿는다. 하지만 바울은 더 많이 원한다면 더 많이 헌금하라고 말한다. 어떻게 그럴 수 있을까? 그 대답은 8-11절에서 더 자세히 언급된다.

하나님은 분명 관대히 헌금하는 사람들에게 풍성한 공급을 약속하신다. 바울은 고린도인들이 관대하게 헌금해서 가난해지면 어쩌나 하는 두려움으로부터 자유롭기를 원했다. 바울의 언어는 풍성하고 분명하다. "하나님은 능히 모든 은혜를 너희에게 넘치게 하실 것이다. 또한 너희에게 씨와 심을 것을 주사 풍성하게 하시고 너희 열매를 더하게 하실 것이다." 이것은 결국 번영 복음이 옳았다는 뜻일까? 그렇지 않다. 우리는 목적을 언급하지도 않은 채 약속만을 주장해서는 안 된다. 다른 말로 하면, 우리는 하나님이 어떤 의도와 목적과 목표를 염두에 두시고 관대한 그리스도인 청지기들을 풍성하게 하시는지를 질문해야 한다. 간단히 말해, 하나님은 왜 다른 사람들을 위해 자유로이 즐겨 헌금하는 이들에게 재정적 풍성함을 약속하시는가?

바울은 논쟁의 여지를 남기지 않는다. 그의 언어는 분명하고 간결하다. 어떤 혼란이나 불화도 없도록 그는 이것을 세 번에 걸쳐 강조한다.

하나님이 능히 모든 은혜를 너희에게 넘치게 하시나니 이는 너희로 모든 일에 항상 모든 것이 넉넉하여 모든 착한 일을 넘치게 하게 하려 하심이라(8절).[6]

심는 자에게 씨와 먹을 양식을 주시는 이가 너희 심을 것을 주사 풍성하

---

[6] 바울이 자신의 주장을 분명히 하기 위해 일련의 보편자들을 어떻게 연결했는지에 주목하라. "하나님이 능히 '모든' 은혜를 너희에게 넘치게 하시나니 이는 너희로 '모든' 일에 '항상' '모든' 것이 넉넉하여 '모든' 착한 일을 넘치게 하게 하려 하심이라"(8절).

게 하시고 너희 의의 열매를 더하게 하시리니(10절).

너희가 모든 일에 넉넉하여 너그럽게 연보를 함은 그들이 우리로 말미암아 하나님께 감사하게 하는 것이라(11절).

이는 너무나도 아름다운 언어다. 또 이것은 바울이 빌립보인들에게 보낸 다음의 내용과 맥락을 같이한다. "나의 하나님이 그리스도 예수 안에서 영광 가운데 그 풍성한 대로 너희 모든 쓸 것을 채우시리라"(4:19; 시 84:11; 마 6:33도 보라). 다시 한 번 말하면, 이것은 우리 상황의 호전이나 고통과 어려움으로부터의 보호를 보장하지 않는다. 바울이 앞서 묘사했던 마게도냐인들, 곧 이런 놀랍고 풍성한 은혜를 받았지만 "환난의 많은 시련"과 "극심한 가난"으로부터 여전히 구원받지 못했던 이들을 기억하라(고후 8:2).

하나님의 약속은, 그분이 당신의 마음에 헌금하고 싶은 마음을 주신 다음 헌금할 자원을 공급하지 못하시는 일이 없다는 것이다. 하지만 우리 자신의 안락과 편안, 구매력의 증진을 기대해 하나님이 우리에게 개인적 부요를 주시도록 헌금해야 한다는 생각은 바울의 가르침과 어긋난다. 여기서 개인적 부요는 그 자체로 목적이 아니라 더 높은 목적, 곧 어려움에 처한 이들을 향한 지속적 관대함의 수단이다. 하나님의 각본에서 작용하는 원리는 다음과 같다. 당신이 지금 관대하게 헌금한다면, 하나님은 그렇게 하고 싶어하는 당신의 갈망을 유지시켜주실 뿐 아니라, 당신의 자원을 더욱 부요하게 하셔서 당신이 앞으로도 더욱 큰 기쁨과 영광으로 헌금하게 하실 것이다. 핵심은 우리가 축적하기 위해서가 아니라 다시 헌금하기 위해 받는다는 것이다.

결론

돈에 대해 생각할 때 가장 비성경적이고 해로운 관점은 이른바 믿음의 말씀이나 "번영 복음" 운동과 같은 것으로, 이들은 더 많이 헌금할수록 더 많이 받는다는 성경의 약속을 잘못 해석하여 모든 사람이 부요해지는 것이 하나님의 뜻이라고 주장한다. 이들에 따르면, 헌금은 우리의 의무이고 받음은 우리의 권리다. 그러나 하나님의 은혜로 우리가 받는 것은 더 크고 더 희생적으로 다시 헌금하기 위한 자원이 되어야 한다. 우리는 스스로를 하나님의 은혜의 저장소, 곧 그 은혜가 궁극적으로 우리를 위한 것인 양 보아서는 안 되며, 오히려 그 은혜의 전달자 곧 다른 사람들을 향한 축복의 통로로 보아야 한다.

추천 도서

Croteau, David A., ed. *Perspectives on Tithing: 4 Views*. Nashville: B&H Academic, 2011.

Schreiner, Thomas R. *40 Questions about Christians and Biblical Law*. Grand Rapids: Kregel, 2010.

터프 토픽스

기독교 난제 25가지

Copyright ⓒ 새물결플러스 2016

1쇄발행_ 2016년 6월 29일
2쇄발행_ 2016년 7월 11일

지은이_ 샘 스톰스
옮긴이_ 장혜영
펴낸이_ 김요한
펴낸곳_ 새물결플러스
편　　집_ 왕희광·정인철·최율리·박규준·노재현·최정호·한바울·유진·권지성·신준호
디자인_ 서린나·송미현·박소민
마케팅_ 이승용·임성배
총　　무_ 김명화·최혜영
영　　상_ 최정호·조용석

아카데미_ 유영성·최경환·황혜전

홈페이지 www.hwpbooks.com
이메일 hwpbooks@hwpbooks.com
출판등록 2008년 8월 21일 제2008-24호
주소 (우) 07214 서울특별시 영등포구 양평로 11, 5층(당산동5가)
전화 02) 2652-3161
팩스 02) 2652-3191

ISBN 979-11-86409-63-3 04230
책값은 뒤표지에 있습니다.

이 도서의 국립중앙도서관 출판예정도서목록(CIP)은 서지정보유통지원시스템 홈페이지
(http://seoji.nl.go.kr)와 국가자료공동목록시스템(http://www.nl.go.kr/kolisnet)에
서 이용하실 수 있습니다(CIP제어번호: CIP2016014696).